本书系江西省教育科学“十四五”规划2021年度重点课题
“近代江西高等教育发展历程研究（1902—1949）”的最终成果
项目编号：21ZD074

近代江西高等教育发展历程研究

（1902—1949）

刘兵飞　著

图书在版编目（CIP）数据

近代江西高等教育发展历程研究：1902—1949 / 刘兵飞著 . -- 北京：东方出版社，2024.12
ISBN 978-7-5207-2807-2

Ⅰ. ①近… Ⅱ. ①刘… Ⅲ. ①高等教育－教育史－江西－近代 Ⅳ. ① G649.29

中国国家版本馆 CIP 数据核字（2023）第 228272 号

近代江西高等教育发展历程研究（1902—1949）
JINDAI JIANGXI GAODENG JIAOYU FAZHAN LICHENG YANJIU（1902—1949）

作　　者：刘兵飞
责任编辑：张永俊
责任审校：赵鹏丽
出　　版：东方出版社
发　　行：人民东方出版传媒有限公司
地　　址：北京市东城区朝阳门内大街 166 号
邮　　编：100010
印　　刷：华睿林（天津）印刷有限公司
版　　次：2024 年 12 月第 1 版
印　　次：2024 年 12 月第 1 次印刷
开　　本：710 毫米 ×1000 毫米　1/16
印　　张：22.5
字　　数：302 千字
书　　号：ISBN 978-7-5207-2807-2
定　　价：88.00 元
发行电话：（010）85924663　85924644　85924641

序言

欣闻刘兵飞博士近代江西高等教育发展历程研究论文即将出版，作为导师，由衷地为他感到高兴。将博士学位论文修改完善出版，既是学者的学术使命，也是人生的一大幸事。我受弟子之托，在书里留下笔墨，也借此谈些感想。时隔五年，再次览阅书稿，备感熟悉和亲切，论文当年的初稿、二稿、三稿，直至定稿，文章的框架搭建、观点提炼、语言打磨，仍历历在目。毕业五年来，刘兵飞博士始终未停下辛勤的脚步，将论文继续修改，可谓精雕细琢，数年磨剑，而今终成正果，即将付梓，这是对作者多年致力于近代江西高等教育发展历程研究的回报，尤为可喜可贺。

近代江西高等教育发展是一个值得学界关注的课题。近代以前，“翰林多吉水，朝士半江西”，白鹿洞书院、象山书院盛名远播，江西作为传统高等教育强省，丝毫不逊色于周边发达省份。如今，江西被称为高等教育的“洼地”和“锅底”。因而，揭开传统与现代之间近代高等教育发展历史的“神秘面纱”是作者选题的初衷，这无疑有较为重要的研究价值。通过广泛爬梳近代中国高等教育发展研究，以及近代省域高等教育发展相关研究成果，作者试图厘清高等教育发展相关概念，构建分析框架，细致深入挖掘近代江西高等教育发展相关史料，基本还原了其近代发展历程。具体而言，本书至少有以下三个特点。

首先，密切关注近代高等教育与传统高等教育的历史关联。诚然，中国近代高等教育并非传统高等教育自然演进的结果，但也绝非纯粹的“舶来品”。近代高等教育发展是在西方列强侵略、“西学东渐”背景下，自主探索和抉择的过程，因此理应回归其发展的历史“剧作者”和“剧中人”角色。为此，本书专辟一章，阐述近代江西高等教育发展的基础，考察其传统高等教育发达盛况，并试图分析促进其发展的政治、经济和文化等有利因素。这不仅提供了一个传统高等教育和近代高等教育比较的视角，更为新时代探寻高等教育高质量发展的“中国基因”、中国式高等教育现代化强国建设提供了些许重要而有益的启示和思考。

其次，密切关注高等教育发展与社会互动关系。高等教育是一个高度复杂的社会子系统，其发展一方面受到社会政治、经济、文化诸因素的制约，另一方面通过其内部要素协调发展，以系统效应引领、促进，或延缓、阻碍社会的发展，其与社会诸因素始终处于复杂互动之中。因此，书中没有止步于对近代江西不同历史阶段高等教育办学思想、科类体系、师生规模、教育经费等要素的简单梳理，而是试图从每一阶段高等教育发展的政治、经济、文化背景，以及不同阶段典型高校的办学个案纵横两个层面细致分析影响高等教育系统发展的因素，关注高等教育与社会诸因素的互动发展，从而较好地避免了“就教育论教育”的干瘪，使之变得“有血有肉”。本质上说，这也是高等教育发展内外部关系规律的体现与要求，高等教育事实上也日益发展成为“社会轴心”。

最后，密切关注近代江西高等教育发展的个性特征。“大学是遗传与环境的产物”，高等教育发展深受特定地域环境影响，近代江西特定的人文与地理环境很大程度上决定了其高等教育发展的个性特征。为体现这一个性特征，仅考察与分析近代江西特殊环境明显不够，本书大量使用比较的方法，横向对比周边省份，纵向比较不同历史阶段，既对比结果，也对比原因。作者在书中列有大量的图表，通过翔实数据进行比较分析，从而使近代江西高等教育发展的典型个性特征得到了较为充分的体现。

本书以上三个特点，也可以说是近代省域高等教育研究的发展趋势，可为后续研究近代其他省域的人士提供参考与借鉴。这一特点或趋势可以概括为研究的三个转向，即研究基点从“西方中心”转向“中国中心”，研究范式从“教育中心”转向“社会中心”，研究对象从优势省域转向欠发达省域。

“字如其人”，书亦如是，本书也是作者个性的表达和心灵的外化。读博期间，刘兵飞博士勤奋刻苦、好学上进，治学态度端正、作风踏实，有一股异于常人的钻劲与狠劲。本书的研究，史料难觅，爬梳艰辛。然而，作者知难而上，积数月往返奔波于江西省档案馆、南京中国第二历史档案馆、江西省图书馆、国家图书馆等地，搜罗摘抄相关文献档案史料达百余万字；而后整理综合，粗具规模，数载打磨，终成正果。

尽管作者下了苦功夫，但限于时间和篇幅，本书仍存在有待改进之处：作者虽遍览相关文献，也能在浩瀚文献中敏感地发觉近代省域高等教育研究的发展趋势，并据此构建分析框架，但于相关观点的阐述而言，有待进一步提炼和打磨。另外，在分析近代高等教育发展的影响因素时，作者虽能从政治、经济、文化诸因素的主要方面进行论述，但就此三者与高等教育系统发展之间的关系而言，学理逻辑仍略显粗浅。作者若能进一步明晰它们之间运行的动力机制，将成为本书的又一亮点。但是，高等教育学毕竟属于跨越教育学、历史学、政治学、人类学、社会学等多学科领域研究，深入研究需要相关学科知识背景和理论功底，目前尚无现成的答案可供参考，这对作者驾驭多学科知识的能力是个挑战。学海无涯，希望刘兵飞博士继续劈波斩浪，潜心治学，不断取得更多高质量的学术成就。

是为序。

郑文

2024 年 8 月

（郑文，广东省高等学校教学管理学会会长，华南师范大学教授、博士生导师）

目录

表格目录

图片目录

绪论

第一节 研究缘起及意义

一、研究缘起

中国是世界四大文明古国之一，传统高等教育盛极一时，带来了高度发达的文化与科技成就。然而，进入近代以来，其发展脚步开始放缓，逐渐落后于欧美国家。近代高等教育被称为西方“舶来品”，近代以来科技落后的原因探究成为长期困扰学界的“李约瑟难题”（Needham Puzzle）。有人说，江西之于中国，好比中国之于世界。近代以前，江西“物华天宝，人杰地灵”，素称“文章节义之邦”。宋明时期，江西传统高等教育极为兴盛。作为传统教育标志的书院制度起源于江西，白鹿洞书院、象山书院盛名远扬；科举取士成就辉煌，“一门三进士，五里三状元”“三鼎甲”“翰林多吉水，朝士半江西”“十里九步政，隔河两宰相”，传为美谈。据统计，自唐至清，江西考中进士者达 1.05 万人，占全国总数的 10.67%（一说为 11.5%），其中文科鼎甲 107 人，仅状元就有 48 人；历代担任宰相的江西人有 28 人，副宰相 62 人。[①] 总之，古代江西传统高等教育在繁荣学术、人才培养等诸多方面均有出色表

① 朱虹:《论江西高等教育的发展战略》,《教育学术月刊》2012 年第 7 期。

现，与周边省份相比，有过之而无不及，其兴盛时间之长、影响范围之广给世人留下了深刻印象。

进入近代以来，江西高等教育持续走向边缘，其发展状况不容乐观，与周边省份相去甚远，直至成为“洼地”和“锅底”。改革开放以来，江西普通高校数量、在校本专科生以及研究生规模均有较大幅度增长。2000 年，江西有普通高校 32 所，本专科生 14.43 万人，研究生 2118 人；2011 年，有普通高校 86 所，本专科生 82.86 万人，研究生 2.38 万人；2017 年，普通高校增至 100 所，本专科生达 126.77 万人，研究生 3.45 万人。此外，高校师资力量、学科建设和科学研究等方面均取得了不同程度的进展。然而，江西高等教育发展现状与自身辉煌的历史、与相邻省份、与新时代江西人民对高等教育发展的美好期盼相比，均存在着巨大差距。首先从排名来看，2011 年，江西高等教育在全国排名第 26 位，这与基础教育排名第 12 位、民办高等教育排名第 3 位极不匹配。其次，江西研究生教育所占比例过低，人才培养的层次结构极不合理。2011 年，具有博士培养资格的高校仅 4 所，一级学科博士点 19 个，博士生招生人数 191 人；2017 年，博士生招生 377 人，硕士生招生 13100 人，在校博士生 1437 人，硕士生 33093 人。① 全省博士培养规模甚至不及邻省的一所重点大学。江西几乎没有具有全国影响力的高水平大学，与 2017 年第一轮一样，2022 年公布的第二轮“双一流”建设名单中，江西仍然仅有南昌大学“材料科学与工程”入选“一流学科”，而相邻省份均有 1—2 所“一流大学”。有鉴于此，江西要提升和改善人力资源结构层次和整体素质、增强以自主创新能力为核心的综合竞争力，迫切需要推动高等教育成为“多极”发展大格局中不可替代的“发展一极”。②

因此，实现江西高等教育高质量赶超发展的强烈呼吁声不绝于耳，人们不禁发问：江西与处于同一区域的周边省份高等教育发展的差异何以如此显

① 《潮平海阔千帆竞 勇立潮头歌未央——江西教育改革 40 年综述》，《江西教育》2019 年第 Z1 期。

② 黄力、曾青云：《高等教育发展与江西崛起》，《江西社会科学》2006 年第 9 期。

著？“观今宜鉴古”，介于传统与现代之间的近代江西高等教育到底经历了怎样的发展历程？近代化进程有何特征？这些特征缘何出现？这会带给江西高等教育高质量发展什么经验与启示？基于对这些问题的思考，本研究聚焦近代江西高等教育发展历程、特征及其影响因素，以期为江西高等教育高质量赶超发展及强省建设提供些许有益借鉴与参考。此外，近代江西高等教育省域发展的典型性也将为更加全面、立体和客观地认识近代中国高等教育发展规律提供一个尘封已久的窗口。鉴于此，本论题有着较为重要的实践与理论价值。

为此，本研究力图达到以下三个目的：（1）依据高等教育发展内外部关系规律，客观科学地对近代江西高等教育发展历程进行历史分期；（2）准确把握和客观分析各历史分期发展特征；（3）在前二者的基础上，探讨近代江西高等教育发展历程的总体特征及其影响因素，试图把握其发展历史与逻辑的统一，以为当前江西高等教育高质量发展实践提供相关启示。

二、研究意义

作为“社会的中心”、“轴心机构”和“服务站”，高等教育对社会经济、政治、文化发展的引领和促进作用日益突出。“双一流”建设背景下，省域高等教育高质量发展是实现中国式高等教育现代化强国建设目标的重要基础。研究近代江西高等教育发展历程，分析其特征与影响因素，有着重要的实践意义。首先，与周边省域比较，江西高等教育欠发达的现状较为明显。作为传统高等教育强省之一，江西的近代高等教育发展历程有着不同于其他省域的特征，研究总结其发展经验与教训，可为当前江西高等教育高质量发展提供重要参考与借鉴，并最终服务于全国高等教育区域平衡与发展。其次，高等教育是遗传和环境的产物，高等教育的发展特色源于其所处的地域。中国式高等教育现代化强国建设有赖于省域高等教育发展的特色与水平。近代江西高等教育发展研究可以为扎根地方办大学、建设一流省域高等教育提供相关启示。最后，通过对近代江西高等教育发展进程个性特征的研究，可以加深对中国近代高等教育共性特征及发展规律的认识，获得对中国近代高等教育发展的“全景式”“立体式”认知，从而更好地服务于新时代中国式高等教育现代化的转型实践。

同时，本论题有着重要的理论意义。首先，近代江西高等教育进程特征研究可以拓展对近代中国高等教育发展全貌的认知，进一步推动近代中国高等教育研究，其史料等相关成果可以丰富中国近代高等教育史研究。其次，“地方教育学”强调关系性的存在，是对“自然实在论”和“社会建构论”两种不同研究的辩证取向，使教育研究避免陷入“本质论”与“虚无论”困境。① 近代江西具有独特的人文地理环境，社会政治、经济、文化发展差异显著，故而其研究可以丰富“地方教育学”相关研究。最后，近代江西高等教育研究属于省域高等教育系统发展理论研究，从高等教育与社会政治、经济和文化互动发展的关系视角研究近代江西高等教育发展历程，其成果可以丰富省域高等教育系统发展理论。

第二节　学术史回顾

文献梳理发现，学界目前尚无系统、深入研究近代江西高等教育发展的论文或著作，但确已存在大量相关研究成果。这些研究不仅为本论题提供了重要素材，而且在研究方法与研究视角等方面提供了有益的启示。近代江西高等教育发展历程属于近代中国高等教育史的一部分，它既是在近代中国以及江西政治、经济、文化因素制约下的发展过程，又是在前述框架下高等教育系统内部的自我发展过程，表现为宏观及微观的结合与互动。因此，本论

① 巴战龙：《聚焦和凝视“地方教育学”》，《中国民族教育》2018 年第 1 期。

题相关研究包括近代中国高等教育发展研究、近代省域高等教育发展研究，以及近代江西高等教育发展相关研究三个主要方面。现分述如下。

一、近代中国高等教育发展研究：两个“中心”的回归

中国近代高等教育发展研究至今已积累了相当丰富的成果。综合性史料汇编主要有：沈云龙主编《近代中国史料丛刊》续编及第三编所收录的《清季各省兴学史》《学部奏咨辑要》《第一次教育统计图表》《教育部行政纪要》中的近代高等教育发展相关史料；[①]中国第二历史档案馆编辑整理的《中华民国史档案资料汇编・第三辑・教育》中高等教育部分涉及近代中国大学、高等师范、公私立专门学校等高等教育机构省域分布及发展的相关史料。[②]这些史料弥足珍贵。舒新城早在民国时期出版的近代教育专题史料《近代中国教育史料》[③]和1961年修订出版的《中国近代教育史资料》[④]，对于近代高等教育研究则颇具奠基性意义。日本多贺秋五郎《近代中国教育史资料》，主要依据年代顺序复印辑录教育诏谕、法令和规程等资料；[⑤]陈元晖主编《中国近代教育史资料汇编》以专题为纲、年代为目，包括学制演变、普通教育、高等教育、实业教育 & 师范教育、教育行政机构及教育团体、教育思想、留学教育、洋务运动时期教育、鸦片战争时期教育、戊戌时期教育十个分册；[⑥]陈学恂主编《中国近代教育史教学参考资料》共分三册，选辑 1840—1919 年具有代表性、典型性意义的重要教育史料；[⑦]朱有瓛主编《中国近代学制史料》（1983—1993 年华东师范大学出版社陆续出版）分为清末学制建立前的学堂、清末学

① 沈云龙主编：《近代中国史料丛刊》，文海出版社 1979 年版，第 2—3 页。

② 中国第二历史档案馆编：《中华民国史档案资料汇编・第三辑・教育》，江苏古籍出版社 1991 年版，第 107—280 页。

③ 舒新城编：《近代中国教育史料》，中华书局 1928 年版，第 1—3 页。

④ 舒新城编：《中国近代教育史资料》，人民教育出版社 1961 年版，第 2—3 页。

⑤ ［日］多贺秋五郎：《近代中国教育史资料・民国编》（中册），文海出版社 1976 年版，第 2 页。

⑥ 陈元晖主编：《中国近代教育史资料汇编》，上海教育出版社 2007 年版，“序言”第 3 页。

⑦ 陈学恂主编：《中国近代教育史教学参考资料》（上册），人民教育出版社 1987 年版，第 26—109 页。

制、民初学制和近代教会学校四辑，是近代学制专题史料；[①] 李森主编《民国时期高等教育史料汇编》[②] 及《民国时期高等教育史料续编》[③] 主要收录民国时期各高校的校史资料，包括年度概览、院系设置、学校年刊等；李景文、马小泉主编《民国教育史料丛刊》高等教育部分主要涉及民国时期高校史料以及部分高等教育统计资料。[④]

以上史料整理成果大多出现在 20 世纪八九十年代，直接推动近代高等教育于 20 世纪 90 年代中期成为相对独立的研究领域。另外，史料梳理不断专门化、精细化，从综合类、教育类到学制专题类和高等教育类，近代高等教育发展研究相关史料不断从零散走向集中。这些相关研究成果适应和推动了近代高等教育的研究需求，成为进一步系统深入研究近代高等教育发展的重要基础性资料。

表 0–1　近代高等教育发展相关研究主要参考史料

史料名称	编 / 著者	出版年份	相关内容
《近代中国史料丛刊》	沈云龙	1979	续编、三编中包含高等教育相关官方文献
《中华民国史档案资料汇编》	中国第二历史档案馆	1979—2000	第三辑包含高等教育相关文献
《近代中国教育史料》	舒新城	1928	近代高等教育相关文献
《中国近代教育史资料》	舒新城	1961	近代高等教育相关文献
《近代中国教育史资料》	多贺秋五郎	1976	教育诏谕、法令和规程
《中国近代教育史教学参考资料》	陈学恂	1986—1987	共三册，1840—1919 年重要教育史料
《中国近代教育史资料汇编》	陈元晖	1990—1997	共分为高等教育、留学教育等十个分册
《中国近代学制史料》	朱有瓛	1983—1993	共分为清末学制建立前的学堂、清末学制、民初学制和近代教会学校四辑
《民国时期高等教育史料汇编》	李森	2014	民国时期高校校史资料

① 朱有瓛主编：《中国近代学制史料》（第一辑上册），华东师范大学出版社 1983 年版，第 1 页。

② 李森主编：《民国时期高等教育史料汇编》，国家图书馆出版社 2014 年版，第 1 页。

③ 李森主编：《民国时期高等教育史料续编》，国家图书馆出版社 2016 年版，第 1 页。

④ 李景文、马小泉主编：《民国教育史料丛刊》，大象出版社 2015 年版，第 1—5 页。

续表

史料名称	编 / 著者	出版年份	相关内容
《民国教育史料丛刊》	李景文、马小泉	2015	民国时期高校校史、高等教育统计资料等
《民国时期高等教育史料续编》	李森	2016	民国时期高校校史资料

近代中国高等教育发展研究相关的教育史著作主要包括：周予同《中国现代教育史》分为正篇和辅篇，正篇包括导论、教育宗旨、教育行政、学校系统、初等教育、中等教育、高等教育、师范教育、实业教育九章，辅篇有中国现代教育史年表（1838—1931），从概况、学制、宗旨、课程、教学法及训育的演变和统计情况六个方面对近代高等教育进行了专章介绍，辅篇教育史年表的编撰朴素地体现了其“教育不能离社会而独存，故亦不能离社会而被认识”，“欲彻底明了教育之演变，非先明了经济、政治及其他社会现象之演变不可”的教育与社会并存互动的研究取向；[①]陈东原《中国教育史》考察西汉至清末科举废除的教育发展历史，内容涉及官学、书院、科举等传统高等教育及新式高等教育之萌芽；[②]陈青之《中国教育史》介绍历代教育概况、教育制度、教育家及学说，第四十八章“学部成立后学堂教育之推进”设专门一节介绍高等教育，述及各省洋务学堂、大学堂以及高等教育机构近代转型，指出“二千年的教育制度史就是一部科举制度史”；[③]陈元晖《中国现代教育史》主要考察1919—1949年新民主主义教育和北洋政府、国民政府领导的教育发展背景、实施状况以及教育思想战线上的斗争，[④]未专门论述近代高等教育；陈景磐编《中国近代教育史》考察了从鸦片战争至五四运动（1840—1919）的教育思想与教育制度，[⑤]未对高等教育进行专门论述；陈启天《近代中国教育史》由1928年出版的《最近三十年中国教育史》扩充而成，考察

① 周予同：《中国现代教育史》，福建教育出版社2007年版，第3—5页。

② 陈东原：《中国教育史》，商务印书馆1936年版，第462—500页。

③ 陈青之：《中国教育史》，商务印书馆1936年版，第618—620页。

④ 陈元晖：《中国现代教育史》，人民教育出版社1979年版，第2页。

⑤ 陈景磐编：《中国近代教育史》，人民教育出版社1979年版，第4页。

1862—1968年教育发展历程，并有专门章节论述各时期高等教育，在简要介绍各时期时代背景和教育思想基础上论述新教育概况；[①]郑世兴《中国现代教育史》从国家现代化与教育现代化的关系维度，立足于政治、经济、文化、社会与教育的密切关系考察不同历史时期教育思想和宗旨以及教育制度实施状况，设有专门章节阐述高等教育；[②]孙培青主编《中国教育史》论述各时期教育政策、教育思想及教育制度实施状况，紧扣教育主题，并从教育与社会之关系进行深入分析；[③]熊明安《中华民国教育史》论述1912—1949年各历史阶段教育方针、教育政策、教育制度、教育管理及各级各类教育的发展变化状况，并设有专门章节探讨民国时期高等教育；[④]李华兴主编《民国教育史》较为详细地介绍了1862—1949年中国教育学制、思想、管理和办学沿革及发展，设有专章梳理清末民国高等教育办学情况；[⑤]毛礼锐、沈灌群主编《中国教育通史》第四、五卷对鸦片战争至中华人民共和国成立时期的教育思想和教育制度进行考察，力图揭示其实际状况和发展规律，并设有专门章节探讨近代高等教育的发展状况。[⑥]

梳理可知，以上教育史论著中，近代高等教育发展仅作为研究的一个部分，尚未成为独立研究的主题；从论著内容上看，大多数著作依据近代高等教育发展与社会发展之密切关系展开考察与论述，而非仅仅“就教育论教育”，这说明从20世纪三四十年代至80年代就开始密切关注高等教育发展与社会经济、政治、文化的互动关系，为后来研究范式的回归打好了基础。这些著作不仅可为研究近代江西高等教育提供重要的背景性和基础性资料，在分析框架方面也给本书以重要的启示。具体可参见表0-2。

---

① 陈启天:《近代中国教育史》，中华书局（台湾）1979年版，第1页。
② 郑世兴:《中国现代教育史》，三民书局1981年版，第1页。
③ 孙培青主编:《中国教育史》，华东师范大学出版社2000年版（修订版），第1页。
④ 熊明安:《中华民国教育史》，重庆出版社1990年版，第299—383页。
⑤ 李华兴主编:《民国教育史》，上海教育出版社1997年版，第593—614页。
⑥ 毛礼锐、沈灌群主编:《中国教育通史》（第四卷），山东教育出版社1988年版，第344—366页。

表 0–2 近代高等教育发展研究相关主要教育史著作

著作名称	编 / 著者	年份	主要内容及特征
《中国现代教育史》	周予同	1934	分为正篇、辅篇，强调教育与社会之密切关系
《中国教育史》	陈东原	1936	西汉至清末教育发展，以论述教育为主
《中国教育史》	陈青之	1936	密切关注教育与社会发展之关系
《中国现代教育史》	陈元晖	1979	1919—1949 年教育的宏观叙述，教育思想之争
《中国近代教育史》	陈景磐	1979	1840—1919 年重要教育人物的教育思想及教师制度
《近代中国教育史》	陈启天	1979	在简要介绍时代背景和教育思想基础上论述新教育概况
《中国现代教育史》	郑世兴	1981	基于政治、经济、文化、社会与教育的密切关系考察教育
《中国教育通史》	毛礼锐、沈灌群	1988	教育人物及思想、教育制度的宏大叙事
《中华民国教育史》	熊明安	1990	专注于教育人物及思想、教育制度等的论述
《中国教育史》	孙培青	1992	结合教育与社会关系论述教育政策、教育思想、教师制度等
《民国教育史》	李华兴	1997	教育学制、思想、管理和办学沿革及发展情况的专门论述

梳理发现，在前期研究成果的基础上，20 世纪 80 年代初开始出现以高等教育为主题的专门史著作，这极大地推动了近代高等教育成为一个相对独立的研究领域。这类专门史著作主要情况如下：蔡克勇编《高等教育简史》是笔者所见最早论述高等教育发展历史的专著，内容涉及古今中外高等教育的发展，并在第八章对近代中国高等教育进行了专门论述；[①] 熊明安编著《中国高等教育史》则是第一部中国高等教育通史著作，论述自商直至民国结束的高等教育，第九、十章专门论述清朝、民国时期高等教育发展；[②] 郑登云编著《中国高等教育史》（上册）论述 1840—1949 年高等教育制度的形成与发展，力图联系各时期社会政治、经济、科技、文化等发展实际，考察和总结高等教育发展的基本规律和历史经验，重视传统高等教育与近代高等教育发展的连续性；[③] 朱国仁《西学东渐与中国高等教育近代化》从文化变迁视角切入，以“西学东渐”为主线，在中西文化交流、冲突和融合的过程中，探寻中国

① 蔡克勇编：《高等教育简史》，华中工学院出版社 1982 年版，第 122—137 页。

② 熊明安编著：《中国高等教育史》，重庆出版社 1983 年版，第 299—383 页。

③ 郑登云编著：《中国高等教育史》（上册），华东师范大学出版社 1994 年版，第 1 页。

高等教育近代化的轨迹，[①]这是关于近代高等教育发展较早的研究成果；涂又光《中国高等教育史论》提出了中国高等教育发展的人文—科学—人文与科学三阶段论，论述了中国高等教育自古至今的整体发展历程；[②]霍益萍《近代中国的高等教育》结合社会历史考察近代以来高等教育思潮及高等教育制度的发展和完善，是第一部专题论述近代中国高等教育发展的著作；[③]潘懋元主编《中国高等教育百年》收录系列重要论文，论述中国高等教育的百年发展，分为历史篇、体制篇和理念篇，别具研究特色，研究虽不系统但颇具深度；[④]田正平、商丽浩主编《中国高等教育百年史论：制度变迁、财政运作与教师流动》从制度变迁、财政运作和教师流动三个视角系统深入地论述百年来高等教育的变迁状况，论述密切关注高等教育既受社会经济、政治、文化制约，又受自身内在规律制约的基本特征；[⑤]董宝良主编《中国近现代高等教育史》纵向梳理了1862—1999年中国高等教育产生、发展和变迁的历史，以1949年为分界线，之前为近代高等教育，之后为现代高等教育，横向主要从教育方针及政策、高等教育管理及各类高校方面展开论述；[⑥]刘海峰、史静寰主编《高等教育史》则是一部介绍古今中外高等教育发展的著作，上篇论述从古代到新中国的高等教育，第四、五章对中国近代高等教育开端及思想进行了梳理。[⑦]具体参见表0–3。

表0–3　近代高等教育发展研究相关主要高等教育史著作

著作名称	编 / 著者	年份	主要内容及特征
《高等教育简史》	蔡克勇	1982	古今中外高等教育人物、思想、实践的论述

① 朱国仁：《西学东渐与中国高等教育近代化》，厦门大学出版社1996年版，第2页。

② 涂又光：《中国高等教育史论》，湖北教育出版社1997年版，第242页。

③ 霍益萍：《近代中国的高等教育》，华东师范大学出版社1999年版，第148页。

④ 潘懋元主编：《中国高等教育百年》，广东高等教育出版社2003年版，第4—36页。

⑤ 田正平、商丽浩主编：《中国高等教育百年史论：制度变迁、财政运作与教师流动》，人民教育出版社2006年版，第499—581页。

⑥ 董宝良主编：《中国近现代高等教育史》，华中科技大学出版社2007年版，第106页。

⑦ 刘海峰、史静寰主编：《高等教育史》，高等教育出版社2010年版，第95—183页。

著作名称	编 / 著者	年份	主要内容及特征
《中国高等教育史》	熊明安	1983	论述自商朝至民国结束的高等教育人物、思想、实施状况等
《中国高等教育史》(上册)	郑登云	1994	重点结合教育机构、教育法令等论述近代高等教育体制的发展进程
《西学东渐与中国高等教育近代化》	朱国仁	1996	从文化变迁的视角论述近代中国高等教育的进程、思想、体制等
《中国高等教育史论》	涂又光	1997	人文、科学、人文与科学三阶段论
《近代中国的高等教育》	霍益萍	1999	结合社会发展实际考察近代高等教育发展特征
《中国高等教育百年》	潘懋元	2003	收录重要论文,深入探究近代高等教育发展特征
《中国高等教育百年史论:制度变迁、财政运作与教师流动》	田正平、商丽浩	2006	论述过程密切关注高等教育既受社会经济、政治、文化制约,又受自身内在规律制约的基本特征
《中国近现代高等教育史》	董宝良	2007	主要从教育方针及政策、高等教育管理及各类高校方面展开论述
《高等教育史》	刘海峰、史静寰	2010	以论述古今中外高等教育为主,后附有中外高等教育大事记

由上面所述可知，随着 20 世纪 80 年代初第一部高等教育专题史著作问世，近代高等教育研究不断发展成为一个相对独立的研究领域，但成果形式多是“就教育论教育”，缺乏对教育与社会互动发展的深入分析；90 年代中期开始出现从文化、教育与社会互动的多维视角进行研究的成果，开始结合社会政治、经济、文化等因素深入系统考察高等教育发展；以上高等教育史研究成果包括通史著作和断代史著作，且近现代高等教育断代性著作居多，由此可知这一领域的研究关注度较高；研究内容不断拓展，既涉及高等教育思想、教育政策等宏观内容，又包括教育财政、高校教师等微观方面。值得一提的是，研究视角从单一转向多元，从“教育中心”转向逐渐回归高等教育与社会诸因素互动，“有血有肉”，研究内容不断充实和丰满。这些著作既为近代江西高等教育研究提供了重要的背景性参考，又提供了有益的方法论启示。

除以上近代高等教育相关研究的综合性著作之外，民国以来，还有系列教育专题史著作。这主要包括：郭秉文《中国教育制度沿革史》论述历代公共教育制度的兴衰更迭，包括共和体制下现代教育体系的重组，对“中国公共教育制度沿革加以概览，对自远古至今日之激进过渡时代作一评论”；[①] 陈宝泉《中国近代学制变迁史》以各时期颁布之教育规章为主线论述近代以来学制经历无系统阶段，以及钦定、奏定、民国学制改革等阶段的演变；[②] 舒新城《近代中国教育思想史》主要考察 1862—1928 年不同时期西语、西艺、西学、西政等各类教育思想之背景、变迁及影响；[③] 薛人仰编《中国教育行政制度史略》基于不同社会背景考察中国历代教育行政制度之形成及其影响；[④] 杰西·格·卢茨《中国教会大学史（1850—1950）》考察近代教会大学在中国的百年发展及演变；[⑤] 吴家莹《中华民国教育政策发展史》以伊斯顿政治系统理论模型为研究框架，以丰富史料考察 1925—1940 年国民政府教育政策内涵之形成演变过程，力图突出教育政策与国情互动的关系；[⑥] 季啸风主编《中国高等学校变迁》考察中国 256 所高校的百年发展历程，着重介绍各高校教学组织、教学内容、教学方法等情况，为近代高等教育研究提供了重要参考；[⑦] 毕乃德《洋务学堂》考察 1894 年甲午战争之前洋务学堂的开办状况，对京师同文馆、上海同文馆及福建船政学堂最初三所高等教育机构进行详细探讨；[⑧] 曲士培《中国大学教育发展史》系统考察自古至今中国大学教育，内容涉及背景、政策、制度、管理等方面，以剖析各历史时期大学教育发展的特点及内涵；[⑨] 许美德《中国大学 1895—1995：一个文化冲突的世纪》基于史料从知识

① 郭秉文：《中国教育制度沿革史》，储朝晖译，商务印书馆 2014 年版，第 4 页。
② 陈宝泉：《中国近代学制变迁史》，山西人民出版社 2014 年版，第 1 页。
③ 舒新城：《近代中国教育思想史》，上海三联书店 2014 年版，第 17—20 页。
④ 薛人仰编：《中国教育行政制度史略》，中华书局 1983 年版，第 1 页。
⑤ ［美］杰西·格·卢茨：《中国教会大学史（1850—1950）》，曾钜生译，浙江教育出版社 1987 年版，第 1 页。
⑥ 吴家莹：《中华民国教育政策发展史》，五南图书出版公司 1990 年版，第 2 页。
⑦ 季啸风主编：《中国高等学校变迁》，华东师范大学出版社 1992 年版，第 1 页。
⑧ ［美］毕乃德：《洋务学堂》，曾钜生译，杭州大学出版社 1993 年版，第 1—2 页。
⑨ 曲士培：《中国大学教育发展史》，山西教育出版社 1993 年版，“序言”，第 1—2 页。

分布、地理分布和性别分布三个视角对近代高等教育进行了系统研究；[①]钱曼倩、金林祥主编《中国近代学制比较研究》将近代学制与日本、美国学制进行比较，在此基础上评析近代学制的特征，反映中国教育近代化进程；[②]金以林《近代中国大学研究（1895—1949）》系统深入考察中国近代大学教育产生的社会背景和发展演变过程，力图勾画出近代大学同社会之间的互动发展关系，依据公立大学、私立大学和教会大学等不同类型系统分析其演变轨迹；[③]李均《中国高等专科教育发展史》系统考察了中国自古至今之高等专科教育发展及演变，力图厘清不同历史时期专科教育的内涵及地位；[④]郜林涛、黄仕荣《中国历代学校制度通考》以收录历代学校制度相关词条的形式，考察中国历代各类学校发展；[⑤]熊贤君《中国近代教育行政史》考察晚清民国时期国家、省级和地方教育行政组织及制度沿革；[⑥]陈媛《中国大学教授研究——近代教授、大学与社会的互动史》考察1895—1949年中国近代教授群体，以教授群体、社会及大学之间的互动为主线，突出中国近代社会、大学和知识分子三维互动，介绍教授群体的产生背景、形成机制、结构特征和角色作用。[⑦]

以上教育专题史论著对近代中国高等教育思想、学校制度、高校组织、教育行政、教育政策等方面进行了较为深入和系统的研究，拓展了近代高等教育的研究领域，丰富和加深了对近代高等教育发展规律的认知，这些相关著作为近代江西高等教育研究提供了分析背景、资料参考和方法启示。

随着研究的不断深入和拓展，近代中国高等教育研究还出现了系列重要博硕学位论文。其中，较具代表性的成果包括：荀渊《中国高等教育从传统

① ［加］许美德：《中国大学1895—1995：一个文化冲突的世纪》，许洁英译，教育科学出版社1999年版，“译者前言”第2页。

② 钱曼倩、金林祥主编：《中国近代学制比较研究》，广东教育出版社1996年版，第1—2页。

③ 金以林：《近代中国大学研究（1895—1949）》，中央文献出版社2000年版，第2页。

④ 李均：《中国高等专科教育发展史》，学林出版社2005年版，第1—2页。

⑤ 郜林涛、黄仕荣：《中国历代学校制度通考》，北岳文艺出版社2008年版，第1—2页。

⑥ 熊贤君：《中国近代教育行政史》，人民教育出版社2014年版，第1—2页。

⑦ 陈媛：《中国大学教授研究——近代教授、大学与社会的互动史》，山西教育出版社2012年版，第1—2页。

向现代的转型——对1901—1936年间中国高等教育变革的考察》探讨了近代高等教育转型中的思想、体制、主导力量和知识体系，认为思想转型是先导，体制转型是核心，知识体系转型是关键；[①]苗素莲《中国大学组织特性历史演变研究》从组织环境、组织目标、组织结构和组织文化四个方面分析了清末以来中国大学不同时期组织特征的演进；[②]张立程《西学东渐与晚清新式学堂教师群体研究》对清末学堂教师群体来源、群体意识及群体行为的不同特征进行了研究；[③]张伶俐《中国近代高等教育模式的演变》探讨了近代高等教育发展从学习欧洲到学习日本，再到转而仿效美国的演变，认为这是从无意识泛化到单一价值取向再到多元发展的过程；[④]陈晶《中国近代大学人才培养目标的演进（1860—1930）——以北大和清华为例》认为社会历史背景和人的实践智慧是影响人才培养目标演变的根本原因；[⑤]夏兰《民国时期现代大学制度演变研究》分阶段分类型探讨民国时期大学制度变迁；[⑥]饶正慧《民国时期著名大学校长领导力研究》对民国时期大学校长领导力表现形式、实现途径和功能发挥等进行了较为深入的研究，试图探讨其共性特征；[⑦]李涛《民国时期国立大学招生研究》对民国时期国立大学的招生考试及录取作了较为系统的研究；[⑧]张珂《民国公立大学与政府关系研究（1912—1937）》探讨了府学之间核心利益者的动态平衡关系；[⑨]杨习超《近代中国教会大学中籍校长角色冲突研究》对1927—1949年东吴大学、金陵大学等教会大学的校长角色冲突进

① 荀渊：《中国高等教育从传统向现代的转型——对1901—1936年间中国高等教育变革的考察》，博士学位论文，华东师范大学，2002年，第6页。

② 苗素莲：《中国大学组织特性历史演变研究》，博士学位论文，华东师范大学，2004年，第8页。

③ 张立程：《西学东渐与晚清新式学堂教师群体研究》，博士学位论文，中国人民大学，2006年，第3页。

④ 张伶俐：《中国近代高等教育模式的演变》，硕士学位论文，湘潭大学，2006年，第1—3页。

⑤ 陈晶：《中国近代大学人才培养目标的演进（1860—1930）——以北大和清华为例》，硕士学位论文，华中科技大学，2007年，第2—3页。

⑥ 夏兰：《民国时期现代大学制度演变研究》，博士学位论文，复旦大学，2012年，第1页。

⑦ 饶正慧：《民国时期著名大学校长领导力研究》，博士学位论文，西南大学，2013年，第2页。

⑧ 李涛：《民国时期国立大学招生研究》，博士学位论文，西南大学，2014年，第1页。

⑨ 张珂：《民国公立大学与政府关系研究（1912—1937）》，博士学位论文，西南大学，2016年，第1页。

行了研究。[①] 以上博硕学位论文着眼于教师群体、发展模式、培养目标、招生考试、府学关系、校长角色等具体而微的层面，将近代中国高等教育研究进一步推向深入，拓展了研究领域，丰富了近代高等教育研究成果，为本书提供了诸多有益启示和可资借鉴的材料。具体参见表 0–4。

表 0–4　近代高等教育发展研究相关主要博硕学位论文

论文题目	作者	年份	研究机构
《中国高等教育从传统向现代的转型——对 1901—1936 年间中国高等教育变革的考察》	荀渊	2002	华东师范大学
《中国大学组织特性历史演变研究》	苗素莲	2004	华东师范大学
《西学东渐与晚清新式学堂教师群体研究》	张立程	2006	中国人民大学
《中国近代高等教育模式的演变》	张伶俐	2006	湘潭大学
《中国近代大学人才培养目标的演进（1860—1930）——以北大和清华为例》	陈晶	2007	华中科技大学
《民国时期现代大学制度演变研究》	夏兰	2012	复旦大学
《民国时期著名大学校长领导力研究》	饶正慧	2013	西南大学
《民国时期国立大学招生研究》	李涛	2014	西南大学
《民国公立大学与政府关系研究（1912—1937）》	张珂	2016	西南大学
《近代中国教会大学中籍校长角色冲突研究》	杨习超	2016	苏州大学

另外，20 世纪 90 年代末开始出现了近代高等教育发展研究相关的期刊论文。具有代表性的有：张斌贤《中外近代高等教育发展动力的比较》从动力源、传统与变革、文化传播以及发展构想等方面比较近代中外高等教育发展的不同特征；[②] 顾明远《中国高等教育传统的演变和形成》论述中国高等教育传统是在整个社会变革中不断演变的结果，不能简单移植外国模式，必须在坚持民族特性的同时，重视传统观念转变，以适应时代要求；[③] 田正平、张彬《模式的转换与传统的调适——关于中国高等教育现代化的两点思考》分析近

① 杨习超：《近代中国教会大学中籍校长角色冲突研究》，博士学位论文，苏州大学，2016 年，第 1—2 页。
② 张斌贤：《中外近代高等教育发展动力的比较》，《高等教育研究》1997 年第 6 期。
③ 顾明远：《中国高等教育传统的演变和形成》，《高等教育研究》2001 年第 1 期。

代高等教育的移植与传统的冲突、融合在不同历史时期的表现特征；[①]朱宗顺、刘平《中国近代高等教育论纲》探讨近代高等教育发展的三个历史分期；[②]曲铁华、李娟《中国近代高等教育的发展演变及其反思》依据近代高等教育的历史分期及演变特征探讨高等教育如何处理传统与移植、教育与政治的关系；[③]刘敬坤、徐宏《中国近代高等教育发展历程回顾》探讨中国近代高等教育专科学校、独立学院、综合性大学三层次体系的制度化进程；[④][⑤]张伶俐、郭汉民《中国近代高等教育研究述评》在列举学界对于近代高等教育发展的起源、分期、动力、途径等问题的不同观点的基础上评述研究现状；[⑥]薛二勇《中国近代高等教育的制度变迁分析》从制度主义经济学视角分析近代高等教育制度的变迁；[⑦]刘献君、房保俊《近代中国高等教育理念的变迁及启示》对近代高等教育理念变迁的规律进行考察；[⑧]宋伟、韩梦洁《近代中国高等教育地域非均衡布局考察》探讨晚清、北洋军阀及国民政府时期高等教育的区域布局不均衡问题；[⑨]杨涛《中国近代高等教育史研究模式的回顾与思考——以大学与区域社会互动发展为视角》概括分析近代高等教育的宏观研究、个案研究、区域研究及大学与社会互动研究四种模式；[⑩]田正平、陈玉玲《国民政府初期对高等教育的整顿（1927—1937 年）》考察国民政府成立之初针对高等教育

---

① 田正平、张彬：《模式的转换与传统的调适——关于中国高等教育现代化的两点思考》，《高等教育研究》2001 年第 2 期。

② 朱宗顺、刘平：《中国近代高等教育论纲》，《大学教育科学》2003 年第 1 期。

③ 曲铁华、李娟：《中国近代高等教育的发展演变及其反思》，《河北师范大学学报（教育科学版）》2003 年第 3 期。

④ 刘敬坤、徐宏：《中国近代高等教育发展历程回顾（上）》，《东南大学学报（哲学社会科学版）》2004 年第 1 期。

⑤ 刘敬坤、徐宏：《中国近代高等教育发展历程回顾（下）》，《东南大学学报（哲学社会科学版）》2004 年第 2 期。

⑥ 张伶俐、郭汉民：《中国近代高等教育研究述评》，《江苏高教》2006 年第 6 期。

⑦ 薛二勇：《中国近代高等教育的制度变迁分析》，《高等农业教育》2006 年第 5 期。

⑧ 刘献君、房保俊：《近代中国高等教育理念的变迁及启示》，《中国高教研究》2009 年第 9 期。

⑨ 宋伟、韩梦洁：《近代中国高等教育地域非均衡布局考察》，《史学月刊》2009 年第 4 期。

⑩ 杨涛：《中国近代高等教育史研究模式的回顾与思考——以大学与区域社会互动发展为视角》，《南阳师范学院学报（社会科学版）》2010 年第 1 期。

“数量增加，质量低下”的状况，制定取消单科大学、限制滥设大学、加强对私立院校和教会大学控制和管理等整顿政策及其落实情况；[①] 田正平、陈玉玲《中央与地方之冲突：国民政府初期对地方高校的整顿——以四川大学、山西大学为中心的考察》探讨国民政府初期中央与地方冲突背景下地方高校整顿的两种不同情形；[②] 曲铁华、王美《民国时期高等教育政策的历史演进及特点探析》探讨民国时期高等教育政策体系逐渐演进、完善和调整的历程；[③] 赵哲、宋丹、楚旋《我国近代高等教育发展模式：三次转型与自觉探索》探讨近代高等教育发展依次经历的组织转型、制度转型与职能转型，实现了体制变革、全面革新与国际化发展的自主探索之途；[④] 张建中《民国时期中国高校发展路向的转变及其启示——以高校数量、分布和类型为中心》围绕高校数量、分布和类型探讨民国时期中国高校由无序发展向有序发展转变的历程。[⑤]

以上期刊论文成果从宏观及微观两个层面对近代高等教育发展理念、发展模式、发展政策等方面进行了较为深入的分析，加深了对近代高等教育转型及变迁规律的认知；从 20 世纪末以来，近代高等教育不断成为研究热点；随着研究的深入，21 世纪初学界开始反思近代高等教育传统与移植的关系问题，强调近代高等教育是一个自主探索过程，力图发现和挖掘近代高等教育发展理念和发展体系等方面的中国特征，以彰显“中国特色”，极力摆脱“西方中心”的控制，关注和探寻传统高等教育与近代高等教育之间的历史关联，及其在近代转型过程中的中国元素。

综上所述，中国近代高等教育研究从 20 世纪 90 年代中期开始逐渐成为

---

① 田正平、陈玉玲：《国民政府初期对高等教育的整顿（1927—1937 年）》，《河北师范大学学报（教育科学版）》2012 年第 1 期。

② 田正平、陈玉玲：《中央与地方之冲突：国民政府初期对地方高校的整顿——以四川大学、山西大学为中心的考察》，《高等教育研究》2013 年第 6 期。

③ 曲铁华、王美：《民国时期高等教育政策的历史演进及特点探析》，《现代大学教育》2013 年第 4 期。

④ 赵哲、宋丹、楚旋：《我国近代高等教育发展模式：三次转型与自觉探索》，《南昌大学学报（人文社会科学版）》2015 年第 8 期。

⑤ 张建中：《民国时期中国高校发展路向的转变及其启示——以高校数量、分布和类型为中心》，《湖南师范大学教育科学学报》2015 年第 3 期。

相对独立的研究主题，研究内容也随之不断得到拓展和深化，在研究范式上出现两大趋势：一是随着中国近代史研究视角的回归与转换，由移植依附的“西方中心”转向自主探索的“中国中心”，这种转向承认近代中国高等教育发展以西方为标准，但不认为其是受西方冲击而简单进行“移植”，而是中国自主选择、自觉探索的过程，切不可忽略其历史的“剧作者”和“剧中人”角色；二是从“就教育论教育”的“教育中心”转向关注教育与社会经济、政治、文化等的互动关系视角，从而使研究的内容更加丰满和充盈，因而变得“有血有肉”。

二、近代省域高等教育发展研究：省域对象持续拓展

近代省域高等教育相关研究成果最早出现在20世纪80年代末期，这主要包括：赵立法编著《山西高等教育简史》考察自1902年山西大学堂创建到中华人民共和国成立后“七五”初期高等教育发展状况，包括清末民初、抗战及解放战争时期山西高等教育发展介绍，涉及晋阳书院、山西高等学堂和山西大学创办情况；[①] 董宝良、熊贤君主编《从湖北看中国教育近代化》对从1858年汉口通商到1911年辛亥革命期间的湖北教育近代化进行研究[②]，张彬《从浙江看中国教育近代化》考察浙江教育近代化过程中开明士绅办学、重视基础教育等诸多特色（这两本著作着眼于一般教育，高等教育并非研究主题）；刘兆伟等编著《东北高等教育史》以东北三省高等教育为主题，梳理东北地区自古代至20世纪末的高等教育发展状况，包括近代高等教育产生与发展等内容；[③] 刘正伟编著《督抚与士绅——江苏教育近代化研究》考察曾国藩、李鸿章、刘坤一等督抚与士绅为推进教育近代化所做的积极努力，但未对高等教育近代化作深入系统分析；[④] 张耀荣主编《广东高等教育发展史》有专章对广东近现代高

① 赵立法编著：《山西高等教育简史》，山西人民出版社1989年版，第12—56页。

② 董宝良、熊贤君主编：《从湖北看中国教育近代化》，广东教育出版社1996年版，第66页。

③ 刘兆伟等编著：《东北高等教育史》，辽宁大学出版社2000年版，第71—239页。

④ 刘正伟：《督抚与士绅——江苏教育近代化研究》，河北教育出版社2001年版，第61—123页。

等文理科（包括农业、工程、师范、中西医、艺术等）教育进行梳理；[①] 王学珍主编《北京高等教育史》有专章讲述北京近代高等教育发展情况，以介绍教育机构、教育思想、教育宗旨、管理体制、教学内容、教学活动等为内容；[②] 任祥《抗战时期云南高等教育的流变与绵延》以抗战时期云南高等教育发展为主题，介绍高等教育给云南经济发展、社会结构、文化传承、教育发展等带来的改造和影响；[③] 买雪燕《甘肃近代高等教育发展研究》挖掘和整理近代甘肃高等教育发展的历史节点，系统梳理和深入探讨近代甘肃高等教育和大学发展路径，[④] 是近代省域高等教育研究的重要成果。具体参见表 0–5。

表 0–5　近代省域高等教育发展研究相关主要著作

著作名称	编 / 著者	年份	主要内容及特征
《山西高等教育简史》	赵立法	1989	山西高等教育发展历程回顾
《从湖北看中国教育近代化》	董宝良、熊贤君	1996	结合社会经济、文化、政治探讨 1858 年汉口通商到 1911 年辛亥革命之间湖北教育近代化进程
《从浙江看中国教育近代化》	张彬	1996	结合近代社会政治、经济、文化等考察浙江教育近代化的进程特征
《东北高等教育史》	刘兆伟等	2000	梳理东北地区自古代至 20 世纪末的高等教育状况，包括高等师范教育、成人高等教育和特殊高等教育等内容
《督抚与士绅——江苏教育近代化研究》	刘正伟	2001	论述曾国藩、李鸿章、刘坤一等督抚与士绅为推进教育近代化所做的积极努力
《广东高等教育发展史》	张耀荣	2002	梳理广东近现代高等文理科教育
《北京高等教育史》	王学珍	2010	专章讲述北京近代高等教育发展状况，介绍教育机构、教育思想、教育宗旨、管理体制、教学内容、教学活动等
《抗战时期云南高等教育的流变与绵延》	任祥	2012	重点论述抗战时期云南高等教育对经济发展、社会结构、文化传承、教育发展的影响
《甘肃近代高等教育发展研究》	买雪燕	2018	挖掘和整理近代甘肃高等教育发展的历史节点，系统梳理和深入探讨近代甘肃高等教育和大学发展路径

① 张耀荣主编：《广东高等教育发展史》，广东高等教育出版社 2002 年版，第 13 页。
② 王学珍主编：《北京高等教育史》，中国广播电视出版社 2010 年版，第 2—5 页。
③ 任祥：《抗战时期云南高等教育的流变与绵延》，商务印书馆 2012 年版，第 4 页。
④ 买雪燕：《甘肃近代高等教育发展研究》，经济科学出版社 2018 年版，第 2 页。

由上面所述可知，随着近代高等教育成为相对独立的研究领域，近代省域高等教育相关研究也开始出现。以上著作中，除买雪燕《甘肃近代高等教育发展研究》外，其他省域近代高等教育研究多未成为独立研究主题，因而研究有待继续深入和系统化。另外，从省域对象来看，已有研究重点关注近代高等教育较为发达的沿海、沿江区域，如江苏、浙江、湖北、广东等，或是发展较具特色的山西、云南、东北等省域。研究能基于高等教育与社会政治、经济、文化等的密切关系展开，较好地克服了“就教育论教育”“教育中心”的视角，这为本论题研究内容与框架的设计提供了有益且重要的启示。

进入 21 世纪以来，陆续出现了近代省域高等教育研究相关的系列博硕学位论文成果。其中，较具代表性的主要有：伍春晖《湖南教育近代化研究（1894—1929）》以近代化为视角考察湖南近代教育与当地政治、经济、文化及社会其他方面的互动关系，[①]但高等教育不是研究主题；李青栖《民国时期辽宁地区高等教育述论——（1912.01.01—1931.09.18）》考察辽宁省民国时期高等教育发展状况；[②]王李金《从山西大学堂到山西大学（1902—1937）——探寻中国近代大学教育创立和发展的轨迹》以山西为个案考察近代大学教育发展历程；[③]李明华《时务学堂的创办及其对湖南高等教育近代转型的影响研究》探讨时务学堂的近代特性及其对湖南高等教育转型的积极影响；[④]徐振岐《民国时期黑龙江高等教育述论》考察民国时期黑龙江高等教育发展条件、政策方针、院校设置、管理及规程等方面的状况，突出高等教育受日俄交替控制、殖民色彩浓厚等省域特征；[⑤]刘小华《改革开放以来湖南高等教育发展研

① 伍春晖：《湖南教育近代化研究（1894—1929）》，博士学位论文，湖南师范大学，2007 年，第 2 页。

② 李青栖：《民国时期辽宁地区高等教育述论——（1912.01.01—1931.09.18）》，硕士学位论文，东北师范大学，2008 年，第 3 页。

③ 王李金：《从山西大学堂到山西大学（1902—1937）——探寻中国近代大学教育创立和发展的轨迹》，博士学位论文，山西大学，2011 年，第 2 页。

④ 李明华：《时务学堂的创办及其对湖南高等教育近代转型的影响研究》，硕士学位论文，湖南师范大学，2011 年，第 1 页。

⑤ 徐振岐：《民国时期黑龙江高等教育述论》，博士学位论文，吉林大学，2013 年，第 1 页。

究（1978—　）——基于若干重要问题的探析》基于高等教育与区域经济互动关系、社会流动、教育公平、教育绩效等重要问题考察改革开放以来湖南高等教育发展状况，近代湖南高等教育发展不是研究的重点；[①]刘海涛《安徽近代高等教育发展及其影响因素分析（1898—1938）》从政治、经济、文化三个主要方面分析近代安徽高等教育发展缓慢的原因；[②]马玉娟《清末直隶高等教育研究》探讨清末直隶高等教育受益于行政力量推动等发展特色；[③]许伟伟《1927—1937年安徽省高等教育研究》考察国民政府统治前十年安徽高等教育发展缓慢、经费不足等状况；[④]刘克桥《民国时期河南学校教育研究》有专章考察民国时期河南高等学校发展及其对社会的影响；[⑤]王东健《南京国民政府时期江苏高等教育发展研究——以国立大学为中心（1927—1937）》聚焦国立大学考察近代江苏高等教育发展状况。[⑥]

从以上近代省域高等教育研究相关博硕学位论文中可以看出，近十余年来，近代省域高等教育研究成果不断丰富，日益成为研究热点；研究的省域开始从广东、湖南、湖北、浙江等近代高等教育发达省域向安徽、河南等欠发达省域转移；研究时段以民国时期居多，关注整个近代历史时期的较少，还有少数以清末为主题；研究人员的学科背景以中国近现代史居多，高等教育学学科不多，研究的专业性程度有待提升，研究方法、视角也有待改善；研究内容多限于高等教育政策、教育院校、课程设置等方面的历史考察，“就教育论教育”痕迹较为明显。这些成果给本论题研究近代江西高等教育发展以重要的观点及方法论启示。具体可参见表0-6。

---

① 刘小华：《改革开放以来湖南高等教育发展研究（1978—　）——基于若干重要问题的探析》，博士学位论文，湖南师范大学，2014年，第2页。

② 刘海涛：《安徽近代高等教育发展及其影响因素分析（1898—1938）》，博士学位论文，苏州大学，2015年，第5页。

③ 马玉娟：《清末直隶高等教育研究》，硕士学位论文，河北师范大学，2015年，第1页。

④ 许伟伟：《1927—1937年安徽省高等教育研究》，硕士学位论文，安徽大学，2016年，第2页。

⑤ 刘克桥：《民国时期河南学校教育研究》，博士学位论文，郑州大学，2017年，第1页。

⑥ 王东健：《南京国民政府时期江苏高等教育发展研究——以国立大学为中心（1927—1937）》，硕士学位论文，西南民族大学，2017年，第2页。

表 0-6 近代省域高等教育研究相关主要博硕学位论文

论文题目	作者	年份	研究机构	学科专业
《湖南教育近代化研究（1894—1929）》	伍春晖	2007	湖南师范大学	中国近现代史
《民国时期辽宁地区高等教育述论——（1912.01.01—1931.09.18）》	李青栖	2008	东北师范大学	近代史
《从山西大学堂到山西大学（1902—1937）——探寻中国近代大学教育创立和发展的轨迹》	王李金	2011	山西大学	中国近现代史
《时务学堂的创办及其对湖南高等教育近代转型的影响研究》	李明华	2011	湖南师范大学	高等教育学
《民国时期黑龙江高等教育述论》	徐振岐	2013	吉林大学	中国近现代政治史
《改革开放以来湖南高等教育发展研究（1978— ）——基于若干重要问题的探析》	刘小华	2014	湖南师范大学	中国近现代史
《安徽近代高等教育发展及其影响因素分析（1898—1938）》	刘海涛	2015	苏州大学	高等教育学
《清末直隶高等教育研究》	马玉娟	2015	河北师范大学	教育学原理
《1927—1937 年安徽省高等教育研究》	许伟伟	2016	安徽大学	中国文化史
《民国时期河南学校教育研究》	刘克桥	2017	郑州大学	中国近现代史
《南京国民政府时期江苏高等教育发展研究——以国立大学为中心（1927—1937）》	王东健	2017	西南民族大学	中国史

此外，早在 20 世纪 80 年代末就开始出现近代省域高等教育研究相关的系列期刊论文。其中较具代表性的有：温梁华《民国时期的云南高等教育》对民国时期云南高校及西南联大等外迁高校作了简单的介绍，[①]这是较早的一篇关于近代省域高等教育研究的论文；王建军《论近代广东高等教育发展的历史趋势》从广东高等教育自地理优势转化为地方优势的视角，阐释高等教育地方化的重要价值与内涵；[②]袁德俊《论福建近代高等教育发展缓慢的历史原因》从福建经济发展、政治统治和文化特点等方面分析福建近代高等教育

① 温梁华：《民国时期的云南高等教育》，《玉溪师专学报（社会科学版）》1988 年第 5 期。

② 王建军：《论近代广东高等教育发展的历史趋势》，《华南师范大学学报（社会科学版）》1995 年第 2 期。

发展相对缓慢的原因；[①]秦国柱《民国时期广东高等教育的沿革及其评析》通过对民国高等教育历史分期的分析，评析广东高等教育的地方化发展特征；[②]王运来《江苏高等教育近代化的特点探析》探讨江苏高等教育近代化进程中发挥“地利”“人和”优势，公私立大学平分秋色，以及教育经费独立等显著特征；[③]彭平一《民国时期湖南高等教育的发展及其特点》通过对湖南高等教育发展的学制分期探讨其由分散走向集中、由粗放走向集约的发展趋势，以及发展的阶段性、地域布局的不平衡性、发展过程的整合性、办学主体的多元化等特点；[④]赵清明《山西大学堂留学生与山西近代高等教育的发展》从山西大学堂派遣留学生的背景、情况及其影响三方面探讨山西大学堂留学生与山西近代高等教育发展之间的关系；[⑤]贺金林《民国时期广西高等教育的演进及影响因素》回顾民国时期广西高等教育发展历程，探讨其特点与成因；[⑥]买雪燕《抗战时期甘肃高等教育的自我调适与整合》探讨甘肃学院由“省立”改为“国立”和国立西北师范学院的“移植”及抗战时期高等教育调适与整合的实现。[⑦]可以看出，以上期刊论文成果涉及的省域对象不断得到拓展，但这些论文多数发表层次较低、社会影响不大，专业性及规范性也略有欠缺。

综上所述，自20世纪80年代末以来，近代省域高等教育相关研究成果不断出现，研究涉及的省域对象日益广泛，不断得到拓展，从“典型”走向“普通”。起初，相关研究成果集中于江苏、浙江、湖北、广东等沿海沿江的近代高等教育强省或山西、云南等特省，属于“典型”省域；随着研究的深

① 袁德俊:《论福建近代高等教育发展缓慢的历史原因》,《福建论坛（文史哲版)》1996年第5期。

② 秦国柱:《民国时期广东高等教育的沿革及其评析》,《五邑大学学报（社会科学版)》1997年第2期。

③ 王运来:《江苏高等教育近代化的特点探析》,《江苏社会科学》2002年第2期。

④ 彭平一:《民国时期湖南高等教育的发展及其特点》,《株洲工学院学报》2003年第1期。

⑤ 赵清明:《山西大学堂留学生与山西近代高等教育的发展》,《山西大学学报（哲学社会科学版)》2010年第5期。

⑥ 贺金林:《民国时期广西高等教育的演进及影响因素》,《社会科学家》2010年第11期。

⑦ 买雪燕:《抗战时期甘肃高等教育的自我调适与整合》,《青海民族研究》2016年第2期。

入，内陆高等教育欠发达的广西、甘肃等“普通”省域也逐渐走入研究视野。从研究的系统性来看，目前仅安徽、甘肃有较为系统的研究，其他省域系统深入的研究成果还较为欠缺；从研究时段来看，大多数尚未揭示近代省域高等教育发展整体过程，而是针对某一时期的发展特征进行研究，且以民国时期居多。对不同省域的差异性研究可以加深对近代中国高等教育发展变迁全景式、立体式的认知。相关研究成果的专业性、规范性、系统性等亟待提升。以上成果不仅给本论题以重要的可供参考的比较资料，而且给予重要的方法论启示，极大激发了笔者研究揭示近代江西高等教育演进规律及特征的热情。

三、近代江西高等教育发展相关研究：一个值得关注的角落

古代江西高等教育兴盛发达，成就辉煌。然而，近代以来，高等教育发展逐渐走向边缘，似乎开始淡出人们的视线。至今尚未发现有关近代江西高等教育发展较为系统深入的研究论著，但确已有不少与近代江西高等教育发展研究密切相关的成果。近代江西高等教育发展深受近代江西政治、经济、文化发展等因素影响，又反过来影响近代江西社会发展进程。因此，近代江西高等教育发展相关研究成果包括两个方面：一是与此相关的高等教育方面的成果，二是近代江西社会政治、经济、文化变迁与高等教育互动发展的相关研究成果。

近代江西高等教育发展相关的著作成果主要包括：张希仁主编《江西高等学校简史》主要考察中华人民共和国成立后江西各高校的发展变化，部分内容涉及晚清民国时期高校的系科设置、图书馆、实验室、刊物出版、教学改革、科学研究和学校管理等基本情况；[①] 张兴荣、章远庆主编《江西医学教育史》包含近代江西医学高等教育发展的相关内容；[②] 许怀林《江西史

---

① 张希仁主编：《江西高等学校简史》，江西省教育志编纂委员会办公室，1988 年，第 1—2 页。

② 张兴荣、章远庆主编：《江西医学教育史》，上海医科大学出版社 1990 年版，第 2—3 页。

稿》考察近代江西社会变迁的历史，为分析近代高等教育发展提供了政治、经济、文化发展等方面的丰富资料；[①] 黄定元、张希仁主编《江西省教育志》记述江西自有文字记载起至1990年的教育发展历史，第九篇有较为丰富的近代江西高等教育相关研究资料；[②] 陈文华、陈荣华《江西通史》中也涉及近代江西高等教育研究的相关内容；[③] 漆权主编《江西教育百年（1901年—2000年）》比较系统地介绍了江西1901—2000年教育发展演变状况，包括大量翔实的近代江西高等教育发展相关资料；[④] 万振凡、林颂华主编《江西近代社会转型研究》分析江西社会、经济、文化、政治的近代变迁，并有对新式教育发展的相关论述，未专门深入分析高等教育的近代化进程；[⑤] 许怀林主编《江西文化》考察江西文化的生态环境、源头演变、主要成就等，部分内容涉及近代高等教育发展；[⑥] 黄定元、漆权主编《江西高等教育十七年》主要依据当事人和知情人的回忆回顾1949—1966年江西高等教育的发展历程，提供了大量近代与现代江西高等教育历史衔接的史料；[⑦] 赵树贵、陈晓鸣《江西通史·晚清卷》和何友良《江西通史·民国卷》两书中均有涉及近代江西高等教育发展的相关内容。[⑧][⑨] 从以上可考的著作可以看出，近代江西高等教育发展的系统专门研究是学术界忽略已久的领域，研究成果相当零散、不成体系，但这些成果为本论题提供了许多弥足珍贵、可供借鉴的资料。具体参见表0-7。

① 许怀林：《江西史稿》，江西高校出版社1993年版，第1—3页。

② 黄定元、张希仁主编：《江西省教育志》，方志出版社1996年版，第1—3页。

③ 陈文华、陈荣华：《江西通史》，江西人民出版社1999年版，第2—4页。

④ 漆权主编：《江西教育百年（1901年—2000年）》，江西高校出版社2001年版，第1—2页。

⑤ 万振凡、林颂华主编：《江西近代社会转型研究》，中国社会科学出版社2001年版，第1—4页。

⑥ 许怀林主编：《江西文化》，安徽教育出版社2006年版，第1—2页。

⑦ 黄定元、漆权主编：《江西高等教育十七年》，江西高校出版社2006年版，第2—3页。

⑧ 赵树贵、陈晓鸣：《江西通史·晚清卷》，江西人民出版社2008年版，第1—4页。

⑨ 何友良：《江西通史·民国卷》，江西人民出版社2008年版，第1—4页。

表 0-7 近代江西高等教育研究相关著作

著作名称	编 / 著者	年份	与本论题相关内容
《江西高等学校简史》	张希仁	1988	本书主要内容为 1949 年后江西各高校的发展变化，部分内容涉及晚清民国时期高校的系科设置、图书馆、科研与教学等基本情况
《江西医学教育史》	张兴荣、章远庆	1990	近代江西医学高等教育发展状况
《江西史稿》	许怀林	1993	近代江西社会变迁历史，为分析高等教育发展提供了政治、经济、文化发展等方面的资料
《江西省教育志》	黄定元、张希仁	1996	近代江西高等教育发展概况
《江西通史》	陈文华、陈荣华	1999	近代江西高等教育研究的相关内容
《江西教育百年（1901 年—2000 年）》	漆权	2001	包括大量翔实的近代江西高等教育发展相关资料
《江西近代社会转型研究》	万振凡、林颂华	2001	江西社会、经济、文化、政治的近代变迁历史
《江西文化》	许怀林	2006	江西文化生态环境、源头演变、主要成就等
《江西高等教育十七年》	黄定元、漆权	2006	提供了大量近代与现代江西高等教育历史衔接的史料
《江西通史 · 晚清卷》	赵树贵、陈晓鸣	2008	近代江西高等教育发展相关内容
《江西通史 · 民国卷》	何友良	2008	近代江西高等教育发展相关内容

21 世纪以来，近代江西高等教育发展相关研究陆续出现了一批博硕学位论文成果，其中主要有：杨吉安《江西近代留学教育的发展轨迹及其审视》，考察近代江西留日、留美和留欧教育状况，分析留学教育对近代江西政治、教育和学科建设的重要影响；[①]饶爱京《江西民办高等教育发展研究——经济欠发达的视角》结合中国现阶段不同区域经济状况与民办高等教育发展的相互关系，从历史、政治、文化、地理等多角度系统探讨江西民办高等教育发展的区域比较优势；[②]刘义程《发展与困顿：近代江西的工业化历程（1858—

① 杨吉安：《江西近代留学教育的发展轨迹及其审视》，硕士学位论文，江西师范大学，2005 年，第 1 页。

② 饶爱京：《江西民办高等教育发展研究——经济欠发达的视角》，博士学位论文，厦门大学，2006 年，第 1—2 页。

1949)》通过探讨影响近代江西工业化进程的各种因素，从经济转型的视角分析近代以来江西发展滞后的历史动因；[①] 黄田《晚清江西学政研究》分析晚清咸丰、同治、光绪年间学政施政过程，探讨学政施政与学风、政治、军事因素的关系；[②] 王媛《国立中正医学院办学状况及特色研究》爬梳国立中正医学院的办学状况，据此分析其办学特色；[③] 韦靖源《20世纪50年代的高等教育变革——以江西为中心的历史考察》分析中华人民共和国成立后头十年江西高等教育发展情况，爬梳了江西高等教育领域经历的院系调整和专业设置等变革。[④]

近代江西高等教育发展研究相关期刊论文主要包括：李国强《江西高等教育的回顾和展望》简要回顾江西高等教育从宋代至20世纪80年代初的发展历程，试图分析近代走向落后的原因并展望未来；[⑤] 陈剑安《江西早期新式学堂初探》考察江西清末新式学堂，称这些学堂为先天不足的"难产儿"、顺应时代的"幸运果"；[⑥] 肖华忠《清末江西新式高等教育发展概略》依据"壬寅癸卯学制"考察近代江西高等教育的范畴与沿革、学制与学科、教师与管理；[⑦] 林容、赵缓《民国初年江西的高等教育及其特点》论述民初江西高等教育学校类型单一、资金缺乏、办学条件差，但管理较规范、师资力量较强等特点；[⑧] 欧阳侃《江西高等教育的发展轨迹》回顾自1902年创办江西大学堂以来江西高等教育的百余年历程；[⑨] 何友良《熊式辉与国立中正大学的创办》论述熊式辉为创办国立中正大学付出的努力以及该校对江西乃至全国高等教育

① 刘义程：《发展与困顿：近代江西的工业化历程（1858—1949）》，博士学位论文，福建师范大学，2007年，第2页。

② 黄田：《晚清江西学政研究》，硕士学位论文，上海社会科学院历史研究所，2014年，第1—2页。

③ 王媛：《国立中正医学院办学状况及特色研究》，硕士学位论文，第三军医大学，2015年，第1页。

④ 韦靖源：《20世纪50年代的高等教育变革——以江西为中心的历史考察》，硕士学位论文，南昌大学，2016年，第2页。

⑤ 李国强：《江西高等教育的回顾和展望》，《江西师院学报（哲学社会科学版）》1983年第1期。

⑥ 陈剑安：《江西早期新式学堂初探》，《江西师范大学学报（哲学社会科学版）》1987年第2期。

⑦ 肖华忠：《清末江西新式高等教育发展概略》，《江西社会科学》1994年第6期，第86—89页。

⑧ 林容、赵缓：《民国初年江西的高等教育及其特点》，《江西教育学院学报（社会科学）》2005年第10期。

⑨ 欧阳侃：《江西高等教育的发展轨迹》，《江西师范大学学报（哲学社会科学版）》2008年第6期。

发展的重要意义；[①] 连振斌、黎志华《清末江西巡抚与江西教育近代化》探讨清末“新政”时期江西巡抚介入新式学堂教育的情形，部分内容涉及高等学堂、专门学堂等近代高等教育机构；[②] 连振斌《清末江西士绅与江西教育近代化》考察清末士绅在创办新式学堂、筹集教育经费、建言和监督新式学堂发展方面的积极影响，部分内容涉及高等学堂及专门学堂；[③] 杨吉安《民国时期的留学生与江西教育的现代化》从留学生作为教育方案设计者、高等教育教学者与管理者的视角探讨留学生对江西教育现代化的作用；[④]武杰《古代书院到现代学校教育变迁的历史轨迹》聚焦豫章书院，考察南宋至今江西教育的变迁轨迹，力图揭示不同时期江西教育发展特征；[⑤]张建中《抗战时期中部高等教育的快速发展——以江西省为例》比较抗战全面爆发前后江西高等教育情况，考察全民族抗战时期江西高等教育的快速发展情形。[⑥]

综上可知，虽然学界对近代江西高等教育关注较早，早在 20 世纪 80 年代初就出现了相关论文，但至今仍缺乏对这一论题的系统、深入的专门研究。近年来，研究热度开始有所攀升，近代江西高等教育日渐成为被关注的领域，相关研究内容日益广泛和深入，主要涉及近代江西留学教育、私立高等教育、近代工业转型、晚清学政等方面，国立中正医学院、新式学堂、国立中正大学等高教机构，影响高等教育发展的个别重要人物或群体，也有近代某段具体历史时期的整体发展状况，研究领域不断得到扩展；其研究多是“就教育论教育”，较少关注高等教育与社会诸因素之间的密切互动，且研究的专业性、系统性和规范性仍有待进一步提升。因此，这意味着从江西政治、经济、文化等角度系统深入研究近代江西高等教育变迁将有重要的价值。

此外，中国近代省域高等教育研究呈现三大趋势与特点：（1）研究基点

① 何友良：《熊式辉与国立中正大学的创办》，《江西社会科学》2008 年第 4 期。
② 连振斌、黎志华：《清末江西巡抚与江西教育近代化》，《教育学术月刊》2015 年第 4 期。
③ 连振斌：《清末江西士绅与江西教育近代化》，《南昌航空大学学报（社会科学版）》2017 年第 3 期。
④ 杨吉安：《民国时期的留学生与江西教育的现代化》，《教育学术月刊》2016 年第 2 期。
⑤ 武杰：《古代书院到现代学校教育变迁的历史轨迹》，《教育学术月刊》2017 年第 3 期。
⑥ 张建中：《抗战时期中部高等教育的快速发展——以江西省为例》，《现代大学教育》2018 年第 2 期。

开始逐渐摆脱表现为移植与依附的“西方中心”，在认可其“西方标准”的同时，开始关注近代高等教育与传统高等教育的历史关联，重视对高等教育中国传统与中国元素的挖掘，遵循近代高等教育发展的历史连续性原则，逐渐形成和体现高等教育研究的中国特色（本论题将基于其自主转型的视角，回归近代江西高等教育发展历史主体地位）；（2）研究的分析框架开始由就教育论教育的“教育中心”转向关注高等教育与社会政治、经济、文化等因素互动，这是对高等教育发展内外部关系规律认识深化的结果；（3）近代省域高等教育研究的对象从经济发达的沿海、沿江省域转向欠发达省域，这将有利于更加全面、立体地认知近代中国高等教育的发展进程及其特征。据此，近代江西高等教育发展历程及其影响因素研究，不仅必要，而且可行。

第三节　相关概念的界定

与本论题密切相关的概念有近代与江西、高等教育及其发展，为明晰研究的概念范畴，下面拟对它们进行界定。

一、近代与江西

“近代”与“江西”分别是本书研究对象的纵向时间设定和横向地域设定。为使研究对象更为具体和清晰，下面拟对这两个概念作出界定。

“近代”是一个表达历史阶段或跨度的相对概念，不同语境下该词所指的时间跨度并不相同。西方历史学家通常将历史大致划分为古代、中世纪和现代，西方的“近代”，通常指从中世纪结束的 16 世纪前后到现代的历史时期，故与“modern”有对应关系。马克思主义历史学的世界近代史一般指 1640 年英国资产阶级革命开始到 1917 年俄国十月革命约 280 年的这一资本主义发展历史阶段。[①]中国对于其近代的上限说法稍有不一。吕思勉认为中国近代始于明代中叶欧洲新航路开辟到中国之际，进而开始影响中国政治、经济、文化的阶段。[②]蒋廷黻认为中国近代始于第一次鸦片战争。[③]马克思主义历史学家大多认为中国近代一般始于1840年鸦片战争。[④]关于中国近代史的下限，曾经出现1919年和1949年两种观点的交替。王廷科从重视新民主主义革命地位的观点出发提出了以1919年作为中国近代史和现代史的划分界限，[⑤]这一主张在一定程度上缘于在以马克思主义为指导的中国近代史学科建设之初，研究视线仍然聚焦于晚清社会。随着时间的推移和社会政治的变化，中国近代史研究不断取得新进展，越来越多的学者提出应以1949年中华人民共和国成立作为中国近代史的下限。其实，早在20世纪50年代就有学者提出此观点。“因为1840—1949年中国社会性质仍然是半殖民地半封建社会，革命性质仍然是反帝反封建（以后加上了官僚资本主义）的资本主义革命。”[⑥]其理由是近代史和现代史的划分不是一个社会的内部分期，而是标志从一种革命到另一种革命的交替，从一种社会形态到另一种社会形态的转变。1840—1949年半殖民地半封建社会显然不是完整意义上的资本主义社会，而是在外国资本主义侵略下的变态社会，“以近代史概括充当资本主义社会形态的半殖民地半封建社会的历史，而不因‘五四’运动分割为两截的近代、现代史，是更为科学些的，也更能完整地反映鸦片战争以来中国社会变化、发展的规律”。[⑦]因此，胡绳认为“把1919年以前的八十年和这以后的三十年，视为一个整体，总称之为‘中国近代史’，是比较合适的。这样，中国近代史就成为一部完整

---

① 王荣堂等：《新编世界近代史》，吉林人民出版社1980年版，第1页。

② 吕思勉：《吕思勉全集（13）》，上海古籍出版社2016年版，第13页。

③ 蒋廷黻：《中国近代史》，团结出版社2006年版，第1页。

④ 张海鹏、龚云：《中国近代史研究》，福建人民出版社2005年版，第12页。

⑤ 王廷科：《正确估价我国新民主主义革命的历史地位——关于中国近现代史分期问题的商榷》，《四川大学学报（哲学社会科学版）》1981年第1期。

⑥ 杨遵道：《中国人民大学第六次科学讨论会上关于“中国近代历史分期问题的讨论”》，《历史研究》1956年第7期。

⑦ 陈旭麓：《关于中国近代史的年限问题》，《学术月刊》1959年第11期。

的半殖民地半封建中国的历史，有头有尾”。[①] 随着中国近代史研究的深入，这一历史分期日益成为当前研究的主流观点。本书以马克思历史唯物主义为原则与指导，文中所指近代跨度与马克思主义历史学家的理解高度一致。近代江西高等教育发展史的“近代”的上限应设定为1902年江西大学堂的创办，下限延至1949年5月南昌解放后国立中正大学等高校被接收。基于此，本书将“近代”设定为1902—1949年，力图完整重现近代江西高等教育的发展历程。

“江西”一词源于733年唐玄宗设江南西道，因主要河流赣江流经境内，简称“赣”。江西地处中国东南部，位于长江中、下游分界点的南岸，东邻浙江、福建，南连广东，西接湖南，北毗湖北、安徽，自古有“吴头楚尾，粤户闽庭，形胜之区”之称。江西地形三面环山，一面临水，从南而北，地势渐次向鄱阳湖倾斜，形成一个开口朝北的巨型“簸箕”。江西行政区划建制始于汉高祖初年，当时辖区就与现在省区范围大致相当。[②] 江西是秦汉行政区划的产物，这一定程度上决定其文化的政治倾向。宋朝全国分为各路，江西属江南路，绍兴元年，江南路又分为江南东路和江南西路，江西分属两路；元朝实施行省、路、州、县四级制，江西地境分属江浙行省；明朝设置承宣布政使司、府（州）、县三级制，江西承宣布政使司辖13府，77个县；清朝首次改江西布政使司为江西省，行政区域基本承袭明朝建制，全省区划调为13府1直隶州1散州75县又4厅；民国时期，清朝的府、州、厅一律改为县，江西省共辖81县，1926年北伐军进驻南昌时正式设南昌市，为江西设市之始。1932年起，全省划为13个行政督察区，1934年婺源县从安徽划入江西，1947年划回安徽，1949年再次划归江西。1935年，江西13个行政区缩减至8个，1942年8月又调为9个行政区。根据以上江西行政区划的历史沿革可以看出，其辖区范围基本变动不大。鉴于此，本书所述之江西拟以其当前所

---

① 胡绳：《胡绳全书》（第六卷）（上），人民出版社1998年版，第22页。

② 江西省人民政府网：《江西概况·历史沿革》，2021年8月27日，见 https://www.jiangxi.gov.cn/col/col476/。

辖行政区域为准。江西长期相对稳定的辖区容易形成统一的地域文化，这既容易为近代高等教育发展带来有利条件，同时也极容易形成沉重的历史包袱。

二、高等教育及其发展

（一）高等教育

高等教育是本书的核心概念。虽然高等教育已成为人们所熟悉和常见的词语，但至今仍然没有一个严格的、统一的精确定义。学界关于高等教育比较经典和权威的定义有：《不列颠百科全书》（国际中文版）“高等教育”（higher education）词条援引联合国教科文组织 1962 年非洲高等教育国际会议所下的定义：

> 高等教育是指大学、文理学院、理工学院和师范学院等机构所提供的各种类型的教育而言，其基本入学条件为完成中等教育，一般入学年龄为 18 岁，学完课程后授予学位、文凭或证书，作为完成高等学业的证明。[①]

《苏联百科词典》将“高等教育”定义为：“继中学教育后在高等学校里所获得的专门教育，是国民经济、科学和文化各部门中具有高等技能的专家所必备的教育。”[②]《中国大百科全书》把高等教育限定为“建立在中等教育基础之上的各种专业教育。分专修科、本科和研究生班”，并分析中外高等教育的历史演变过程。[③] 顾明远《教育大辞典》中“高等教育”被表述为“中等教育以上程度各级各类教育的总称。其涵义随历史发展而发展，因国民教育制度的逐渐完善而趋于明确”。[④] 此外，《中华人民共和国高等教育法》中“高等教

① 《不列颠百科全书》国际中文版第八卷（修订版），中国大百科全书出版社 2007 年版，第 75 页。
② 《苏联百科词典》，中国大百科全书出版社 1986 年版，第 418 页。
③ 《中国大百科全书》（简明版）第三卷，中国大百科全书出版社 1996 年版，第 1497—1498 页。
④ 顾明远主编：《教育大辞典》（简编本），上海教育出版社 1999 年版，第 111 页。

育”被限定为:“本法所称高等教育，是指在完成高级中等教育基础上实施的教育。”美国高等教育领域研究专家伯顿・R.克拉克认为“知识材料，尤其是高深的知识材料，处于任何高等教育系统的目的和实质的核心。不仅历史上如此，不同的社会也同样如此”。[①]潘懋元先生将高等教育定义为“建立在普通教育基础上的专业教育”[②]，颇具影响力和权威性。纵观以上定义，虽表述各有侧重，但中等、普通、基础、专业、高深知识成为高频关键词，作为“高深知识”的“专业”是高等教育的核心内涵，是其区别于其他程度教育的特质；中等、普通、基础表明高等教育是相对于基础教育而言更高层次的教育。

高等教育是人类社会发展到一定历史阶段的产物，是历史的动态概念，其形态随时代变迁而不断发展演变。“教育虽然是一个永恒的范畴，它在内容、方法和形式上却是随着社会生活的改变而改变的。”[③]梳理发现，高等教育至少依次经历了三种历史形态：高深知识教育—大学教育—中等后教育或第三级教育。哈罗德・珀金将高等教育概括为四个阶段：行会大学—新大学（自然科学课程）—“德国大学”（以研究为基础进行教学）—“近代社会的轴心机构”。[④]但无论哪一种高等教育形态，更多的只是教育内容及组织形式的发展演变，作为“高深知识”的“专业教育”的实质内涵却始终不变。从历史发展来看，“普通教育”、“专业教育”和“基础教育”只是一组相对概念，相对于中小学“普通教育”来说，大学本科阶段的“普通教育”便是“专业教育”，而相对于大学阶段的“普通教育”而言，研究生阶段的教育又是更为高深的“专业教育”。“高深知识”的特征表现为仅有少数人通过持续不断的学习和研究才能掌握，这样才可称之为“专业”的高等教育。不同历史时期，“基础”“中等”“高等”的分层是相对的。古希腊苏格拉底、柏拉图、亚里士

---

① ［美］伯顿・R.克拉克:《高等教育系统——学术组织的跨国研究》，王承绪等译，杭州大学出版社 1994 年版，第 12—13 页。

② 潘懋元主编:《高等教育学》（下），人民教育出版社 1984 年版，第 247 页。

③ ［苏］伊・阿・凯洛夫总主编:《教育学》，陈侠等译，人民教育出版社 1957 年版，第 2 页。

④ ［美］伯顿・克拉克主编:《高等教育新论——多学科的研究》，王承绪等译，浙江教育出版社 2001 年版，第 9 页。

多德，以及春秋末期孔子、老子等古圣先贤所掌握的综合性知识也是高深的专业知识。近代资本主义发展促使知识系统化和等级化之前，教育基本分成初等、高等两级：中世纪欧洲大学教育的基础是“文理学校”的教育，而中国古代书院教育则基于“蒙学馆”“私塾”所接受的基础知识教育，二者并无实质区别。为区别于近现代高等教育，荀渊将“传统高等教育”形态及其演变描述为：

> 自汉朝确立的以太学（明以后是国子监）为标志的官学体系和作为私学典范的书院自宋代起的勃兴，以及自唐朝就确立的科举制度和随后将儒家经典逐渐确定为科举考试的唯一内容。其中在清代趋于官学化之前，书院都是作为官学体系的对立面——延续自春秋时代的私人讲学传统而存在的，因此书院甚至被看作是恢复秦汉以前儒家传统所凭借的最有效的手段，其自由讲学之风和相对独立于王权的边缘状态，也被视为传统高等教育转变为现代高等教育后依旧得到认同的一个重要传统。而无论是官学体系的建立以及书院的官学化包括自书院产生以来就有的官助与皇敕情结，都意味着传统学术与知识分子始终无法逃脱王权的控制。特别是有清一代，由于官学体系的衰退，书院从补官学之不足的附属地位一跃而取代官学成为教化四民的主要教育机构，并与科举紧密地结合在了一起，不但成为科举的附庸，也失去了自由讲学的传统。[①]

以上定义试图从传统高等教育发展演变的角度阐明书院与现代大学在“自由讲学精神”方面存在互通性。

关于中国古代是否有高等教育，学界观点仍然存在分歧。顾明远先生认为中国的高等教育是西方的“舶来品”，中国高等教育的传统是在近代中西文

---

① 荀渊：《中国高等教育从传统向现代的转型——对 1901—1936 年间中国高等教育变革的考察》，博士学位论文，华东师范大学，2002 年，第 11—12 页。

化冲突与融合的过程中逐渐演变而成的。[①]潘懋元先生认为高等教育是适应资本主义经济发展需要的产物，是随着近代科学的产生与发展而在教育领域形成的历史概念，西方的雅典大学、亚历山大里亚大学等古代学校虽冠名“大学”，但只是学者聚会游学、讲课授徒之所，并非严格意义的普通教育基础上的专业教育；中国的太学、国子监等与府、州、县学无衔接性和分层关系，而以教育对象的官阶划分，也不是讲授专业性高深学问的学校。中国古代宋明以来的书院具有高等教育的某些属性。[②]故而潘懋元先生所主编的《高等教育学》（下）在“高等教育发展简史”一章中给古代的“高等教育”加引号，以区别于严格意义之“高等教育”。

有学者却认为古代确有高等教育。贺国庆等《外国高等教育史》第一编前三章分别为“古代东方国家的高等教育”“古希腊和罗马的高等教育”“拜占庭和阿拉伯的高等教育”；[③]熊明安编著《中国高等教育史》论述商周开始到共产党领导下的高等教育，各章节均以“某时期的高等教育”为标题；[④]曲士培《中国大学教育发展史》将高等教育等同于大学教育，按朝代顺序论述夏商周时期的大学教育，春秋战国时期的大学教育，隋、唐、宋、元、明、清时期的大学教育。[⑤]显然，以上学者认可古代中国、印度、阿拉伯等国家存在高等教育。这绝不仅是简单体现高等教育发展历史的连续性和整体性，而是对高等教育概念内涵及其发展规律的认知。黄福涛也认为西方中世纪大学出现之前，两河流域、非洲埃及和南亚印度等地出现的高等教育机构，既传授当时最高水平的知识与学问，又培养最高层次的人才，有些甚至成为当时最高层次的学术研究中心。[⑥]刘海峰、史静寰主编《高等教育史》上篇第一章梳

① 顾明远：《中国高等教育传统的演变和形成》，《高等教育研究》2001 年第 1 期。
② 潘懋元主编：《高等教育学》（下），人民教育出版社 1984 年版，第 247 页。
③ 贺国庆等：《外国高等教育史》，人民教育出版社 2006 年版，第 1—5 页。
④ 熊明安编著：《中国高等教育史》，重庆出版社 1983 年版，第 1—4 页。
⑤ 曲士培：《中国大学教育发展史》，北京大学出版社 2006 年版，第 1—2 页。
⑥ 黄福涛主编：《外国高等教育史》，上海教育出版社 2003 年版，第 1 页。

理了“中国古代高等教育”。[①]

本书认为，在教育制度化分层之前，存在传授“高深知识”的高等教育，不惟中西，不惟古今。中国古代教育大致可分为蒙学、小学和书院、太学两个层级，从年龄界限来看，15岁之前为小学教育，之后为大学教育或高等教育。小学教育机构为“私塾”“蒙学馆”“社学馆”等，教学内容是“句读”等基本读写技能和基本伦理道德、礼仪等基础知识，没有严格固定学习年限，考取秀才即为中小学教育的完结；秀才继续进入书院或者中央官学、太学等高等教育机构学习，学习年限同样没有严格固定，以能否考中举人作为限定，书院、太学、国子监等中央官学阶段大致相当于现代的高等教育阶段。“举人”或“进士”可进入国家管理机构工作，或者进入翰林院，继续从事研究，这些机构相当于科学研究院。秀才、举人、进士大致为古代高等教育的三个层次；西方学者甚至直接将“秀才”“举人”“进士”三个层次的科名与“学士”“硕士”“博士”三种学位相对应。[②] 印度大约于公元前8世纪前后形成三级教育机构，8岁之前儿童进入初等教育机构，8—15岁进入中等教育机构，16—20岁进入高等教育机构。[③] 古代中国和印度教育分级虽尚未严格制度化，缺乏相对固定的教材和教学内容以及考试和升级制度，却不可因此否认其层级的客观存在以及高等教育的实质内涵。

但上述高等教育不可笼统称为大学教育，二者在组织特征方面存在重要差异。大学教育是在中世纪大学的产生基础上发展完善的，不断形成了特有的组织特征，包括招生、入学、课程、考试、毕业等构成要素。具备这些组织特征的未必是“大学”，但不具备的就一定不是“大学”。因此，中国古代虽有严格意义的高等教育，但尚未出现“university”这一组织形式。《礼记·学记》中虽有“大学”一词，但其指经多年学习而成，用以“化民易俗”

① 刘海峰、史静寰主编:《高等教育史》，高等教育出版社2010年版，第13—34页。

② ［美］毕乃德:《洋务学堂》，曾钜生译，杭州大学出版社1993年版，第8页。

③ 黄福涛主编:《外国高等教育史》，上海教育出版社2003年版，第5页。

的大学问或深奥知识。具体如下：

> 古之教者，家有塾，党有庠，术有序，国有学。比年入学，中年考校。一年视离经辨志；三年视敬业乐群；五年视博习亲师；七年视论学取友；谓之小成。九年知类通达，强立而不反，谓之大成。夫然后足以化民易俗，近者说服而远者怀之，此大学之道也。记曰："蛾子时术之。"其此之谓乎！

上述"大学"教育耗时九年，受教者先"小成"后"大成"，目的是能够"化民易俗"。《礼记·大学》中将"大学之道"具体阐述为"明明德""亲民""止于至善"三个纲领，以及"格物""致知""诚意""正心""修身""齐家""治国""平天下"八大条目，此处"大学"也未形成现代大学的组织特性，无须参加考试以获得毕业文凭，仅强调高深知识及其学习，并非特定的大学教育。

综上可知，本书关于"高等教育"之内涵是指具有预备性知识基础的专业性高深知识教育，具体包括专业性教育、学术性教育、职业性教育和较高层次的通识性教育等。其外延应包括：高等教育组织或机构用于传授高深知识的场所，不限于大学，古希腊学园、中国书院、古印度寺庙等均是建立在基础性知识之上的高深知识传授机构；高等教育建基于具有完整性意义的基础教育，后者不仅指现代意义上的中等基础教育，也包括中国传统的识字教育和蒙学教育，目的在于获取完整的基础性和预备性知识；高等教育有各种考试、考查等质量保障机制，并授予某种凭证。中国古代的太学、国子监、书院，以及近代书院、高等学堂、专门学堂教育均是不同历史时期的高等教育形态。据此，官学和书院是招收在基础学校"私塾"接受"句读"之词法、句法、构词等基础教育的教育对象，进而传授和学习《诗》《书》《礼》《易》《春秋》等修辞学、政治学、伦理学、哲学、历史学等各科儒家经典，它们所进行的是名副其实的高等教育。

（二）高等教育发展

第二个需要界定的概念是“高等教育发展”。由前述可知，高等教育是生产力发展到一定阶段，适应社会对高级专门人才培养需求而从普通学校教育中分离出来的历史产物。在人类社会漫长的历史时期，学校教育并没有实现严格的初等、中等、高等和普通、专门之分别，[①]高等教育只是一个相对的概念。随着社会的发展（特别是资本主义经济的出现和发展），自然科学不断发达，高等教育形式和内容逐步得到充实和完善。高等教育发展研究需密切关注高等教育与社会发展的关系，并在这一关系框架下研究高等教育系统自身发展问题。高等教育发展研究应重点关注高等教育如何在与社会互动的过程中实现自身的发展，并进而满足社会的多样化需求，促进社会的可持续发展。[②]高等教育发展与社会发展相互联系、相辅相成，这二者之间很难进行简单归因，而是一种互动，甚至在一定意义上具有同一性。[③]

由此可见，高等教育是社会的一个子系统，其发展极其复杂，但主要包括两个方面：一是高等教育与社会的互动发展，这主要取决于高等教育与政治、经济、文化等社会主要方面的互动发展关系；二是在此关系框架下，高等教育系统内部自身的发展。鉴于高等教育发展与社会发展之间的这种关系，本书试图在挖掘和梳理近代江西高等教育自身发展的史料基础上，选取政治、经济和文化因素作为分析视角，以客观揭示近代江西高等教育的发展进程。而之所以选取这三个因素，首先是基于政治、经济和文化与高等教育发展之间的密切关系；其次是政治、经济和文化三要素构成了社会的最主要方面；再次是高等教育作为社会的一个子系统，其内部各要素与社会外部环境之间已形成互动发展的动力机制，省域高等教育系统发展与崛起形成其颇具

① 潘懋元主编:《高等教育学》(下)，人民教育出版社 1984 年版，第 246 页。

② 卢晓中主编:《现代高等教育发展论纲》，广东教育出版社 2005 年版，第 15 页。

③ 卢晓中主编:《现代高等教育发展论纲》，广东教育出版社 2005 年版，第 42 页。

特点的动力和路径，[①]这也是省域高等教育系统发展内外部关系规律的具体体现。本书基于省域高等教育系统发展的概念阐释近代江西高等教育发展过程，力图揭示其发展特征和影响因素。

第四节 框架设计及研究内容

近代江西高等教育研究有必要顺应和遵循两个趋势。一是密切关注其传统高等教育的历史基础。近代发展是一个自主探索和选择的历程，应回归其历史“剧作者”与“剧中人”角色。二是密切关注高等教育发展与社会互动，避免“就教育论教育”。从这一认识出发，本书在界定概念的基础上，进一步构建和设计分析框架，明晰研究内容。现分述如下。

一、框架设计

根据辩证唯物主义和历史唯物主义的观点，作为社会子系统的高等教育发展受社会政治、经济、文化等主要因素的制约，在此框架下高等教育系统内部各要素得以协调发展，并以系统效应引领促进或延缓阻碍社会诸因素的发展；省域高等教育系统发展因其特有的环境而形成自身特有的动力和路径。据此，研究近代不同历史阶段江西高等教育发展情况首先要关注高等教育系统内的科类体系、学生规模、师资队伍、课程教学、教育经费等基本要素的发展；其次，考察各阶段所独有的特征；再次，为深入地揭示不同阶段近代高等教育发展特征，全景立体式地洞察其历史进程，每个阶段选取一所具有代表意义的典型高校进行考察，这是高等教育系统与社会诸因素互动的高校层面（即系统内部）的具体表现；最后，本书试图从经济、政治和文化三个

① 陈伟：《省域高等教育系统的崛起：动力分析和路径选择》，《高等教育研究》2017 年第 11 期。

主要方面分析高等教育发展的影响因素，主要关注高等教育系统外部政治、经济、文化诸因素对高等教育发展的影响。故而本书将围绕近代以前、清末“新政”时期、北洋政府和国民政府时期四个不同历史阶段高等教育发展情形，从高等教育科类体系、师生规模、教育经费等要素概况，阶段特征，典型高校办学实践，高等教育发展及其影响因素四个方面设计分析框架，明晰研究内容，进而获得对近代江西高等教育发展历程的总体认知。

二、研究内容

爬梳相关史料后发现，近代江西高等教育发展历程明显迟缓于相邻省份。本书的中心论题是近代江西高等教育发展历程分期及其影响因素分析。据此，研究内容主要包括两个方面：一是厘清近代江西高等教育发展的基本历程及特征；二是分析经济因素（传统经济的近代转型）、政治因素（隶属于“直系”的军阀统治）和文化因素（江西文人集团的特征）对近代江西高等教育发展的影响。马克思主义历史观认为，政治、文化、教育都属于上层建筑，受制于经济基础；上层建筑中政治居于主导地位，对教育、文化起决定作用。近代江西高等教育发展直接受政治影响，与政治发展高度吻合。1902 年，清末“新政”颁布谕令，各省书院改办大学堂，豫章书院改办江西大学堂，是为近代江西高等教育发展的开端，1911 年辛亥革命，南昌光复，清政府被推翻，各高等学堂停办，这是清末“新政”时期高等教育艰难起步阶段；1912 年北洋政府成立，各高等学堂改办专门学校，1916 年，私立江西法政专门学校停招 1 年，到 1926 年底，北伐军攻克南昌，北洋军阀在江西的统治被推翻，各校校舍被侵占，高等教育办学陷入停顿，此为北洋军阀时期高等教育发展阶段；1927 年 2—11 月，国民政府确立在江西的统治，专门学校于 11 月恢复办学，1931 年改办专科学校，至 1949 年南昌解放期间，高等教育在抗战时期发展颇有起色，国立中正医学院、国立中正大学相继创办，是为国民政府阶段。据此，近代江西高等教育发展历史基本上可分为三个阶段：（1）清末

“新政”时期（1902—1911）;（2）北洋政府时期（1912—1926）;（3）国民政府时期（1927—1949）。关于具体研究内容，拟列提纲如下。

第一部分为绪论，论述本书研究缘起及意义、学术史回顾、相关概念的界定、框架设计及研究内容、研究方法与创新等。

第二部分是对近代江西高等教育发展基础的考察。近代高等教育发展不能切断其历史联系，本章概述江西自唐末宋明以来直至清中期高等教育发展状况及其影响因素，提供一个传统与近代高等教育相比较的视角，不仅对比近代之前的兴盛与近代以来的衰退，更要对比前后高等教育发展的不同影响因素。近代以前，江西高等教育发展对经济固然也有要求，如江右商帮对高等教育的支持，但江右商帮毕竟难以成为封建经济的主导，“亦农亦商”是其特征，而古代江西地处漕运中枢，高等教育发展具备一定经济保障，近代高等教育发展对经济要求更为苛刻。江西文人的传统理学思想、科举入仕文化是促进近代之前高等教育发展更为重要的因素。

第三部分拟以江西大学堂、江西高等学堂的创办及发展为切入点，探讨清末“新政”实施后才发端的近代江西高等教育发展状况，阐述经济发展、政治人物和文化精英等对高等教育发展的影响。实施“新政”以前，江西高等教育确有萌动，但最终未能破土，通过史料挖掘和比较邻省情况，发现此时高等教育没能实现突破主要是因为太平天国战争、五口通商导致江西经济陡转直下，江右商帮转型不适，主政江西的巡抚不重视教育发展，这样即便文廷式等少数文化精英倾力相助，也难以扭转封闭落后状况。清末“新政”时期的巡抚李兴锐等人较为重视教育发展，经济改革也有所成就，但高等教育人才难觅，因此虽然高等教育学堂类型和科类体系尚可，但发展规模、教员资格、教会大学数量等方面落后于相邻省份。而且，此间“教案”频发，高等教育发展缺乏安定的社会环境和文化氛围。

第四部分以私立江西法政专门学校的创办与教学管理为重点，探讨北洋政府时期江西高等教育发展历程，强调北洋军阀统治对高等教育发展造成的恶劣影响。1911 年，九江起义，南昌光复，清末高等学堂停办。北洋政府初期李烈钧主持赣政，重视教育发展，但“二次革命”失败后，江西先后落入李纯、陈光远、蔡成勋为首的“直系”军阀手中，他们控制江西长达 11 年之久。其间，他们疯狂地镇压江西的革命党人，驱逐江西人参政，江西籍精英长期流亡省外，私立江西法政专门学校的办学难以为继，基金被挪用、校舍被侵占，被迫与私立豫章法政专门学校合并办学，且于 1912 年和 1926 年两度中断办学。北洋政府初期教育统计表明，江西无一项不减退，“尤为可怜”，其直接原因就是封建军阀乱政、扩军备战、搜刮民财、中饱私囊，李纯和陈光远利用从江西搜刮的钱财在京津地区购买大量房产和投资实业。1923 年代理教育厅长胡家凤提出创办江西大学，但是没有得到蔡成勋同意。总之，此阶段政局动荡、战事频仍，江西经济发展乏力，文化精英散落，高等教育发展江河日下，长期处于低谷。

第五部分以国立中正大学的创办和办学为线索，探讨国民政府时期高等教育发展历程。筹办国立中正大学之前，江西高等教育发展跌入最低谷，1936 年仅剩下工专和医专二校，仅有学生 84 人。1937 年 9 月，王子玕借力中央创办国立中正医学院；1940 年 10 月，国立中正大学在泰和杏岭开学；1943 年前后，陆续创办幼专、兽专、体专、农专等一系列专科学校，江西高等教育发展颇具起色。此阶段高等教育发展得益于江西处于抗战大前方的后方、大后方的前方的有利位置，社会环境相对稳定；熊式辉实施“赣人治赣”，大力发展战时经济，江西工业得到一定程度发展；东南沦陷，高校西迁，大批赣籍、非赣籍教授学者选择到江西工作。这使国立中正大学在短短几年间就发展成为国内颇有名望的重点大学。当然，国立中正大学离不开以蒋介石为首的中央政府的支持，蒋介石两度拨款 200 万元作为建校基金。分析国立中正大学的创办及办学过程可以洞察江西 20 世纪 30 年代至 40 年代末期高等教育发展的基本状况以及背后各种因素交替纠缠的影响。1945 年、1946 年江西继续增加了陶专、水专两所专科学校，但 1947 年开始，江西高等教育受政局动荡和通货膨胀影响，教师流失严重，开始陷入危机，学潮不断，这一状态一直延续到解放战争取得胜利。

第六部分拟对近代江西高等教育发展的总体态势及其影响因素加以提炼和概括。分析发现，高等教育组织转型不力、科类体系不健全、教育规模过小等是近代江西高等教育发展的主要特征，这导致了其近代发展总体态势的被动与迟缓。究其原因：徘徊于低水平的近代经济是影响高等教育发展的根本因素，这具有全局性。近代经济转型顺利、发展水平高、农工商各业发展态势良好、社会富裕，社会办学力量就强大，政府财政也就充裕，教育经费就有充足保障，高等教育发展就顺利，反之，发展就缓慢。政治因素是直接因素，政局动荡还是安稳、政府对于高等教育的态度积极与否，以及制定的相关政策都将对高等教育发展产生直接影响，决定着高等教育的生死存亡。但这种影响是局部的和暂时的，不可能完全颠覆整个高等教育发展趋势和规律，只能延缓或促进其发展。“直系”军阀乱政是近代江西高等教育发展缓慢的直接原因。文化因素是影响高等教育发展的重要因素，具有较强的适应性、灵活性和复杂性。在政治、经济环境恶劣的时候，文人和文化精英可以灵活协调各种关系，最大限度地降低高等教育发展的不利影响，促进和扩大有利影响，在特定环境下，他们可以改进高等教育的办学状况。江西文人的“缺席”及“向外性”发展特征加剧了近代高等教育的异常发育与迟缓，20 世纪 30 年代中期以后赣籍的回归又促进了此阶段高等教育的发展。最后，本部分在分析原因的基础上提出了江西高等教育强省建设的相关启示。

第五节 研究方法与创新

一、研究方法

通过以上对近代江西高等教育发展研究内容的分析，为顺利实现研究目标，拟采用以下研究方法。

（一）文献研究法

关于近代江西高等教育发展的相关文献十分丰富，首先广泛搜集近代中国高等教育发展研究、其他省域近代高等教育发展研究、近代江西高等教育发展研究的相关文献，并对这些文献进行分类、比较，不断厘清概念，找到研究的切入点，构建分析框架，进一步形成写作思路。从文献搜集途径来看，主要包括中国知网的相关博硕学位论文和期刊论文；国家图书馆、读秀网等处的相关著作与史料；江西省档案馆收藏的晚清至民国时期的江西地方报纸、国民政府时期江西省教育厅及高等学校办学的相关档案资料；以及南京第二历史档案馆收藏的民国时期江西省高等教育发展的相关文献资料。

（二）个案研究法

为立体深入地揭示近代江西高等教育发展历程及其特征，从清末“新政”时期、北洋军阀时期、国民政府时期三个不同历史阶段分别选择一所典型高校作为研究个案，深入细致地揭示它们当时的创建与办学状况及高等教育系统内外部发展特征。这三所高校分别是江西大学堂（后发展为江西高等学堂）、私立江西法政专门学校和国立中正大学。北洋军阀对高等教育发展放任自流，私立江西法政专门学校较能代表这一时期高等教育发展特征，其余两所也均为所处分期最典型和重要的高等学校。因此，这三所高校均可以较为充分地体现近代江西高等教育发展在三个不同历史阶段的特征。

（三）比较分析法

为更好凸显近代江西高等教育发展的省域特征，本书采取比较分析法。

这种方法主要用于：(1) 横向比较同期江西及其邻省，这主要包括广东、湖南、湖北、安徽、福建、浙江六省高等教育发展情况，力图揭示几乎处于同一区域的近代江西高等教育发展的独有特征；(2) 江西及全国平均情形的横向比较，以明了江西高等教育在全国所处的地位；(3) 江西本省三个不同历史阶段的纵向比较，以及传统高等教育和近代高等教育的发展情形比较。通过比较分析，试图揭示近代江西高等教育发展的差异性、独特性和典型性。

二、研究创新

本书创新主要体现在以下三个方面。

(一) 研究内容创新

近代江西高等教育发展不尽如人意，学界关注度较低，仅有少数几篇学术论文和些许资料性文献，以及史书、资料汇编、文史资料选辑等文献中的相关主题涉及近代江西高等教育，研究成果不够系统和深入。本书对近代江西高等教育发展历程进行专门深入的系统研究，细致梳理近代以来高等教育发展相关史料，再现这一时期江西高等教育的发展状况，丰富了近代省域高等教育研究成果，有助于加深对中国近代高等教育发展更为全面、立体、客观的认知，在研究内容方面有所创新。

(二) 史料利用创新

通过对晚清至民国时期江西地方报纸和学术杂志，江西省政府教育厅、政务处等相关部门编印的杂志等文献资料，江西档案馆藏民国时期高等教育档案，江西通志稿，江西地方文史资料等较多与高等教育发展相关的第一手文献资料进行深入挖掘，并将之相互比对和印证，进行系统爬梳和整理，进而为近代高等教育发展历程研究提供可信的史料成果。

(三) 研究视角创新

《江西通史》(晚清卷、民国卷)、《江西省教育志》、《江西高等学校简史》、《江西师范大学校史》等文献与著作侧重客观描述高等教育发展的史实，而缺乏对其发展过程的应有评述。彭友德教授对国立中正大学创办及发展的研究，仅从某个点出发，挖掘某一方面的成功经验。本书选择江西这一特定区域，以教育与社会互动发展为视角，分析江西高等教育从古代兴盛发达到近代衰微、发展迟缓的原因，洞察经济发展（经济）、军阀乱政（政治）和江西文人（文化）三个方面如何推动或阻碍高等教育发展。这一创新视角似乎更能揭示影响省域高等教育系统发展的各种因素。

本书从高等教育发展的宏观与微观层面有机结合的角度，立体式、全景式展现近代江西高等教育发展历程。受研究条件制约，书中难免存在不足之处。首先，从经济、政治、文化三个主要方面分析影响高等教育发展的原因，可以比较充分地解释近代江西高等教育发展历程及特征。但是由于高等教育发展特征具有复杂性，可能会造成对地理等其他因素的忽略或遗漏，例如，清末张之洞所办三江师范学堂由江苏、安徽和江西三省共建，江西有学额 200 名，[①]周边省份发达的高等教育使省内学生和教师等高等教育资源容易外流至长沙、广州等地，造成省会南昌被“架空”。限于篇幅，本书未对此作深入细致分析，这是今后研究需要加强的地方。其次，研究近代江西高等教育发展历程，年代并不久远，资料也丰富，但近代江西高校历史衔接性较差，如江西高等学堂 1911 年停办，后又改办中学，这不利于史料的保存和搜集。且因历经多次战争和运动，资料毁损严重，对于史料细节的搜集极不方便，比如 1911 年清末学堂具体停办于哪一天、是谁发布的命令，目前仍无法得知，故而后续研究必须进一步加强对细节史料的挖掘。

---

① 夏维中：《南京通史 · 清代卷》，南京出版社 2014 年版，第 479 页。

第一章

近代以前江西高等教育发展概况及分析

近代高等教育虽不是传统高等教育的自然发展和延伸，但不可否认和割裂二者之间的历史联系。近代高等教育并不完全是移植西方的结果，[①]其发展是一个在传统高等教育的历史基点上自觉探索的过程，不能离开其原有的发展实际及其独特的社会历史环境。因此，简单梳理近代以前江西高等教育发展状况，可以更好认识和把握近代江西高等教育发展的内在规律性。

中国传统高等教育具有明确的办学思想，总结出了符合教育规律的教育教学原则与方法，逐渐形成了行之有效的管理体制。自秦朝至清朝中期，国家政体基本是中央集权封建专制，传统高等教育办学有四种类型：一是以培养国家行政官员为任务的中央官学；二是以训练科技、法律和艺术专门人才为目标的专科学校；三是传递学术、科技、人生哲学的私学及家学；四是以培养学术及理论人才为主旨的书院。[②]隋唐科举取士兴起，科举考试随即成为传统高等教育培养目标与教学内容的指挥棒。江西传统高等教育始兴自唐末五代，宋明达至鼎盛，至清前、中期趋缓，但与邻省相比，差距尚不至过大，实力仍较为强劲。以下拟以科举为统领，从官学、私学、书院等类型视角对近代以前（特别是明清时期）江西传统高等教育发展状况作一梳理。

第一节　近代以前高等教育发展概况

江西自古学风隆盛，以至“人才之盛，遂甲于天下”，南宋洪迈《容斋四笔》卷五转录北宋吴孝宗《馀干县学记》所描述的饶州风俗堪称经典：人们生活富裕，向善好学，“为父兄者，以其子与弟不文为咎；为母妻者，以其子

① 荀渊：《中国高等教育从传统向现代的转型——对 1901—1936 年间中国高等教育变革的考察》，博士学位论文，华东师范大学，2002 年，第 1 页。

② 张慧芬：《论中国封建时代的大学》，载华东师范大学教育科学学院：《1985 年校庆论文选（下）》，华东师范大学教育科学学院编印，1985 年，第 13 页。

与夫不学为辱”。兹将此文摘录如下：

> 古者江南不能与中土等。宋受天命，然后七闽二浙与江之西东，冠带《诗》《书》，翕然大肆，人才之盛，遂甲于天下。江南既为天下甲，而饶人喜事，又甲于江南。盖饶之为州，壤土肥而养生之物多，其民家富而户羡，蓄百金者不在富人之列。又当宽平无事之际，而天性好善，为父兄者，以其子与弟不文为咎；为母妻者，以其子与夫不学为辱。其美如此。①

自唐末以来，随着“北人南迁”，江西逐步走向全国经济与文化的中心地带，不断造就“文章节义之邦”。

> 西江固文章道德之渊薮也。自欧、曾为大家鸿笔为千百年学者指南，而朱陆讲学于淳熙、绍熙间，门墙代兴。明之康斋、敬斋、整庵诸贤，绍李、张、黄、蔡以致知格物相传续。而念庵、东廓、水洲之徒，复崇阳明以推广良知之遗绪。学术盛而名位亦与之俱崇，朝内半江西之谣竟有明之祚，巍科世阀，常甲于天下。②

北宋欧阳修赞叹“区区彼江西，所产多材贤”。对比相邻省份，江西传统高等教育成果令人瞩目。宋明时期开始，江西科举取士长期名列前茅，书院、私学、官学教育成就斐然。高等教育既满足了封建社会高层次人才的培养需求，又进一步推动了江西地方经济、政治、文化发展。

---

① （南宋）洪迈著，冀勤评注：《容斋随笔》（插图本），中华书局2007年版，第212页。

② 见李才栋《江西古代书院研究》，江西教育出版社1993年版，第387页。

一、科举之盛，远胜浙楚

科举制度始于隋朝，成形于唐朝，是中国古代以考试分科取士的制度，至清末 1905 年取消，科举制度存在一千三百年之久，是世界上人才选拔延续时间最长的制度。从某种意义上说，科举是传统高等教育质量的评价方式，成为高等教育发展的重心。江西科举之盛，“远胜浙楚”，唐至清以来，科举成为江西特有的地域文化。[①] 表 1–1 为江西历代文科进士的取录人数、全国人数及占比情况。

表 1–1　江西历代文科进士取录及全国占比情况统计

朝代	唐	五代	宋	元	明	清	总计
全国（人）	6612	652	43158	1139	18370	22379	92310
江西（人）	77	11	5490	207	3067	1789	10641
占比（%）	1.2	1.7	12.7	18.2	16.7	8.0	11.5

注：根据《江西省教育志》第五章《科举》相关内容整理而成。清代数据截止于光绪六年（1880）。明朝数据《明清进士题名录》统计为 17.2%，与表中 16.7% 略有不同。

从表 1–1 中可以看出，唐和五代时期江西文科进士取录人数和全国占比较低，但两宋以来开始突飞猛进，元明时期达到高峰，清朝退步较为明显。虽然清朝取录人数及占比下降明显，但在全国仍居前列。明朝江西进士总数不及浙江、江苏，排第三位；清代少于江苏、浙江、直隶、山东，位居第五。[②] 康熙五十八年（1719），江西巡抚白潢“题请乡试照浙江、湖广例取中”：

江西科第之盛，远胜浙楚。康熙三十五年，奉旨增额：江西七十五名，浙江七十一名，湖广七十名，额本多于浙楚。四十一年，浙江、湖广以总督郭琇、巡抚赵申乔请照江南中额，增至八十三名；江西未提请，不增。五十年，特旨增直省中额浙楚十六名，江西仅十五名。近科入场

① 许怀林主编：《江西文化》，安徽教育出版社 2006 年版，第 74 页。
② 许怀林主编：《江西文化》，安徽教育出版社 2006 年版，第 81 页。

士子多至一万二千余人，而中额不得比浙楚。通省合词题请广额楚邀恩，将江西乡试中额照浙楚一例取中。[①]

最后，该奏疏获准江西乡试中额与浙江湖广相同，这说明清朝江西科举仍可以与相邻强省颉颃。又道光十六年（1836），礼部以会试中额请，得旨：

满洲取中七名，蒙古取中三名，汉军取中六名，直隶取中十九名，奉天取中一名，山东取中十六名，山西取中七名，河南取中七名，陕甘取中六名，江苏取中十五名，安徽取中七名，浙江取中十七名，江西取中十六名，湖北取中六名，湖南取中五名，福建取中七名，广东取中七名，广西取中五名，四川取中六名，云南取中六名，贵州取中五名。[②]

江西取中名额仅少于直隶和浙江，排第三位，高于江苏、安徽、湖南、湖北、福建、广东等省。另外，从科举层次看，江苏清代状元 49 人，居第一；浙江 20 人，安徽 9 人，山东 6 人，广西 4 人，分列第二至第五；江西 3 人，与直隶、湖北、福建、广东并列第六。

明朝前期江西乙科科举人数处于全国前茅，景泰后，江西钦定的举人录取名额仅次于南北直隶，稳居全国第三，这一统计数据不包括以南、北国子监监生身份参与南北直隶应天府和顺天府乡试的江西籍人数。据光绪《江西通志·选举志》统计，明代 276 年间，江西考中举人 10466 人，占全国总数的十分之一强，而江西面积仅占全国的十五分之一。清代江西乡试科举继续保持优势。清顺治二年（1645），各省乡试录取名额共计 1534 名，江西仅次于顺天和江南，名列第三。此后，江西录取名额徘徊于第二、三名之间。据统计，清代举人总数为 133568 名，其中顺天 23559 名，江西 10070 名，浙江

① 黄定元、张希仁主编：《江西省教育志》，方志出版社 1996 年版，第 37 页。

② 邵鸿主编：《〈清实录〉江西资料汇编》（下卷），江西人民出版社 2005 年版，第 612 页。

10056 名，其余省份均不足万名，江西排名第二。[①] 中举人数多意味着会试资格人数多，进士也就自然多。从科举名次来看，明代江西得状元 17 人、榜眼 16 人、探花 22 人，分别占全国总数 19%、18%、24%。其中，吉安一府状元 12 人、榜眼 9 人、探花 12 人。清代人数虽不及明代，但在全国排名仍居前列。科举的持续旺盛推动着高等教育走向繁荣，但也因此促进了江西附庸文化的发展。

科举为江西士子进入仕途参政铺平了道路，出现“翰林多吉水，朝士半江西”的盛况。《明史》中入传的江西籍人物 408 人，其中宰辅 18 人，部院大臣 50 余人，这些人多是科举出身。据统计，明代江西籍庶吉士总数位居第二，仅次于浙江。[②] 具体参见表 1–2。

表 1–2　江西及各直省明代庶吉士总量统计比较

省别	浙江	江西	南直	北直	福建	河南	山东	四川	湖广	山西	广东	陕西	广西	云南	贵州
庶吉士	207	206	196	164	107	86	80	78	72	64	61	58	16	16	9
排名	1	2	3	4	5	6	7	8	9	10	11	12	13	14	15

总之，江西科举取士在宋明时期达至鼎盛，直到清中期仍持续其比较旺盛的状态，这为封建社会培养了大量的统治人才。这些人才普遍接受书院、官学或私学形式的高等教育，同时又是高等教育的举办者，他们在各自领域教学著述，传授和创造高深知识，共同书写了江西传统高等教育的辉煌。

二、官学教育，颇具特色

汉代以前中国的地方官学不可考。文翁治蜀，起“学官”，“招下县子弟

① 沈建华主编：《江西文化概论》，中央广播电视大学出版社 2011 年版，第 51 页。

② 郭培贵：《明代庶吉士群体构成及其特点》，《历史研究》2011 年第 6 期。

为学官弟子"，被视为具有高等教育性质的地方官学的开端。文翁既派人上京师入太学，又在成都修建学官，培养基层地方官吏，其水平和质量已够得上高等学校，实际上是"郡立大学"。[①]这是中国高等教育史上继京师长安设立太学之后的又一件大事，是地方高等教育办学的滥觞。胡适评价说，从此中央有太学，州郡有学官，又有以通经取士之法，中国教育制度规模已告成立。[②]

文翁兴学化蜀以后，汉武帝诏令天下郡国皆立学校官，以郡文学入官，主管地方官学。豫章郡以九江寿春人梅福为郡文学，补南昌尉，这是豫章郡学的仅有记载。"饶州府儒学：在旧县东，有文翁宅，疑为汉学宫遗址。"[③]另外，"汉代本县学宫，遗址在县治东"[④]。这是江西郡县学的早期相关记载，但并不足以考证郡县学之发端。一般以东汉顺帝时谌重（89—167）任豫章郡博士为江西郡县学之发端。[⑤]三国时期，东吴豫章太守顾邵注意挑选素质较好的小吏到学校深造，"小吏资质佳者，辄令就学，择其先进，擢置右职，举善以教，风化大行"[⑥]。这种以培养地方官吏为目的的教育称得上高等教育，是江西地方高等教育的滥觞。江西官学历史沿革情况参见表 1–3。从表 1–3 中可知，江西官学发展经历了一个不断完备的演变过程。官学发展地域从最早的郡治中心向下辖州县不断拓展；官学教育目标从最初直接培养地方官吏发展到明清府学、州学、县学多层次地服务科举取士；江西官学教育内容以儒家经典为主，科举兴起后儒学被逐渐纳入正统。纵观江西地方官学时有兴废，发展颇具特色：一是三国、两晋时期的顾邵、虞溥以及范宁等主政官员兴办官学，在全国具有典型示范性；二是南唐李氏政权在江西设置的庐山国学，属于江西颇具影响力的国子监，彰显了江西地方传统高等教育发展特色。庐山国学办学为后世留下了丰富的办学经验，诸如选择环境安定、交通便利的校址办

---

① 涂又光：《中国高等教育史论》，湖北教育出版社 1997 年版，第 137 页。
② 胡适：《中国中古思想史长编》，华东师范大学出版社 1996 年版，第 269—270 页。
③ 黄定元、张希仁主编：《江西省教育志》，方志出版社 1996 年版，第 10 页。
④ 刘汉艳主编：《波阳县志》，江西人民出版社 1989 年版，第 683 页。
⑤ 卢星等：《江西通史 · 秦汉卷》，江西人民出版社 2008 年版，第 189 页。
⑥（晋）陈寿：《三国志》，中华书局 1999 年版，第 908 页。

学，选派造诣高深的教师掌教，师生质疑问难，学生互相切磋，广置学田以保障办学经费来源，等等。[①]庐山国学为江西后世私学、书院、官学高等教育发展奠定了良好基础。

表 1–3　江西地方官学历史沿革

朝代	地方官学发展情形	备注
两汉时期	武帝“诏令天下郡国皆立学校官”，以郡文学入官，九江人梅福为郡文学，补南昌尉；“饶州府儒学：在旧县东，有文翁宅，疑为汉学宫遗址”；“汉代本县学宫，遗址在县治东” 东汉顺帝时谌重任豫章郡博士，被视为江西官学之发端	其他无考
三国时期	豫章太守顾邵挑选素质较好的官吏到学校深造，“小吏资质佳者，辄令就学，择其先进，擢置右职，举善以教，风化大行”	江西地方高等教育之滥觞
两晋时期	西晋太康年间，豫章太守胡渊建郡学于府城中洗马池旁； 鄱阳内史虞溥“大修庠序，广招学徒，移告属县，乃具为条制”；永嘉六年，王廙任郡内史迁建鄱阳郡学于郡治北门，南朝梁太守柳晖复予增葺。太元十一年（386），豫章太守范宁又“大设庠序”，“郡四姓子弟，皆充学生，课读五经”	豫章郡学、鄱阳郡学
隋唐时期	隋仁寿元年（601），诏令废州县学；唐武德七年（624），诏诸州及乡并令置学；唐光启三年（887），御史中丞杜亚，将南昌府学徙于城北；官学向下延伸到袁州、抚州、饶州、丰城、新淦、萍乡五县一州	除豫章郡学外，五县学一州学为上州上县
五代十国	南唐升元四年（940）李氏政权于庐山白鹿洞置“庐山国学”；石城创立学宫	庐山国学
两宋时期	邓晏任豫章郡学“典教席”；赵概、施元长迁建庆州州学、隆兴府学；新建州、县学 67 所，北宋 53 所；1099 年，令诸州行“三舍法”；大观年间，“吉州以养士数多，置教授三员”	官学发展到更多州县，教育空前发达
元朝	1286 年，“帝御德兴府行宫，诏江南学校旧有学田，复给之以养士”；1291 年，令江南诸路学及各县学内设立小学；南安路总管毋珌“饬修庙学，时称贤守”；赣州路会昌州判官杨景行、饶州路总管韩镛、新淦主管李起岩，创学舍，选生徒，礼师儒，劝民兴学	官学恢复至宋朝规模
明朝	洪武二年（1369）十月，诏诸郡县设立学校。之后，府、州、县及卫均设儒学；整个明朝江西新设县学有 10 所	官学进一步完备
清朝	清初恢复明末毁坏的学校，13 府 81 个县级单位均已建学；康熙五十八年（1719）改江西兴国县小学为中学；雍正年间，由于生源较多，清廷下令江西 14 个大县按照府学学额招生，14 个中等县按大县学额招生，8 个小县按中等县学额招生；乾隆二十三年（1758），江西宁都增定为直隶州学；乾隆二十八年（1763），定江西棚民入学，悉归土籍考试，“毋庸另立棚籍，以杜冒占”	全省官学制度完备，学生定员

注：本表根据《江西省教育志》第 1—12 页相关内容整理而成。

① 李才栋：《江西古代书院研究》，江西教育出版社 1993 年版，第 48 页。

三、私学教育，遍地开花

私学高等教育是江西高等教育发展过程中的重要组成部分。“天子失官，学在四夷”，春秋战国时期孔子创办了较早的具有高等教育性质的私学，规模宏大且正规，既有教学活动之“堂”，又有学生居住之“内”；教学上因材施教，内容分科，先后培养弟子三千，优秀者有 72 人。[①] 江西私学高等教育发展晚于中原，最早可回溯至东汉。依据教学主体（教师）身份，私学高等教育可以区分为非官教授和官师授徒两类。非官教授指无官职身份或辞官隐退人士实施的高层次私学教育，也包括封建家族内父子兄弟之间的家学；官师授徒则指在职官员实施的具有高等教育性质的私学教育活动。梳理可知，非官教授的数量及范围明显多于和广于官师授徒。

东汉时期，南昌人程曾“受业长安，习《严氏春秋》，积十余年，还家讲授。会稽顾奉等数百人常居门下。著书百余篇，皆《五经》通难，又作《孟子章句》。建初三年，举孝廉，迁海西令，卒于官”。[②] 程曾在长安求学多年，后回乡教授，会稽人顾奉出身名门望族，曾求学于他。另一位南昌人唐檀“少游太学，习《京氏易》《韩诗》《颜氏春秋》，尤好灾异星占。后还乡里，教授常百余人”。[③] 唐檀以经学著名，著有《唐子》，天文学造诣颇高，这意味着私学高等教育内容不限于儒家经典，还包括灾异星占、天文地理等内容。这是江西历史上具有高等教育性质私学的最早记载。之后，直到唐代江西才再次出现私学高等教育的相关记载。南昌人龚履素隐居南昌三十年，“倾产买书，聚徒讲授，讲学之暇，荷锸躬耕，弟子自远而至者，与均衣食”，[④] 世称“窖山先生”，其耕读结合的教学方式具有积极意义。永丰王贞白，遭时不淑，隐居教授，留有《灵溪集》七卷。[⑤] 五代时，浔阳人江梦孙逾年弃官归，事继

---

① 熊明安编著：《中国高等教育史》，重庆出版社 1983 年版，第 24 页。

② （南朝宋）范晔撰，（唐）李贤等注：《后汉书》，中华书局 1965 年版，第 2581 页。

③ （南朝宋）范晔撰，（唐）李贤等注：《后汉书》，中华书局 1965 年版，第 2729 页。

④ 福清市六桂文化促进会：《六桂春秋》，福清市六桂文化促进会编印，2002 年，第 69 页。

⑤ 毛小东主编：《王贞白诗集》，江西人民出版社 2013 年版，第 161—165 页。

母尽孝，“为诸生讲礼、释经义，凡至疑处，辄敛衽曰：‘此科先儒犹多异同，梦孙安敢轻言，诸君自择所长可也’”。[①] 江梦孙善于启发学生独立思考。南唐丰城人毛炳好学不能自给，隐居庐山白鹿洞及南台山，与诸生曲讲，获镪即以市酒尽醉，后有诗戏谑“彭生作赋茶三斤，毛氏传诗酒半升”。[②] 永新李续，少时即专志儒学，曾读书庐山，后官至宣教郎，江南既入宋，隐居不出，教授乡党，年九十余卒。[③] 私学高等教育开始从南昌发展至浔阳、丰城、永新等周边地区。

宋代江西私学高等教育达至鼎盛，各地私学高等教育史料记述丰富。分宁黄中理、黄茂宗父子建学馆于樱桃芝台间，“两馆游士，常数人，故诸子多以文学知名”，“茂宗才笃行，为两馆师”。大中祥符年间（1008—1016），“诏试礼部，擢高第”。[④] 黄茂宗博学多识，为家族和乡里培养了不少文学人才。南昌罗从彦初师事延平吴仪，后又变卖田产亲往洛阳向程颐学习《周易》，即归卒业，筑室山中，终日端坐，弟子至者益多，世称豫章先生。[⑤] 丰城李从、李琮、李秉祖孙三代创办李氏家塾，辟馆延师，丰饩以待学者，名公巨卿多出其门。[⑥] 朱子门人熊恪，设帐乡里，认为“学不迁怒之方有二：平日当涵养，临事当持守”，曾为忍铭示张洽，洽答曰“乳犬攫虎，伏鸡搏狸。精神之至也，但恐学者知忍而不知行所当忍，宜勖以惩忿之箴，而复揭忍为惩忿之诀，恪遂作惩忿记”，[⑦] 熊恪循循善诱，张洽受益匪浅。徐鹿卿博通经史，以文学名于乡，后进争师宗之。[⑧] 揭道孙“少业进士，一笔千余言。世革，技无所施，因徜徉山水幽处，痛饮狂歌。继以太息，后乃还治农圃，教授乡里中”，[⑨]

---

① 陈鳣：《续唐书》（三），商务印书馆 1936 年版，第 517—518 页。
② 黄勇：《唐诗宋词全集》（第六册），北京燕山出版社 2007 年版，第 2755 页。
③ 李国强、傅伯言主编：《赣文化通志》，江西教育出版社 2004 年版，第 558 页。
④ 黎清：《宋代江西文学家族研究》，中山大学出版社 2013 年版，第 148—161 页。
⑤ 杨倩描主编：《宋代人物辞典》（上），河北大学出版社 2015 年版，第 514 页。
⑥ 虞文霞、王河：《宋代江西文化史》，江西人民出版社 2012 年版，第 463 页。
⑦ （清）赵之谦：《江西通志（1—8 册）》，京华书局 1967 年版，第 2938 页。
⑧ 许嘉璐主编：《二十四史全译・宋史》（第 14 册），汉语大词典出版社 2004 年版，第 9216 页。
⑨ 李修生：《全元文（15）》，江苏古籍出版社 1999 年版，第 435 页。

是儒家孝道的忠实践行者。新建丁锬以伊洛之学倡于江右，弟子云集。[①] 奉新余炎午宋亡不仕，归奉总府及台檄，教谕乡邑，足迹不入城市者数十年，一门四世，诗礼之风蔼然可称，崇祀乡贤。[②] 宜春郑铨学通六经，工大字，长于诗，两贡上舍不偶，弃归。学者踵门日众。[③] 分宜易充教授乡间，远近从学者甚众。[④] 新喻萧谔，以《诗》《易》二经教授乡里，尤笃于训子，其后四子皆登进士第，[⑤] 家学渊源，堪称典范。杨愿于书无所不读，邑有考德问礼之事，必求是，自少为先进所推，未第时乡之英俊争受业于门。[⑥] 泰和萧楚学以穷经为本，尤深于《春秋》，当时蔡京专国，萧楚痛恨奸佞，誓不复仕，隐居三顾山下，筑读书台，教授生徒，赵旸、冯澥、胡铨及其从子胡昌龄皆出其门；[⑦] 严执中相继帅江西，毅然请老，放意文字间，笺经勘史朱铅不去手，为讲说训其子侄，教授乡里，里中士争趋之。[⑧] 龙泉罗濬与弟克开自为师友，从学常百余人。[⑨] 吉水杨叔方，博通经史，尤精于天文历数，在太学与诸生上书斥贾似道之奸，四方学者，争造其门，以经学授清江范德机，以历法授宁德习吉翁。[⑩] 与官学致力科举、专注儒学经典不同，天文历法等科技知识由于缺乏主流的教学渠道，成为私学高等教育的学习内容。抚州艾性夫，以教授为务，通经，尤工于诗，宋元易代之际，闭门读书，求学者络绎不绝，[⑪] 与以诗闻名的叔父艾叔可、艾宪可相为师友，世称“临川三艾”，子艾良异教授乡里，克绍儒业。临城邓名世、谢逸学术水平颇高，均以单科授徒，黎道华受《春秋》

---

① 黄开国主编：《经学辞典》，四川人民出版社 1993 年版，第 8 页。
② 萧天侠主编：《奉新名人辞典》（卷二），江西人民出版社 2012 年版，第 12 页。
③ 穆柳森：《百家姓辞典》，海天出版社 1988 年版，第 424 页。
④ 淡泊：《中华万姓谱》（中），中国档案出版社 2006 年版，第 1610 页。
⑤ 淡泊：《中华万姓谱》（下），中国档案出版社 2006 年版，第 2336 页。
⑥ （清）王梓材、冯云濠：《宋元学案补遗》（三），广陵书社 2006 年版，第 10694 页。
⑦ 赵伯雄：《春秋学史》，山东教育出版社 2014 年版，第 397 页。
⑧ （清）陈梦雷：《古今图书集成》（第 62 册理学汇编、学行典），中华书局 1985 年版，第 75495 页。
⑨ 罗训森主编：《中华罗氏通谱》（第一册），中国文史出版社 2007 年版，第 570 页。
⑩ （清）陈梦雷：《古今图书集成》（第 66 册经济汇编、选举典），中华书局 1985 年版，第 80765 页。
⑪ （清）永瑢、纪昀主编：《四库全书总目提要》，海南出版社 1999 年版，第 1424 页。

于邓，学诗于谢，号“临川三隐”。[①] 乐安县曾斗南两贡于乡不偶，遂无仕进意，后学执经问字者无虚日。[②] 南城李觏，未仕前亲以教授自资，学者常数百，曾巩为其生徒。宜黄邹次陈精于时文，少年魁乡贡，名成不及仕，隐居讲授[③]，远近学者多从游。贵溪卢孝孙，奉亲孝养，笃志好学，研究伊洛之书，深契其旨，[④] 嘉泰进士及第，为太学博士，因对宁宗建龙翔寺，祭祀先帝不满，即挂冠归，闭门授徒。浮梁史邈行端学博，熙宁进士，王安石荐任兵部郎中、太平通判，后以议新法不合，退而授徒讲学，远近翕然从之。余干胡志仁少笃学，师从饶鲁，元延祐五年进士，以乐平州判致仕，教授生徒，临川李实、上饶王观、进贤胡棣，皆其门人。[⑤] 德兴舒大邦，因贾似道专政，凡除授，必有赂，大邦耻之，不愿仕，后遇东宫赦，始获归省，遂集族党子弟而教之，馆于郑师楼。[⑥] 乐平程时登杜门谢客，四方请益之士，尝辐辏盈席，一时名流，多出其门；[⑦] 马端临随父马廷鸾归隐，不求仕进，潜心学问，博极群书，宋亡隐居教授乡里，远近师之。[⑧] 都昌县冯椅与其四子去非、去辨、去疾、去弱，不附权贵，隐居著述，授徒讲学，德才备受称颂。[⑨] 彭蠡与冯椅、黄灏、曹彦约同为“朱子四友”，热衷于传播理学，与其兄彭寻、其子彭方以文名于世，号称“都昌三彭”，彭蠡曾官拜常州府教授，以子彭方显贵，特赠吏部尚书之衔。晚年筑室授业，在梅坡开馆授课，学者来自大江南北。[⑩] 德安陈兢建书楼于别墅，接待四方之士，肄业者多依焉。南康田辟九子入仕，家学渊源令人啧叹：

① 杨倩描主编：《宋代人物辞典》（上），河北大学出版社 2015 年版，第 329 页。
② 虞文霞、王河：《宋代江西文化史》，江西人民出版社 2012 年版，第 463 页。
③ 李修生：《全元文（14）》，江苏古籍出版社 1999 年版，第 369 页。
④ （明）胡广等纂修，周群、王玉琴校注：《四书大全校注》（上），武汉大学出版社 2015 年版，第 60 页。
⑤ 郑翔主编：《江西历代进士全传》（二），上海古籍出版社 2016 年版，第 736 页。
⑥ （清）刘绎：《光绪江西通志》，卷一百六十一。
⑦ 柯劭忞：《新元史》，吉林人民出版社 1995 年版，第 3415 页。
⑧ 顾明远主编：《教育大辞典（9）》，上海教育出版社 1992 年版，第 292 页。
⑨ 中国人民政治协商会议江西省都昌县委员会文史委：《都昌文史资料》（第 8 辑），2008 年，第 54 页。
⑩ 中国人民政治协商会议江西省都昌县委员会文史委：《都昌文史资料》（第 8 辑），2008 年，第 48 页。

> 田辟，字师孟，资敏嗜学，游上庠二十年无所成，浩然归隐，号大隐居士，艺花木九日岭侧，曰“东园”；作堂藏书，曰“六经堂”；辟四斋，匾以“忠、孝、仁、义”。集子孙而语之曰：吾产甚薄不足以厚汝。九子各授一经，教督甚严，其规画节目详而有法，他日登第及特恩赐第者七人，时称义方必曰田氏。（乾隆十八年《南康县志》）[①]

大庾何源通诸经，分授其子，长子衢亨以《春秋》登宝祐进士，次子光龙以《礼记》登咸淳进士。门人莫如德以《易》登淳祐进士，父子师友渊源如此。[②]宁都黎仲吉学问广博，天禧中，叩阍言事，得罪宰相丁谓，授洪州文学，后解职归隐，结庐金精山南，讲学谈道，挟策称弟子者常百数。[③]赣县陈炳，乾道八年进士，官至提辖文思院，[④]后结庐崆峒山，躬耕乐道，包拯受学于他，为其作墓铭“文高表正，学稀人圣。静退不竞，深潜笃行”，[⑤]对陈炳为师之道作出极高评价。于都王鸿，擅长书法，工于文章，礼部应试时，将“沚”错写成“沼”，因失韵被黜落第，遂绝意仕途，隐居教授，从学者百余人。[⑥]

元代儒生不受重视，江西士人学者多投入私学高等教育。南昌熊凯以明经开塾四十余年，同邑熊良辅受《易经》于他，[⑦]其子熊东继承家学，以经学教授南昌。进贤包希鲁教授学生先德行后文艺，吴澄、傅箕、王槐等曾受业于他。[⑧]新建龚道源教授乡里，弟子从者甚众，学生有诗人凌云标，有著作（合著）存世。[⑨]熊复以五经教授乡里，四方来学者常数百人。富州陈仲易，

① 转引自龚文瑞：《南康笔记》，百花洲文艺出版社 2015 年版，第 166—167 页。
② 郑翔主编：《江西历代进士全传》（五），上海古籍出版社 2016 年版，第 2778 页。
③ 郑翔主编：《江西历代进士全传》（五），上海古籍出版社 2016 年版，第 2803 页。
④ 政协龙泉市文史委员会：《龙泉文史资料》（第 18 辑），2000 年，第 94 页。
⑤ 李国强、傅伯言主编：《赣文化通志》，江西教育出版社 2004 年版，第 559 页。
⑥ 杨倩描主编：《宋代人物辞典》（上），河北大学出版社 2015 年版，第 781 页。
⑦ 许怀林：《江西通史·南宋卷》，江西人民出版社 2009 年版，第 325 页。
⑧ （清）永瑢：《四库家藏经部典籍概览（2）》，山东画报出版社 2004 年版，第 909 页。
⑨ 政协江西省新建县委员会文史资料研究委员会：《新建县文史资料》（第 1 辑），1988 年，第 19 页。

以经术授徒于郡城杏花村。[①]丰城朱隐老，承朱子遗绪。隐居荷山，研精《易》《礼》，倡道于荷山之阳，四方学者悉从之游。[②]清江范梈以义教而成为翰林编修、供奉，[③]新喻傅若金受业于范梈门下，虞集见其诗，对之大为赞赏。[④]新喻萧克翁，隐居不仕，学问品行为州里所敬重，女真诗人孛术鲁翀（1279—1338）为其弟子。[⑤]庐陵刘诜既冠，重厚醇雅，素以师道自居，教学者有法，声誉日隆，[⑥]延祐科举恢复之后，更致力于名物、度数、训诂、笺注之学，既十年未能登第，故刻意于诗文，门人私谥文敏。泰和王迪吉通五经，卓然为乡巨儒，出其门皆博硕之士；刘绳武，宋亡元兴，隐居讲学，非程朱不宗。临川孙辙学行纯笃，事母甚孝。家居教授，门庭萧然，而考德问业者日盛。郡中俊彦有声者皆出其门。[⑦]孙辙私学对象主要是"考德问业者"，层次颇高，而蒙馆学生不多。金溪吴仪博极群书，元季海内兵起，无意仕进，以教学授徒为生，远近学徒争奔走其门，先生随其资器，耐心教导，[⑧]其子吴祐博学多才，为朱元璋钦定状元，诗文创作成就极高，[⑨]家学渊源深厚。弋阳黄叔樵博学能文，善楷书，尝分教邑庠，以足疾辞归，授徒于乡，为后学所宗。[⑩]浮梁吴迂，师从饶鲁，刻苦专研理学，饶鲁称其立志坚确、用功精密。吴迂践履笃实，学者宗之。后元兵进犯饶州，他退隐横塘山，坚持讲道教学不废。吴迂教学程序清楚，训导教学遵循法则，合理安排课程，屡出高徒，郑合生、章谷卿、徐进、汪克宽四进士曾求教于他。[⑪]星子叶宗仁无意于功名利禄，隐居乡间，致力于教授生徒，抚州路总管冯骥评价他"晦迹丘园而不求闻达，

---

① （清）赵之谦：《江西通志（1—8册）》，京华书局1967年版，第2950页。

② 柯劭忞：《新元史》，吉林人民出版社1995年版，第3417页。

③ 许嘉璐主编：《二十四史全译·元史》（第6册），汉语大词典出版社2004年版，第3357页。

④ 张毅、于广杰：《宋元论书诗全编》，南开大学出版社2017年版，第341页。

⑤ 余来明：《元代科举与文学》，武汉大学出版社2013年版，第560—561页。

⑥ 许嘉璐主编：《二十四史全译·元史》（第6册），汉语大词典出版社2004年版，第3503页。

⑦ 许嘉璐主编：《二十四史全译·元史》（第6册），汉语大词典出版社2004年版，第3620页。

⑧ 李国强、傅伯言主编：《赣文化通志》，江西教育出版社2004年版，第560页。

⑨ 李天白：《江西会元、解元名录》，江西人民出版社2014年版，第78页。

⑩ （清）赵之谦：《江西通志（1—8册）》，京华书局1967年版，第3388页。

⑪ 冯云龙主编：《浮梁县志》，方志出版社1999年版，第788页。

学穷经史而尽力诲人”。都昌县黄异，为黄灏后裔，家学渊源深厚，兄弟、父子五人连年登科，“一门五进士”传为佳话，元末归乡办学，讲授经史，教授生徒，深受乡邻赞誉。黄异长子黄朋，元末进士，屡召不仕，开馆授业，直至终老。[①]龙南钟柔笃学，融贯经史，曾师从乡贤刘震，为文顷刻千言，荐为雷州路学正，晚年辞归授徒，从学者数百人，学生对其所教内容心悦诚服。[②]

明代江西私学高等教育秉承汉唐渊源，尤其因崇仁、姚江以及泰州等学派的兴起与促进，较元代有较大的发展，颇具规模。南昌人章潢建洗堂于东湖，聚徒讲学，讲授明善诚身之道，万尚烈为其弟子，其所著《图书编》是一部百科全书式的著作，涉及世界地图、人体解剖等内容，《周易相义》体现了他的会通观念。[③]刘洪谟以太仆少卿之职告休，里居讲学。刘浚博集群书，以母老，绝意仕进，教授生徒，一时节义文章之士，皆出其门。[④]吴子金，为王守仁学生，严嵩聘请他做家庭教师，但不久离开，“竟不仕，以讲学终”。高安陈益，永乐年间，以五经教授于乡。[⑤]新淦张敬，深心古学，名重一时，其弟子有吴与弼等。新喻张春，嘉靖二十六年进士榜第二，授翰林编修，升侍读，严嵩当国，对其敢于直谏颇为反感，又因开馆讲学，触犯大忌，遂辞官归乡，建忠孝、友仁讲堂二所，日与四方学者阐发良知，从游者众。[⑥]泰和陈谟隐居不求仕，而究心经世之务，一时经生学子多从之游。[⑦]陈谟品行学术兼优，教学经验丰富，提倡经世致用之学。庐陵萧不敏，与其弟萧时中互为师友，守身立学，侍母尽孝，以诗经被举荐为官，但因其弟时中充考官，为避嫌而教授乡里，培育后人。[⑧]吉水李中幼时闻道于同里杨珠，受濂洛之学，

① 中国人民政治协商会议江西省都昌县委员会文史委编：《都昌文史资料》（第8辑），2008年，第81—82页。

② 赣州地区志编纂委员会：《赣州府志（重印本中册）》，1986年，第1633—1634页。

③ ［美］富路特等：《明代名人传1》，李小林等主编，北京时代华文书局2015年版，第122—124页。

④ （清）白潢、查慎行：《江西省西江志》（3），成文出版社有限公司1989年版，第1266页。

⑤ 谭正璧：《中国文学家大辞典》，上海书店出版社1981年版，第1013页。

⑥ 王鸿鹏选注：《中国历代榜眼诗·明朝卷》，昆仑出版社2006年版，第149页。

⑦ （清）张廷玉：《明史（简体字本）》，中华书局2000年版，第4831页。

⑧ （清）赵之谦：《江西通志（1—8册）》，京华书局1967年版，第3199页。

擅长于考据和解释，主张为学要以心为本，培养了罗洪先、王龟年、周子恭等知名弟子。[①] 邹元标，师事邓以赞、欧阳德、罗洪先，得王守仁真传，因触忤魏忠贤，辞官居家，聚徒讲学，门人甚众。[②] 罗大纮为理科给事中，以言事被斥为民，遂与邹元标讲学，与罗伦、罗洪先并称“三罗”。[③] 安福邹守益，少时禀赋异人，王守仁门人，官至祭酒，以言事落职归，讲学于东郭山。[④] 刘阳少时受业于彭簪，后师从王守仁，为官政绩突出，后辞官而归，筑云露洞于三峰，聚弟子研经谈道。[⑤] 刘文敏，居乡讲学，著名弟子有王时槐、陈嘉谟、贺沚等。嘉谟师事两峰，“十有七人，共学两峰之门”；李挺师事刘阳，倡学闾里，授徒讲习，至老不倦。[⑥] 永丰罗伦，成化二年进士第一，授翰林修撰，即引疾归乡，致力于讲学和学术研究，于永丰南部金牛山筑室两座，分别取名为静观、止密，著书其中，四方从学者甚众。[⑦] 崇仁吴与弼放弃科举考试，尽读四书五经，专注于《伊洛渊源录》，隐居乡间，躬耕食力，弟子从游者甚众，雨中披蓑笠，负耒耜，与诸生并耕，谈乾坤及坎离艮震兑巽于所耕之耒耜可见，归则解犁，饭粝蔬豆共食，他为学生制定守则，获得颇多赞誉，门人有胡居仁、陈献章、娄谅、胡九韶、谢复、郑伉、魏庄渠、余讱斋、夏东岩、潘玉斋等人。[⑧] 胡九韶，师从吴与弼学，不习举子业，以道自期，“先生器之，诸生从游者，恒令先见九韶。及先生没，门人多转师之”。[⑨] 临川揭轨，洪武初以明经举任知县，秩满归乡，建杏花春雨亭，教授生徒。[⑩] 陈九川讲学于临川城西明水山，正德九年进士，以太常博士致仕，乃周流名山讲学，深

---

① （清）张廷玉：《明史（4）》，中华书局 2000 年版，第 2953 页。
② （清）张廷玉：《明史（5）》，中华书局 2000 年版，第 4210 页。
③ （清）张廷玉：《明史（4）》，中华书局 2000 年版，第 3390 页。
④ ［美］富路特等：《明代名人传 5》，李小林等主编，北京时代华文书局 2015 年版，第 1798—1800 页。
⑤ 《江西省人物志》编纂委员会：《江西省人物志》，方志出版社 2007 年版，第 196—197 页。
⑥ 许嘉璐主编：《二十四史全译・明史》（第 9 册），汉语大词典出版社 2004 年版，第 5793 页。
⑦ ［美］富路特等：《明代名人传 4》，李小林等主编，北京时代华文书局 2015 年版，第 1336—1337 页。
⑧ ［美］富路特等：《明代名人传 6》，李小林等主编，北京时代华文书局 2015 年版，第 2063—2068 页。
⑨ 许嘉璐主编：《二十四史全译・明史》（第 9 册），汉语大词典出版社 2004 年版，第 5757 页。
⑩ 傅增湘：《藏园群书题记》，上海古籍出版社 1989 年版，第 922 页。

得同行好评。[①] 东乡徐良傅文才极高，嘉靖进士，汤显祖曾师从于他学习古文词，馆阁诸公，屈指人才，必以良傅为首，因上书言事，忤逆权贵，被谪为民，筑庐拟岘台下，以古文法教授里中。[②] 乐安曾维伦，以嘉兴府同知致仕归，杜门讲学，至老不倦。[③] 南城吴毅，性敏学赡，洪武初以博士致仕归，教授乡里；[④] 夏良胜，正德三年进士，任官吏部考功员外郎，太常寺少卿，以疏谏被杖除名，归乡给学生讲课传授学问；[⑤] 罗汝芳（号近溪）师从吉安颜钧，泰州学派大师之一，曾与王龙溪并主讲席，龙溪笔胜舌，近溪舌胜笔，归故里积极讲学，弟子遍天下，而未尝以师席自居，著名弟子有汤显祖等。[⑥] 上饶娄谅以成都训导致仕归，闭门著书讲学，王守仁曾登门问学，师生相契，弟子还有夏尚朴，子娄性、娄忱均有学问。[⑦] 浮梁戴涛，吴迂门人，避居讲学乡里，累荐不起。余干胡居仁，1454 年入吴与弼之门，绝意仕进，筑室山中，四方来学者日众，余祐为其门人，与罗伦、张元祯友善，数会讲于弋阳龟峰。[⑧] 鄱阳舒春芳，官南京刑部主事，以疾乞归，杜门谢客，授徒芝山寺，日取经史与宋儒语录玩味讲授，有当心处，辄收录之，后升贵州提学副使，廉靖，居林下讲学不辍。[⑨] 赣县宋策，“质直敦行谊，教授乡闾，自号‘梅溪隐者’，宣德八年（1433），以怀才抱德荐，不就。尝作云窗四友吟，以自适，其子必明亦有父风”。[⑩] 可见，宋策在私学、家学教育上成就斐然。刘潜，正德八年为铜陵令，闻王守仁讲学于虔州，乞归授业，家居十余年，同郡学者以为宗师。信丰俞溥，为陈献章弟子，弘治年间，贡授泾府审理正，忧归不起，辟馆谈

---

① （明）刘元卿：《刘元卿集（下）》，上海古籍出版社 2014 年版，第 1250 页。
② 四库全书存目丛书编纂委员会：《四库全书存目丛书·史部第 259 册》，齐鲁书社 1996 年版，第 256 页。
③ （清）纪昀：《四库全书总目提要》，河北人民出版社 2000 年版，第 4826 页。
④ 吴海林、李延沛：《中国历史人物辞典》，黑龙江人民出版社 1983 年版，第 438 页。
⑤ 许嘉璐主编：《二十四史全译·明史》（第 6 册），汉语大词典出版社 2004 年版，第 3751 页。
⑥ 《江西省人物志》编纂委员会：《江西省人物志》，方志出版社 2007 年版，第 201—202 页。
⑦ ［美］富路特等：《明代名人传 4》，李小林等主编，北京时代华文书局 2015 年版，第 1343—1344 页。
⑧ ［美］富路特等：《明代名人传 3》，李小林等主编，北京时代华文书局 2015 年版，第 855—856 页。
⑨ 郑翔主编：《江西历代进士全传》（二），上海古籍出版社 2016 年版，第 781—782 页。
⑩ 褚景昕：《赣县志（1—6）》，成文出版社 1975 年版，第 1254 页。

道，以倡来学。“疾草，犹正衣正中，与学者讲《尊德性》章，端坐而没。”[①]于都黄弘纲，为王守仁弟子，以刑部主事致仕归，与邹守益、聂豹、罗洪先讲学授徒。[②]

清初开始江西高层次的私学教育为数不多。清初江西明末遗老遗少，闭门读书，或眷亲课子，或著述自娱，居乡讲学授徒的日益减少。南昌郭日燧，顺治十二年进士，初授郎中，多善政。守台州，以母亲年高请归，居乡杜门不履城市，以课训后学为乐。[③]安福刘业广，顺治进士，因家贫出授徒，每月析脩金三十封，寄其妻，使每日用供以市甘旨。南丰谢文洊，明清之际理学家，在新城（今黎川）大兴讲会，与人辩论，专心研习程、朱理学，在县城西建程山学舍，设“尊洛堂”，与同里李萼林、邵睿明讲学其中。他以“畏天命”为宗旨，以诚信为本，以识人为体，以经世为要，以二程上承濂溪、下启关闽为法式授徒，同乡士子及友人甘京、黄熙、封濬、曾曰都、危龙光、汤其仁，均拜其为师，时称“程山六君子”。[④]星子宋之盛，南昌李太虚先生曾请他教子，1639年中举，回乡授馆为业。清兵南下，隐居黄龙山青霞观讲学，后迁丫髻山，不入城市，以授徒讲学为己任。[⑤]宁都李腾蛟，“易堂九子”中年龄最长，清初与临川陈际泰、罗万藻，宁化李世熊，同乡邱维屏为文会，入清后隐居金精山翠微峰，与魏禧兄弟和邱维屏等九人隐居易堂教学，世称“易堂九子”，[⑥]后别居三巘峰以经学教授生徒。[⑦]邱维屏，因国变弃诸生隐居，以文自娱，尤精象数之学，晚年精于西方算学历法，博通经史，透彻理蕴，讲论而名公肃听，立教则生徒咸服，是魏禧的老师和姐夫，其弟维宁，兄弟

① （清）赵之谦：《江西通志（1—8册）》，京华书局1967年版，第2050页。
② （清）黄宗羲：《明儒学案》，世界书局1936年版，第187页。
③ （清）赵之谦：《江西通志（5）》，京华书局1967年版，第2149页。
④ 杨忠民、段绍镒主编：《抚州人物》，方志出版社2002年版，第80页。
⑤ 《江西省人物志》编纂委员会：《江西省人物志》，方志出版社2007年版，第236—237页。
⑥ 《江西省人物志》编纂委员会：《江西省人物志》，方志出版社2007年版，第235页。
⑦ 邓之诚：《清诗纪事初编》（上），上海古籍出版社2013年版，第214页。

皆弃诸生授徒山中。[①] 魏禧，明亡后绝意仕进，自顺治十年起在翠微峰附近的水庄设馆教学，与兄际瑞、弟礼齐称“宁都三魏”，魏禧重视文章的经世致用，“言不关于世道，识不越于庸众，则虽有奇文，可以无作”。康熙四年应友人邀请至建昌府新城教读，前后达三年之久。魏禧对教学内容有明确规定：

> 余谓会讲日当分三事：一讲学，今所已行是也；一论古，将史鉴中大事或可疑者，举相质问，设身古人之地，辨其得失之故；一议今，或亡身有难处事，举以质，求其是而行之，或见闻他人难处事，为之代求其是。于三者外，更相规过。[②]

此外，官师授徒是私学高等教育的另一种形式。江西地方在职官吏私人收徒教授始于晋。晋会稽人孔冲为豫章太守，以《诗》《书》《易》《礼》《孝经》《论语》授弟子许孜。[③] 这是江西有关官师授徒的最早记载。唐代韩愈为袁州刺史，宜春卢肇、黄颇拜他为师，二人文章齐名，会昌三年考取同榜进士，卢肇第一，黄颇第三。[④] 宋宝元康定间，周敦颐为南安军司理参军，通判程珦使二子颐、颢往受业于周敦颐，开创宋明理学家居官授徒之先河。[⑤] 宋代理学集大成者朱熹，淳熙五年知南康军，当地人士纷纷登门拜师，执弟子礼，质疑问难，受业请益。[⑥] 朱熹培养出了许多杰出人才，如彭蠡、彭方、熊兆、胡泳、蔡念成等皆出于朱子之门。杨简绍熙间任职乐平知县，大力振兴教育，自称要将全邑人培养为君子，邑士从之游称弟子的有：邹近仁、邹梦遇、舒益、洪简、曹正、方溥、吴埙、马朴马燮父子、王琦、余元发、王晋

① 《江西省人物志》编纂委员会：《江西省人物志》，方志出版社 2007 年版，第 237 页。

② 邓之诚：《清诗纪事初编》（上），上海古籍出版社 2013 年版，第 199 页。

③ 许嘉璐主编：《二十四史全译 · 晋书》（第 3 册），汉语大词典出版社 2004 年版，第 1950—1951 页。

④ 《江西省人物志》编纂委员会：《江西省人物志》，方志出版社 2007 年版，第 39—40 页。

⑤ 《江西省人物志》编纂委员会：《江西省人物志》，方志出版社 2007 年版，第 97 页。

⑥ 杨倩描主编：《宋代人物辞典》（上），河北大学出版社 2015 年版，第 273 页。

老，[①]这些人均笃志于道，学有所成，达到了较高的管理（执政）和学术水平。宋末，谢枋得曾为考官，出题以贾似道政事为问，因而忤逆之，被谪至兴国军，守令皆及门执弟子礼，[②]其江西弟子中优异者有徐炎午、方南一等。明代江西官员官师授徒教育成效以王守仁最为显著，即便戎马倥偬，王守仁也常携弟子随军讲学。江右王门弟子之众，学生成就之高，也是其他官师授徒难以企及的。其他居官授徒的有：李长庚，万历进士，担任江西布政，多善政，清介绝俗，唯重士尊儒，属郡操觚者，皆愿列其门；[③]洪有助，万历间任职南安推官，尝摄大庾、南康，有美政，洪有助尤擅文学，郡邑士人多以他为师；[④]张采，崇祯进士，授临川知县，与陈际泰、艾南英诸子昌明古学，尊尚名教，临川之士争愿出其门。[⑤]

综上可知，江西私学高等教育起源于东汉，宋明达至鼎盛，进入清朝发展势头有所减退；发展地域日益广泛，基本遍及全省，并表现出以下特征。（1）儒家经典义理研究占据私学高等教育的主导地位，并实施单科教授。主教者皆通经典，或“五经”，或“六经”，或“二经”，或精于其一，实施单科传授。如上述田辟九子各授一经，王经传《戴礼》之学，熊良辅师从遥溪先生学习《易经》，杨叔方授范德机以经学，而授习吉翁以历法，黎道华受《春秋》于邓名世、学诗于谢逸；何源长子以《春秋》登宝祐进士，次子以《礼记》登咸淳进士，门人莫如德以《易》登淳祐进士；萧谔以《诗》《易》二经教授乡里。单科传授为儒家经典的专门化、精深化研究创造了条件，促进了儒家学说各类门派的产生。天文学、算学等其他学科也是私学高等教育的内容，但远不占主导，仅为点缀而已。以儒家经典为主的私学高等教育是“养士”教育，既为统治阶级培养管理人才，又使儒家文化深入人心，较好地

① 张岱年主编：《孔子百科辞典》，上海辞书出版社 2010 年版，第 541—542 页。

② 王云五：《万有文库・第二集七百种（425）・元文类（10）》，商务印书馆 1936 年版，第 970—972 页。

③ （清）白潢、查慎行：《江西省西江志（3）》，成文出版社有限公司 1989 年版，第 1048 页。

④ 大庾县编史修志办：《大庾县志》（上），江西大余印刷厂承印，1984 年，第 222 页。

⑤ 方志远：《江西通史・明代卷》，江西人民出版社 2008 年版，第 410 页。

维护了封建社会统治秩序。但其缺点是忽略了经世致用，脱离了生产实践。这也成为江西高等教育近代转型的障碍。（2）私学教学经验丰富，成为促进后世高等教育发展的宝贵财富。第一，启发诱导、因材施教和个别教学为主的教学方式，如江梦孙善于启发学生独立思考，熊恪为启发张洽而作忍铭，吴仪随其资器耐心教导生徒。第二，在教学程序、课程安排等方面也积累了相当丰富的经验。如刘清之在课程安排上，先上正经，其次训诂音释，再次陈述先儒观点，最后陈述时人观点；吴迂教学程序清楚，遵循训导教学法则，课程安排合理；包希鲁教授学生先德行后文艺，士习为之一新；吴与弼为学生制定守则指导学习；田辟九子各授一经，其规划节目详而有法；魏禧将私学教学程序概括为讲学、论古、议今、规过四个环节。此外，私学耕读结合、寓教于游等教学方式，理论联系实际，有重要的现实意义。（3）私学高等教育培养了大批高层次人才。私学高等教育为当时江西培养了大批的科举、教育及学术等各类人才，如前述李从祖孙三代培养出了许多文化英才和名公巨卿；冯椅父子授徒讲学，生徒何源长子、次子、门人均登进士；新喻县萧谔四子皆登进士第；王迪吉出其门者皆博硕之士；新淦县宗玘人推为乡先生，三孔皆出其门；等等。私学培养的人才在执政、教学和学术研究等方面表现出了极高的才能。家学教育也颇有成就。如临江三孔、眉山二苏、新喻二刘等，均是家学教育的杰出成果。两宋江西籍文学家 1322 人，文学家庭 106 家，家学特色明显。[①] 此外，私学教师多为硕学鸿儒，既教学又著述，为后世创造了大量的学术知识。

四、书院教育，誉满天下

中国书院制度始于唐末五代，兴盛于宋，其产生和发展直接得益于雕版印刷术的发明。书院是教育史上在学校教育发展第二阶段启蒙教育基础上实

---

① 黎清:《宋代江西文学家族研究》，中山大学出版社 2013 年版，“序言”第 3—4 页。

施高等教育的主要场所。第一阶段为师授学校，始于春秋时期以孔子为代表的私学；第二阶段是以书为中心的读书学校，始于唐代雕版印刷术的发明，学生读书、教师教学著书，主要包括私塾（启蒙教育）、书院（高等教育）两个层次；第三阶段学校教育以班级授课制引进为特征，始于 19 世纪 60 年代。书院制度是私学教育发展的高级形态和传统高等教育的重要形式。江西书院制度兴盛发达，特色鲜明，其发展极具典型性和示范性。江西古代书院教育发展的特征概括为起步早、数量多、影响大。[①] 白鹿洞书院堪称“天下书院之首”，濂溪书堂首开理学与书院结合之篇，象山、鹅湖曾经被列入“天下四大书院”之中。江西与邻省历代书院数量比较可参见表 1-4。除清朝江西书院数量排在广东、四川之后，位列全国第三外，其余朝代江西书院数量均遥遥领先，稳居第一。

表 1-4　江西与邻省历代书院数量比较

单位：所

省别＼朝代	唐	北宋	南宋	元	明	清
江西	8	23	147	91	270	567
湖南	8	9	43	31	100	360
浙江	5	4	82	58	170	436
福建	6	3	57	31	180	445
广东	2	4	35	18	207	659
湖北	0	3	9	23	112	173
安徽	0	4	16	32	144	204
全国	41	73	442	406	1962	5836
江西全国排名	1	1	1	1	1	3

注：本表根据邓洪波《中国书院史》，武汉大学出版社 2013 年版，第 20—29、68—69、118—119、201—202、275—276、450—451 页相关内容整理而成。

江西书院教育始于唐代。桂岩书院由高安幸南容建于 814 年（另一说为

① 李才栋：《江西古代书院研究》，江西教育出版社 1993 年版，“前言”第 2—3 页。

建于793年幸南容中进士之前），是江西最早的书院，也可能是中国最早聚徒讲学的书院。[①] 江州陈氏东佳书堂由陈崇建于890年，藏书千卷，教育对象既包括本族子弟中“俊秀”者，“严教举业，期正道以取青紫”，也招收四方游学的士子；书堂制定了最早的管理制度，对招生、教学都作出了较为明确的规定；书堂课程为“圣贤书”，“教给礼义”；书堂有学田二十顷，可能是中国最早的学田。唐代书院尚处于萌芽期，资料较为粗略。

五代时期，中原地区战争频繁，经济文化中心南移，这为江西书院发展创造了条件。著名书院有留张书院、华林书院、云阳书院、梧桐书院、光禄书院。[②] 南唐独占四所，其中两位君主自身即是诗人，尤其重视文教，书院发展影响较为突出。南唐在经济文化方面的领先地位，为江西书院的发展奠定了基础。

北宋时期，朝廷为巩固封建统治，重振纲常，强调利用儒家的以德治国，增加科举名额，提升及第待遇，加之官学衰微，难以满足求学需求，书院发展迎来了机遇。因受南唐以来经济文化优势推动，江西书院发展更为迅猛，著名书院包括白鹿洞书院、雷塘书院、秀溪书院、樱桃洞书院、芝台书院、盱江书院、景濂书院、鹿冈书院等。这些书院教学兴盛，培养和造就了欧阳修、王安石、黄庭坚、曾巩、李觏等一大批教育家、文学家和政治家。这一时期江西书院类型多样，办学形式和教学目标尚无统一和固定模式，因院、因师而异，相对于官学办学具有更强的灵活性。书院教师既讲学授徒，又从事学术研究，著书立说。理学家强调心性修齐，教育目标和内容发生变化，书院开始出现新的特色。江西高等教育兴盛之势初现端倪。

南宋是中国古代书院发展的高峰期和成熟期，而江西地区表现尤为突出。朱熹的白鹿洞、张栻的岳麓、吕祖谦的丽泽、陆九渊的象山四大书院中，江西独占两家，成为理学发展的中心地区。两宋时期，江西书院不仅数量居全

---

① 幸友金：《桂岩书院新考》，《中国书院论坛（3）》，2002年6月，第212页。

② 李才栋：《江西古代书院研究》，江西教育出版社1993年版，第31页。

国前列，且规模和制度有很大发展，涌现出一批影响力相当巨大的书院，在中国书院发展史上占有重要地位。[①]这一时期书院遍布江西各地，饶州、信州、隆兴府、抚州等地书院更为密集。从书院与社会的关系看，南宋江西书院培养了更多的人才，各学派多以书院命名，书院成为学派活动和继承人培养的基地。书院从培养人，到发展学术，形成学派，对社会风气、国家政局都产生了重大影响。书院藏书、教学、祭祀等职能进一步结合并得到拓展，由藏书发展到著述刻印，从教学发展到学术交流，由祭祀孔子发展到祭祀各派学术领袖、文化名人和“忠义”之士。书院建设由家族、私人、生徒、公众发展到官员倡兴、士民共建。书院日趋完善的教学模式、多样的教学形式、共同的教学规制、丰富的教学内容，均成为后世七百年书院发展的典范。

南宋书院发展成熟的标志是朱熹兴复白鹿洞书院。白鹿洞书院于 1054 年被毁，125 年之后，朱熹于 1179 年开始兴复白鹿洞书院。其措施主要有：修建书院房屋；制订计划、筹集资金购田置地，以谋书院长久发展；广聚图书，如朱熹为刘子和作传，其子赠《汉书》一部以为答谢；延聘教师，朱熹曾请新建丁铁掌教，合肥吴某为职事，但均未成功，只好自己兼任洞主，自为导师亲临执教，书院其他讲学者有朱熹好友刘清之，学生林用中、黄干、王阮等人；发榜招生入学，当时有生徒一二十人，其姓名可考者有曹彦约、曹彦纯、胡泳、周模、刘贲、吕炎、吕熠、吕炳、吕焘、吕焕、彭方、冯椅、熊兆等，生徒于科举、学术等方面较有成就，体现了书院较高的培养质量；制定书院规制，总结前人经验与教训制定《白鹿洞书院揭示》，这份揭示成为白鹿洞书院的学规、教规及教条；设立课程，从朱熹讲义可知，书院基本教材以“四书”为主；开展学术交流，请南宋理学另一学派代表吕祖谦为白鹿洞书院撰记，又请陆九渊来书院讲学义利之辨。朱熹兴复白鹿洞书院创立的教学模式可以概括为定规制、立课程、勤讲论、勉自学等。[②]白鹿洞书院教学内容依据

---

① 杨杰：《两宋江西的官学、书院与科举》，硕士学位论文，江西师范大学，2008 年，第 1—2 页。

② 李才栋：《江西古代书院研究》，江西教育出版社 1993 年版，第 103—133 页。

其主次顺序分别是《大学》、"四书"、"五经"、《论语》、《孟子》、《中庸》。朱熹视《大学》为为学纲目。朱熹集古代书院、学校教学之经验大成，采取多种教学形式，经后人不断发展，造就了白鹿洞书院完备的教学形式体系。教学制度方面，朱熹主要实施具有现代教育科学意义的"导师制"，由主讲学者（山长、洞主、掌教、院长、主讲、主席）主持书院一切教学活动，全面指导生徒德行和道艺，对学徒穷理、修身、处事、接物全面负责。白鹿洞书院所设之堂长，则类似于"导生制"。朱熹掌权时由杨日新担任堂长，后来门人李燔、胡泳、黄义勇相继为堂长。堂长属于师长之类的职事。白鹿洞书院教学形式多样，包括升堂讲说（庐山国学时已采用，朱熹、黄干、陈文蔚等留有白鹿洞书院升堂讲说的讲义）、启发诱导、自主学习（后人将其总结为循序渐进、熟读精思、虚心涵泳、切己体察、着紧用力、居敬持志六项）、切磋问难（生徒之间相互切磋，师生之间质疑问难）、师生学友群居切磋的讲会制度、展礼（朔望祭祀，师生、生徒之间，迎客送宾，升堂讲说，课试等均有礼仪）、优游山水（寓讲说、启迪、点化于休息娱乐中）。朱熹教育目标是植纲常、扶名教、尊孔孟。朱熹兴复白鹿洞书院对后来书院发展、学校建设产生了重大影响，成为各学派兴办书院、学校可资借鉴的宝贵财富。南宋理学分为朱学、陆学和吕学三派，朱学重格物致知，陆学以明心为本，吕学则兼取二者之长。白鹿洞书院在理学发展高峰期，与三家都有联系，与理学产生了不解之缘。总之，朱熹兴复白鹿洞书院对后世书院发展具有示范意义，其《白鹿洞书院揭示》成为封建社会书院教规的典范。兹录全文于下：

父子有亲，君臣有义，夫妇有别，长幼有序，朋友有信。

右五教之目。尧舜使契为司徒，敬敷五教，即此是也。

学者学此而已。而其所以学之序，亦有五焉。具列于左：

博学之，审问之，慎思之，明辨之，笃行之。

右为学之序。学、问、思、辨四者，所以穷理也。若夫笃行之事，则自修身以至处事接物，亦各有要。具列于左：

言忠信，行笃敬，惩忿窒欲，迁善改过。

右修身之要。

正其谊不谋其利，明其道不计其功。

右处事之要。

己所不欲，勿施于人。行有不得，反求诸己。

右接物之要。

熹窃观古昔圣贤所以教人为学之意，莫非使之讲明义理，以修其身，然后推以及人。非徒欲其务记览，为词章，以钓声名取利禄而已也。今人之为学者，则既反是矣。然圣贤所以教人之法，具存于经，有志之士，固当熟读、深思而问辨之。苟知其理之当然，而责其身以必然，则夫规矩禁防之具，岂待他人设之，而后有所持循哉？近世于学有规，其待学者为已浅矣；而其为法，又未必古人之意也。故今不复施于此堂，而特取凡圣贤所以教人为学之大端，条列如左，而揭之楣间。诸君其相与讲明遵守，而责之于身焉。则夫思虑云为之际，其所以戒谨而恐惧者，必有严于彼者矣。其有不然，而或出于此言之所弃，则彼所谓规者，必将取之，固不得而略也。诸君其亦念之哉！

朱熹依据理学教育家观点揭示书院教育的指导思想、目标、内容、为学顺序；对学者修身、处事、接物提出了纲领性要求。明成化三年胡居仁订有《主洞规训六条》、万历十七年章潢再订《鹿洞为学次第八条》，使白鹿洞书院规制更趋于完善。

元朝朝廷重视教育，地方官学制度更加完备，对于书院发展也采取积极态度。1261 年下令：“凡宣圣庙及管内书院，禁诸官员使臣军马侵扰亵渎，违者加罪。”元代书院官学化倾向明显，书院山长须经礼部或行省及宣慰司任命。路府州书院设置“直学以掌钱谷，从郡守及宪府试补”。[①]元廷加强了对书院的管理和控制，讲学的书院少于南宋，但吴澄治经学、虞集擅文章、马端临治史，此三足鼎立多成于书院。南昌宗濂书院、丰城贞文书院、余干南溪书院、安仁锦江书院、永丰阳丰书院载入《新元史・选举志》，教学活动兴盛。元末战乱对江西书院毁坏严重，社会安定对于书院发展有着重要意义。

明初尊孔崇儒，尤以程朱理学为指导思想；治世用文，选拔文士为官吏；实施文化专制，大兴文字狱。在此背景下，江西书院时有兴废，在曲折中得以存续和发展。朱元璋重视官学，中央官学尤其待遇丰厚，朝廷撤销书院，改办府州县学，书院发展受冷落。洪熙以后，明朝内部政权趋于稳定，高压政策开始缓和，江西地方官员对于兴复书院发挥了重要作用，书院发展进入高潮。封建庄园经济日趋没落，工商业经济逐渐萌发，社会矛盾逐渐激化，统治集团日益腐败，政治、经济、文化都出现危机。处于统治地位的朱学拒绝向前发展，面对新局势无能为力。陈献章、湛若水、王守仁新学术思想得以发展，江西王学讲学活动兴盛，产生了讲会式书院群体，在全国处于前列，堪称一大特色。天启、崇祯年间，书院进一步官学化，书院开始有科举名额，由官员兼任山长，书院教学活动日益和科举结合，至明末王学渐衰，江西“时文”肇兴，书院沦为科举附庸。总之，明代书院在洪武、永乐时备受冷落，洪熙以后重振，正嘉间达到高潮，隆庆、万历之际承其余绪继续发展，虽几经停毁，直至明末局势败落而走下坡路。自洪武初，至嘉靖中，至万历初，至天启间，明代废毁书院先后达四五次之多。白鹿洞书院、象山书院、怀玉书院、白鹭洲书院、友教书院等受王学新学术思想发展影响，教学活动兴盛。其中，何棐在九江府建有肄武书院，训诲武弁子弟，学兵法、韬略，颇具特色。

清代书院官学化程度进一步加强，其经历了更为曲折的发展过程。清廷

① 黄定元、张希仁主编:《江西省教育志》，方志出版社 1996 年版，第 29 页。

在文教方面沿袭明制，大兴文字狱，为笼络读书人，设学校，祀孔孟，尊理学，重科举。顺治九年（1652）下令："各提学官督率教官、生儒，务将平日所习经书义理，着实讲求，躬行实践，不许别创书院，群聚徒党，及号召地方游食无行之徒，空谈废业。"[①]这表明了清廷对书院讲学的警惕与控制。清廷恢复了白鹿洞、鹅湖、白鹭洲、濂溪和友教、豫章等大书院，进一步发展完善了书院规制。新建书院较少，且多不以书院名之，如九子讲学授徒之易堂、宋之盛等讲学之丫髻山草堂。康熙年间新建书院中豫章书院较为突出，教学活动兴盛。清廷通过赐匾等方式对江西书院给予特殊关照，体现了康熙思想文化领域提倡程朱理学的国策。雍正年间一度压制书院，乾隆间采取重视书院发展的政策，诏令：

> 书院之制，所以导进人才，广学校所不及。我世宗宪皇帝，命设之省会，发帑金以资膏火，恩意至渥也。古者乡学之秀者，始升于国，然其时诸侯之国皆有学。今府、州、县学并建，而无递升之法。国子监虽设于京师，而道里辽远，四方之士不能胥会，则书院即古侯国之学也，居中讲习者故宜老成宿望，而从游之士亦必立品勤学，争自濯磨，俾相观而善。庶人材成就，足备朝廷佐使，不负教育之意。[②]

清廷也借此加强了对书院的控制，书院山长由官厅聘任，学徒由官员考察，新建书院需申报批准，由教官担任监院。学徒课试不仅有师课，还有官课。书院的组织、领导、经费纳入官方控制。嘉庆间，书院承袭康熙、乾隆发展余绪，略有发展。道光以后，江西书院数量颇多，但多是私塾、会馆、文会、祠庙性质的机构，与书院的高等教育形式相去甚远。基督教卫理公会曾建有同文书院和桑林书院，开设近代课程。豫章书院内复设有招举子入学

---

① 见李才栋《江西古代书院研究》，江西教育出版社 1993 年版，第 366 页。

② 见李才栋《江西古代书院研究》，江西教育出版社 1993 年版，第 412 页。

的孝廉书院。清代书院在教学及学术发展方面综合实力却低于明代，官学化程度达至最高。

综上可知，随着宋明以来理学的发展与衰微，江西书院经历了从学者管理到由朝廷和地方政府控制、由师课教学转向官课教学、不断由私学向官学化发展的变迁过程，其结果是导致清末经世致用的实学在江西的发展受到无情压制，而服务科举的附庸文化却因此得到强化。这成为近代江西高等教育发展的重要阻碍。

第二节　近代以前高等教育发展的影响因素分析

江西高等教育在唐末五代已崭露头角，宋明时期达至鼎盛，清初虽然略有衰退，开始不及浙江等邻省，但直至近代之前仍处于全国前列。江西高等教育发展源头可回溯至东汉，当时江西属于“江南卑薄之域”，南昌人程曾、唐檀先求学长安，后归里教授，其影响较为有限，发展仅集中于郡治中心地区。魏晋南北朝时期，特别是西晋末年开始，北方地区战乱频仍，江南社会相对安定，北方士人开始渡江南迁入赣，带来了先进的生产技术和文化，江西经济也逐渐从发展边缘走向中心，政治经济地位愈显重要。这是江西高等教育走向兴盛的过渡阶段。公元 589 年，隋文帝统一天下，中国开始进入封建社会全盛时期，江西高等教育承续六朝发展之势，再经隋唐三百余年持久积蓄，终于在两宋时实现了兴盛繁荣，并将其优势持续至明清。

随着北方封建社会内部矛盾的不断激化，中国封建经济发展从黄河流域转向江淮流域，重心开始南移。大运河和大庾岭商道的开通尤其给江西隋唐以来经济、政治、文化发展带来重要契机。隋炀帝开凿沟通南北的大运河，这一中国封建社会后期的经济大动脉使江西腹地处于大运河—鄱阳湖—赣江一线通往岭南地区的重要通道上。唐开元四年（716），大庾岭驿路开通，由此大运河—长江—赣江—大庾岭成为维系中国政治统一和经济联系的主干道，江西由此从地理上较为封闭的地带变身为南北通衢。南宋时期，首都临安（今杭州）经由信水—赣江—袁水航线，与湖南、四川、广西等地联结起来，此时江西又成为江南地区东西交通的要冲。便利的交通极大地促进了江西经济、文化交流与政治稳定，最终使江西成为高等教育较为发达的地区。

一、近代以前高等教育发展的经济因素分析

唐宋以来，封建经济的迅速发展成为江西高等教育兴盛发达的坚实基础。到南宋嘉定年间（1208—1224），随着北人南迁，江西地区有495万余人口，占全国总数的17%以上，居全国第一位。人口是封建社会经济的主要生产条件，而且迁入的移民中很多是封建士大夫。宋代江西农业、手工业生产全盛，岭路开拓，航道畅通，位于四通八达的要冲区域。[①]农业生产方面，江西大量开垦土地，兴修水利工程，进一步提高水稻栽培技术，成为粮食主产区之一。唐后期江西已有“出米至多”之美誉，宋代曾巩赞叹“其田宜秔稌，其赋粟输入京师为天下最”。据记载，宋代每年从东南六路漕运粮食600万石，江西在北宋时每年漕运120万石，南宋时为200万石，分别占五分之一和三分之一。江西还是产茶大省，北宋江南15个重点产茶州县中江西占10个，南宋时期江西产茶达463万斤，位居全国第一，为全国茶课四分之一强。茶叶生产的发达是南宋山区农业经济中商品经济成分增长的体现。唐宋江西手工业发展盛况空前，江西矿冶、陶瓷、造船等传统优势产业处于全国领先水平。德兴铜矿为北宋三大铜矿之一，首次使用胆水浸铜技术；饶州乐平邓公场银矿，岁出银10万两，银课7000两，占唐朝银税总数一半以上；江西名窑汇聚，洪州窑、昌南（景德）镇、吉州永和窑、赣州七里镇窑等所产名瓷精美；

① 许怀林:《江西史稿》，江西高校出版社1993年版，第318页。

宋代江西是全国最主要的造船基地，所造船只数量居全国第一。在纺织、造纸、印刷等行业，江西也占据优势地位。农业、手工业的发展，以及大庾岭商道的拓展，带来了江西繁荣的商业经济。北宋江西商税增长了 152.3%，约占宋朝商税 4.6%。如果按 2.5% 的税率计算，贸易额达 1600 万贯。这个数字相当于北宋首都汴京（今开封）的贸易额。元代至明清时期，江西依然是中国封建经济体系中较为富庶和活跃的区域，但这一时期江西经济进步主要与山区开发和市镇经济发展密切相关，不仅是传统自然经济的增长，而且表现为商品货币经济的发展。元代江西人口为 1425 万，占全国总数的四分之一；清乾隆三十二年（1767）人口为 1154 万；咸丰元年（1851）增至 2451 万。人口的剧增使江西一方面向外移民，另一方面人口向海拔较高的山区迁徙。明清时期大量闽粤客籍移民迁入赣南和周边山区拓垦，因此江西大量山区得到开发，并成为封建经济的重要部分。山区开发进一步加强了江西作为水稻主产区的地位。元、明、清三代江西仍是国家征米数一数二的大省，常占全国总数的 10%—20%。同时，江西又是长江下游各省以及广东、福建商品粮的主要供应地，积极推动了这些地区明末商品经济发展和资本主义萌芽。受山区自然条件和闽粤移民特点影响，江西明清以来的经济作物种植普遍，与之相应的初级农产品加工也得到发展。烟叶、蓝靛、苎麻、油茶、竹木、水果和造纸、花爆、夏布等生产于明清时期前所未有地兴盛起来。如赣南“种谷之田半为烟之地”，赣西万载、铜鼓为造纸的主要地区，苎麻和夏布以万载、石城、宜黄、玉山为主要生产和贸易中心，产品在海内外享有盛名。上述农产品虽没有彻底突破传统自然经济樊篱，但均以交换和贸易作为再生产的条件，属于商品经济范畴。因此，这推动了明清时期江西市镇经济的发展。除宋朝已兴起的瓷都景德镇之外，赣鄱水系沿线还兴起了各具特色的临江、樟树、吴城和河口四大工商业市镇。樟树在明末是“烟火万家，江广百货往来”的“八省通衢”“天下雄镇”，是全国药材贸易中心；吴城四方商人云集，十分繁华，有“装不尽的吴城，载不完的汉口”之誉；河口则以纸张和武夷茶闻名天下。

明代以来江西经济可以概括为平原与盆地的水稻农业、山区的经济开发、江湖的市镇商贸多翼并举，一派繁荣。明清江西商人号称“江右商帮”，足以与晋商、徽商鼎足，活跃在全国各地，俗谚“无赣不成市”，足见江西商人数量之多、影响之大。①

总之，自唐宋以来至元明清，江西农业、手工业、商业兴盛发达，为同时期高等教育的兴盛提供了经济保障。一方面更多的士人可以从忙碌的农业、手工业等生产中解放出来，专门从事教学、著述等学术活动；另一方面，农工商业带来的巨大财富可以给私学、书院等教育机构和人员提供必要物资和薪俸。发达的封建经济从人、财、物方面为江西高等教育的发展准备了条件。明清时期“江右商帮”捐资兴学、书院学田收入增加、地方财政充裕等为官学、书院形式高等教育发展提供了坚实的经济保障。

二、近代以前高等教育发展的政治因素分析

隋唐以来江西长期相对稳定的社会政局和科举政策的确立与完善、宋明以来朝廷对程朱理学的支持政策等为高等教育发展与兴盛提供了政治保障。江西地区特殊的地理环境和政治环境对于其高等教育发展有着典型意义。唐末五代至清前期，除朝代更替造成短期混乱外，江西少有战事，社会环境相对安定，为高等教育发展创造了条件。如南唐时期江西是与中原抗衡的后方，南昌又是南唐的南都（958—961），因而相对安定，这成为创办庐山国学及书院发展的有利条件。②隋唐时期科举制的实施是中国封建政治制度的一项重大变革，改变了魏晋南北朝时期门阀士族地主垄断政治权力的局面，使大批中小地主和平民知识分子得以入仕，有利于加强封建中央集权统治，促进社会发展。科举制度促进了高等教育发展，其功利主义思想与古代高等教育思想较为一致，强化了江西士人读书为官、学优而仕的传统教育价值观，并发

---

① 吴官正主编：《江西省情概论——历史、现实与未来》，江西人民出版社 1995 年版，第 37—46 页。

② 李才栋：《江西古代书院研究》，江西教育出版社 1993 年版，第 30 页。

展为一种文化，牢固控制着江西士子的价值取向。江西科举的辉煌历史激励着古代士子矢志不渝，读书为官，以至明朝时期“朝士半江西”，政治影响重大。科举考试内容以儒家经典为主，其后发展为程朱理学。南宋“嘉定更化”之时，程朱理学被推崇为“官学”；元朝建昌人程钜夫为元世祖所重用，制定科举办法，四书五经、朱熹集注成为科举定本，确立了理学统治地位；明初洪武永乐年间，朱明政权进一步明确了程朱理学的统治地位，主修《五经大全》《四书大全》《性理大全》，规定学校、书院以“程朱”为教学内容，科举也以此为考试内容。明清时期实施文化专制，屡兴文字狱，与“大全”内容不一致者，一律被斥为“杂览”“异端”。此外，宋代以来朝廷对于高等教育办学实施奖励政策，如宋代统治者以赐书、赐田、赐额之举奖励办学，对隐居乡野聚徒讲学的名师硕儒也多加褒荣。[①]这些兴学奖励政策为高等教育发展提供了坚实的政治保障。

三、近代以前高等教育发展的文化因素分析

宋明以来江西高等教育的发达还得益于封建知识分子的积极参与。江西是理学发源地，理学又是其发展兴盛之所在。江西吸引和诞生了一批致力于理学研究的封建知识分子，他们成为发展高等教育的主体力量。理学鼻祖北宋周敦颐长期在江西任官、教学、著述，程颐、程颢受业于他，大昌理学；南宋朱熹发扬二程之学，集理学之大成，其思想主导封建社会达 800 年之久；同期陆九渊倡导“宇宙即是吾心，吾心即是宇宙”，成为理学另一分支“陆王心学”创始人；元代吴澄，为朱熹之后又一名儒；明代王阳明继陆九渊后将“心学”发扬光大，江西地区形成“江右王门”。江西理学文化为高等教育发展提供了丰富的养料，并使之结出了累累硕果。白鹿洞书院、“鹅湖之会”即是传统高等教育教学及学术交流的产物。朱熹、陆九渊、王阳明及其弟子等

---

① 邹锦良、孙小明：《宋代江西乡村私学与地方社会述评——以地方知识阶层的参与为视角》，《江西教育学院学报（社会科学）》2008 年第 5 期。

既是哲学家，又是杰出的教育家，他们既培养了一大批具有高深知识的高层次人才，又促进了理学自身的发展。

江西强有力的宗族势力是高等教育发展的推动力量。江西封建宗族势力格外强大，是宗族组织最为兴盛的地区之一。清道光年间一道上谕说："该处通省皆聚族而居，每姓有族长绅士，凡遇族姓大小事件，均听族长绅士判断。"乾隆年间一项调查发现，江西有宗祠 9000 余处。这些宗族组织一方面能有效维护封建社会秩序，将本族成员牢牢约束在传统的社会生活之中，成为阻滞社会变革的巨大力量；另一方面宗族文化对于推动高等教育发展有着积极意义。宋代以来许多私学和书院均由宗族创建，用以教育本族子弟；明清以来活跃于各地的江右商人的商业利润大部分投入购买祭田、资助科举及捐纳功名等宗族事务之中。[①] 这促进了高等教育的发展与兴盛，但影响了江西商业资本向产业资本的顺利转化，约束了资本主义经济在江西的萌芽和发展。

综上可知，宋明以来江西高等教育兴盛是江西古代经济、政治和文化发达的产物，同时发达的高等教育又促进了江西经济、政治和文化的繁荣，表现为与江西经济、政治、文化的兴盛并驾齐驱，彼此相互促进，相得益彰。

---

① 吴官正主编：《江西省情概论——历史、现实与未来》，江西人民出版社 1995 年版，第 46—50 页。

第二章

近代江西高等教育发展的艰难起步（1902—1911）

清末江西高等教育发展以“新政”为界限，可划分为前后两个阶段。前一阶段上限可推至 1895 年；后一阶段发端于 1902 年清末“新政”时期江西大学堂的创立。“新政”之前，近代江西高等教育已开始萌动，如维新时期江西高安蚕桑学堂、务实学堂、吏治学堂等的创议和举办，成为“新政”时期高等教育发展的前期准备。清末“新政”时期豫章书院改办江西大学堂之后，江西陆续建立了十余所高等学堂，至 1911 年秋武昌起义，九江首先响应，南昌继而光复后，这些清末学堂被勒令停办，此为清末高等教育发展阶段，同时也是近代江西高等教育发展的艰难起步阶段。

晚清江西高等教育与粤湘鄂闽浙皖六个相邻省份实力差距日益加大。1895 年之前，江西始终没有诞生近代意义的高等教育机构。两次鸦片战争和太平天国运动的“外患内忧”迫使清廷有识之士开始进行“师夷制夷”、自强图新的“洋务运动”，汲取西方知识影响和改造中国传统社会，其威力足以超过十次旧式农民战争。[①] 这种力量对于高等教育发展同样有着重大意义。这个时期建立的“洋务学堂”——第一批高等专科学校，是中国近代高等教育的发轫。1862—1894 年，“洋务派”陆续创办了 23 所“洋务学堂”，大致可以分为七类：培养翻译人才的学校、培养船厂和兵工厂工程师和技术工人的学校、水师学堂、武备学堂、培养电报管理人员的学堂、海陆军医学堂和采矿学堂，[②] 概言之，可分为“西语”“西艺”两类。“洋务学堂”开设算学、天文、格致、兵法、防御工事等近代课程，但并未完全脱离传统高等教育体制。毕乃德认为：“没有一个负责的官员想要用西方文化来代替中国文化，或者用外国教育制度来代替中国教育制度。”[③] 张元济认为“中国所设语言学校、船政学堂和军事学堂，其宗旨是专重实用人才培养”，“最多不过是一种救弊补偏的

---

① 陈旭麓：《近代中国社会的新陈代谢》，上海社会科学院出版社 2006 年版，第 126 页。
② ［美］毕乃德：《洋务学堂》，曾钜生译，杭州大学出版社 1993 年版，第 24 页。
③ ［美］毕乃德：《洋务学堂》，曾钜生译，杭州大学出版社 1993 年版，第 55 页。

办法”，[①]从而使其缺乏系统规划。这类新式高等教育并没有得到政府和国民的足够重视，有学者评论：

> 那些毕业于新式学校，具有政府官员头衔的人实际上也只能得到技术性的任命，而不能获得政治上负责的职位，这些职位是保留给传统教育制度所培养出来的人员的，……由这些官方机构所承担的西方教育只是传统教育的附庸，严格地说，并没有真正地纳入整个教育体制，也没有起到替代旧教育制度的任何作用。[②]

尽管如此，江西成为“洋务学堂”的荒漠，这正反映了江西传统高等教育体制极其顽固，没有给新式学堂留下丝毫空间。但是，同期相邻省份却表现不俗：福建办有福建船政学堂（1867）、福州电报学堂（1876）；广东有广州同文馆（1864）、广东实学馆（1880）、广东水陆师学堂（1887）；湖南办有湖南时务学堂（1894）、湘乡东山精舍（1896）；湖北有矿务局工程学堂（1892）、自强学堂（1893）；安徽有求是学堂（1898）；等等。1895 年 6 月，翰林院侍读文廷式请假回乡修墓，发现人才仍然多为时文制艺所埋没，于是与时任巡抚德馨倡议开设格致书院，拟仿照泰西之制，将专课时文的豫章书院和友教书院分为数科，教士子以实用之学。[③]这是传统教育变通书院向近代教育转型在江西的最早尝试，也意味着近代高等教育开始萌动。

① 张元济：《最近三十五年之中国教育》，商务印书馆 1937 年版，第 61 页。
② ［加］许美德等：《中外比较教育史》，朱维铮等译，上海人民出版社 1990 年版，第 7—8 页。
③ 汪叔子编：《文廷式集》（上），中华书局 1993 年版，第 73 页。

第一节　清末“新政”以前近代高等教育的萌动

甲午战争后，江西仍无近代意义的高等教育机构出现。五口通商以后，赣江大庾岭商道改道，上海取代广州成为最大通商口岸，江西宋明以来的交通枢纽地位得而复失，重新回归到内陆腹地，加之江西是太平天国运动的主战场，封建传统经济破坏严重，专制统治进一步加强，心性之学思想顽固，而难兴经世致用之学，近代江西高等教育发展遭遇重重阻碍，迟至维新时期才开始其艰难萌动。

首先，1896 年 8 月 2 日，江西巡抚德寿奏请创办高安蚕桑学堂，被视为中国近代农业高等教育的开端。1896 年 2 月 15 日，两江总督张之洞《江西绅商请办小火轮、瓷器及蚕桑学堂折》云“江西素不产蚕，现拟于高安县地方创设蚕桑学堂，收教学生，于种类之异，土地之宜，培养之方，饲养之法，无不考究精详”；江西士绅蔡金台等禀请在高安县设立蚕桑学堂，考求种植，所购浙湖桑秧蚕种及新出茧丝可暂免厘税。“江西地多低洼，辄遭水患，物产所入，事蓄维艰，偶遇秋收歉薄，四野嗷嗷，益困不可知，欲为之开辟利源，惟蚕桑可补农事之不足”，而且“江西为禹贡扬州之域，有厥篚织贝之文。隋史地志，豫章一年蚕四五熟，则江西之宜蚕，征诸古而已然。且蚕性喜暖，江西界线在地球东北，距赤道二十余度，与江苏、浙江气候相若，静察天时土性，知于种桑育蚕甚为相宜”。从厘税、历史、地理等各方面考察，江西均适合种桑养蚕。故而“召集乡民颖悟子弟，给以饭食，使之学习饲叶接干诸法，长年住局，俟学成之后，量其才能，推升工师，酌给辛资，令分赴各州县转相传授”。[①] 然而，高安蚕桑学堂具体办学情况缺乏足够史料可考，可能仅仅停留在动议层面，而并无举办之实。[②]

---

① 朱有瓛主编：《中国近代学制史料》（第一辑下册），华东师范大学出版社 1986 年版，第 963—964 页。

② 饶锡鸿、蒋美伦：《关于中国近代农业教育的起点问题——高安蚕桑学堂不是中国近代农业教育的起点》，载《农史研究》编委会《农史研究》第五辑，农业出版社 1985 年版，第 183—187 页。

其次，友教书院为江西实施书院向新学转型努力的重要场所。1896 年友教书院设算科，江西巡抚德寿于 1896 年 10 月 6 日《奏酌裁友教书院童卷移设算科折》中记曰：

> 惟查上年钦奉上谕筹议铁路等款，经臣体察江西省情形，分别按款拟办，并声明学堂一节，若仿西洋各学办理，各书院经费不足供西学之用，拟于省城各书院颁发同文馆译出各国史略、西艺新法等书，延中国通儒为之主讲，访求颖悟之士，分科专学。月课月程，厚其奖赏，如录优等，咨送总理衙门考试备用，业经恭折具奏在案，核与山西抚臣胡聘之所奏大略相同。兹复与藩臬两司酌度推行，将江西省城友教书院童卷全裁，所有膏奖移设算科，延请明通算学教习二人住院，名曰斋长，酌给薪水，招集算学生徒十八人在院学习，应支薪水，于裁去童卷膏奖内分给。酌议条规，俾资遵守。如有才识超越，新法明通又畅达时务者，仍应咨送总理衙门考试，以备器使，需用书籍，据藩司翁曾桂开折详报，由上海购得列国岁计政要等项七十五种，并将舆图局所存经纬等仪器，一并札发监院教官存储备用，已于光绪二十二年三月开学矣。务期学有实济，明其道不计其功，久得熏陶而涵育之，自可渐收实效。学术既精，人才日盛，无求于外，即日强于内矣。①

德寿详细阐述全裁友教书院童卷，所有膏奖移设算科，延请算学教习，招集算学生徒等变革思想。然而，由于江西士子眷顾于科举及第，“生监月课仍试诗文”，虽然延有江苏名师魏渊伯主讲，但生徒“能娴代数者，不过十之三”，士绅视西学为“不急之务”，省城书院肄业生于考据辞章帖括每有悉心讲究极力钻研者，若性理经济及一切泰西新政未免谦让不遑，“即此见守旧人

① 朱有瓛主编：《中国近代学制史料》（第一辑下册），华东师范大学出版社 1986 年版，第 429 页。

多，开化难于他省矣”。[①]移设算科虽经克服经费支绌的困难，勉强得以开办，却因江西风气难开、人才难觅而效果不佳。

再次，1897 年 8 月，邹凌瀚请设务实学堂。“伏睹大人眷念时艰，奏改友教童课为算学课，移缓就急，崇实务精，有识人士，闻风鼓舞，引领翘企，谓百年虚伪之习，千载维新之基，将转移于一举，幸何如之！”在此基础上继续扩充，遵旨另立学堂，指拨款项，但是限于库款支绌，一时自难应手，“合无仰恳通饬各府州县，上县筹款五百金，中县四百金，下县三百金，或拨现款，或酌新捐。又令通省城典各捐百金，乡典各捐五十金。又令江西盐商每票岁捐二十金，更请官商之在外在籍者，量力捐助。如此则众擎易举，五六万金，不难立办，皆取于彼甚微，而益于此甚大”，通过他们自己出资，教育自家子弟，对于兵农工商均有裨益，当日后学有所成，以之转授各府州县，开诱来学，使一切练兵、制器、交涉、矿务、舟车等事，不必取资洋人，收利权而塞漏卮。“正如欲实仓囷，精选种子，事虽迂而实切，道虽远而实近。”且时会已开，忧患迫切，补救之方，惟速为妙，诚能迅行举办，便可“上慰皇上育才求治之至意，下足表大人经国保民之远模”。江西士绅应知此时为国为家，若不自求实学，更无他法，踊跃输将，正为自保身家至计。学校“名曰务实学堂，择地建造，即藏书楼、仪器院、翻译馆并设其中”。[②]奏请言辞恳切，江西巡抚德寿当日对此作出批示，将人烟稠密、生意较大或产出较多的南昌、新建、丰城等十三州县列为上等，每处捐银五百两；宁都、奉新等二十二州县较逊之区列为次等，每处捐银四百两；德化、进贤等十四县为又次等，每处捐银三百两；莲花、湖口等三十厅县被列为下等，每处捐银二百两。以上四等共可筹银二万五千五百两，加以通省典当捐银一万数百余两，两项合计可凑银三万六千数百两。

---

① 朱有瓛主编:《中国近代学制史料》(第一辑下册)，华东师范大学出版社 1986 年版，第 448 页。

② 朱有瓛主编:《中国近代学制史料》(第一辑下册)，华东师范大学出版社 1986 年版，第 765—766 页。

拟俟筹捐到司，悉数发交，公举绅董，转发妥店生息，以供支用。至江西盐务，系归督宪主政，将来规模宏大，拟为推广，再行详请督宪核示劝办。所有学堂应立规条，并应如何考取入额，统俟捐有成数，再行会商绅董，妥定章程办理。[①]

巡抚德寿批准设立，一切学堂事宜，概归士绅经理，所有一切规模，悉遵照京师大学堂章程具体而微。[②]学堂于1898年创立，校址设在省城西昌书院左旁，聘请总教习一人，中西学教习各二人，饬地方绅董保送学生汇考，录取124名为正额。自愿肄业者为外课生，遇缺即补。遵京师大学堂章程办学，拟设藏书楼、仪器院、翻译馆，讲授时务、经学和算学等课程。[③]但关于务实学堂办学更多史料已无从考证，其创办经费后经李兴锐提议移用作创办江西大学堂。

复次，1898年7月28日，护理江西巡抚翁曾桂奏办吏治学堂。鉴于维新时期清廷创办新式学堂谕令，护理巡抚奏办吏治学堂，“以励人才而开风气，……从此薄海臣民，咸知向学富强之道”。翁曾桂对于江西封闭的状态有足够思量，感触颇深，“惟是町畦顿闭，风气未开，凡兹土民，难以图治。窃谓欲广教化，必先求教人之人，此外洋所以有官学堂、师范学堂之设也”。但翁以兴学为要，迎难而上：

伏思中国教养，其责在官，官与民最亲者，莫如牧令。盖牧令为民所瞻仰，地方治否，恒视为转移。臣以为令欲教民，必先自教牧令始，查江西牧令不乏通才，每闻新政之颁，莫不欢欣鼓舞，臣因势利导，于省城城隍庙设立吏治学堂。

---

① 朱有瓛主编：《中国近代学制史料》（第一辑下册），华东师范大学出版社1986年版，第766—767页。

② 翁曾桂：《遵旨设立学堂以宏教育折》，载沈云龙主编《近代中国史料丛刊续编（第32辑）：戊戌变法档案史料》，文海出版社1976年版，第317页。

③ 郑天挺、荣孟源：《中国历史大辞典·清史卷》（下），上海辞书出版社1992年版，第198页。

翁曾桂提出学堂依照经济科，分设内政、外交、理财、经武、格物、考工六门，“视其性之所近，或专研、或兼习，各从其便”，并积极筹备重要的中西书籍器具，命令前来就学之牧令等捐集。学堂自开办以来，互相讨论，已聚至四五十人，有志吏治潜心肄习者接踵而至。教学管理日益规范，委任南昌府知府江毓昌认真督课，翁与藩臬两司每月面试一次，分别等第，对屡列上等者，优予奖励，列下等者，酌予记过，于造就人才之中，仍寓甄别属吏之意。学员学成之后，委以差缺，兴养立教，自能措置裕如，与绅士所立各学堂相辅而行，“收效必当倍速”。对于级别较低的官员，翁曾桂设立奋志学堂：

至佐二等末职，虽无地方之责，然佐治攸资，亦不宜令不学无术之人滥竽充数。现亦设立奋志学堂，专为佐二等肄业之所，其课程以及考试之法，一如牧令。

其他官员子弟、在赣游幕之人，又另立学堂，因为他们：

既不便附入本省学堂，又不能远道回籍就学，此中不无可造之材，独令向隅，殊为可惜。拟即仿照京师小学堂办法，为之另立一学，一切肄业及学成咨送章程，均仿照小学堂章程办理。总期广揽英贤，勤加作育，但能多成一材，将来多收一材之用。未仕者可冀明通，已任者无虞闲陋，以仰副朝廷培植人才开导风气之至意。

翁曾桂从学堂类别、课程设置、人才造就与开导风气等方面阐述了创办吏治学堂的必要性与可行性。同日，翁曾桂又奏报筹办武备学堂等情形，且提及友教书院改设算学堂一事，重申江西办学因守旧人多，开化难于他省的困境。其片奏曰：

> 西江自有学派，前明五家时文，多尚清真刻露之作，其后不免流为枵腹。臣始抵江右，即改友教书院为算学堂，教习三载，鼓励多方，始得肄业百余人。然能娴代数者，不过十之三，且初改时龂龂群争，目为不急之务，即此见守旧人多，开化难于他省矣。臣现与在城绅士议设中西学堂，业已规模粗具，并于城内西北隅购地，建造武备学堂，一俟工竣，即行开办，妥议章程，另行具奏。自惭驽钝，惟有振刷精神，督同绅僚，将应办之各项新政，次第趱办，务求实在。不敢因暂时摄事，稍涉因循，亦不敢有意铺张，虚糜经费，仰负天恩委畀之重。谨遵谕旨，将筹办学堂情形，先行附片陈明，伏乞圣鉴。谨奏。[①]

以上高安蚕桑学堂、友教书院添设算科、江西务实学堂、吏治学堂、武备学堂的奏请和创办成为近代江西高等教育的萌动。这些学堂实施分科教学，已经具备高等专科教育的雏形。随着1898年9月戊戌政变发生，书院改建学堂之议多未施行，[②]江西更是如此。不过，这种尝试与努力显然为“新政”时期高等教育发展准备了条件。

第二节　清末“新政”时期高等教育发展概况

一、清末“新政”时期高等学堂

1901年清廷宣布实施“新政”，1902年和1904年陆续公布《钦定学堂章程》和《奏定学堂章程》，即“壬寅癸卯学制”，且“癸卯学制”得以最终贯

① 朱有瓛主编：《中国近代学制史料》（第一辑下册），华东师范大学出版社1986年版，第448页。

② 丁致聘：《中国近七十年来教育记事》，国立编译馆1935年版，第7页。

彻实施。这两个学制第一次确立了近代中国高等教育系统，使之从自发的无系统状态进入了系统化发展时期。“癸卯学制”将高等教育界定为：三年的高等学堂及大学预科、三或四年的分科大学及大学选科和五年的通儒院；与分科大学及大学预科同级，但程度略低的有四年或五年的优级师范学堂及高等实业学堂，另外还包括实业教员讲习所、进士馆、译学馆等。①②高等学堂与文科、理科、医科、法科、艺科等统称为专门学堂，此学制沿用至1911年清政府统治结束。1902年，江西在省城南昌创办江西大学堂，这是近代江西第一所高等学校，近代江西高等教育由此发端。此后一直到1910年江西陆续创办了十余所近代高等学堂机构，详见表2-1。需要说明的是，1902年创办的江西清江大学堂，考其办学章程“招考幼年聪颖子弟入学，卒业后，以备大学堂升选”③，其徒具“大学堂”之名，而无高等教育办学之实。

表2-1　清末江西高等学堂概览

学堂名称	办学时间（年）	办学地址	总办／监督	办学性质
江西大学堂	1902—1904	省城豫章书院	总办：汪瑞闿 会办：傅春官	官立
江西武备学堂	1902—1906	南昌行台 （永和门）	总办：汪瑞闿 监督：陈伯文	官立
江西医学堂	1902—1905	省城内高桥	监督：陈日新	官立
江西高等学堂	1904—1911	以贡院改造	监督：黄大壎	官立
江西方言学堂	1905—1907	友教书院改设	监督：程志和	官立
江西高等农业学堂	1907—1911	南昌南关口	总办：傅春官 监督：龙钟洢	官立
九江南伟烈大学	1905—1917	九江甘棠湖畔	校长：库斯非 翟雅阁	教会
江西官立法政学堂	1906—1911	省城内偰家塘	监督：叶先圻	官立
江西优级师范学堂	1906—1911	南昌令公庙	监督：欧阳述	官立
江西萍乡医学堂	1907	袁州府萍乡县	不详	私立

① 陈翊林：《最近三十年中国教育史》，太平洋书店1930年版，第82页。

② 朱有瓛主编：《中国近代学制史料》（第二辑上册），华东师范大学出版社1986年版，第99—102页。

③ 朱有瓛主编：《中国近代学制史料》（第一辑下册），华东师范大学出版社1986年版，第823页。

续表

学堂名称	办学时间(年)	办学地址	总办 / 监督	办学性质
江西铁路学堂	1908—1910	九江	监督：黄翼曾	官立
私立豫章法政专门学堂	1909	南昌皇殿前	监督：黄大壎	私立
私立法政专门学堂	1910	南昌系马桩	堂长：刘存一	私立
中国陶业学堂	1910	饶州高门	张犀侯 堂长：徐凤钧	联立
江西高等林业学堂	1911	白鹿洞书院	王同愈(奏请开办)	官立
江西工业学堂	1911	南昌书院街	监督：曾贞	官立

注：本表根据黄炎培辑《清季各省兴学史》第171—181页，赵树贵、陈晓鸣《江西通史·晚清卷》第70、72、170、180、181页，以及黄定元、张希仁主编《江西省教育志》第375页相关内容整理而成。

江西大学堂1904年改办为江西高等学堂，本章第三节将对这两所学堂的创办与发展作专门介绍。以下简要介绍其他学堂的创办及办学情况。

江西武备学堂设立于1902年。头年7月，清政府谕令各省设立武备学堂。武备学堂招收平民子弟为正课生，官员子弟为附课生；正课生120名，附课生40名，学生多是秀才、附生；开设课程有兵法、体操、德文和算学；① 学堂办学经费每月由司库于丁漕四分学堂经费项下支银二千两，实用实销；学堂于1906年停办，1909年改办江西陆军小学堂；② 武备学堂毕业生包括李烈钧、欧阳武、胡谦、方先亮、彭程万、伍毓瑞、俞应麓等武昌起义和二次革命的杰出人物。

江西医学堂监督陈日新为刑部主事，学堂课考、行礼、教习俸银等均隶属于江西大学堂；学堂办学形式与大学堂相同，初有教习2人，医士3人，住堂施诊和带教学生；1903年后，曾聘请日本医生南雅雄充教习；③ 学生招有正取生和备取生，课程中体西用，两者具备；学堂学生作息、自修、考核、学籍等各项管理制度完善；④ 教学方法先进，毕业生喻智静、钟季襄为1921年

① 朱有瓛主编：《中国近代学制史料》（第一辑上册），华东师范大学出版社1986年版，第549页。
② 佚名：《江西武备学堂筹办陆军小学堂申文》，《南洋官报》1905年9月27日。
③ 陈学恂：《中国近代教育大事记》，上海教育出版社1981年版，第124页。
④ 陈日新：《医学堂章程条说》，《江西官报》1903年，日期未详。

创办江西公立医学专门学校时的主要教师，姚国美是1933年初创办江西中医专门学校（初名江西国医专修院）时的教务主任和任课教师；该校于1905年停办。①

江西方言学堂由南昌友教书院改设，招收学生多是举贡生员，监督程志和为礼部主事、本省巨绅，学堂于1907年停办。②

江西高等农业学堂先后聘东文教习曾伯沅、英文教习李景贤、算学教习雷大信等多名教习，并聘请日本林学士斋藤丰喜教授农学、算学、理化和博物诸科，后又增聘日本农学士粟屋春太郎任教习；③学堂先后招考学生数百人，均是秀才、廪生、附生，分为甲、乙两班，先教以农学预科；1907年甲班预科毕业，因缓办本科，回堂者11人，1909年乙班26人预科毕业，22人回堂准备于1910年升读本科；同年学堂添聘教员，购买书籍、器械、肥料、种子以筹办本科，并奏请学部本科准用东文教授，酌加算学功课，以巩固和提升学生数学基础；④1910年龙钟洢监督辞职，提学使王同愈兼任监督，聘周蔚生为教务长，襄助进行，颇具规模。1911年，白鹿洞书院一部分房屋与全部山场拨归该校，林科之全体学生迁往庐山白鹿洞书院，分设高等林业学堂；1912年两校合办改称江西高等农林学堂。⑤⑥

九江南伟烈大学前身为1867年创办的同文书院，1905年更名为南伟烈大学，1912年停止招生，1917年停办。1905年九江同文书院授课大楼落成，名曰穆思堂，楼高四层，每层备置钢琴数台，设备焕然一新，学府氛围浓郁；同年，书院正式增设大学，校长为库斯非（卫理公会传教士），因纪念美国教

① 张兴荣、章远庆主编:《江西医学教育史》，上海医科大学出版社1990年版，第16页。

② 黄炎培:《清季各省兴学史》，载沈云龙主编《近代中国史料丛刊续编（第66辑）》，文海出版社1979年版，第171—181页。

③ 佚名:《江西高等农业学堂教员、职员衔名一览表》,《江西学务官报》1909年第3期，第86—88页。

④ 佚名:《咨复江西巡抚札行江西学司高等农业学堂本科准用东文教授并酌加算学功课文》,《学部官报》1910年第135期，第6—8页。

⑤ 佚名:《江西省农业院附设农艺专科学校概况》,《江西教育旬刊》1934年第6、7期特刊，第5页。

⑥ 赵树贵、陈晓鸣:《江西通史·晚清卷》，江西人民出版社2008年版，第170页。

会人士南伟烈捐巨资办学，取名“九江南伟烈大学”，又称“南伟烈书院”；大学分为预科、专科两类，毕业承认学历，并保荐深造或介绍工作；学校因此声名鹊起，学校毕业生服务于军队、外交、教育、邮政、铁路、海关及商场公司。①

江西官立法政学堂分为两年预科、三年本科和三年别科，1911 年第一届别科学员 77 名通过考试予以毕业。②1909 年私立豫章法政专门学堂由留学日本早稻田大学毕业回国同人创办，堂长刘存一留学日本；至民国元年，同人多充任参众两院议员；1910 年私立法政专门学堂成立，设政法、法律、政治、经济四个组，有学生 191 人。③

江西优级师范学堂设有选科、专修科，尚无完全科；监督欧阳述曾出使日本，任参赞兼署神户领事，横滨总领事，后又充任参赞官，归国后捐安徽知府，任安徽巡警总办，后改任江苏候补道，因触忤上司，回南昌侍亲，担任优级师范学堂监督四年，深得学生信服尊崇。④江西萍乡医学堂属民办公立性质，创办当年招有学生 20 人。⑤

江西铁路学堂分设预科、本科、实习三种学制，分别录取程度不同生员，学生一律免交学费、宿费和膳食费；教员多为日本技师，首届学生于 1910 年毕业，毕业生供职于铁路局。学堂随后停办。

中国陶业学堂由南昌人张犀侯（张浩）联合直隶、安徽、湖北、江西四省协资创办，⑥设陶业本科，并附设艺徒班，创办时各设一班；前者招收 15 岁以上高等小学堂毕业生（或同等学力），学制三年；后者招收初通文化的 12

① 李宏恩：《百年树人话“同文”》，载政协九江市委员会文史委员会：《九江文史资料选辑（6）》，1992 年版，第 47 页。

② 叶先圻：《江西官立法政学堂第一次别科毕业学员同学录》，载潘懋元、刘海峰编《中国近代教育史资料汇编——高等教育》，上海教育出版社 2007 年版，第 177 页。

③ 黄定元、张希仁主编：《江西省教育志》，方志出版社 1996 年版，第 375 页。

④ 《江西省人物志》编纂委员会：《江西省人物志》，方志出版社 2007 年版，第 315 页。

⑤ （清）学部总务司：《第一次教育统计图表》，载王燕来选编《民国教育统计资料汇编（2）》，国家图书馆出版社 2010 年版，第 148、158、176 页。

⑥ 张希仁主编：《江西高等学校简史》，江西省教育志编纂委员会办公室，1988 年，第 70 页。

岁以上学童，学制五年；学生来自协同出资办学各省。

江西工业学堂由卢建候、曾贞、罗文蔚、杨景洛、彭贡玮、郭伯棠等教育界人士提议，经江西省谘议局赞助，提学使王同愈核准创办，经费由学务公所拨发；学堂监督为曾贞，校址位于豫章书院，学生分为土木和采矿冶金两组，开办预科二班，学生 80 余人。①

以上学堂受师资和生源制约，招生均有所变通，大都先办预科或别科，再陆续开办本科或正科。②清末学制规定“设高等学堂，令普通中学堂毕业愿求深造者入焉；以教大学预备科为宗旨，以各学皆有专长为成效”③，这明确了高等学堂入学条件和培养目标。1903 年，张之洞、张百熙、荣庆重订学堂章程：

> 至于立学宗旨，无论何等学堂，均以忠孝为本，以中国经史之学为基。俾学生心术壹归于纯正，而后以西学瀹其智识，练其艺能，务期他日成材，各适实用，以仰副国家造就通才、慎防流弊之意。④

1906 年，学部奏请宣示教育宗旨，定为“忠君、尊孔、尚公、尚武、尚实”⑤。除遵守和服从以上总体办学宗旨外，高等学堂和各类专门学堂还订有各自办学宗旨，“大学堂以端正趋向，造就通才为宗旨，以各项学术艺能之人才足供任用为成效，……高等学堂以教大学预备科为宗旨，以各学皆有专长为成效”。各专门学堂依据不同学科订有不同的办学宗旨，法政学堂“以养成专门法政学识足以应用为宗旨”。高等学堂关于课程学习也有明确统一的规定，

---

① 江西省立工业专科学校：《江西省立工业专科学校同学录》，载李森主编《民国时期高等教育史料续编（23）》，国家图书馆出版社 2016 年版，第 311—312 页。

② 漆权主编：《江西教育百年（1901 年—2000 年）》，江西高校出版社 2001 年版，第 76 页。

③ 璩鑫圭、唐良炎主编：《中国近代教育史资料汇编——学制演变》，上海教育出版社 2007 年版，第 337 页。

④ 舒新城编：《中国近代教育史资料》（上册），人民教育出版社 1961 年版，第 195 页。

⑤ （清）学部总务司：《学部奏咨辑要》，载沈云龙主编《近代中国史料丛刊三编（第 10 辑）》，文海出版社 1986 年版，第 16 页。

基本贯穿中学为体、西学为用的要旨。高等学堂入学年龄及毕业期限起初均无限定，但是确定学成出身，如小学卒业作为经济生员、中学卒业作为举人、大学毕业作为进士，可引荐授官。[①] 江西高等学堂办学多在清廷统一规制下进行，而结合本地实际办学略显不足。

二、清末“新政”时期高等教育发展特征

从办学主体和性质来看，表 2–1 中 16 所高等及专门学堂中官立 11 所，私立 3 所，四省协资创办 1 所，教会大学 1 所。从科类和专业设置看，法政 3 所，医学 2 所，工业 1 所，铁路 1 所，方言 1 所，师范 1 所，农业 1 所，陶业 1 所，林业 1 所，军事 1 所，综合类 3 所。江西高等学堂大学预科、文科、医科、法科、农业科、师范科科类体系较为多样，陶瓷科则体现了地域特征。总体来看，清末“新政”以来江西高等教育体系特征表现为公私立办学方式较为多样、科类较为多样，但商科、实科欠缺。

下面拟通过对江西与邻省高等学堂类别、学堂数量及学生人数的比较，以探知高等学堂科类及学生规模特征。具体参见表 2–2 中 1907 年江西与相邻省份各类高等学堂校数、科类及学生数情况比较。从科类特征来看，江西的农科、医科较具特色，全国具有高等农业学堂的省份仅有直隶、江西、山东、湖北四省，其中直隶 1 所，学生 135 人；山东 1 所，学生 118 人；湖北 1 所，学生 86 人；江西 1 所，学生 120 人，学生数居全国第二。全国医科学堂共有 7 所，其中直隶 2 所，学生 79 人；山西 1 所，学生 80 人；湖南 1 所，学生 48 人；四川 1 所，学生 18 人；江西 2 所，学生 77 人，学堂数与直隶并列第一，学生数位居第三，比第一名山西仅少 3 人。[②] 从科类结构来看，江西有文科、农科、医科、师范科，体系较为完备。1906 年江西官立法政学堂的创办

① 陈翊林:《最近三十年中国教育史》，太平洋书店 1930 年版，第 52 页。

② （清）学部总务司:《第一次教育统计图表（一）》，载王燕来选编《民国教育统计资料汇编（1）》，国家图书馆出版社 2010 年版，第 65—70 页。

使这一体系更趋完备。湖北没有医科和作为预科的高等学堂，福建没有农科，安徽没有优级师范学堂。江西科类体系足可与湖南、广东、浙江、江苏等发达省份颉颃。江苏、广东、湖南等省的科类特色表现在理科、工业和实业预科方面，江西则偏向于文科方面，这种科类特征也许正是其近代转型和发展的软肋。相反，这也是江苏、广东、湖南高等教育近代转型的优势。

表 2-2　江西与邻省高等学堂校数、科类及学生数比较(1907)

省别	江西	广东	浙江	湖南	湖北	福建	安徽
高等学堂(所 / 学生数)	1/218	1/199	1/268	1/330	0	1/373	1/280
文科(所 / 学生数)	1/106	1/632	1/40	1/100	3/637	0	0
理科(所 / 学生数)	0	0	0	0	0	0	0
法科(所 / 学生数)	0	1/804	2/278	3/526	0	1/336	1/58
医科(所 / 学生数)	2/77	0	0	1/48	0	0	0
艺术(所 / 学生数)	0	0	0	0	0	0	0
高等农业(所 / 学生数)	1/120	0	0	0	1/86	0	0
高等工业(所 / 学生数)	0	1/220	0	0	0	0	0
高等商业(所 / 学生数)	0	0	0	0	0	0	0
实业预科(所 / 学生数)	0	0	2/141	7/762	0	0	0
优级师范(所 / 学生数)	1/140	1/333	0	0	1/120	1/234	0
传习所、讲习科等	4/212	8/499	8/292	8/444	17/1287	8/285	4/123
总计(所 / 学生数)	10/873	13/2687	14/1019	21/2210	22/2130	11/1228	6/461

注：表中数据根据（清）学部总务司《第一次教育统计图表（一）》，载王燕来选编《民国教育统计资料汇编（1）》，国家图书馆出版社 2010 年版，第 67—72 页相关内容整理而成。

从学堂总数及学生人数来看，江西有各类高等学堂共 10 所，学生人数 873 人，其劣势比较明显，仅略强于安徽，而与广东、湖南、湖北存在较大差距，也不及福建、浙江。进一步对比邻省中学堂人数发现，1907 年江西普通教育中学堂有 23 所，学生 1473 人；浙江 32 所，学生 2025 人；安徽 22 所，学生 988 人；江苏 12 所，学生 1473 人；湖北 17 所，学生 1391 人；湖南 39 所，学生 3220 人；广东 25 所，学生 2600 人；福建 14 所，学生 1095 人。[①] 中学堂学生规模湖南居第一，广东第二，浙江第三，江西与江苏排名第四，湖北、福建、安徽不及江西，这说明当时高等教育并不完全以中等教育为基础，二者之间的协调性及连贯性尚未体现出来。如湖北虽然高等学堂人数位居前列，但中学堂人数却并无优势；江西中学堂人数尚可，然而高等学堂人数居后；而广东、湖南两省高等学堂与中学堂人数基本匹配，均位居前列。综上可知，清末“新政”之初，江西高等学堂科类体系较为多样，农科、医科较具特色，但理科、工科、商科明显不足；各类学堂总数及学生人数偏少，高等教育规模偏小。

表 2-3 是江西与邻省 1902—1909 年专门学堂数及在堂学生数比较，据此可以观察高等教育发展的进程特征。经比较发现，1902—1909 年江西高等学堂数从 1 所增至 3 所，学生人数从 97 人增至 462 人，整体上呈现增长趋势。从与邻省横向比较来看，同一时期，浙江学堂数从 1 所增至 4 所，学生数从 93 人增至 666 人；湖南学堂数从无到有，增至 7 所，学生数从 0 增至 1060 人；湖北学堂从 1 所增至 4 所，学生数从 200 人增至 1014 人；福建学堂数从 1 所增至 2 所，学生数从 160 人增至 1067 人；安徽学堂从无到有，增至 7 所，学生数从 0 增至 1144 人；广东 1902—1906 年数据不详，1907—1909 年学堂数从 3 所增至 5 所，学生数从 1635 人增至 1739 人。从发展进程看，唯独江西一省学堂数从 1906 年的 4 所减少为 1907 年的 3 所，其余省份均逐年递增，且增速明显。这说明江西专门学堂发展之初速度尚可，与浙江、安徽等省份专门学堂学生人数也相差不大，总体上仍能跟上相邻各省的发展步伐。到 1909 年，江西学生总数已远远落后相邻各省，差距明显。

---

① （清）学部总务司：《第一次教育统计图表（一）》，载王燕来选编《民国教育统计资料汇编（1）》，国家图书馆出版社 2010 年版，第 73—74 页。

表 2-3　江西与邻省专门学堂数及在堂学生数历年比较(1902—1909)

年份＼省别	江西		浙江		湖南		湖北		福建		安徽		广东	
	学堂	学生	学堂	学生	学堂	学生	学堂	学生	学堂	学生	学堂	学生	学堂	学生
1902	1	97	1	93	0	0	1	200	1	160	0	0	不详	不详
1903	1	80	1	82	2	133	1	200	1	149	1	180	不详	不详
1904	1	136	1	88	2	200	2	240	1	134	1	210	不详	不详
1905	2	146	1	112	2	219	2	304	1	116	1	250	不详	不详
1906	4	251	2	231	4	692	3	300	1	185	2	342	不详	不详
1907	3	401	4	586	6	1004	4	741	2	709	2	338	3	1635
1908	3	457	4	762	6	1135	4	967	2	989	5	923	3	1640
1909	3	462	4	666	7	1060	4	1014	2	1067	7	1144	5	1739

注：本表根据（清）学部总务司《第一次教育统计图表（一）》，载王燕来选编《民国教育统计资料汇编（1）》，国家图书馆出版社 2010 年版，第 67—68 页；（清）学部总务司《第二次教育统计图表（一）》，载王燕来、谷韶军辑《民国教育统计资料续编（1）》，国家图书馆出版社 2012 年版，第 77—78 页；（清）学部总务司《第三次教育统计图表（一）》，载王燕来、谷韶军辑《民国教育统计资料续编（3）》，国家图书馆出版社 2012 年版，第 85—86 页；（清）学部总务司《第一次教育统计图表（二）》，载王燕来选编《民国教育统计资料汇编（2）》，国家图书馆出版社 2010 年版，第 71—73、247 页相关内容整理而成。

表 2-4 中的数据进一步表明，1909 年江西专门学堂学生数全国占比为 2.24%，与邻省相比排名最低，从人口占比分析，高等教育发展规模的落后情形更为严重。据此可知，江西清末高等学堂数总体先增后减，学生人数增速缓慢，与相邻省份差距甚大，高等教育发展速度缓慢，发展动力明显不足。

表 2-4　江西与邻省专门学堂数及学生数比较(1909)

项目＼省别	全国	江西	湖南	湖北	安徽	浙江	福建	广东
学堂数	111	3	7	4	7	4	2	5
学生数	20627	462	1060	1014	1144	666	1061	1339
学生占比	100%	2.24%	5.14%	4.92%	5.54%	3.23%	5.14%	6.49%
1910 年人口(万人)	36782.1	1697.7	2340.3	2764.7	1622.9	1807.2	1250.0	2801.1
人口占比	100%	4.62%	6.36%	7.51%	4.41%	4.91%	3.40%	7.61%

首先，从教员数量来看，表 2-5 为 1907 年江西各类专门学堂、高等农业学堂、优级师范学堂教员数量及资格情况。专门学堂包括江西高等学堂、江西方言学堂、江西医学堂和萍乡医学堂四所。从表 2-5 中数据可知，学堂教员与学生比例略显不足，且 1907—1909 年，随着学生数量逐年增加，专门学堂教员数量却不增反减（见表 2-6），教员不足的状况日趋严重；此间，江西优级师范学堂教员数量随学生数量增减，相应地有所调整（具体参见表 2-7）。但教员不敷应用，成为清末高等教育发展的基本事实。1908 年京师大学堂有江西籍学生 13 人，均就读于师范馆，[①] 即为适应这一需求的迫切反映。

表 2-5　江西各类高等学堂教员数量及资格（1907）

教员资格 / 学堂	本国毕业（人）	外国毕业（人）	未入学堂未毕业（人）	外国人（人）	教员总数（人）	学生总数（人）
专门学堂	12	2	22	1	37	401
高等农业学堂	3	2	2	1	8	120
优级师范学堂	1	4	4	1	10	140

注：本表根据（清）学部总务司《第一次教育统计图表（一）》，载王燕来选编《民国教育统计资料汇编（1）》，国家图书馆出版社 2010 年版，第 95—96 页；（清）学部总务司《第一次教育统计图表（二）》，载王燕来选编《民国教育统计资料汇编（2）》，国家图书馆出版社 2010 年版，第 147 页相关内容整理而成。

表 2-6　江西 1907—1909 年专门学堂教员数量及资格比较

教员资格 / 年份	本国毕业（人）	外国毕业（人）	未入学堂未毕业（人）	外国人（人）	教员总数（人）	学生总数（人）
1907	12	2	22	1	37	401
1908	10	9	17	1	37	457
1909	9	10	7	2	28	462

注：本表根据（清）学部总务司《第一次教育统计图表（一）》，载王燕来选编《民国教育统计资料汇编（1）》，国家图书馆出版社 2010 年版，第 95—96 页；（清）学部总务司《第二次教育统计图表（一）》，载王燕来、谷韶军辑《民国教育统计资料续编（1）》，国家图书馆出版社 2012 年版，第 77、106 页；（清）学部总务司《第三次教育统计图表（一）》，载王燕来、谷韶军辑《民国教育统计资料续编（3）》，国家图书馆出版社 2012 年版，第 85、114 页相关内容整理而成。

---

① 许怀林主编：《江西文化》，安徽教育出版社 2006 年版，第 91 页。

表 2-7　江西 1907—1909 年优级师范学堂教员数量及资格比较

年份＼教员资格	本国毕业（人）	外国毕业（人）	未入学堂未毕业（人）	外国人（人）	教员总数（人）	学生总数（人）
1907	1	4	4	1	10	140
1908	4	4	4	2	14	177
1909	7	3	2	1	13	156

注：本表根据（清）学部总务司《第一次教育统计图表（一）》，载王燕来选编《民国教育统计资料汇编（1）》，国家图书馆出版社 2010 年版，第 96—97 页；（清）学部总务司《第二次教育统计图表（一）》，载王燕来、谷韶军辑《民国教育统计资料续编（1）》，国家图书馆出版社 2012 年版，第 81、108 页；（清）学部总务司《第三次教育统计图表（一）》，载王燕来、谷韶军辑《民国教育统计资料续编（3）》，国家图书馆出版社 2012 年版，第 115—116 页相关内容整理而成。

其次，从教员资格来看，从表 2-6 中可知，1907 年江西专门学堂教员未入学堂未毕业者 22 人，约占 1907 年教员总数的 59.46%，本国毕业者 12 人，约占 32.43%，外国毕业者 2 人，仅占 5.41%，外国人 1 人，约占 2.70%，江西专门学堂教员未入学堂未毕业者以及本国毕业者明显居多，二者共约占 91.89%；1908 年专门学堂教员未入学堂未毕业者 17 人，约占 1908 年教员总数的 45.95%，本国毕业者 10 人，约占 27.03%，外国毕业者 9 人，约占 24.32%，外国人 1 人，约占 2.70%，本国毕业者和未入学堂未毕业者共约占 72.98%；1909 年，这一现象略有改善，未入学堂未毕业者和本国毕业者共占 57.14%，外国毕业者和外国教员比例有较大上升。但与相邻省份进行横向比较发现（具体参见表 2-8、表 2-9、表 2-10），1907 年浙江未入学堂未毕业者 17 人，占教员总数的 50%，本国毕业者 7 人，约占 20.59%，外国毕业者 5 人，约占 14.71%，外国人 5 人，约占 14.71%；湖南未入学堂未毕业者 23 人，约占教员总数的 44.23%，本国毕业者 8 人，约占 15.38%，外国毕业者 19 人，约占 36.54%，外国人 2 人，约占 3.85%；湖北未入学堂未毕业者 39 人，占教员总数的 50%，本国毕业者 23 人，约占 29.49%，外国毕业者 5 人，约占 6.41%，外国人 11 人，约占 14.10%；福建未入学堂未毕业者 3 人，约占教员总数的 10.34%，本国毕业者 9 人，约占 31.03%，外国毕业者 15 人，约占 51.72%，外国人 2 人，约占 6.90%；安徽未入学堂未毕业者 9 人，占教员总数的25%，本国毕业者12人，约占33.33%，外国毕业者15人，约占41.67%，无外国人教员。

表 2-8 江西与邻省专门学堂教员数量及资格比较（1907）

教员资格＼省别	江西	浙江	湖南	湖北	福建	安徽	广东
本国毕业者（人）	12	7	8	23	9	12	不详
外国毕业者（人）	2	5	19	5	15	15	不详
未入学堂未毕业者（人）	22	17	23	39	3	9	不详
外国人（人）	1	5	2	11	2	0	不详
教员总数（人）	37	34	52	78	29	36	不详

注：本表根据（清）学部总务司《第一次教育统计图表（一）》，载王燕来选编《民国教育统计资料汇编（1）》，国家图书馆出版社2010年版，第94—95页相关内容整理而成。

表 2-9 江西与邻省专门学堂教员数量及资格比较（1908）

教员资格＼省别	江西	浙江	湖南	湖北	福建	安徽	广东
本国毕业者（人）	10	8	13	41	11	17	16
外国毕业者（人）	9	11	16	18	15	28	34
未入学堂未毕业者（人）	17	14	23	34	7	9	21
外国人（人）	1	5	4	16	7	0	9
教员总数（人）	37	38	56	109	40	54	80

注：本表根据（清）学部总务司《第二次教育统计图表（一）》，载王燕来、谷韶军辑《民国教育统计资料续编（1）》，国家图书馆出版社2012年版，第106—107页相关内容整理而成。

表 2-10 江西与邻省专门学堂教员数量及资格比较（1909）

教员资格＼省别	江西	浙江	湖南	湖北	福建	安徽	广东
本国毕业者（人）	9	10	10	48	13	48	23
外国毕业者（人）	10	15	28	21	27	0	31
未入学堂未毕业者（人）	7	12	25	21	11	9	32
外国人（人）	2	6	1	13	6	2	8
教员总数（人）	28	43	64	103	57	59	94

注：本表根据（清）学部总务司《第三次教育统计图表（一）》，载王燕来、谷韶军辑《民国教育统计资料汇编（3）》，国家图书馆出版社2012年版，第114页相关内容整理而成。

通过以上比较可知，浙江、湖南、湖北、福建和安徽五个邻省1907年专门学堂教员中外国毕业者比例均明显高于江西。安徽没有外国人充任教员，但教员中外国毕业者比例远远高于江西，且领先于其他各省。1908年、1909年与江西相邻各省专门学堂教员数量均有不同程度的增加，而江西却不增反降。江西专门学堂教员的资格构成特征直接造成了专门学堂在新知识、新思想传授方面的落后状况。表2-11、表2-12、表2-13中通过对1907—1909年江西及相邻省份优级师范学堂教员数量及资格的比较仍然可以发现，江西教员中外国毕业者及外国人不足，未入学堂未毕业者偏多，外国毕业者及外国人教员人数已明显落后于邻省（安徽除外，因其一直没有优级师范学堂）。江西高等学堂教员被学生斥为“科学全不讲，古董搬出来”，教员中八股制艺名手颇多；[①]江西武备学堂德文课，则数日难毕一课。[②]这些均是高等学堂教员资格以本国毕业者和未入学堂未毕业者为主、知识结构陈旧、风气难开的典型表现。

表2-11　江西与邻省优级师范学堂教员数量及资格比较（1907）

教员资格＼省别	江西	浙江	湖南	湖北	福建	安徽	广东
本国毕业者（人）	1	0	0	6	2	0	不详
外国毕业者（人）	4	0	0	4	1	0	不详
未入学堂未毕业者（人）	4	0	0	2	1	0	不详
外国人（人）	1	0	0	3	5	0	不详
教员总数（人）	10	0	0	15	9	0	不详

注：本表根据（清）学部总务司《第一次教育统计图表（一）》，载王燕来选编《民国教育统计资料汇编（1）》，国家图书馆出版社2010年版，第96—97页相关内容整理而成。

① 杨士京：《前江西高等学堂革命运动之回忆》，《江西民国日报》1941年12月30日。

② 陈剑安：《江西早期新式学堂初探》，《江西师范大学学报（哲学社会科学版）》1987年第2期。

表 2-12 江西与邻省优级师范学堂教员数量及资格比较（1908）

教员资格＼省别	江西	浙江	湖南	湖北	福建	安徽	广东
本国毕业者(人)	4	5	6	5	2	0	20
外国毕业者(人)	4	10	3	4	0	0	0
未入学堂未毕业者(人)	4	10	4	1	1	0	7
外国人(人)	2	5	2	3	6	0	4
教员总数(人)	14	30	15	13	9	0	31

注：本表根据（清）学部总务司《第二次教育统计图表（一）》，载王燕来、谷韶军辑《民国教育统计资料续编（1）》，国家图书馆出版社 2012 年版，第 108—109 页相关内容整理而成。

表 2-13 江西与邻省优级师范学堂教员数量及资格比较（1909）

教员资格＼省别	江西	浙江	湖南	湖北	福建	安徽	广东
本国毕业者(人)	7	6	4	9	3	0	4
外国毕业者(人)	3	14	9	15	1	0	6
未入学堂未毕业者(人)	2	7	8	2	0	0	5
外国人(人)	1	5	4	2	7	0	2
教员总数(人)	13	32	25	28	11	0	17

注：本表根据（清）学部总务司《第三次教育统计图表（一）》，载王燕来、谷韶军辑《民国教育统计资料续编（3）》，国家图书馆出版社 2012 年版，第 115—116 页相关内容整理而成。

综上可知，江西高等学堂教员呈现出两大特征：一是数量不足，教员不敷应用；二是教员以未入学堂未毕业者和本国毕业者为主，外国毕业者及外国人教员比例偏低。高等学堂教员的这种特征成为清末江西高等教育顺利发展的一大障碍。

经费是高等教育发展的坚实保障。下面通过江西各类高等学堂岁入及岁出统计情况的纵向比较以及江西与相邻省份的横向比较，以发现清末“新政”时期江西高等学堂经费投入和使用情况。江西学务岁入款项主要包括产业租入、官款拨给、公款提充、学生缴费、派捐、乐捐和其他各项杂入，高等教育经费收入以官款拨给为其主要渠道，[1]丁漕四分经费是这项官款的主要来源。

① 王燕来、谷韶军辑：《民国教育统计资料续编（2）》，国家图书馆出版社 2012 年版，第 102 页。

表 2–14 是江西专门学堂 1907—1909 三年经费的岁入岁出总数与部分主要支出款项情况比较。1907—1909 年专门学堂岁入呈现出递增趋势，增幅依次为 19.8%、23.6%；岁出也呈现递增趋势，增幅依次为 27.7%、6.6%，岁入与岁出总量基本保持平衡。生均岁出也呈现递增趋势，增幅依次为 12.1% 和 5.5%；教职员薪酬也呈递增趋势。表 2–15 中优级师范学堂岁入、岁出呈现递增趋势，教员月均薪俸 1907—1908 年出现较大降幅，职员月均薪津却增幅明显，这说明教职员收入分配存在问题，使教员教学积极性易受影响。专门学堂和优级师范学堂图书标本器具投入逐年增加，特别是 1908—1909 年增幅较大。但总体上，图书标本器具、营建修缮和试验消耗支出占比过小，体现出对学堂软硬件建设的重视不够。

表 2–14　江西专门学堂岁入岁出及主要支出比较（1907—1909）

项目＼年份	1907 年	1908 年	1909 年
岁入总数	41701	49970	61759
岁出总数	41805	53386	56926
生均岁出	104.25	116.82	123.22
教员月均薪俸	33.18	39.56	此项未加细分，职教员平均为 46.8
职员月均薪津	33.54	49.95	
试验消耗	71	709	562
图书标本器具	308	786	2947
营建修缮	358	96	4346
总资产数	13220	18398	85395

注：本表根据（清）学部总务司《第一次教育统计图表（二）》，载王燕来选编《民国教育统计资料汇编（2）》，国家图书馆出版社 2010 年版，第 147、167—168 页；（清）学部总务司《第二次教育统计图表（二）》，载王燕来、谷韶军辑《民国教育统计资料续编（2）》，国家图书馆出版社 2012 年版，第 87—88、109 页；（清）学部总务司《第三次教育统计图表（二）》，载王燕来、谷韶军辑《民国教育统计资料续编（4）》，国家图书馆出版社 2012 年版，第 85、113 页相关内容整理而成。表中岁入、岁出款项以银两计算。

表 2–15 江西优级师范学堂岁入岁出及主要支出比较(1907—1909)

<table>
<tr><th>项目 \ 年份</th><th>1907 年</th><th>1908 年</th><th>1909 年</th></tr>
<tr><td>岁入总数</td><td>16286</td><td>16633</td><td>21948</td></tr>
<tr><td>岁出总数</td><td>16286</td><td>16631</td><td>21256</td></tr>
<tr><td>生均岁出</td><td>116.33</td><td>93.96</td><td>136.26</td></tr>
<tr><td>教员月均薪脩</td><td>49.84</td><td>40.07</td><td rowspan="2">11410</td></tr>
<tr><td>职员月均薪津</td><td>30.21</td><td>46.51</td></tr>
<tr><td>试验消耗</td><td>0</td><td>0</td><td>333</td></tr>
<tr><td>图书标本器具</td><td>449</td><td>616</td><td>4407</td></tr>
<tr><td>营建修缮</td><td>63</td><td>118</td><td>108</td></tr>
<tr><td>总资产数</td><td>222</td><td>1930</td><td>6172</td></tr>
</table>

注：本表根据（清）学部总务司《第一次教育统计图表（二）》，载王燕来选编《民国教育统计资料汇编（2）》，国家图书馆出版社 2010 年版，第 147、167—168 页；（清）学部总务司《第二次教育统计图表（二）》，载王燕来、谷韶军辑《民国教育统计资料续编（2）》，国家图书馆出版社 2012 年版，第 87—88、109 页；（清）学部总务司《第三次教育统计图表（二）》，载王燕来、谷韶军辑《民国教育统计资料续编（4）》，国家图书馆出版社 2012 年版，第 86、114 页相关内容整理而成。1909 年教职员月均薪脩为二者合算数 11410。

表 2–16、表 2–17、表 2–18 分别为江西与相邻省份专门学堂 1907—1909 年三年岁入、岁出及主要支出情况的横向比较。1907 年江西专门学堂岁入为银圆 41701 元，仅略高于福建 39345 元和浙江 38799 元，排第五位，岁出情况相似。从生均岁出历年比较来看，1907 年江西少于安徽，位居第二，1908 年低于湖北排第二位，1909 年排第一位，且优势较大，这主要是因为江西专门学堂学生规模小，导致生均岁出偏高，是高等教育发展不成规模的体现；1907 年和 1908 年江西教员月均薪脩仅略高于湖南，在相邻各省中排倒数第二位，1909 年在相邻省份中排第五位；1907 年，江西职员月均薪津在相邻省份中排第四位，1908 年除去广东数据不详，位居第二，1909 年教职员合算数据远低于福建，也低于广东和湖北，排第四位。比较发现，江西高等学堂教员待遇偏低，而职员待遇偏高；1907—1909 年江西专门学堂总资产数在相邻省份中偏低，且差距相当大；江西专门学堂图书标本器具、营建修缮、试验消耗等项经费与相邻各省比较，均处于较低水平。这反映了江西专门学堂经费

投入严重不足，且资金利用效率低下。

表 2-16　江西与邻省专门学堂岁入岁出及主要支出统计比较（1907）

项目＼省别	江西	广东	浙江	湖南	湖北	福建	安徽
岁入总数	41701	82067	38799	54342	75133	39345	59443
岁出总数	41805	91291	37829	50725	71470	40354	69470
生均岁出	104.25	55.835	65.73	35.37	96.52	39.84	260.94
教员月均薪脩	33.18	94.93	47.71	25.76	37.52	48.68	53.89
职员月均薪津	33.54	44.89	25.95	19.95	79.28	32.33	51.96
试验消耗	71	147	592	2192	74	5373	0
图书标本器具	308	3343	1314	3233	9298	738	11400
营建修缮	358	602	1815	544	2200	1716	0
总资产数	13220	不详	68177	77057	174202	42823	236550

注：本表根据（清）学部总务司《第一次教育统计图表（二）》，载王燕来选编《民国教育统计资料汇编（2）》，国家图书馆出版社 2010 年版，第 63、80、86、99、100、112、121、129、148、168、212、219、235、256、283、304、437、455 页相关内容整理而成。又：原表中江西、广东、安徽款项以银两计算，湖北、湖南、浙江、福建以银圆计算，故本表中岁入、岁出款项概行改以银两计算，以资比较。

表 2-17　江西与邻省专门学堂岁入岁出及主要支出统计比较（1908）

项目＼省别	江西	广东	浙江	湖南	湖北	福建	安徽
岁入总数	49970	136736	51063	84735	165434	58881	71362
岁出总数	53386	135391	49769	81468	144565	59681	75150
生均岁出	116.82	82.56	65.31	71.78	118.79	60.34	85.67
教员月均薪脩	39.56	72.41	88.70	38.22	51.97	45.33	不详
职员月均薪津	49.95	59.60	32.14	21.51	32.73	19.60	不详
试验消耗	709	513	767	3275	6737	4200	不详
图书标本器具	786	6472	1287	4607	7122	3138	不详
营建修缮	96	1032	2068	1666	2967	21796	不详
总资产数	18398	194303	127058	112527	228861	61379	236550

注：本表根据（清）学部总务司《第二次教育统计图表（二）》，载王燕来、谷韶军辑《民国教育统计资料续编（2）》，国家图书馆出版社 2012 年版，第 1、25、39、62、87、109、135、154、177、199、293、312、471、489 页相关内容整理而成。又：原表中江西、广东、湖南、安徽款项以银两计算，浙江、湖北、福建以银圆计算，故本表中岁入、岁出款项概行改以银两计算，以资比较。

表 2-18　江西与邻省专门学堂岁入岁出及主要支出统计比较（1909）

<table>
<tr><th>项目＼省别</th><th>江西</th><th>广东</th><th>浙江</th><th>湖南</th><th>湖北</th><th>福建</th><th>安徽</th></tr>
<tr><td>岁入总数</td><td>61759</td><td>166565</td><td>65217</td><td>100915</td><td>195950</td><td>68906</td><td>83424</td></tr>
<tr><td>岁出总数</td><td>56926</td><td>161303</td><td>69572</td><td>99179</td><td>183825</td><td>69982</td><td>79592</td></tr>
<tr><td>生均岁出</td><td>123.22</td><td>92.76</td><td>104.46</td><td>93.56</td><td>146.12</td><td>65.59</td><td>69.57</td></tr>
<tr><td>教员月均薪俸</td><td rowspan="2">46.80</td><td>72.30</td><td>66.36</td><td>37.88</td><td>71.77</td><td rowspan="2">101.56</td><td>42.50</td></tr>
<tr><td>职员月均薪津</td><td>58.86</td><td>37.81</td><td>27.01</td><td>53.79</td><td>36.26</td></tr>
<tr><td>试验消耗</td><td>562</td><td>1624</td><td>932</td><td>3818</td><td>2468</td><td>11476</td><td>4074</td></tr>
<tr><td>图书标本器具</td><td>2947</td><td>6190</td><td>4205</td><td>7516</td><td>8387</td><td>6912</td><td>10223</td></tr>
<tr><td>营建修缮</td><td>4346</td><td>1498</td><td>8723</td><td>2290</td><td>4261</td><td>8684</td><td>0</td></tr>
<tr><td>总资产数</td><td>85395</td><td>254512</td><td>128559</td><td>132962</td><td>247928</td><td>69244</td><td>236690</td></tr>
</table>

注：本表根据（清）学部总务司《第三次教育统计图表（二）》，载王燕来、谷韶军辑《民国教育统计资料续编（4）》，国家图书馆出版社 2012 年版，第 1、20、41、62、113、141、160、183、204、303、325、326、515、542 页相关内容整理而成。又：原表中江西、广东、湖南、安徽、福建款项以银两计算，浙江、湖北二省以银圆计算，故本表中岁入、岁出款项概行改以银两计算，以资比较。

通过以上比较发现，江西专门学堂经费投入偏低，学堂资产薄弱；教员薪资偏低，且教职员待遇不均；学堂图书标本器具、试验消耗和营建修缮等项经费占比较低。

综上所述，与邻省比较，江西清末“新政”时期高等教育办学类型较为多样，官私立高等学堂和教会大学较为齐备；科类结构中农科、医科等较具特色，工科、商科等实业科较为缺乏。但是，高等学堂学生数偏少，高等教育规模较小；学堂教员数量不足，资格较为欠缺，未入学堂未毕业者和本国毕业者居多，外国毕业者及外国人教员偏少；高等教育经费投入不足，利用效率有待提高；“新政”初期高等教育发展尚可，但 1905 年废除科举后发展速度缓慢，动力明显不足。为更深入了解本期高等教育发展状况，下面介绍江西大学堂的办学及发展。

第三节　江西大学堂的创办及发展

江西大学堂的创办是近代江西高等教育的发端，也是时任巡抚李兴锐在江西实施“新政”的产物。李兴锐结合江西实际，改革与兴学并重，较好地推进了风气晚开的江西近代化进程。依据“癸卯学制”，江西大学堂于1904年5月改办为江西高等学堂。

一、李兴锐与江西“新政”

李兴锐[①]是晚清政府比较进步和开明的务实派官僚，与曾国藩、李鸿章等交往密切，“事国藩久，论治壹循轨迹，重实行”。曾国藩任两江总督期间，李兴锐在江苏与彭玉麟规划长江水师，修筑沿江炮台；光绪元年（1875）任上海机器制造局总办，并增设船炮厂；1885年曾偕同鸿胪寺卿邓承修查勘中越边界。李兴锐熟稔洋务，见识较广，认为各项改革最后皆“归本于用人”，[②]格外重视兴学育才。光绪二十六年（1900），李兴锐擢任江西巡抚，到任后积极推行政治、经济、文化和公共事务等系列改革，以实际行动切实呼应了清政府的“新政”。这些改革使江西积贫积弱的社会状况得到一定改善，客观上有力地推动了江西近代化的进程。

李兴锐“参合中西之政要”，在复议“新政”时列出了十项具体改革清单：开举特科，整顿学校，考课官吏，广设银行，行用银币，维持圜法，仿立保险，修举农政，讲求武备，遍设巡捕。前三项是较为单纯的教育改革，后七项也力图将教育贯彻其中，这正是其“归本于用人”改革理念的体现。李兴锐的这些改革奏议不仅言辞恳切，而且深入细致、便于实施，充分体现

---

① 李兴锐（1827—1904），字勉林，湖南浏阳人，历任大名府知府、津海关道、天津道、山东东海关道、长芦盐运使、福建按察使、广西布政使、闽浙总督、两江总督。详见夏征农、陈至立主编《大辞海·中国近现代史卷》，上海辞书出版社2013年版，第186页。

② 夏征农、陈至立主编：《大辞海·中国近现代史卷》，上海辞书出版社2013年版，第186页。

了他的实干作风。他将“开举特科”列于各项改革之首，直陈科举取士的弊端，“今日士流之患在于所学非所用，即有号为能通时务者类皆拾西人之皮毛，而昧经世之大法”，因此切不可“犹持闭关自守之旧学，于中外形势懵无所知”，应“合荐举考试而一之”，以便培养能抵御“外侮凭陵”的新式人才。①第二项改革即为整顿学校，他认为并非“非别开学堂不可以造士”，可通过改良传统书院，即：

> 改课经济之学，凡中国大经大政，以及西人电光汽化、算术诸门、体操武备之事，均立为等级，仿宋元明三舍积分法，以分数之多少定其廪给而奖励之。所需经费有不敷者酌加拨款。其教官均令督抚学臣就本省缙绅选其知古知今堪胜师儒者任之。②

总之，李兴锐复议“新政”提出的改革举措颇具深度，具有很强的操作性，中体西用痕迹明显。李兴锐依据其改革思路，在江西实施了如下改革。

经济方面，李兴锐充分认识到江西省财力薄弱，经济发展落后，“江省入款，岁不敷支者甚巨，……综计每年仍短百万有奇，……实已库空如洗，无可掘罗”。③江西每年财政收入大概百万银两，而日常开支却高达200万两。他力图通过改革振兴实业、鼓励商业，以发展经济。1901年12月，因江西省内港汊纵横，开办之初设卡非常周密，但鉴于今昔情形悬殊，故“非裁并局卡无以节靡费而恤商银，非添设旱卡无以杜绕越而裕饷源”，为了刺激和规范贸易发展，李兴锐开始整顿厘捐，将饶州等六个分局的厘卡加以裁撤，统一归并于新喻，并添设茌港等四处旱卡。这样，“即可稍节经费而商人之受惠实

---

① 朱有瓛主编：《中国近代学制史料》（第一辑下册），华东师范大学出版社1986年版，第125—126页。

② 李兴锐：《恭酌中西情形筹议政务缘由折》，载天津图书馆《天津图书馆孤本秘籍丛书（2）史部：李勤恪公奏议五卷》，中华全国图书馆文献缩微复制中心，1999年，第652页。

③ 故宫博物院明清档案部编：《义和团档案史料》，中华书局1959年版，第1329页。

多，顾商情之体恤实深，而私贩之漏卮尤不可不绝查”。[①] 不久，又在省城成立商务局，制定章程，借以整顿振兴实业，调整各业厘税，鼓励经商，规范贸易；次年4月，又设立农工商局，委任藩司柯逢时[②]、督粮道刘心源总司其事。为提升该局专业管理水平，李兴锐认为本应专门设立学堂，但限于当时经费支绌，只得于现设大中学堂内分门立课，“令诸生兼习之”。[③]1901年12月，针对庚子赔款给江西财政带来的巨大经济压力，李兴锐力争减免额外摊派给江西的十万两旗兵饷银。[④]

政治方面，为整顿吏治，提升地方官员执政能力和管理水平，1902年2月，李兴锐设立课吏馆一所，广储书籍，并遴派布政使柯逢时为正馆长，奏留江西补用道徐绍桢为副馆长，专司教课，旨在使官员学术深纯，通知中西政要。[⑤] 为了提升办事效率，节约行政开支，1901年11月，他裁撤事务不多的善后局，将之归并于藩司署内所设的派办处，并改派办处为派办政事处，仍委派司道常川到处管理兴学、理财、筹饷、练兵等事宜，以与地方官绅随时筹商。[⑥]

社会公共事务方面，李兴锐与布政使柯逢时于1902年创办了《江西日报》等报纸，内容涉及各省新闻和时事，开阔了民众的视野；李兴锐迅速解

① 李兴锐：《裁撤饶州等六分局归并新喻等各厘卡并添设在港等四旱卡缘由片》，载天津图书馆《天津图书馆孤本秘籍丛书（2）史部：李勤恪公奏议五卷》，中华全国图书馆文献缩微复制中心，1999年，第704页。

② 柯逢时（1844—1912），湖北武昌（今鄂城）人，光绪九年进士，历任江西布政使、广西巡抚、贵州巡抚、土药统税大臣加授尚书衔。详见殷应庚、黄健《柯逢时年谱》，《江汉考古》1989年第1期。

③ 李兴锐：《遵旨设立农工商局派员办理片》，载天津图书馆《天津图书馆孤本秘籍丛书（2）史部：李勤恪公奏议五卷》，中华全国图书馆文献缩微复制中心，1999年，第750页。

④ 李兴锐：《新案赔款除摊派外奉拨江西旗兵加饷银十万两无力措解请饬部改拨免误要需片》，载天津图书馆《天津图书馆孤本秘籍丛书（2）史部：李勤恪公奏议五卷》，中华全国图书馆文献缩微复制中心，1999年，第703页。

⑤ 李兴锐：《江西设馆课吏缘由折》，载天津图书馆《天津图书馆孤本秘籍丛书（2）史部：李勤恪公奏议五卷》，中华全国图书馆文献缩微复制中心，1999年，第716页。

⑥ 李兴锐：《裁撤归并派办处改名曰派办政事处仍由司道等督同妥为经理缘由片》，载天津图书馆《天津图书馆孤本秘籍丛书（2）史部：李勤恪公奏议五卷》，中华全国图书馆文献缩微复制中心，1999年，第694页。

决了江西的教案纠纷，[①]较好地恢复了社会安定局面。1901年夏季，江西发大水，灾情严重，耕种失时，秋收颇歉。李兴锐疏通鄱阳湖水路，导水入江，较好地控制和减缓了灾情；同年冬季，在省城设立两所大粥坊，赈济灾民，接受救济的灾民多达万人。为了吸引外地商贩向江西省内供米，解决灾民粮食问题，先后两次奏请减免征收商贩米谷的厘金。[②][③]因江西无业游民日见其众，这些人“专以游荡为事，其甚者流而为匪”，李兴锐仿照西方各国在省城设立工艺院，收养游民及犯罪较轻者雇派工师教以工艺，不至于使他们扰害百姓。[④]

军事方面，1901年12月，李兴锐改革江西防营道，改练常备、续备等军制，并缮具清单如下：立军之制、一哨之制、一营之制、一军之制、全军之制、营务处之制、文案之制、驻防之制、操练之制、军装之制、薪饷之制、运送之制、恤赏之制。[⑤][⑥]徐绍桢任江西常备军统领。李兴锐移抚广东后不久，1902年11月护理巡抚柯逢时于省城南昌行台（永和门）设立武备学堂，以汪瑞闿为总办，陈伯文为监督；学堂招收平民子弟为正课生，限额120名，招收官绅子弟为附课生，限额40名；开设课程有兵法、体操、德文、算学等。1906年2月停办，遂改为江西陆军小学堂。[⑦]徐绍桢1905年任新军第九镇统制，兼江北提督，辛亥武昌首义后率部响应，并被推为江浙联军总司令，参

① 李兴锐：《敬陈办理教案情形并将愤事各地方官据实纠参以儆效尤折》，载天津图书馆《天津图书馆孤本秘籍丛书（2）史部：李勤恪公奏议五卷》，中华全国图书馆文献缩微复制中心，1999年，第648页。

② 李兴锐：《江西因被水较重民食维艰请免商贩米谷两月厘金以广招徕片》，载天津图书馆《天津图书馆孤本秘籍丛书（2）史部：李勤恪公奏议五卷》，中华全国图书馆文献缩微复制中心，1999年，第670页。

③ 李兴锐：《江西因被水较重民食维艰所有商贩米谷请再免两个月厘金以广招徕缘由片》，载天津图书馆《天津图书馆孤本秘籍丛书（2）史部：李勤恪公奏议五卷》，中华全国图书馆文献缩微复制中心，1999年，第676页。

④ 李兴锐：《江西省城拟设工艺院收养游民及犯轻罪者雇派工师教以工艺片》，载天津图书馆《天津图书馆孤本秘籍丛书（2）史部：李勤恪公奏议五卷》，中华全国图书馆文献缩微复制中心，1999年，第705页。

⑤ 李兴锐：《江西防营道旨裁挑改为常备、续备等军分别教练，酌拟军制缘由折》，载天津图书馆《天津图书馆孤本秘籍丛书（2）史部：李勤恪公奏议五卷》，中华全国图书馆文献缩微复制中心，1999年，第694页。

⑥ 李兴锐：《谨将江西防营改练常备、续备等军酌拟军制缮具清单》，载天津图书馆《天津图书馆孤本秘籍丛书（2）史部：李勤恪公奏议五卷》，中华全国图书馆文献缩微复制中心，1999年，第697—700页。

⑦ 郑天挺、荣孟源：《中国历史大辞典·清史卷》（下），上海辞书出版社1992年版，第283页。

与攻克南京之役，后又参加护法运动。武备学堂毕业生李烈钧、欧阳武、胡谦、方先亮、彭程万、伍毓瑞、俞应麓等军事人才成为武昌起义、二次革命中的杰出人物。

总之，李兴锐在江西的“新政”措施较为得力，为江西积弱积贫的经济得以复苏、社会得以安定发展创造了一定条件，也为清末近代江西高等教育发展提供了较好保障。李兴锐因为政绩较为突出，“为安内攘外之策，言至深切，旋移抚广东”。[①]

二、江西大学堂的创办

1901 年 8 月，清政府迫于国内外形势，不得不开始实施“新政”，而在高等教育领域似乎尤为迫切。9 月 14 日，谕令“除京师已设大学堂，应行切实整顿外，着各省所有书院，于省城均改设大学堂……”[②]；11月25日，清政府谕令各省仿行山东大学堂创办事宜及试办章程，不可延误。[③]1902 年 3 月 11 日，清政府再次颁布谕令：

> 前经通饬各省开办学堂，并因经费难筹，复谕令仿照山东所拟章程，先行举办。迄今数月，各该省如何办理，多未奏复。……该督抚等身膺重寄，目击时艰，当知变法求才，实为当今急务。其各懔遵迭次谕旨，妥速筹画，实力奉行。即将开办情形，详细具奏。如再观望迁延，敷衍塞责，咎有攸归，不能为该督抚等宽也。[④]

据此，李兴锐迅速作出反应，与司道厘定办学规条，将省城豫章书院添赁民房，扩充讲舍，于 1902 年 4 月 11 日开办江西大学堂。从时间上看，江

① 中国文史出版社编：《二十五史・卷 15・清史稿（下）》，中国文史出版社 2003 年版，第 2145 页。
② 朱有瓛主编：《中国近代学制史料》（第一辑下册），华东师范大学出版社 1986 年版，第 776 页。
③ 朱有瓛主编：《中国近代学制史料》（第一辑下册），华东师范大学出版社 1986 年版，第 777—778 页。
④ 朱有瓛主编：《中国近代学制史料》（第一辑下册），华东师范大学出版社 1986 年版，第 779 页。

西大学堂的创办基本跟上了其他省份的步伐。《湖南官报》刊载：

> 江西大学堂先借豫章书院孝廉堂[①]并租附近民房以为斋舍，定于本月初一日悬匾，十一日开堂，已通饬外府州县保送学生，以备考取。[②]

1902年8月15日，清廷颁布《钦定学堂章程》，即“壬寅学制”，诏令省城书院改办高等学堂，并“诏下各省督抚，按照规条实力奉行”。[③]可见，江西大学堂的创办略早于“壬寅学制”的颁布，但仍然是清政府“新政”学制颁布前后的产物。

关于大学堂办学经费，李兴锐奏请将戊戌维新时期所议定的各局属丁漕四分经费作为大学堂常年办学经费。四分经费本是1898年由前任巡抚德寿为创办学堂而专门设立的款项，后来因学堂停办，前任巡抚松寿将这份经费挪作北洋增添新军的饷糈，1901年李兴锐再次暂时将此款挪作山西忠毅军饷，使之名不副实。这也反映出江西各种摊派饷款繁重、创办学堂经费无着的困境。李兴锐在奏折中详细阐明了江西大学堂创办之必要，且直陈延聘教习和筹措经费之不易。兹将奏折内容摘录如下：

> 奏为遵旨建设大学堂，请将前提各局属四分经费仍归学堂支销，以资应用。恭折仰祈：窃臣钦奉光绪二十七年八月初二日上谕，作育人才端在修明学术，除京师已设大学堂，应行切实整顿外，着各省所有书院于省城均改设大学堂，……着该省督抚、学政切实通筹认真举办等因，钦此。当经转行钦准查照，臣维时事方殷，需才正亟，非大兴学校无以广造育，即无济世变。无如目前风气初开，延师不易，各府厅州县应设

① 豫章书院孝廉堂建于1882年，又称孝廉书院，选取举人入学肄业。见顾明远主编《教育大辞典8》，上海教育出版社1991年版，第78页。

② 陈谷嘉、邓洪波主编：《中国书院史资料》（下册），浙江教育出版社1998年版，第2512页。

③ 中国文史出版社：《二十五史·卷14·清史稿（上）》，中国文史出版社2003版，第867页。

之中小学堂势难同时遍举，经臣与学政臣吴士鉴及各司道等再四商拟，先就省城书院酌量改并展拓地基，建立大学堂一所，仿照山东办法选聘教习，分斋教课，庶几成功较易，亦不至陵躐无序。俟将来师范有人，再逐渐推广，次第改设。惟大学堂为通省学堂之冠，规模不宜隘小，其常年所需薪俸、廪膳等项约略计之，非六七万金断不敷用，必须筹定有着之款，方不致半途而废。江省库藏近来支绌异常，奉派摊筹偿款，迄今尚无头绪，正项钱粮固无余力及此，而此外一切闲杂外销之款，如丁漕税契之钱价，关税厘金之盈余，节次提解实亦搜刮殆尽，无可再筹。查光绪二十四年间，曾准部咨酌令各属于所征丁漕内各提钱文，另款存储专为学堂经费之用，当经前抚臣德寿奏明每丁银一两，漕米一石各提银四分，随正解库开支，嗣因学堂停办，又经前抚臣松寿奏请将此项经费银两凑解北洋添练新军饷糈，上年又复划解山西忠毅军饷，辗转改拨遂至名不副实。伏思学堂一事，乃当富强基础，为当今最急之务，即使动拨正供，亦在所不惜，况此项本为建学而设。今即钦奉明诏饬令切实筹办，自应仍照原案将四分经费一款由司库提归另存，专供省城大学堂常年经费之用，以便早日开办。至于经营伊始，所需购地、建堂及购置书籍、图器等项为数仍巨，而事关兴学要政，无论如何为难，臣当督同司道设法筹措，赶速建制，以仰副圣主敬教劝学，力图自强之至意。惟忠毅军饷，现复奉部指拨，江省是无余力凑解。合无，仰恳天恩俯准饬部改拨，俾免贻误所有向提四分学堂经费，仍请照案改归大学堂支用，并请将忠毅军饷改拨缘由理合恭折具陈，伏乞皇太后、皇上圣鉴训示。谨奏[①]

李兴锐奏请将四分经费用作大学堂常年经费后，庐陵县绅士周锡藩通过

① 李兴锐：《江西建设大学堂请将前提各属四分经费仍归学堂支销折》，载天津图书馆《天津图书馆孤本秘籍丛书（2）史部：李勤恪公奏议五卷》，中华全国图书馆文献缩微复制中心，1999年，第687页。

变卖家产，慷慨捐银二万两作为大学堂开办经费，[①]周锡藩为筹建庐陵学宫也多次慷慨捐资。这体现了部分江西士绅对兴学育才的重视与支持。但因省库支绌，李兴锐奏请从此款项中腾挪一万两摊解京师大学堂经费。[②]这样，二万两捐银实际仅余一万两。为了保障大学堂常年经费，1902 年 2 月，李兴锐要求在大学堂设兵学专精一门，而将各项世职俸禄以及候补武职的衔俸分别减停，这样每年共可节省白银一万六千余两，这些裁减的银两全部移归大学堂用作常年经费。此外，他还请求将所裁旌表坊银等款拨归大学堂用作常年经费。[③]李兴锐严饬各员核实开支，加强经费管理，不准丝毫靡费。通过多方努力，李兴锐克服困难，使大学堂的开办经费勉强可以得到满足。

江西大学堂秉承京师大学堂章程办学。《筹拟京师大学堂章程》第一章第二节：

> 各省近多设立学堂，然其章程功课皆未尽善，且体例不能划一，声气不能相通。今京师既设大学堂，则各省学堂皆当归大学堂统辖，一气呵成；一切章程功课，皆当遵依此次所定，务使脉络贯注，纲举目张。[④]

大学堂招生有严格的名额限制，学生管理也甚为严格。《申报》记载：

> 江西大学堂学生定章民额二百名，官幕额十二名，乃开办二三年，官幕额则一试即满，民额至今屡试未及半，甚有一县二三名额者，只准

① 李兴锐：《庐陵县绅士刑部七品小京官周锡藩报效银二万两拨充大学堂开办经费恳恩赐给郎中遇缺先选用片》，载天津图书馆《天津图书馆孤本秘籍丛书（2）史部：李勤恪公奏议五卷》，中华全国图书馆文献缩微复制中心，1999 年，第 706 页。

② 李兴锐：《请提周绅报效银一万两解作大学堂经费并以后按年照解片》，载天津图书馆《天津图书馆孤本秘籍丛书（2）史部：李勤恪公奏议五卷》，中华全国图书馆文献缩微复制中心，1999 年，第 754 页。

③ 李兴锐：《江省各世俸并候补武职衔俸等款减停以节饷糈所裁之银移归大学堂常年经费缘由片》，载天津图书馆《天津图书馆孤本秘籍丛书（2）史部：李勤恪公奏议五卷》，中华全国图书馆文献缩微复制中心，1999 年，第 724 页。

④ 舒新城编：《近代中国教育史料》（第一册），中华书局 1928 年版，第 135 页。

补一名，其余皆令缴费入堂肄业，此类情弊不一而足。且学生系民额，一有小过即行开除，升补甚难，以是学人即有志进取，亦仍裹足，故学额更加寥寥。①

《江西通史》记载，大学堂肄业诸生“酌以二百名为限，实缘中小学堂未能一时并设，无所取材，姑从各属保送之举贡生童选其年岁及格，资质开敏者，当堂考试，分别录取，并附取官幕子弟十二名，传令一体入堂肄业”。②有史料记载大学堂招生始定三十名，后增至一百名。③据此可以确定的是招生分为民额和官额，其数额应是二百名。《南昌民国初元纪事》记载，江西大学堂“招收学生，均是举人、贡生、优、拔、廪生、秀才，预先通饬各县保举”。江西大学堂招生尚未实施统一考试，而是采取举荐制，但要求“以举人、贡生、监生为合格”，由各府县选送。学生有津贴若干（如旧时书院之膏火），学生毕业有如科举出乡试榜，分最优等、优等、中等、下等四种，以廪生、附生注册，下等以佾生注册，准用顶戴。

江西大学堂管理历经两任总办，会办则一直由傅春官充任。初任总办汪瑞闿，安徽盱眙县人，光绪二十三年（1897）丁酉科顺天乡试举人；④1903年4月前后，因涉张云抟所谓“冶游”风波，汪瑞闿被免职，由周学铭继任总办。周学铭是山东巡抚周馥次子，其弟周学熙总办山东大学堂。周学铭考中光绪十八年（1892）进士，曾以翰林任职四川蓬溪知县，“数百之学生以其翰林清望，必有以改良学堂之教科，莫不引领望之”，可见，大学堂学生对周学铭抱有莫大期待。然而，他要求学生诵记朱熹学说、《吕氏春秋》、湖北巡抚端方上皇太后《劝善歌》，认为这些“皆宜熟读而深思之”；告知学生朝廷立学堂之意为“将于科举之外，别为诸生开一高官厚禄之阶也”，足见其办学

① 佚名：《江西大学堂新状》，《申报》1902年2月28日第4版。

② 赵树贵、陈晓鸣：《江西通史・晚清卷》，江西人民出版社2008年版，第314页。

③ 陈剑安：《江西早期新式学堂初探》，《江西师范大学学报（哲学社会科学版）》1987年第2期。

④ 秦国经：《中国第一历史档案馆藏清代官员履历档案全编（6）》，华东师范大学出版社1997年版，第562页。

思想之陈旧，这令学生大失所望。周还下令实施点名制度，这使教习委员颇为不满，试图以“前总办莫之行也”的理由加以拒绝。但周坚持认为“若不点名，是使学生不知尊上也，卒鱼贯而点之”。周学铭“闭门索书”，收缴学生的《饮冰室文集》《苏报》《新民丛刊》等新学书报，告诫学生“不可惑于康梁之邪说”；要求学生停做“稍具军国民主义之兵操”。大学堂会办傅春官“浑噩无识，专以拾人余唾为能”。[①]江西大学堂总办及会办办学思想趋于保守，不利于学生接受新学知识。

江西大学堂延聘中文总教习一人，分教习六人，东文（日语）分教习五人。创办之初，巡抚李兴锐聘请湖南刘人熙为总教习，他著有《教习刍言》，“破专己迂拘之习，求强国致用之学不久。熔铸欧西文明，发挥中夏文化，而以成己成物，希贤希圣为归”。[②]不久，刘人熙调任广西课吏馆馆长兼营务处总办。[③]刘人熙较为注重经世致用之学，但任职时间太过短暂，对学堂发展的影响尚未充分体现。汪瑞闿聘张云抟为教习。张毕业于南洋公学，力倡新学，科学知识渊博，后来受聘为教务提调，任职后对科学设备力求完备。[④]但后来张云抟因涉“冶游”风波，“宵遁归苏州”。[⑤]大学堂教务提调王以敏，虽诗词颇有成就，但在黄遵宪、梁启超倡导“诗界革命”后，他仍然站在拟古派一边。[⑥]欧阳昱曾任学堂经学教习，同治十二年（1873）考中拔贡，除经史百家外，尤重实用知识研究。[⑦]李凤高被夏旹聘请为学堂教习，他为学崇实黜华，为鄂督张之洞高足，专讲地舆学，对顾祖禹《读史方舆纪要》颇有研究。不久，李被提学使林开谟延任为学务公所实业科长、图书馆馆长等职。[⑧]

① 罗家伦:《国民日日报汇编（第2版）第1—2集》，“中央”文物供应社1983年版，第210—212页。

② 周邦道:《近代教育先进传略（初集）》，中国文化大学出版部1981年版，第215页。

③ 长沙市地方志办公室:《长沙市志》（第16卷），湖南人民出版社2002年版，第49页。

④ 杨士京:《前江西高等学堂革命运动之回忆》，《江西民国日报》1941年12月30日。

⑤ 罗家伦:《国民日日报汇编（第2版）第1—2集》，“中央”文物供应社1983年版，第210—212页。

⑥ 中国人民政治协商会议常德县委员会文史资料研究委员会:《常德县文史资料（第4辑）》，1988年，第89页。

⑦ 杨忠民、段镒编:《抚州人物》，方志出版社2002年版，第104页。

⑧ 中国人民政治协商会议星子县委员会文史资料研究委员会:《星子文史资料（第5辑）》，1988年，第18页。

大学堂虽会聚了当时一批名师，但总体上大学堂教习思想偏向保守，较缺乏新知新学。值得一提的是，“湘绮先生”王闿运一度掌教江西大学堂。1903 年 8 月，江西巡抚夏旹以王闿运为学有本、守道不变，力荐其为江西大学堂总教习，最终清廷降旨将其聘为总教习：“湖南举人王闿运，昌明经术，学有本源，力拒邪说，深明大义，着传旨嘉奖，准即充江西大学堂总教习，以维正学。”王闿运，曾为曾国藩幕客，撰有《湘军志》，被誉为“唐后良史第一”；1879 年四川总督丁宝桢聘其为成都尊经书院山长八年，1887 年王闿运回湖南，后主讲于长沙思贤讲舍和衡州船山书院。[①] 王闿运有教无类，唯重才学，教学得法，循循善诱。“王门三匠”，[②] 赫赫有名。但是，他向来反对书院改制兴办学堂。在船山书院期间，迫于形势，他对外宣称书院亦当改制，实际上却敷衍应付，将改制严格限定在传统书院体制范畴。[③]1903年9月，夏旹派人自南昌来迎接王闿运前往江西赴任，还未到任王闿运便呈请夏旹代奏清廷，抵制张之洞、刘坤一改革学制。[④]11 月，王闿运到达南昌，“二十四日至豫章书院，见各分教，告以辞总教习之意”，“二十七日送书学堂江道台，以了聘局”。[⑤] 王闿运对出任大学堂总教习不以为然。1904 年 3 月，江西再次派遣船来迎，王闿运 4 月到南昌，至学堂见九教习，分授课程。5 月到学堂讲《礼记》。6 月，江西抚司商议筹款十六万两建新学，又招致其极力反对，“凡言筹款兴学者，均宜驳斥，省费殆数百万。于是言学务者大哗，府君逆知风气所趋，狂澜难挽，力辞总教习”。[⑥] 后夏旹再三挽留，王闿运辞职后入其署做幕僚。11 月，夏旹改授陕西巡抚，王闿运于 12 月辞职归湘，继续讲学于船山书院。王闿运因循守旧，思想趋于僵化，对传统书院教育深怀眷念，“虽有

---

① 梁永元：《武则天正传》，文化艺术出版社 2012 年版，第 387 页。

② “王门三匠”是指铜匠曾昭吉、铁匠张登寿、木匠齐白石，三人出身贫寒，王闿运不拘一格将他们纳于门下，并悉心点化。

③ 周柳燕：《王闿运的生平与文学创作》，湖南大学出版社 2010 年版，第 190 页。

④ 周柳燕编著：《王闿运辑》，民主与建设出版社 2016 年版，第 484 页。

⑤ 王代功：《湘绮府君年谱》，1923 年，第 236—239 页。

⑥ 王代功：《湘绮府君年谱》，1923 年，第 241—242 页。

学堂时新之名，其实仍若书院之旧”，[①]并未能为江西大学堂带来太多超出传统的革新。

江西大学堂开设有中文、历史、舆地、外语、体操、植物等诸门课程，与额定小学堂课程门数差不多，且各课程工料不足，成色大减。“所谓历史者，不过东洋史要、支那史要诸书而已；地理则本国中等地理教科书，皇朝舆地全图而已；英文、东文则数日不能毕一课……”[②]从课程设置来看，限于师资等条件，远够不上高等教育的专精要求。也有人批其“面貌虽新，骨骼尚旧”；[③]有人斥其为“故当时此等学堂，虽名为新教育，而实在仍以旧古董牢笼青年，全未脱科举习气”。大学堂教习唐咏霓，自命学贯中西，教学上也不过以周礼发问，而仅与西政、西艺相比附，全无新鲜之处。“科学全不讲，古董搬出来。一日三问答，怪哉真怪哉。”[④]大学堂教学内容陈旧，教学管理极端专制和腐败，江西大学堂甚至因此发生学生退学事件，这一事件成为当时学潮运动的一部分。[⑤]

三、从江西大学堂到江西高等学堂

1902年8月柯逢时由布政使护理江西巡抚，“张百熙奏遵拟大学堂章程开单呈览一折，批阅各项章程尚属详备，即照所拟办理。并颁行各省，着各该督抚按照条款宽筹经费，实力奉行，总期早就真才以备国家任使等因，钦此”。[⑥]据此，柯逢时复于省城西购得地块，另建高等学堂，于十一月二十一日兴工。江西高等学堂依据“壬寅学制”规定，“以教大学预备科为宗旨”，每日功课六点钟，三年毕业。《奏定学堂章程》规定各省设立的大学堂“至少须设置三科以符学制”，不到三科者须改称高等学堂。这样，1905年4月，

① 周秋光、莫志斌主编：《湖南教育史》（第二卷），岳麓书社2008年版，第81页。

② 陈文华主编：《江西历史名人研究》（第一辑），中国人事出版社1995年版，第46—47页。

③ 陈剑安：《江西早期新式学堂初探》，《江西师范大学学报（哲学社会科学版）》1987年第2期。

④ 杨士京：《前江西高等学堂革命运动之回忆》，《江西民国日报》1941年12月30日。

⑤ 唐海江：《清末政论报刊与民众动员：一种政治文化的视角》，清华大学出版社2007年版，第200页。

⑥ 柯逢时：《护理江西巡抚柯逢时奏办大学堂折》，《江西官报》1902年8月4日。

江西大学堂与柯逢时新建的高等学堂合并，改称江西高等学堂，校址迁往贡院，并由翰林院庶吉士黄大壎任监督。黄大壎是江西石城县人，曾留学日本，他积极进行学校建设，选定原贡院旧址，修建新学舍，购置图书仪器设备，重金聘请饱学之士为师，为学堂发展打下了较好基础。1907 年，被咨议部派充学务议绅。[①]1909年，经时任巡抚冯汝骙奏留，黄大壎续任高等学堂监督。[②]学堂教育宗旨与各省高等学堂一样，“以忠孝为本，以中国经史之学为基。俾学生心术壹归于纯正，而后以西学瀹其智识，练其艺能，务期他日成材，各适实用，以仰副国家造就通才、慎防流弊之意”。这时，学堂规模有所扩大，先设补习科，还附设有中学部。江西高等学堂是清末学制调整和改革不断深入的产物。江西大学堂及高等学堂的章程及管理仿照京师大学堂等具体而微。

据《光绪三十三年（1907）江西省城高等学堂调查总表》[③]可知，高等学堂科目先设补习科，补习中学堂课程，如经学、历史、地理、数学、英语、物理及化学、图画、体操等，学生定额二百名，以便为本科教学作准备。1905 年 9 月，在堂学生有甲班 15 人，乙班 54 人，丙班 32 人。1907 年又招丁班 55 人，当时全校有中国教员 8 人，日本教员 1 人。1908 年 8 月，开办高等正科，分设文、理两科。[④]1909 年，学堂监督仍然为黄大壎；教务长为徐敬熙，法政科举人；庶务长燕善达，举人；斋务长兼英文教员陈伯瓒，北洋水师学堂毕业。[⑤]1911 年，江西高等学堂正式改名为江西工业学堂，招预科生两班，后分土木和采矿冶金两组。[⑥]1912 年 10 月，学堂停办。

高等学堂教材及教学内容根据统一的教学要求，由教师辑录教科书编写讲义进行教学。广东中山图书馆藏有龙荣元编写、江西高等学堂校印的《地理讲义》一册，其序言写道：

---

① 《江西省人物志》编纂委员会：《江西省人物志》，方志出版社 2007 年版，第 311 页。
② 廖细柏：《石城文史资料（第 3 辑）》内部发行，1990 年，第 55 页。
③ 朱有瓛主编：《中国近代学制史料》（第二辑上册），华东师范大学出版社 1987 年版，第 649 页。
④ 郑登云：《中国高等教育史》（上），华东师范大学出版社 1994 年版，第 94 页。
⑤ 佚名：《江西高等学堂职员一览表》，《江西学务官报》1909 年第 1 期，第 86—87 页。
⑥ 教育部高等教育司：《二十年度全国高等教育统计》，1933 年，第 25 页。

中国学堂风气初开，一切制度诸多未备，各种教科书尤为缺乏，地理一科天然人事之变迁，月异而岁不同。今岁所出之书，至来岁已为陈迹。当日坊间旧本，其不足以被日教科之用更不待言矣。际此间期，而欲购一善本乎？则遍觅难得，将欲任取一书以充，当乎？则终无改良进化之一日。兹编于群书中说理较明、考证较确、体例较备者，悉取而录之。其不明不确不备者，皆存而不论，以与诸同学共参之。谬误之处在所不免，然于地理科教授之宗旨则不可或误焉！地理学者于地球之表面、人类生活之状态，使得知识之一般，并理会本国国势之大要，以养成其爱国心为宗旨。分而论之，关于地球表面之知识，即自然地理也……[①]

该《地理讲义》序言在一定程度上体现了江西高等学堂教学注重客观实际的科学转向。

江西大学堂和高等学堂培养了一批具有新学知识和革新思想的专业人才。1906 年高等学堂有了第一批毕业生 39 人，1907 年毕业 54 人，之后陆续毕业数百人。[②] 这些毕业生成了江西乃至全国政治、教育、文化等各领域革命和建设的重要力量。其中比较著名的有：杨赓笙，毕业后曾任江西省民政厅厅长、代省长，与李烈钧并称“一文一武”；郭同（1875—1936），被书院选入江西大学堂学习，1907 年东渡日本，在日本帝国大学政治科深造，1916 年曾任黎元洪总统府秘书，《大公报》著名记者；[③]刘步农，1902 年考入江西大学堂，次年转入北京普济医学专科学堂，专攻中医，医术精良；[④]邓文翚，1905 年入高等学堂，1906 年参加萍浏醴起义，1907 年公费赴日留学，就读东斌学堂，后

① 龙荣元编：《地理讲义》，江西高等学堂校印，年份不详。

② 王燕来选编：《民国教育统计资料汇编（2）》，国家图书馆出版社 2010 年版，第 159 页。

③ 中共上饶县委党史办：《上饶县名人》，1995 年，第 17 页。

④ 泸州市卫生志编纂委员会编纂：《泸州市卫生志（1911 年—2003 年）》，方志出版社 2005 年版，第 398 页。

追随孙中山革命，曾任驻粤赣军总指挥，大元帅府顾问等职；[①] 钟震川，1901年以超等成绩考入江西大学堂，后任同盟会书记、江西分会会长、江西军政府内务司司长；[②] 肖炳章，考入江西大学堂师范科，后被选官费留日，入日本政法大学攻读经济，1927年曾任省政府委员兼教育厅厅长；[③] 曾桢，1903年考入江西大学堂，1907年考入日本帝国大学药学科，1909年回国任江西高等学堂及江西医学专门学堂药物、化学教员，之后宣传孙中山学说，从事革命活动。[④] 其他毕业生还有龙钦海、张世膺、彭贡纬、王智元、袁炯、张景江、刘应富等。这些人中不少成为后来促进江西高等教育发展的重要力量。此外，大学堂的学术活动也取得了一定成就。如1902年，江西大学堂将国内出版的26家主要华文报纸分为“纪事”、“纪言”和“纪录”三大类，并系统论说其文笔和内容，这是江西研究和评论报纸学术活动的开端。[⑤]

江西高等学堂积极参与拒俄等反帝爱国运动以及追求自由平等思想各项政治活动。继1902年4月京师大学堂学生递交《请代奏拒俄书》之后，1903年5月19日江西大学堂学生听闻赴日学生组织义勇队以拒俄军，也组织学生军附入上海学生军同为响应，并于当日改习兵式体操，[⑥] 他们与安徽学生的爱国会、福州的海滨公会、河南的演讲会一起在拒俄运动中发挥了不可低估的作用。[⑦] 针对当时一些思想较为偏激的青年学生以所谓自由、平等、权利理论为护身符，甚而流入自由散漫之谬谈的现象，有人委婉地指出：“真自由非言语自由，乃实际自由也；非躯壳自由，乃灵魂自由也；非个人自由，乃团体自由也。质而言之，则欲求自由，则必先自尊自治，非可荡检逾闲、放浪

① 《江西省人物志》编纂委员会：《江西省人物志》，方志出版社2007年版，第352页。
② 叶书麟：《走向田野文化散文丛书：蒙面的萍乡》，长江文艺出版社2015年版，第130页。
③ 《江西省人物志》编纂委员会：《江西省人物志》，方志出版社2007年版，第360页。
④ 吉安市青原区志编纂委员会：《吉安市青原区志》，方志出版社2011年版，第955页。
⑤ 江西省社会科学志编纂委员会：《江西省志·江西省社会科学志》，黄山书社1998年版，第125页。
⑥ 安树芬、彭诗琅主编：《中华教育通史》第六卷，京华出版社2010年版，第1305页。
⑦ 陈秀武：《日本的“万国公法”受容与“霸权体系”构想》，东北师范大学出版社2015年版，第137页。

形骸之外也。”[①]江西大学堂学生由于压力生出种种文明思想，在进步教习引导下，“颇知自立”，且“皆喜自由平等之说”；[②]学堂学生集资购买新书，订阅《新民丛报》等刊物，虽“总办欲设法阻之，众皆不应”，“沉沉大陆意如何，眷我黄人感慨多，从此学生争自立，不教烟草蔓铜驼”，[③]学堂学生作诗抒怀，决心以自立为救亡先机；学堂蔡突灵、蔡锐霆、杨赓笙、胡飞、何犹兴、李守诚等一批青年学生成立“易知社”，在社员中发展了江西第一批同盟会会员；[④]学堂中有“朋来”“时习”二斋，为都昌、九江等外地学生宿舍。蔡公时、徐子鸿曾来此二斋发展学生加入同盟会。其时，学堂气象为之一新，似乎革新时机已到，学生要求总办增置书报，学堂主事者以省中大吏严格主张节省经费，辩解学堂藏书甚丰，并有申报、官报，无须增购作为答复。钟震川等学生知道事情难以办成，便与张云抟商议对策，张据理力争，终于获准允许发放数百元。同人又与张云抟密议，复由同学认捐，数日间得三千余元，张于是托上海书馆择新购办，如谭嗣同之《仁学》、章炳麟之《攘书》、唐才常之《觉颠冥斋·内外篇》，以及《湘学报》《新民报》。受此等思想洗礼，学生民族意识日益丰饶。[⑤]

第四节　清末高等教育发展的影响因素分析

晚清以来，江西高等教育发展举步维艰。中国高等教育萌芽时期，江西成了“洋务学堂”举办的“荒漠”，开始逐渐落后于相邻省份。首先，太平天国运动中江西成为湘军、清军和太平军角逐的主战场，这场持续十三年的战

---

① 佚名：《敬告江西大学堂教习诸君》，《苏报》1903年5月9日。

② 罗家伦：《国民日日报汇编（第2版）第1—2集》，“中央”文物供应社1983年版，第210—212页。

③ 佚名：《记江西大学堂改良事》，《苏报》1903年4月4日。

④ 温锐等：《百年巨变与振兴之梦——20世纪江西经济研究》，江西人民出版社2000年版，第33页。

⑤ 杨士京：《前江西高等学堂革命运动之回忆》，《江西民国日报》1941年12月30日。

争导致江西政治、经济、文化遭遇毁灭性破坏，严重削弱了其近代发展的基础。其次，五口通商以后，鄱阳湖—赣江—大庾岭—广州传统商道改道，上海取代广州成为最大的通商口岸，“向之要冲，今为迂道”，江西从原来的全国交通枢纽变成普通的内陆腹地，重新回归到封闭状态。江西全方位的辐射力度迅速减退，大大延缓了江西经济发展、近代工业文明传播以及社会习俗变迁的步伐，[①]加剧了其经济发展的困难程度，经济落后、资金匮乏成为高等教育近代发展与转型的根本性瓶颈。最后，心性之学的理学传统与影响也似乎为江西所特有。心性之学易于使知识分子流于空疏、脱离实践，导致学术思想缺乏创造力。明末清初以来，江浙等地区学者致力于“实学”，注重经世致用和现实批判，大师踵继，江西却表现得相对寂寞，几无大师。这成为江西近代没能迅速走上资本主义工业化发展道路，难以适应社会变迁，高等教育近代转型迟缓被动，最终与江浙和其他相邻省份拉开距离的重要原因。清末“新政”时期江西高等教育承续其发展惯性，在“新政”初期基本能跟上邻省发展的脚步，但至1906年其发展规模和动力明显不足，步伐变缓，与相邻省份差距日益扩大，被越甩越远。

一、清末高等教育发展的经济因素分析

首先，近代江西经济的缓慢发展客观上推动了近代高等教育的发展。20世纪头十年清廷面临内忧外患，日俄战争、收回利权，迫使以西太后为首的顽固派也不得不推行“新政”，提倡振兴实业，在中央和地方设立农工商矿管理机构。这在客观上推动了民族资本主义经济的发展，兴办的实业也日渐增多。江西也积极响应推行“实业政策”，民族资本主义经济开始兴起并有了缓慢发展。1892年，江西绅商各界上奏清廷，禀请创办内河小火轮、西式瓷器、蚕桑学堂，以扩展商务；[②]1904年，黄大壎等绅商认识到洋纸盛行，江西出产

① 钟建安：《近代江西城市发展研究（1840—1949）》，巴蜀书社2011年版，第103页。

② 陈荣华等：《江西经济史》，江西人民出版社2004年版，第509页。

的大宗纸张滞销严重，建议集股创办江西机器造纸公司，以期振兴土产，抵制外商。[①]这些发展资本主义经济的愿望和要求促使全省各地作出积极回应，以挽回利权，维持地方发展。如丰城、乐平、瑞昌等地为抵制洋纱，广种棉花，扩大商品性农业生产；广昌县招股开设公司，收囤烟叶反抗信隆洋行抢购原料；南昌、九江等地为与洋商抗衡，开设轮船公司；江西瓷器公司为维持地方、自保利权而广集股份。[②]江西漫长曲折的自然经济解体过程就此缓慢发端。

江西新式农业发展始于蚕桑种植业。19世纪80年代以前，江西向无蚕桑之利，此后地方政府开始提倡种桑养蚕。至光绪初年，种桑养蚕业规模粗具，绅商刘芋珊"于赣州南乡王母渡种桑十三万株，并聘请龙南蚕师教种桑养蚕事宜"。[③]1896年，南昌成立"蚕桑局"，买城外荒地栽种桑秧。这一年，蔡金台奏请创办"高安蚕桑学堂"，此学堂被视为中国最早的高等农业教育学堂。[④]1897年，江西全省"蚕事甚旺，出丝约值二万金，利源骤增。他省可闻风相劝矣"。[⑤]1903年，南昌蚕桑局经营成效显著，"育蚕缫丝，织成缎绉，仅较湖丝略逊一筹。乡民领取桑秧者，日益众多"。[⑥]1904年，南昌设立"农事试验场"，租赁土地，招募农工，既从事桑蚕生产，又设立畜牧厂和林场，从事畜牧业和林业生产，并开始设立"实业学堂"，招考学生百人，聘请日本人为教员，开设农学、数学、理化和博物等学科，这是江西农业高等实业学堂创办的开端，农业高等实业教育促进了新式农业项目发展。1904年，清江廪生邹钦爵创办农业公司，地方当局拨给官荒地，专事畜牧与垦殖；

① 《江西农工商矿局黄大壎、陈三立、刘景熙、胡发珠介办机器造纸公司禀批（奏牍二）》，《江西官报》1904年第14期。

② 陈荣华等：《江西经济史》，江西人民出版社2004年版，第509页。

③ 姚贤镐编：《中国近代史对外贸易史资料（1840—1895）》（第三册），中华书局1962年版，第1499页。

④ 国家教委高教二司、农业部教育司：《高等农业教育改革与发展战略研究》，教育科学出版社1989年版，第42页。

⑤ 姚贤镐编：《中国近代史对外贸易史资料（1840—1895）》（第三册），中华书局1962年版，第1499页。

⑥ 陈树平：《明清农业史资料（1368—1911）》（第二册），社会科学文献出版社2013年版，第466—467页。

1905 年，曾秉钰在南昌设立永昌树艺畜牧公司，李思源在余干创办垦荒牧植公司，同年，戴书云在余干创办质进种植公司，吴有机创办茅家州种植公司；1908 年，徐绍恒在南昌创办江西树德垦牧公司。[①] 但这些公司多属商办性质，投资规模较小。这最终促使清末以来江西农产品的商品化程度有所提高，农业生产部门出现了一批为满足市场需要、雇佣劳动、公司制经营、采用科学方法种植的资本主义农业经济实体。发展农业高等实业教育的客观需要，成为农业高等实业学堂创办的直接原因。

清末江西逐渐形成了以纺织业、加工制造业、矿冶业、航运业为主的资本主义工业体系。1900—1913 年，全省有工艺局、所、场 97 家，分布广泛而均匀，商办织布公司在资本和生产规模方面占优势。1904 年清江金凤有限公司拥有织布机 50 多架，规模较大；1901—1907 年，江西创办加工制造企业共 28 家，涉及瓷器、火柴、肥皂、造纸、樟脑等，资本在 5 万元以上的部分企业参见表 2-19。

表 2-19　清末江西部分加工制造企业概览

企业名称	创办时间	所在地	创办者	资本（万元）	性质
景德镇瓷器公司	1903	景德镇	孙廷林（候补道员）	5.5	官商合办
萍乡瓷业公司	1904	萍乡	黎景淑	20	商办
江西瓷业公司	1907	景德镇	瑞瀓、李嘉德、曾铸	20	商办
江西机器造纸厂	1905	南昌	黄大壎等	40	官商合办
江西省城电灯公司	1906	南昌	贺赞元（举人）	7	商办
厚生机器碾米公司	1908	南昌	肖赓良	14	商办
江西樟脑官局	1907	南昌	洪嘉荫（候补通判）	6.9	官商合办

同一时期，矿冶企业也开始兴办起来。20 世纪头十年江西先后有 20 家新式矿冶企业问世，其中煤矿 10 家、铁矿 4 家、锰矿 3 家、铜矿 2 家、滑石矿 1 家，

① 陈荣华等：《江西经济史》，江西人民出版社 2004 年版，第 520 页。

资本在 1 万元以上的部分矿冶企业详见表 2-20。

表 2-20 清末江西部分矿冶企业概览

企业名称	创办时间	所在地	创办者	资本(万元)	性质
萍乡煤矿	1897	萍乡	张赞宸(总办、道员)	109.9	官督商办
呈山煤矿	1903	余干	黄秉湘(道员)	1.2（万两）	初官办，1906 年后招商续办
徐塘煤矿	1906	新建	朱载亭(道员)	16.8	商办
博厚公司	1907	余干	黄大暹	5	商办
余干官矿局	1908	余干	沈瑜庆(藩司)	11.2	官办
赣州铜矿	1907	赣县	沈瑜庆、池贞铨	20.8	官办
集益铁矿公司	1908	泰和	李至盛	2	商办

1902 年，江西新式航运业开始得到发展。7 月，在南昌创办内河商轮公司，开辟自吉安到吴城、吴城到九江、九江到饶州（今鄱阳县）等航线，随后 1904 年成立群昌公司、见义公司两家航运公司，1906 年又成立鸿泰公司和道生公司，这些公司的新式轮船以客运为主，行驶于赣江、鄱阳湖和长江的航道上。1905 年，"江西全省铁路总公司"成立，开始筹建南浔铁路，并提出修建南昌至赣州的铁路。[①]江西民族资本主义工业的兴起和发展催生了清末工业学堂的发展。这些新式工业相对集中地分布在南昌、九江、萍乡、景德镇等城市。这也基本决定了江西高等教育的布局，高等及专门学堂除聚集在省城南昌外，在九江办有南伟烈大学、江西省铁路学堂，在萍乡办有萍乡医学堂，在景德镇办有中国陶业学堂。

其次，清末封建地主经济仍在江西占据主导地位，其落后情形尤为突出，成为清末高等教育发展的绊脚石。江西民族资本主义经济受到帝国主义和封建主义经济的双重压迫，其发展速度和规模相当有限。直到 1912 年，除萍乡煤矿和南浔铁路外，江西尚无其他资产上百万两的企业。1901 年 8 月，庚子

① 陈荣华等:《江西经济史》，江西人民出版社 2004 年版，第 510—518 页。

赔款成立，每年加派江西省款额银140万两。[①]巡抚李兴锐痛陈江西财政匮乏：

查江西每年实征丁漕、正耗、厘税连历年筹饷、节费、奏提各属平余银盈余等项约共进款项三百六十万，每年拨解京协各饷、内务府、铁路、边防各经费及洋债镑价暨解京漕折等共款亦约三百五六十万，出入相抵，已无所余。……每年挹彼注兹，已极支绌，……解京米价又五十余万，尤觉库空如洗。兴锐督商司道，拟将上年添募各勇概行裁汰，并节省一切浮费，约可省四十余万，然所短仍不下百六十万。……目前尚不能遽定，此皆江西实情。[②]

江西全省岁入仅700万两，每年负担的中央指拨饷、摊派洋赔款各项累计近500万两，其中洋赔款250万余两，京调银99万余两，协饷银60万两。"实较他省所罕有。"清末江西财政极度困难，致使江西大学堂经费无着，其创办经费以及常年经费筹办之艰难在前面已述及，其他学堂经费可想而知。

而且，清末江西封建地主经济发展遁入穷途末路，各类矛盾不断激化，生产力极其低下。江西民族资本主义经济兴起晚于部分相邻省份20余年。1872—1894年，浙江已兴办了4家规模较大的民族企业，广东已建立13家民族企业，福建已建立9家。1904年，江西商界人士开始筹建省内第一条客运铁路南浔铁路。但限于经济压力，只得采取招股集资的办法，每股五元，然而所募股金不敷应用，只好从日本兴业会社抵押借贷一千多万元作为修建铁路的资金。这条铁路从1905年开始修建，由于缺乏资金，中途时断时续，直到1917年才终于通车。[③]1910年7月，江西试办本省预算，年收入银660

① 《江西年鉴》编辑委员会编：《江西年鉴（2002创刊号）》，方志出版社2002年版，第15页。

② 王彦威等：《清季外交史料（9）》，湖南师范大学出版社2015年版，第4868页。

③ 帅辉：《关于创办南浔铁路的回忆》，载中国人民政治协商会议九江市委员会文史资料研究委员会《九江文史资料选辑》（第一辑），1984年，第99—100页。

万两，支出 960 万两，[①] 亏空 300 万两。清末江西政府及民众经济之贫困由此可见一斑。这种落后的经济状况意味着江西清末高等教育发展在经费投入、教学方面落后于浙江、广东、福建等周边省份。

江西厘捐制度严重阻碍商品流通，成为侵蚀经济发展的“毒瘤”。厘金制度是咸丰年间为镇压太平天国起义设置的商品流通领域的恶税，清末仍然继续滥收，直至 1930 年才被国民政府通令取消。[②] 江西各地厘金税卡林立，严重挫伤商人经商的积极性，影响商品流通，制约新式经济的发展。1907 年 3 月，江西商务议员傅春官向朝廷报告说：

> 查厘卡原章，于初卡完三分，次卡完二分，第三卡完三分，第四卡完二分，名为百分之十。其实十分完足，经过下卡，仍须补抽。第一次补抽按十分加二分，第二次补抽按十二分又加二分，经若干卡，补若干次。如由赣州府运货至江省（南昌），须经十卡，应完二十九分有奇。且货经初卡，其完厘之数决不肯按货之实数计算。如运货一百担，虽经商人再三恳请，至轻亦须以一百二十担计。强硬商人，浮抽尚少；若遇笃实之人，其浮数殆不啻加倍。初卡困难如此，至次卡按初卡所完厘数完纳二分外，尚须查验补抽。如一百担货初卡以一百二十担起厘，次卡又须补二十、三十担，完纳五分；第三卡、第四卡皆然。总之，未完足十分，固宜补抽；既完足十分以后，仍须补抽。故定章名为取十，其实乃三十、四十。又况查验不时，羁滞留难，无卡无之……困苦深矣。商民至有戒其子孙，勿复为商者。[③]

厘金制度抑制了江西商品经济的发展，阻碍了近代商品经济的顺利转型，

① 《江西年鉴》编辑委员会编：《江西年鉴（2002 创刊号）》，方志出版社 2002 年版，第 15 页。
② 陈荣华等：《江西经济史》，江西人民出版社 2004 年版，第 527 页。
③ 转引自刘光永《大清的挽歌——清末改革管窥》，三秦出版社 1999 年版，第 249 页。

严重削弱了高等教育发展的经济基础，高等教育在经费投入、发展规模、科类设置等方面都因此深受其害。

最后，江西高等教育发展缺乏地方精英的经济参与和支持。江西经济近代转型过程中，作为传统地方精英的绅商大部分无法适应新式经济发展需求，未能实现顺利转型；新的地方精英又难以诞生于封闭落后的经济环境。然而，地方精英往往成为发展教育较为直接的力量。为巩固和维护自身经济利益和社会地位，他们积极参与发展高等教育以完善现代教育系统，从而为高等教育发展提供新的财政资金来源。山东省现代化学校迅速增多，从1903年的140所增加到1907年的3424所，[①]便是得益于地方精英的介入。江西无法获得地方精英对于高等教育的投入也是其发展缓慢不可忽略的影响因素。

二、清末高等教育发展的政治因素分析

首先，江西清末“新政”高等教育发展更多的是政治规制的结果，是政治改革衍生物。新学制颁布之前，高等教育发展处于自发的无系统状态。[②]这时，高等教育萌芽和发展主要取决于人和地两大因素，即当权者是否为“洋务派”以及该地是否处于风气先开的沿海或沿江地带。以“洋务学堂”为形式的中国第一批高等专科学校主要聚集于北京、天津、上海、广州、福州、南京、武汉、长沙等地。江西由于商道变迁重回内陆腹地，又鲜有李鸿章、张之洞、左宗棠等力推“洋务运动”的封疆大吏，“地利”与“人和”不占其一，故而近代高等教育迟迟未能在江西破土。江西大学堂、江西高等学堂均是清政府实施“新政”、颁布新学制催生的产物，其发展与政治改革高度吻合。1898年以来，“中国的教育改革被认为是政治改革的根本”，[③]作为“新政”的主要内容，近代高等教育发展被寄予了救亡图存的巨大使命。从光绪二十八

① ［美］费正清主编：《剑桥中华民国史》（第二部），章建刚等译，上海人民出版社1992年版，第363页。

② 陈宝泉：《中国近代学制变迁史》，山西人民出版社2014年版，第2页。

③ ［美］杰西·格·卢茨：《中国教会大学史（1850—1950）》，曾钜生译，浙江教育出版社1987年版，第88页。

年（1902）至宣统三年（1911），八国联军入侵的余痛、日俄战争的刺激、民间的立宪运动与革命运动高歌猛进、辛丑条约巨额赔款、京津一带国防尽撤、不平等条约持续签订，这一切迫使清廷实施“新政”，举国上下莫不痛定思痛，以求免于灭亡。“顽固派”西太后一再降旨奖励变法，“她已经恢复镇静，终于明白改革的必要：这不仅是为了把中国从帝国主义的魔爪中拯救出来，也是为了恢复清朝本身的权威”。[①]1901 年，鄂督张之洞和江督刘坤一被三次召见会奏变法自强，他们的第一奏疏中所陈述的变法自强方法即为设文武学堂、酌改文科、停罢武科、奖励游学四条。[②]1902 年，清政府诏令停止武科考试和废止八股。清政府变法即是废止旧式教育、创办新教育，而发展新式高等教育更是放在首位。随后制颁“壬寅癸卯学制”，意味着开始第一次有系统地建设中国高等教育。1905 年日俄战争结束，俄国战败，更凸显日本之强大，为图自强，清政府进一步坚定和强化了学习日本维新立宪的决心，派出五大臣出洋考察宪政；1905 年 9 月 2 日，终于废止存在了 1300 年之久的科举制度；1906 年五大臣回国条陈仿行宪政，宣示预备立宪，各省设立咨议局，京师开设资政院。但是，预备立宪未及完备，辛亥革命即已成功。由此可见，清末江西高等教育发展直接受清政府为挽救和维持政权，自上而下实施高等教育新学制改革的推动。“新政”引发民众对宪政的兴趣，1907 年及以后江西三所公私立法政学堂的相继创办是立宪运动开发人民智识的直接需要和体现。

其次，清末政府高度集权的地方官制为江西高等教育发展提供了强有力的政治保障。清末江西省内大政要政由两江总督总揽，其全称为江南江西总督，辖有江苏、安徽、江西三省。1830 年以来，两江总督基本成为监理性质的机构，巡抚权力得以强化。咸丰以后，巡抚可以独当一面，受命指挥镇协武职，与总督共同负责置考会题、核阅防剿，职权进一步扩大，光绪时已与

① ［美］杰西·格·卢茨：《中国教会大学史（1850—1950）》，曾钜生译，浙江教育出版社 1987 年版，第 88 页。

② 陈翊林：《最近三十年中国教育史》，太平洋书店 1930 年版，第 59 页。

总督相当。[1]清末高等教育发展受巡抚节制，巡抚对于全省高等教育发展举足轻重。1860 年至 1911 年 51 年间，清政府为避免地方政权与朝廷抗衡，对总督、巡抚一直采取短期任职政策，江西历任巡抚达 18 人之多，平均在职年限为三年，其中不包括“暂署”和“护理”巡抚。1860—1911 年江西历任巡抚及任职期限详见表 2–21。

表 2–21　1860—1911 年江西历任巡抚及任职期限

巡抚人名	任职起讫年月
恽光宸	1859.10—1860.5.11
毓科	1860.5.12—1862.1.17
沈葆桢	1862.1.18—1865.4.19
刘坤一	1865.6.14—1875.1.12
刘秉璋	1875.1.13—1878.8.20
李文敏	1878.8.21—1882.12.2
潘霨	1882.12.3—1884.11.4
德馨	1884.11.5—1895.9.11
德寿	1895.9.12—1898.7.12
松寿	1898.7.13—1900.9.12
景星	1900.9.13—1900.11.17（未到任）
李兴锐	1900.11.17—1902.8.5
夏旹	1903.7.7—1904.12.13
升允	1904.12.13（未到任）
胡廷干	1905.1.10—1906.4.25
吴重熹	1906.7—1906.12.17
瑞良	1906.12.17—1908.3.31
冯汝骙	1908.4.1—1911.10.31

从表 2–21 中可知，此间江西巡抚任职期限较长的有刘坤一和德馨两位，分别约为 9 年和 11 年，其余多为 2—3 年。刘坤一任职期间忙于防旱救灾和

① 赵树贵、陈晓鸣：《江西通史·晚清卷》，江西人民出版社 2008 年版，第 30 页。

太平天国战争之后经济恢复，无暇照应学堂发展；德馨成天饮酒作乐，缺乏重教兴学意识。清政府高度集权的地方官制虽然不利于因地制宜地发展地方高等教育，却为清末“新政”统一实施新式高等教育提供了强有力的政治保障。又由于清末高等教育新学制基本移植于日本，其中央集权体制与清政府政体也颇为吻合，这更利于各省统一推行高等教育新学制。因此，江西巡抚等地方大员对学制的严格执行是清末江西高等教育发展的强大保障，使之在很大程度上成为自上而下统一规制的产物。

再次，清末江西“新政”在行政、司法、经济、教育等领域改革，并设置了具有近代意义的相应管理机构，这在客观上要求高等教育培养能适合当时需要的近代管理人才。1902 年，江西新设警察，在南昌设立警察总局；新政期间，九江邮政局作为邮区中心所在地邮局，被升格为江西省内的邮政总局，九江电报局则由邮传部收归官办，定为一等繁局；1901 年，开办江西官书局，刊行工、农、医等应用书籍，同年设立江西翻译局，主要翻译国外中小学课本，用于新办之学堂；1906 年，设立江西通省洋务总局，总管本省对外国交涉事件；1909 年底，江西增设巡警道，掌管城镇警政事务，内分总务、行政、司法、卫生四科；1910 年，为清理财政和设立近代财政机构，开始归并税务局、田赋税契支应局，设立财政公所，分为总务、铨叙、田赋、制用、税务、会计六科，各委科长、科员分司其事。此外，在这期间江西还设有赈捐局、铁路总局、派办政务处（1908 年裁撤）、督垦总局、官铁局、矿务总局等机构；1908 年起，随着立宪运动的开展，江西开始筹办成立江西咨议局，设选举、文牍、庶务三科；1910 年 11 月，江西设立高等审判厅，司法独立，划分民刑诉讼，设刑科、民科推事等，南昌、九江等下属府县也设立了审判厅；为适应近代军政，江西也采取了相应的改革措施。[①] 总之，在行政、司法、经济、教育、军事等领域为实施“新政”而成立了各种专门机构，这种越来越细的

① 赵树贵、陈晓鸣：《江西通史 · 晚清卷》，江西人民出版社 2008 年版，第 186—200 页。

近代社会职业分工催生了对新式高级专门人才的需求，客观上刺激了高等教育的发展。省立法政专门学堂毕业生大都进入了司法领域，1911年该学堂第一届20名南昌籍毕业生中有11名担任各地方审判厅民厅、刑厅推事，或检察官、司法课长、帮审员等职；私立江西法政学堂由留学日本早稻田大学毕业回国的同人创办，至民国元年，同人及毕业生多充任参众两院议员；江西武备学堂则培养了李烈钧、欧阳武、胡谦、方先亮、彭程万、伍毓瑞、俞应麓等军事人才。[①]这些学堂的创办正是对"新政"时期江西各类新式专门人才需求的回应。

最后，清末江西高等教育发展缺乏具有新学思想的政治人物的主持和规划，从而发展被动且缓慢。湖北高等教育后来居上，成为近代典型，张之洞务实通达、兴学育才，功不可没，其不愧为"湖北教育近代化的设计师"。[②]江西虽有文廷式、陈炽等颇具维新思想的杰出人物，然而因为二人均属于帝党，[③]受制于后党专权，同时江西官绅商学界也未能群起响应，因此无法惠及江西；陈宝箴主政邻省湖南，"思以一隅致富强，为东南倡"，[④]勠力维新，兴学育才，使湖南成为维新变法"最富朝气一省"，[⑤]但可惜未能效力家乡。胡思敬曾感慨地说："江西人向无党援，道光咸丰之交，陈浮恩、万青藜、胡家玉同时在高位，皆被人挤陷，一仆不再振。"自胡家玉与刘坤一相争被贬后，更是"三十余年江西无三品京官"。[⑥]因此，清末江西高等教育没能得到具有维新思想、致力于变法图新的任何京官和地方官员的指导与规划，教学课程、学校管理等方面均表现出极强的保守性，这为其近代转型之被动与缓慢埋下了隐患。1909年，汤寿潜被授江西提学使，颇具改革意识，但未赴任。[⑦]

---

① 赵树贵、陈晓鸣：《江西通史·晚清卷》，江西人民出版社2008年版，第203页。

② 董宝良、熊贤君主编：《从湖北看中国教育近代化》，广东教育出版社1996年版，第285页。

③ 汪叔子编：《文廷式集》（上），中华书局1993年版，"序言"第1—3页。

④ 宋衍申等主编：《二十六史精华（清史稿三）》，林乾译，北方妇女儿童出版社1996年版，第276页。

⑤ 范文澜：《中国近代史》（上册），人民出版社1962年版，第301页。

⑥ 胡思敬：《国闻备乘》，上海书店出版社1997年版，第12页。

⑦ 郑天挺、荣孟源：《中国历史大辞典·清史卷》（下），上海辞书出版社1992年版，第278页。

三、清末高等教育发展的文化因素分析

晚清以来江西重回内陆腹地，风气晚开，以“新学”为明显特征的高等教育发展缺乏开放宽容的人文环境。晚清东部沿海地区民智大开，桐城派的古文为梁启超式的新文体所取代，“笔锋常带感情”；政简刑轻的政治原则变为五花八门的《新民丛报》；一知半解的“西艺”变为严复译著之条理明晰的赫胥黎的《天演论》、斯宾塞的《群学肄言》、亚当·斯密的《原富》、穆勒的《名学》及《群己权界论》等，[①]其影响不断扩大。然而，直到甲午中日战争失败，才终于促发了江西士子的人道情怀和忧患意识，维新思想终于启蒙，加之科举制度不断式微，传统教育体制趋于解体，他们对“新学”和西学的认同感与日俱增，研求“新学”成为一种时尚。1894年，江西创办了第一份报纸《京报》；1898年，九江城放映“美国电光影戏”，为电影传入江西的开端；[②]熊育钖[③]接触大量康梁著作，“知旧学之不可专治，西洋学问之可贵”，后又阅读严复西方社会科学译著，他与人合股在南昌开办“广智书局”，从上海、武汉等地购书，1901年，与族弟熊元锷将严复在《直报》所发文章编辑成《侯官严氏丛刻》四册出版，这是国内最早的严复文集。[④]留日学生创办白话文报刊，致力于开通社会风气。1903年，他们刊行《新白话》，在南昌、赣州、九江、吉安、袁州等地设立“代派所”发行。该刊谈政论、时局、教育、地理、小说、诗词等项，旨在“开导一般同胞”，明确宣布“专取正大的宗旨，发明以明显的文字”；之后，南昌《江西商业白话报》、九江《新白话报》陆续刊

---

① 陈翊林：《最近三十年中国教育史》，太平洋书店1930年版，第60页。

② 王书红：《近代江西文化事业发展一瞥》，载中国人民政治协商会议江西省委员会文史资料研究委员会《江西文史资料（第45辑）》，1992年，第99页。

③ 熊育钖（1868—1942），江西南昌人，祖父辈善于经商，致富后建“心远堂”，以资助子弟读书；1898年，创办“乐群英文学塾”，任监督；1901年改办“南昌熊氏私立心远英文学塾”，主持塾务；1907年，改称“心远中学堂”，任堂长；1911年改称“心远中学校”，任校长。该校与天津南开、长沙明德并列为国内最好的中学校；1922年在心远中学基础上创办心远大学，后因经费支绌和战乱于1927年停办。熊育钖重视自然科学和传统文化教育，与严复交往甚密，被陈三立等人誉为“中国的福泽谕吉”。见朱祥清主编《江西近现代人物传稿》（第二辑），江西人民出版社1991年版，第281—290页。

④ 朱祥清主编：《江西近现代人物传稿》（第二辑），江西人民出版社1991年版，第281页。

行，为江西社会带来了清新的白话文风气。[①]1904年，江西学生成立易知社、我群社。易知社由张惟圣、虞维煦担任正副社长，成员60余人，主要是江西武备学堂、测绘学堂、陆军小学堂的学生；我群社由蔡突灵、蔡锐霆（两人也是易知社成员）组织，负责联络会党。[②]1909年，邓文翚又在南昌成立共进会江西分会。这些报纸和团体在一定程度上为推动高等教育发展营造了文化氛围，但其影响十分有限。

封建传统文化积淀的负面影响致使近代江西高等教育转型乏力，踟蹰不前。唐宋以降，江西即成为"文章节义"之邦，宋明理学渊薮，千百年来累积深厚的封建文化成为阻碍近代高等教育发展的坚实防线。江西根深蒂固的封建传统比较集中地体现为科举文化，它促成了江西古代人文的成功，也因之而形成近代江西人文发展的定式和制约，其优势在近代丧失殆尽。[③]科举文化积淀下来的忠君意识和唯命是从心态，严重销蚀了江西人的自主精神和创新欲望，阻碍了近代高等教育的顺利发展。清末江西大多数有文化的知识群体仍然专注于八股制艺，醉心于科场功名，其思想僵化迂腐，缺乏解决实际问题的能力；他们不搞经史考据和经世致用之学，在学术领域没有建树，致使江西明显落后于江浙地区，彻底退到文化边缘位置。清政府"新政"改革先天的不彻底性，近代江西高等教育过度注重科名出身的传统特征，保留着传统高等教育的某些痕迹，与江西传统的负面效应相吻合，正是这种吻合成为推动清末"新政"之初江西高等教育发展的重要动力，表现为高等教育发展的传统惯性，是一种"拖着根深蒂固传统观念蹒跚而行的进步"。[④]这种落后保守的传统文化还表现为对西方科学知识以及外来宗教的无情拒绝和坚决抵制。江西虽不是传教士聚集最多之地区，但是"教案"频发，全国知名。通常越是封闭落后的地区，"教案"发生得越多，斗争程度越烈。继1861年

① 许怀林主编：《江西文化》，安徽教育出版社2006年版，第91页。
② 何友良：《江西通史·民国卷》，江西人民出版社2008年版，第51页。
③ 沈建华主编：《江西文化概论》，中央广播电视大学出版社2011年版，第1—3页。
④ 陈旭麓：《近代中国社会的新陈代谢》，上海社会科学院出版社2006年版，第124页。

贵州发生第一次“教案”之后，1862年3月17日，江西便爆发了“南昌教案”；1869年宜丰、1899年铅山又发生两起“教案”；1904年，宜丰、赣县、南康、乐平等县连续发生“教案”，宜丰棠浦教案演变为震惊全国的第二次“南昌教案”；[①]1907年南康县又焚毁教堂，杀害教士；[②]“教案”风波中不明真相的群众拆毁教堂、驱赶教士，认为教会创办学校、医院别有用心，力图排斥和清除一切外国教会文化势力的影响。客观来看，教会及其所办学校、医院在传播新兴科学知识方面有着相当积极的意义。在肯定“教案”反对文化侵略具有积极历史意义的同时，更需要深刻反思旧的文化意识对新兴科学知识的顽强抵制。近代高等教育的核心内容是以新兴的科学知识为特征，因此不可避免地要面临其挑战。反洋教斗争必然的两个副产品就是强化旧学的正统地位和忽略吸取西方文明的有益营养。教会大学创建初期通常遇到选址、招生等困难和阻力。[③]1905年创办的九江南伟烈大学不可避免地遭到抵制，其表现不愠不火，难以激起江西学人的求学兴趣。当然，南伟烈大学发展瓶颈不止于此。九江处于汉口与镇江之间，位置尴尬，列强在此地的实力有限。早在九江开埠之初，美国就断言这里商业难以兴盛，没有在此设立领事馆。[④]这些都成为教会大学在江西进一步发展的障碍。总之，清末江西风气晚开，文人仍专注于八股制艺求取功名，造成“新学”人才严重缺乏。

江西清末“新学”人才的缺乏又造成高等教育发展人才难觅，使之缺乏可以依靠的主体力量。从江西大学堂的创办可知，最初李兴锐聘请湖南人刘人熙为总教习，但刘不久随柯逢时调往广西；1903年，夏旹又聘湖南王闿运为总教习，而王自身即为抵制“新学”的旧学代表；1908年，巡抚冯汝骙深感江西人才难得，奏请恳调汪瑞闿回江西原班补用，该员“实为江西万不可少

---

① 许怀林：《江西史稿》，江西高校出版社1993年版，第646—648页。

② 朱金甫：《清末教案》（第三册），中华书局1998年版，第971页。

③ 金以林：《近代中国大学研究（1895—1949）》，中央文献出版社2000年版，第106页。

④ 陈文华主编：《江西历史名人研究》（第一辑），中国人事出版社1995年版，第46页。

之员”，[1]汪瑞闿曾历经李兴锐、柯逢时、夏旹委办高等学堂、武备学堂；前述之江西高等学堂教员资格以未入学堂未毕业者居多，且教员数量不足；以及江西清末主政巡抚缺乏兴学人才；等等。这些表明“新学”人才缺失严重影响了近代江西高等教育规划、管理及教学，阻碍了清末高等教育的顺利发展。

综上所述，清末“新政”之初，巡抚李兴锐等较为重视兴学育才，对于清廷“新政”贯彻执行较为得力，这使高等教育发展学校类型、科类体系尚可，但工科、商科等实科欠缺；另外，因受经济发展落后制约，地方政府财政匮乏，高等教育经费投入严重不足，高等学堂学生规模极小，发展动力明显缺乏，1906 年后，日益落后于相邻省份；加之，江西“新学”人才缺乏，江西大学堂总办办学思想陈腐，教员中未入学堂未毕业者居多，这些情况严重影响了新式高等学堂的近代转型。同时，清末高等教育发展落后情形也为其后期发展缓慢埋下了隐患。

① 冯汝骙：《浙江巡抚冯汝骙奏保道员汪瑞闿并恳调回江西补用折》，《政治官报》1908 年 7 月 12 日。

第三章

近代江西高等教育发展的低谷回旋（1912—1926）

1911 年 10 月 10 日，武昌起义爆发，江西九江迅速响应，不久南昌光复，清王朝在江西的统治被推翻，清末兴办的高等学堂因此被勒令停办。1912 年 1 月，中华民国临时政府成立。3 月 5 日，教育部电饬所属高等专门学校从速开学，“现在大局粗定，各处高等专门学校若不从速开学，则高等学生半途废学，中学毕业生亦无升学之所，殊非培养人才之道”；[①]3 月 14 日，又令优级、初级师范学堂一并开学；[②] 8 月，教育部又致电各省旧有高等专门学堂亟宜继续办理：

> 查去秋军兴以后，各处高等专门学校率经先后停课，及本年大局平定，呈报开学者固属不少，而停办观望者实属多数。现在民国初成，专门人才需用甚殷，此项学校，刻不容缓。[③]

于是，江西停办的高等学堂先后复课，9 月，江西各学堂依据新学制改办专门学校，之后长期保持三所法政专门学校和一所农业专门学校的高等教育格局，且其办学几度因战事陷入停顿；1920 年后，增加医专和工专两所，此间多次提议创办省立综合性大学也无疾而终，至 1926 年底，北伐军占领南昌，北洋军政府结束在江西的统治，各专门学校办学先后陷入停顿，此为江西北洋政府时期高等教育发展阶段。这一时期，江西高等教育处于低谷回旋局面，始终未能实现突破。

---

① 教育部：《电各省饬所属高等专门学校从速开学》，载璩鑫圭、唐良炎编《中国近代教育史资料汇编——学制演变》，上海教育出版社 2007 年版，第 611 页。

② 《孙总统令教育部通告各省将已设之优级、初级师范一并开学文》，载璩鑫圭、唐良炎编《中国近代教育史资料汇编——学制演变》，上海教育出版社 2007 年版，第 611—612 页。

③ 佚名：《教育部致电各省旧有高等专门学堂亟宜继续办理》，《教育杂志》1912 年 4 月第 6 期，第 34 页。

第一节　北洋政府时期高等教育发展概况

一、北洋政府时期的高等学校

1912年9月北洋政府颁布实施新的学校系统，即“壬子癸丑学制”，新的高等教育体制就此形成。按照这一新的体系，高等教育仅有一级，包括大学、专门学校、高等师范，内分预科和本科，共计6—7年，上有大学院，不计年限。①1917年，教育部颁布《修正大学令》，允许单设一科者也可称为某科大学。②1922年“壬戌学制”对高等教育学制进行调整，大学设数科或一科均可，取消大学预科；依旧制设立的专门学校，应于相当时期内提高程度，收受高中毕业生；大学及专门学校可以附设专修科。③1924年2月，教育部废除《大学令》和《专门学校令》，改颁《国立大学校条例》。④这一时期，江西高等教育始终以专门学校为主体，“壬戌学制”改革虽然也带来了江西大学的创办动议，但最终未能实现江西人创办省立综合性大学的梦想。

1912年12月，教育部通令各省：

> 现大局已定，本部制定各种专门学校规程，亦经先后公布，自应遵照办理。即依专门学校令第二条规定，正名为某某专门学校，并系以某省公立等字样，以规一律。⑤

同年，江西官立法政学堂改称江西公立法政专门学校，1915年8月教育

① 于述胜：《中国教育制度通史》（第七卷），山东教育出版社2000年版，第20页。

② 教育部：《教育部公布修正大学令》，载潘懋元、刘海峰编《中国近代教育史资料汇编——高等教育》，上海教育出版社2007年版，第372—374页。

③ 于述胜：《中国教育制度通史》（第七卷），山东教育出版社2000年版，第52—53页。

④ 教育部：《教育部公布国立大学校条例令》，载中国第二历史档案馆编《中华民国史档案资料汇编·第三辑·教育》，江苏古籍出版社1991年版，第173—175页。

⑤ 教育部：《通咨各省专门学校一律正名某省公立某某专门学校报部备核文》，载潘懋元、刘海峰编《中国近代教育史资料汇编——高等教育》，上海教育出版社2007年版，第477页。

部正式认可；[①]江西优级师范学堂改称江西高等师范学校。1913年，江西高等农林学堂改称江西公立农业专门学校；江西中等工业学堂于1913年改称江西公立工业专门学校，1914年因设备过于简陋，学生多非中学毕业，教育当局责令改善，奉巡按使令改为江西省立甲种工业学校，1923年才恢复江西公立工业专门学校。1921年创办江西公立医学专门学校。1922年熊育钖在心远中学基础上设立心远大学；私立江西法政学堂和私立豫章法政学堂相应改称私立江西法政专门学校和私立豫章法政专门学校，1914年1月教育部同时对此二校予以备案。北洋政府时期创办的高校具体参见表3-1。

表3-1　北洋政府时期江西高等学校概览

学校名称	起讫时间(年)	办学地址	首任校长	办学性质
江西公立法政专门学校	1912—1926	南昌市德胜门	胡薰	公立
江西公立农业专门学校	1913—1926	南昌市进贤门外关口	钟毅	公立
私立江西法政专门学校	1912—1926	南昌市高升巷	徐元诰	私立
私立豫章法政专门学校	1912—1926	南昌皇殿侧	符鼎升	私立
江西公立工业专门学校	1923—1926	南昌市书院街	胡飞	公立
江西高等师范学校	1912—1916	南昌令公庙	周尔璧	公立
南伟烈大学	1912—1917	九江甘棠湖畔	库斯非	教会
江西公立医学专门学校	1921—1926	南昌市贡院前	何焕奎	公立
心远大学	1922—1927	南昌市三道桥	熊育钖	私立

注：本表根据《江西省教育志》《南昌市志》《江西通史·民国卷》等相关内容的零散史料整理而成，以上各校校长均是改现名时任职校长。

以下为本期各校创立及办学情况的详细介绍。其中，私立江西法政专门学校具体办学及发展将于本章第二节作专门介绍。

江西公立法政专门学校与私立江西法政专门学校、私立豫章法政专门学校三所法政专门学校，均经教育部备案认可；另外，私立章贡法政专门学校

① 《民国初年公立法政专门学校一览表》，载教育部《第一次中国教育年鉴（丙编）》，1934年，第147—148页。

和私立赣省法政专门学校则未予备案，被勒令停办。[①]江西公立法政专门学校前身为前清江西官立法政学堂，1912年改称现名；1913年，教育部视察后，责令与江西公立法律专门学校归并；[②]1915年经教育部认可备案，设有法律、政治经济两科以及法律讲习班；1918年有本科学生180人，已毕业本科生316人，别科学生104人，报部经费数23008元。[③]

江西公立农业专门学校由前清江西高等农林学堂于1913年改称，1915年1月经教育部备案。[④]1912年，江西高等森林学堂改校长制，吴恺任校长，因经费不足，学生不再前往白鹿洞分校上课。同年，江西高等森林学堂与江西高等农业学堂合并，改称江西高等农林学堂。[⑤]7月，黄国琛继任校长，奉部令改称农林专门学校。1913年2月，林学专门科第一班三年级学生将近毕业，须充分演习，由林科主任及教员率领赴白鹿洞山场实习，为期约3个月，后凡林科三年级生，均须赴白鹿洞实习一次，因而前高等林业学堂所在地，自此定为本校之演习林。同年5月，学校遇上“二次革命”，但军事行动不久即止，弦歌之声犹未辍。后来钟毅继任校长，改称江西公立农业专门学校。1915年11月，学校参加教育部举行的全国专门以上学校成绩展览会，成绩分数获全国农校第一。1916年1月，钟毅辞职，吴恺重掌校务，规划改进，添购农场实习地亩，改订农场实习方法，充实学习设备，衔接专门班次，拟订白鹿洞演习林实施计划，经管省会中等以上学校公有林——江西省立第一教育林，等等。1917年12月，美国巴拿马赛会赠予学校出产物奖品，计奖状二张，银质奖章二枚，学校声誉闻于国内外。1921年12月，吴恺辞职，熊世绩继任，局势渐趋稳定，熊校长奉令成为本校维持员，但学生多未回校，特开

① 国务院统计局：《民国行政统计汇报第4编（教育类）》，国务院印铸局，1917年，第16页。
② 国务院统计局：《民国行政统计汇报第4编（教育类）》，国务院印铸局，1917年，第16页。
③ 中国第二历史档案馆编：《中华民国史档案资料汇编·第三辑·教育》，江苏古籍出版社1991年版，第183页。
④ 潘懋元、刘海峰编：《中国近代教育史资料汇编——高等教育》，上海教育出版社2007年版，第563页。
⑤ 李安全主编：《江西省档案馆指南》，江西人民出版社2007年版，第77页。

讲演班，以资救济。[①]1918 年，该校设有农学、林学两科，有在校学生 70 人，毕业生 49 人，报部经费为 18002 元。[②]

私立豫章法政专门学校前身为创办于 1910 年的豫章法政学堂，1911 年学堂招收法律别科 1 班，学生百余人。1912 年，改称私立豫章法政专门学校。1914 年学校经教育部视察备案后，开始招法律本科学生。学校校舍宽敞，办学条件较为优越。教师多为留日毕业和北京大学毕业，符鼎升[③]曾任校长，并大力支持办学。[④]1916 年，因袁世凯称帝，学校停招 1 年。1926 年冬开始，因战事迁往私立江西法政专门学校，并与之合并为一校，称章江法政专门学校。1929 年 2 月，学校迁回原址，但沿用章江法政专门学校名称。学校设有校董会，以黄大壎等 13 人为校董。学校办学经费包括在利民纱号、南昌德厚昌、南昌崧大商号所存放基金约 44000 元，另称校董熊锡晋处约存银 10000 元；全年经常性费用为基金息金，约 5000 元，教育厅补助费（1931 年为全年九折实领 1278 元），学生学费、讲义费、图书费、杂费等项，每名学生每年共约 34元。[⑤]学校办学22年，毕业学生1114名，历任校长有黄大壎、汤本殷、王珍、程兰湘、熊锡晋、胡觉等。[⑥]

江西公立工业专门学校 1913 年由江西中等工业学堂呈教育司核准改办，但因经费不足、设备陈陋，教学难以开展，1914 年，教育当局勒令改为江西省立甲种工业学校。直至 1922—1923 年学校设备有所增加，工业地位逐渐上

---

① 佚名：《江西省农业院附设农艺专科学校概况》，《江西教育旬刊》1934 年第 6、7 期特刊，第 5 页。

② 中国第二历史档案馆编：《中华民国史档案资料汇编・第三辑・教育》，江苏古籍出版社 1991 年版，第 185 页。

③ 符鼎升，1913 年当选参议院议员，后曾任教于国立北京高等师范学校和国立北京工业专门学校，所得工资大都寄回豫章法政专门学校充常年经费；1917 年 9 月，受任广东省教育厅厅长，同年 11 月，兼署江苏省教育厅厅长。1922 年第二次恢复国会，再任参议院议员。1928 年 3 月，改任国民政府交通部参事，代理交通大学校长。12 月，调任交通部总务司司长。1930 年 12 月，复任交通部参事。见王咨臣《回忆私立章江法专与章江中学二三事》，载南昌市政协文史资料研究委员会《南昌文史资料选辑（第 8 辑）》，1992 年，第 105—106 页。

④ 王咨臣：《回忆私立章江法专与章江中学二三事》，载南昌市政协文史资料研究委员会《南昌文史资料选辑（第 8 辑）》，1992 年，第 105—106 页。

⑤ 教育部：《为呈复视察私立章江江西两法政专门学校情形请鉴核由》，《教育部公报》1931 年第 21 期，第 24—34 页。

⑥ 南昌市地方志编纂委员会：《南昌市志（5）》，方志出版社 1997 年版，第 465 页。

升，校长胡飞审时度势，1923 年秋呈准复办专门，1925 年 10 月经教育部准予立案。[①]学校招收旧制中学毕业生，开办机械、化学两科各一班。此后，每年招生三班或四班。1925 年秋，省议会议决在本校添设采矿冶金科，随即开班招生，至此学校办有土木、机械、化学和采矿冶金四科。随着学生不断增多，实习工厂不敷应用，1926 年春用节余公款另建新式工厂一所。1926 年秋，国民党军北伐进入南昌，校舍被占领，设备遭到严重破坏，11 月间，胡飞校长整理校舍准备复课。1927 年 2 月，学校奉令改组为中山大学，改称江西中山大学工业专门部，废校长改为委员会制，胡飞担任工业部主任，召集学生正式复课。然而，5 月间又奉令恢复专门学校办学。1927 年 6 月，第一届专门两班办理毕业。南昌起义后，校务陷于停顿，校舍被叛军占领，学生被遣散。[②]

江西高等师范学校于 1912 年 3 月由江西优级师范学堂奉教育部令改称。[③]同年，教育部规定高等师范学校为国立，依据地域分布设六校，北京、武昌已成立，南京、成都、广州在规定地点之内，其高等师范学校获准由省费继续办理，等国库稍为宽裕后再为接收，陕西高等师范学校亟须成立。江西、山东、河南、湖南四省旧有高等师范学校因不在规定地点之内，遵照部令一律停办。[④]1915 年，教育部视察，该校学生毕业考试均能通过，体现了较高的教学质量；1916 年奉令停止办学。[⑤]1915 年，江西高等师范学校开设有英语、史地、数理、理化、博物五个本科专业，学制三年，共有学生 118 人，经费概数为 34000 元。[⑥]

南伟烈大学于 1912 年停止招生，剩余学生继续学习至毕业。学校在当时

---

① 潘懋元、刘海峰编：《中国近代教育史资料汇编——高等教育》，上海教育出版社 2007 年版，第 594 页。

② 李森主编：《民国时期高等教育史料续编（23）》，国家图书馆出版社 2016 年版，第 311—313 页。

③ 《孙总统令教育部通告各省将已设之优级、初级师范一并开学文》，载璩鑫圭、唐良炎编《中国近代教育史资料汇编——学制演变》，上海教育出版社 2007 年版，第 611—612 页。

④ 教育部：《教育部公布全国高等师范学校概况》，载中国第二历史档案馆编《中华民国史档案资料汇编 · 第三辑 · 教育》，江苏古籍出版社 1991 年版，第 191 页。

⑤ 周邦道：《近代教育先进传略（初集）》，中国文化大学出版部 1981 年版，第 155—156 页。

⑥ 陈元晖主编：《中国近代教育史资料汇编——实业教育　师范教育》，上海教育出版社 2007 年版，第 882 页。

有一定影响力。1913 年，袁世凯在北京抓捕九江革命家徐秀钧押送回浔，许德衍托人求助校长库斯非出面营救。1914 年第一次世界大战爆发，1917 年美国加入协约国向德国宣战。库斯非因祖籍为德国受牵连，被召回国接受调查，加之学校经济受困，南伟烈大学被迫停办，改为三三制完全中学。1919 年，库斯非在美国获释后返回九江，谋职未果；后经学生梅金炎关照，在武汉大学教德文，病故后遗体葬于九江。[①] 南伟烈大学此后实际只办有中学，江西第一所教会大学就此销声匿迹。

江西公立医学专门学校成立于 1921 年，1925 年 10 月经教育部准予立案。[②]1916 年开始，留日学者何焕奎、曾贞等人多次上书江西省议会，请求设立江西医药专门学校，以培养药科和医科人才，当局均以经费困难未准设立。1920 年，何焕奎多次为时任省长家人及其本人治病，办学之议才得到支持。但限于经费，仅批准设立医科，拨发开办费 6978 元（当时币值），令何焕奎、曾贞等筹备建校事宜。1921 年 3 月 19 日，省署正式批文任命何焕奎为校长，租借南昌市解家厂民房为临时校舍。8 月招收新生一个班。1922 年，获准以南昌市湖滨公园东侧上营坊公房为校址，同年冬正式迁入办学。为解决临床教学和实习困难，1924 年秋，在学校左侧建立附属医院，刘清叔任院长，设有内、外两科，病床 4 张。建校初期，学校招收旧制中学毕业生，学制五年（预科一年，本科四年）。校长和主要教师多为日本留学生，管理方式和教学方法沿用日本医科学校模式。1925 年 10 月，省署改任王光宇为校长。1926 年底，北伐军攻克南昌，派张绍衢为该校维持员。1927 年 2 月，国民政府教育部决定成立江西中山大学，该校奉令改为医学部，任命大学委员李为涟兼任医学部主任。同年夏，中山大学停办，医学部恢复原名，李为涟为校长。[③]

心远大学由熊育钖于 1922 年在心远中学基础上创办。心远中学与天津南

---

① 李宏恩：《百年树人话“同文”》，载中国人民政治协商会议九江市委员会文史资料研究委员会《九江文史资料选辑（第 6 辑）》，年份不详，第 47 页。

② 潘懋元、刘海峰编：《中国近代教育史资料汇编——高等教育》，上海教育出版社 2007 年版，第 538 页。

③ 张希仁主编：《江西高等学校简史》，江西省教育志编纂委员会办公室，1988 年，第 98 页。

开中学、长沙明德中学并称国内三大著名私立中学。心远大学曾获黎元洪总统拨给开办经费两万元，[①]最初开办文科，后增设数、理二科；熊育钖主持文科，聘李证刚、汪辟疆、余謇、王易、欧阳祖经、熊公哲等为教授。[②]1923年学校以“谋商业之振兴”，培养商业人才，添设商科，暂设商业一系，计划从1923年秋季开始，每年招商业预科一班，学生50人左右，修业两年。[③]学校制定有商科课程大旨（详见附录三）。1925年，教育部派员视察，准许立案，教育总长章士钊拨款奖励。熊育钖到京沪等地筹资3万元，在南昌三道桥开辟新址建校。因时局动荡、经费无着，又遭滇军朱培德部下抢劫，该校于1927年停办。胡先骕先生对此深表遗憾，“然先生每怃然以为从政复不能专志于教育，心远大学以乱中辍，而竟不能复振，屡引以为大憾”。[④]学校有预科毕业生三届，其修业证书如图3–1所示。

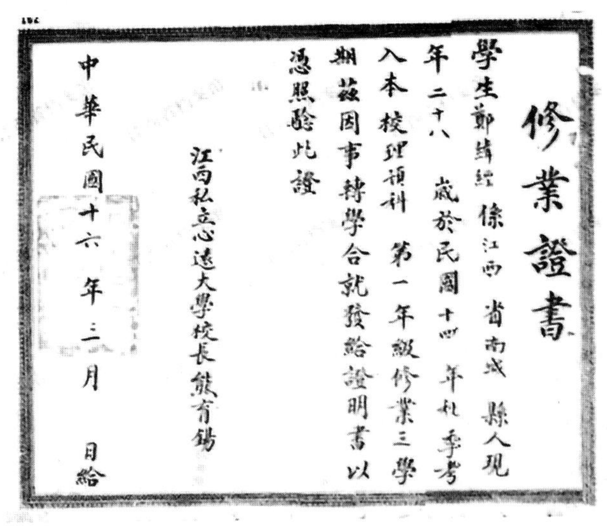

修業證書

學生鄧緒經係江西省南城縣人現年二十八歲於民國十四年秋季考入本校理預科第一年級修業三學期茲因事轉學合就發給證明書以憑照驗此證

江西私立心遠大學校長熊育錫

中華民國十六年三月　日給

图 3–1　心远大学学生修业证书

① 彭友德：《八十年来江西高等教育概况》，载中国人民政治协商会议江西省委员会文史资料研究委员会《江西文史资料选辑（第15辑）》，1985年，第100页。

② 朱祥清主编：《江西近现代人物传稿》（第二辑），江西人民出版社1991年版，第286页。

③ 佚名：《江西心远大学添设商科说略》，《北京大学日刊》1923年3月7日。

④ 胡先骕：《敬悼熊纯如先生》，载胡宗刚《胡先骕先生年谱长编》，江西教育出版社2008年版，第332页。

二、北洋政府时期高等教育发展特征

上述北洋政府时期江西 9 所高等学校中，有专门学校 6 所，私立大学 1 所，教会大学 1 所，高等师范学校 1 所。教会大学、高等师范和心远大学办学时间短暂，因此，学校类型体系较为单一，以专门学校为主体。从科类体系来看，法政专门学校 3 所，农业专门 1 所，医学专门 1 所，工业专门 1 所，高等师范 1 所，心远大学以国文、经济等文科为主，可以看出法政等文科比重较大。从办学性质来看，公立 5 所，私立及教会设立 4 所，二者相差无几，1917 年之前，公立与私立各有两所，1917 年后，公立增加了医专和工专两所，但高等师范学校停办；私立减少一所教会大学，增加一所心远大学，总共 2 所，公私立比例为 3∶2，可见私立高校在北洋政府时期江西高等教育发展中占有相当重要的地位。

表 3–2 为 1912—1915 年江西高等学校数、学生数及教员数等历年比较，从中可知，虽然学校维持在四所，但学生数、教员数逐年下降，且降幅明显。学生数从 1912 年的近 3000 人降至 1915 年的不到 1200 人；教员数也呈现逐年下降趋势，四年下来降幅高达 43.4%；辍学生数呈现先剧增，后略微减少，再猛烈减少的趋势，从 1912 年的 204 人剧增至 1913 年的 502 人，然后由 1914 年的 477 人降至 1915 年的 134 人。总体来看，1912—1915 年高等教育规模缩小明显，发展处于倒退阶段。

表 3–2　江西高等学校校事历年比较（1912—1915）

项目 年份	学校数（个）	学生数（人）	毕业生（人）	教员（人）	辍学生（人）	死亡生（人）
1912	4	2969	163	129	204	3
1913	4	2600	653	125	502	4
1914	4	1173	286	91	477	9
1915	4	1195	406	73	134	5

注：本表根据教育部总务厅文书科《中华民国第四次教育统计图表（四年八月至五年七月）》，载王燕来选编《民国教育统计资料汇编（3）》，国家图书馆出版社 2010 年版，第 422—423 页相关内容整理而成。

表 3–3 和表 3–4 分别是 1915 年和 1918 年江西四所高等学校教职员、学生及岁入、岁出和生均岁出等情况。比较发现，1915—1918 年，学生人数大幅下降，从 1195 人降至 627 人，降幅约为 47.5%，高等教育降至仅有几百人的规模；虽然公立法政专门和农业专门经费数有所增长，但学生数大幅减少，表明办学不成规模的状况更加突出。

表 3–3 江西专门学校基本情况（1915）

学校	教员（人）	职员（人）	学生（人）	毕业生（人）	岁入（元）	岁出（元）	生均岁出（元）	资产(元)
江西公立法政专门	21	7	504	108	22440	22434	44.512	18000
私立江西法政专门 私立豫章法政专门	22	16	575	280	11878	10632	18.40	43560
江西公立农业专门	27	6	116	18	18856	18054	155.638	36280
总数	70	29	1195	406	53174	51120	–	97840

注：本表根据教育部总务厅文书科《中华民国第四次教育统计图表（四年八月至五年七月）》，载王燕来选编《民国教育统计资料汇编（3）》，国家图书馆出版社 2010 年版，第 412—421 页相关内容整理而成。

表 3–4 江西专门学校基本情况（1918）

校名	科目	现有学生数		毕业生数		报部经费 / 备案时间
		本科	别科	本科	别科	
江西公立法政专门	法律、政治经济、法律讲习班	180	0	316	104	23008 元
江西公立农业专门	农学、林学	70	0	49	0	18002 元
私立江西法政专门	法律	123	0	0	610	1914 年备案
私立豫章法政专门	法律	254	0	65	207	1914 年备案
总数	–	627		1351		–

注：本表根据中国第二历史档案馆编《中华民国史档案资料汇编·第三辑·教育》，江苏古籍出版社 1991 年版，第 183、185、188 页相关内容整理而成。

表 3–5 是江西与相邻省份高等学校数、学生数及科类结构比较。1915 年江西高等教育学校数和学生数在和邻省乃至全国的比较中，似乎可圈可点。从全国来看，1915 年专门学校学生人数京兆约 2500 人，位列第一；四川约

1900 人，位列第二；山东约 1800 人，位列第三；湖南约 1700 人，位列第四；江苏约1500人，位列第五；江西约1200人，位列第六。[①]在江西相邻省份中，湖南学校学生人数第一，江西第二。从1916年呈报教育部数据来看，仅京兆、山西、江苏、直隶、四川、湖北六省办有大学，学生数分别约为700人、550人、380人、320人、200人和100人，[②]邻省中湖北设有大学，江西无大学设立。高等师范学校学生直隶250人、河南243人、湖南240人、江苏226人、四川214人、广东210人、奉天120人、山东76人；江西无相关数据[③]（另据考，当年江西高等师范学校学生人数有118人[④]）。然而，从科类体系看，江西明显地以法政科为主，外加一所农业专门，体系结构仅略好于安徽。这一结构特征也是由当时江西社会政治、经济、文化发展状况及需求决定的，江西知识分子热衷于求学入仕，故法政科为首选；经济以农业为主，故农业专门学校成为必要。

表 3–5　江西与邻省高等学校数、学生数及科类比较（1915—1916）

省别 / 校生数	江西	浙江	湖南	湖北	安徽	福建	广东
大学校	0	0	0	1/80	0	0	0
高等师范	0	0	1/240	0	0	0	1/210
法政专门	3/1079	2/409	4/1451	2/731	1/433	2/704	2/788
农业专门	1/116	0	0	0	0	0	0
医学专门	0	1/184	1/41	0	0	0	2/192
工业专门	0	0	1/288	0	0	1/31	0
商业专门	0	0	0	0	0	1/11	0

① 教育部总务厅文书科：《中华民国第四次教育统计图表》，载王燕来选编《民国教育统计资料汇编（3）》，国家图书馆出版社 2010 年版，第 81 页。

② 教育部总务厅文书科：《中华民国第四次教育统计图表》，载王燕来选编《民国教育统计资料汇编（3）》，国家图书馆出版社 2010 年版，第 81 页。

③ 教育部总务厅文书科：《中华民国第四次教育统计图表》，载王燕来选编《民国教育统计资料汇编（3）》，国家图书馆出版社 2010 年版，第 137—139 页。

④ 陈元晖主编：《中国近代教育史资料汇编——实业教育　师范教育》，上海教育出版社 2007 年版，第 882 页。

续表

省别 校生数	江西	浙江	湖南	湖北	安徽	福建	广东
外国语	0	0	0	1/143	0	0	0
其他	0	1/99	1/148	0	0	0	0
总计	4/1195	4/692	9/2168	3/874	1/433	4/746	5/1190

注：本表根据教育部总务厅文书科《中华民国第四次教育统计图表（四年八月至五年七月）》，载王燕来选编《民国教育统计资料汇编（3）》，国家图书馆出版社 2010 年版，第 138—139、392、411—412、431—432、451—452、471—472、491—492、595—596 页相关内容整理而成。表中“其他”项指教会大学等不属于学校系统的高等教育机构。

表 3-6 为江西省与相邻六省 1915—1916 学年专门学校的学事比较。通过表中数据对比发现，表面上，江西虽然高校数及学生规模似乎毫不逊色，但这并不能掩盖其发展的诸多弊端与不足：首先，江西全省教员 70 人，学生 1195 人，教员与学生比仅为 5.9%，这在相邻省份中接近最低，仅高于安徽 4.8%，浙江为 9.9%、湖南为 5.9%、湖北为 8.6%、福建为 7.6%，广东达到了 13.3% 为最高，这说明江西教员数量严重缺乏，不敷应用。其次，江西 4 校总资产为 97840 元，校均资产 24460 元，在相邻各省中也接近于垫底的位置，仅高于安徽的 5000 元，其余校均资产浙江约 32314 元、湖南 30155 元、湖北 44233 元、福建 37469 元、广东约 61846 元，可见，江西远低于相邻省份，其他各省均超过三万元，这表明江西专门学校资产相当有限，必将直接影响办学条件的改善。再次，从平均每校的岁入来看，江西为 13293.5 元，也仅高于相邻各省中排名最低的安徽 7334 元，浙江约为 29401 元、湖南 18804 元、湖北 17995 元、福建 22994 元、广东 15654 元。江西岁出则处于垫底位置，经费支出不足状况明显。最后，从法政专门学校的生均经费来看，江西远低于相邻省份，处于最低的位置。1921—1926 年江西教育经费总数维持在 60 万—135 万元，具体参见表 3-7。可见，办学经费的严重不足成为北洋政府时期江西高等教育发展的巨大障碍。

表 3-6　江西与邻省专门学校学事比较(1915—1916)

学事＼省别	江西	浙江	湖南	湖北	安徽	福建	广东
校数(个)	4	3	6	3	1	3	4
学生数(人)	1195	593	1780	874	433	746	980
毕业生(人)	406	292	690	91	207	433	395
辍学生(人)	134	49	308	151	47	139	136
死亡生(人)	5	5	7	4	-	7	6
教员(人)	70	59	105	75	21	57	130
职员(人)	29	20	50	22	14	34	37
岁入(元)	53174	88204	112822	53984	7334	68981	62615
岁出(元)	51120	89109	111656	52156	18646	70389	62967
资产(元)	97840	96941	180928	132700	5000	112407	247383
法政生均经费(元)	31.501	86.109	84.703	50.363	43.062	100.834	51.44

注：本表根据教育部总务厅文书科《中华民国第四次教育统计图表（四年八月至五年七月）》，载王燕来选编《民国教育统计资料汇编（3）》，国家图书馆出版社 2010 年版，第 391—401、411—423、431—441、451—461、471—481、491—501、595—605 页相关内容整理而成；另参见潘懋元、刘海峰编《中国近代教育史资料汇编——高等教育》，上海教育出版社 2007 年版，第 670—673 页。

表 3-7　江西 1921—1926 年度教育经费

年份	1921	1922	1923	1924	1925	1926
金额(元)	628500	635400	764000	814000	1257521	1332752

注：本表根据《江西通志稿》第 23 册第 13—14 页相关内容整理而成。

从表 3-8 中可以看出，江西 1916—1918 年公私立专门及大学校学生人数 627 人，在相邻省份中排名第三；除安徽外，其他邻省均有基督教会大学。江苏基督教会大学学生人数多达 905 人，居全国第一（基督教会大学学生总数为 2017 人，江苏占 44.87%），而江苏公私立专门和大学校学生仅有 474 人。江苏是近代以来的高等教育强省，其发展模式也堪称典范，这与其省内教会大学之多不无关系。直隶公私立专门及大学校学生 6644 人，全国最多，反映了公私立专门学校和大学校集中于该省的客观实情。本期相邻省份基督教会大学是促进近代高等教育发展的重要因素，江西高等教育发展滞后也与此颇有关联。

表 3-8 江西与邻省专门及大学校学生数比较 单位：人

项目＼省别	江西	浙江	湖南	湖北	安徽	福建	广东	直隶	江苏
公私立（1916—1918）	627	470	918	1592	88	497	458	6644	474
基督教会立（1920）	0	44	114	77	0	119	81	273	905
总数	627	514	1032	1669	88	616	539	6917	1379
全国排名	9	12	6	2	19	10	11	1	3
相邻省份排名	3	6	2	1	7	4	5	–	–

注：表中天主教学校学生数未分别等级，故已除开计算。

黄炎培在评价民国初年教育发展时对江西感慨颇深，认为“江西尤可怜”。现摘录其对于江西及相邻省份评论如下，以资比较：

浙江之进步与山西略相等：学校由六千一百而六千六百、而六千九百、而七千四百，学生由二十七万而二十九万、而三十万、而三十三万；惟经费三年由二百七十八万减为二百六十八万，然四年转进为二百九十三万。……广东、福建，四年度不无减色：广东学生数略减，而岁出数由二百八十余万减为二百七十余万；福建岁出数由一百零五万减为一百零一万，但其所减尚微耳。……湖北各项，历年时进时退，要之无甚进步。安徽二年大退步，三四年稍进矣；惟四年岁出数由五十八万减为三十四万，不可谓非厄运也。湖南可怜：四年学校数由七千而减为四千，学生数由二十八万而减为一十五万，岁出数由二百九十八万而减为一百六十五万。江西尤可怜：二年以后，无一年、无一项不锐减，遍阅各省区无与之相类者。[①]

① 黄炎培：《读中华民国最近教育统计》，载舒新城编《中国近代教育史资料》（上册），人民教育出版社1961年版，第370—371页。

以上评论以数据说话，黄炎培慨叹江西"尤可怜"，并将其原因归纳为地方秩序不安宁以及行政长官没有尽责提倡教育，兹录其言于下：

> 要之，全表二十六省区，地方秩序之安宁与否，行政长官提倡教育之尽责与否，皆可于十数亚拉伯字间验之。其间备具二事者有之，若山西其最著也。亦有地方秩序未尝不安宁，而教育卒见为退步，若江西类，当有尸其咎者矣。[①]

可见，这大体是此间江西高等教育发展的实情。综上可知，北洋政府时期江西高等教育发展呈现出以下特征：高等学校类型单一，长期以专门学校为主体；科类体系中法政专门学校长期占据主导地位，农业、工业和医学专门学校规模有限，且医学专门和工业专门直到1921年后才先后设立；与相邻省份相比，教员数量不敷应用，学校经费不足，学校资产、办学设备缺乏。总之，本期江西高等教育发展处于积贫积弱、岌岌可危的低谷回旋状态。

第二节　私立江西法政专门学校的办学实践

北洋政府时期江西高等教育以专门学校为主，始终未能实现综合性大学及单科学院的创办。这个时期军阀政府忽略高等教育发展，政局动荡和战争频仍使办学多次陷入停顿，高等教育发展长期处于放任自流的自发状态，故而此期私立江西法政专门学校的办学实践具有较强的典型意义。

---

① 黄炎培：《读中华民国最近教育统计》，载舒新城编《中国近代教育史资料》（上册），人民教育出版社1961年版，第371页。

一、创办及沿革

私立江西法政专门学校前身为创办于1910年冬的私立法政学堂。徐元诰、[①]罗家衡、刘存一、梅士焕等游学东瀛诸君，“鉴于满清政治之腐窳，法纪之陵夷”，继而“愤祖国之沉沦，痛法学之黑暗”，[②]从日本留学毕业学成归来，“慨然思本其所学以为改造国民之一助”，协商创办私立江西法政学堂。学堂创办之初，历尽艰难，租赁系马桩民房为校址，“一无凭借，以同志之苦心毅力”，“赁学舍，筹校具，备图书”，“而卒底于成”。[③]民国前公举刘存一为堂长，1911年呈报前清学部备案。进入民国后，徐元诰担任首任校长，后又任董事长。[④]学校最初设立人有45人，后来又增加龙钦海、樊澍等8人，[⑤]其中多为留学日本归国的新学精英，且多为担任省咨议局议员、省议员、国会议员的地方士绅名流，先后共有设立人53名。具体参见表3–9。

表3–9 私立江西法政专门学校设立人一览

姓名	备注	姓名	备注	姓名	备注	姓名	备注	姓名	备注
罗家衡	LYG	刘濂	LYG	程铎	LYG	张家珩	Y	罗文蔚	LG
张谦	Y	程兰湘	YG	张德潢	Y	刘和理	G	潘学明	Y
梅行健	LYG	戴书云	Y	彭世琦	Y	漆仁飏	不详	徐元诰	LYG
魏斯炅	LY	黎景淑	Y	彭贡伟	不详	曾贞	LY	邹延棻	举人
黄甲	不详	郭志仁	Y	刘存一	G	谢坪龙	G	邹树声	LYG
孙振渭	LYG	郭廻澜	Y	陈友青	LY	陈衍祖	Y	郭伯棠	Y
高巨瑗	Y	邱冠棻	LY	梁凤岐	Y	孔绍尧	LYG	胡熏	LG

---

① 徐元诰（1876—1955），字寒松，号鹤仙，江西吉水人。清末戊戌变法后毕业于江西高等学堂，不久东渡日本留学，于中央大学攻读法律，中国同盟会成员，曾任江西省司法司司长、省司法筹备处处长、省司法厅厅长、政务厅厅长、中华民国最高法院院长。徐元诰学识渊博，除编纂法律词典外，著有《法学通论》《民法》等书。见《江西省司法行政志》编委会编纂《江西省司法行政志》，江西人民出版社1995年版，第187—188页。

② 刘濂：《本校二十年之经过》，《私立江西法政专门学校二十周年纪念特刊》1930年第7期。

③ 孙振渭：《本校二十周年纪念发刊词》，《私立江西法政专门学校二十周年纪念特刊》1930年第7期。

④ 《江西省司法行政志》编委会编纂：《江西省司法行政志》，江西人民出版社1995年版，第187页。

⑤ 佚名：《私立江西法政专门学校最初设立人一览》，《私立江西法政专门学校二十周年纪念特刊》1930年第7期。

续表

姓名	备注	姓名	备注	姓名	备注	姓名	备注	姓名	备注
刘宝寿	Y	文景潞	YG	王陶	不详	李国珍	LY	傅寿康	Y
周焕奎	Y	罗铨	Y	卢建候	YG	杨景洛	LG	徐凤钧	Y
龙钦海	LYG	谭侃	LG	魏道明	LY	潘树庸	YG	刘之纲	L
辛钟灵	LY	谢寿康	L	樊澍	G				

注：本表根据私立江西法政专门学校《私立江西法政专门学校最初设立人一览》，载《私立江西法政专门学校二十周年纪念特刊》1930 年第 7 期，第 55 页；张朋园《中国民主政治的困境：1909—1949 晚清以来历届议会选举述论》，吉林出版集团有限责任公司 2007 年版，第 256—259 页。此外，参考地方县志等零散资料。表中 L 代表留学日本；Y 代表担任议员、法律或经济等相关工作背景；G 代表曾主持或参与校务管理和教学。

武昌起义后学校曾“为当道所疑忌”，但学校诸君“入则指授于讲坛，出则服务于社会”，学以致用，积极参与“军政府之设施，革新制度之成立”，表现出极高的教学、学术和实践能力，适应了当时社会变革对法政人才的需求，“卒能使校舍聿新，规模宏敞，坐言起行，成绩斐然”。学校办学基础不断得到巩固，“誉望益隆，风声远播，遐迩赞助，既筹巨款，更建新校，购备图书”，[①]民国成立后，学校于 1913 年报教育部立案，10 月经教育部派员视察合格，于 1914 年 1 月准予备案，[②][③]正式改称私立江西法政专门学校，1914 年 8 月开始，毕业生经教育部核准。[④]1916 年呈报司法部备案认可，并颁给本校优等奖章。[⑤]

学校创办经费主要来自设立人集资和捐款。学校最初没有校舍，租赁民房办学，1914 年购买高升巷民地五亩余修建校舍，此项成为学校的不动产；另有捐助基金存放现金二万余元；办学经费的其他三个来源分别是学费、省库补助金和常年捐助金。为加强经费使用效率，学校设有经济委员会，由 2 名董事、2 名职员和 3 名教员共 7 人组成，各委员分别由所在团体推举，负责

① 杨景洛：《本校二十周年纪念刍言》，《私立江西法政专门学校二十周年纪念特刊》1930 年第 7 期。

② 佚名：《政府公报 1915 年 9 月（1）》，政事堂印铸局 1915 年 9 月 1 日，第 122 页。

③ 国务院统计局：《民国行政统计汇报第 4 编（教育类）》，国务院印铸局 1917 年版，第 26 页。

④ 潘懋元、刘海峰编：《中国近代教育史资料汇编——高等教育》，上海教育出版社 2007 年版，第 493 页。

⑤ 刘濂：《本校二十年之经过》，《私立江西法政专门学校二十周年纪念特刊》1930 年第 7 期。

对学校预算决算及临时支出的审查。[①]然而，因为1913年二次革命失败，学校重要创办人因多兼职政界，亡命各地，对于校款挪用不少，加之历年保管不善，校董或创办人任意扯用，校中存款所余约六千元；又因1926年冬，江西各银行倒闭，经管人未予清算；原有捐款二万二千余元，1929年也只收到二千元，学校基金情形大致如此。1929年学校全年经常费包括学费每人每年24元，讲义费6元，共30元；教育厅补助费，全年九折，实领1278元；息金约1800元。[②]

学校自创办以来经历了一段艰难的发展历程。学校主要创办人多兼职政界，北洋政府时期动荡沉浮的政局直接影响着学校的发展，时人甚至评论该学校为"革命之渊薮"。1911年秋武昌起义，九江最早响应，江西尚未光复，学校认为革命时机成熟，一面密派刘濂、杨景洛、程兰湘、郭伯棠等分赴九江策动马毓宝应援南昌，一面又在南昌组织江西军政府。罗家衡当选内务部长、徐元诰为司法部长、邹树声当选财政部长，学校学生中参与革命者也非常多。"读书不忘革命，革命不忘读书"，这为学校进入民国时期以后的初步发展奠定了基础。1913年，徐元诰任校长；1914年改选罗家衡为校长。此时，学校停止别科招生，专办本科，添招预科，两年毕业再升入本科。同年，发起人捐资二万元在高升巷购买民地五亩多，建筑新校舍，并于当年搬进新校。1916年，袁世凯恢复帝制，学校同人追随孙中山南下参加护法活动；1922年，第一次北伐军兴，孔绍尧、杨景洛积极参与，徐元诰主持江西全省政务，刘濂任大本营咨议，"赞助戎机"，学校事务则由校长龙钦海、教务主任刘存一、事务主任罗文蔚竭力主持。此时，"惟处于军阀政府铁蹄之下，其中苦心孤诣能维持于不败者，其艰窘不可言状"。1926年春，第三次北伐军兴时，学校遭本省北洋军阀蹂躏，图书文件器具损毁十之八九，办学被迫停顿数月之久，

---

① 佚名:《私立江西法政专门学校经济委员会章程》,《私立江西法政专门学校二十周年纪念特刊》1930年第7期。

② 教育部:《为呈复视察私立章江、江西两法政专门学校情形请鉴核由》,《教育部公报》1931年第21期，第24—34页。

后校舍被革命军借寓直至年末；当时，私立豫章法政专门学校也被军队驻扎，因此与省政府当局交涉先让出学校校址，以便两校合办，于是豫章法专学生迁入本校同行上课，学校因此改称章江法政专门学校；1928 年冬，军队退出豫章法专，该校迁回其原址办学，学校得以恢复原样。同年，遵照大学院、私立学校条例，发起人组织设立人会议，撰拟校董会章程以及选举校长（校董会成员详见表 3-10）。此后，学校依据教育部令进行整改，于 1929 年秋季学期开始停招新生，现有学生逐年结业；修建馆舍，增加图书，拟扩大规模，筹设升办独立法学院。

表 3-10　私立江西法政专门学校校董会一览

姓名	籍贯	职业	住址	备注
徐元诰	江西吉水县	最高法院前院长	上海法租界辣斐德路 142 号	董事长
胡薰	江西新建县	最高法院推事	南昌鸭子塘	董事
曾贞	江西吉水县	江西省立医学专门学校教习	南昌道德观	董事
梅行健	江西南城县	江西省立法政学校教习	南昌	董事
刘存一	江西萍乡县	本校前校长	萍乡县城	董事
罗家衡	江西吉安县	上海律师	上海法租界宝康里 56 号	董事
谭侃	江西九江县	江西省立法政学校校长	南昌建设厅街 14 号	董事
邹树声	江西安福县	江西省立法政学校教习	安福县城	董事
文景潞	江西萍乡县	南昌律师	南昌	董事
程兰湘	江西南城县	私立章江法政学校校长	南昌六眼井	董事
卢建候	江西宜丰县	江西教育厅前厅长	宜丰县城	董事

注：本表根据私立江西法政专门学校《私立江西法政专门学校最初设立人一览》，载《私立江西法政专门学校二十周年纪念特刊》1930 年第 7 期，第 55—56 页相关内容整理而成，表中数据时间为 1928 年。

龙钦海依据大学组织法及规程和专科学校组织法及规程对独立法学院的筹办进行了较为严密有力的论证和规划：首先，在时间方面，必须于 1932 年完成；其次，关于附设专科的设立，依据新颁专科学校组织法，结合本校法政专门课程的实际，只能提升办学层次，办理相近的独立法学院附设商业专科；最后，在经费方面，教育部审定独立法学院开办费及每年经常费至少须达10万元。而学校基金包括校友财产及存积金与一切设备所值仅有6万元，相差尚巨。经多次筹议，决定学校原设立人各捐200元，以30人计可筹6000元；新设立人每人捐500元，以10人计可筹得5000元；学校自创办以来毕业学生约2000人，从历届毕业生中可筹集保守估计约2万元。因此，总计可筹约3万多元，与目标相差无几。学校还组织筹备委员会，公推徐元诰等11位委员，计划以一年为期限，分为总务、调查、募捐、建筑四组，分程并进，按月计功，以求实现筹资建设计划。[①]但独立法学院最终因经费无着未能办成，学校转而仅办理中学教育。

二、教学及管理

1910年学校创办之初，设法律、政治经济别科，学制三年。进入民国，依照教育部公布的法政专门规程，1914年开始停办别科，只办法律、政治经济本科，学制三年；添设预科，学制二年，毕业后升入本科。学校依据教育部《专门学校令》，秉承“教授高等学术，养成专门人才”，[②]依照“法政专门学校以养成法政专门人才为宗旨”，[③]参考国家现状及各国法政学校新章，确定了预科、法律本科和政治经济本科课程科目及其内容。现分述如下。

预科课程包括必修科目与选修科目，其中必修科目有党义、国文、英文、人生哲学、伦理学、论理学、心理学、法学通论、经济原论、法制史、西洋史、外交史、公文程式、军事训练、体育15科，总共105学分；选修科目包括世界地理、生物学、数学和日文4科，总共18学分。预科必修科目中赋予了“党义”课程较大的比重，说明了北伐战争后国民政府统治的巩固。法律和政治经济本科必修科目中的“三民主义”课程与此相同。此外，预科课程注重对

① 龙钦海：《二十周年后之计划》，《私立江西法政专门学校二十周年纪念特刊》1930年第7期。

② 璩鑫圭、唐良炎编：《中国近代教育史资料汇编——学制演变》，上海教育出版社2007年版，第672页。

③ 教育部：《教育部公布法政专门学校规程》，载潘懋元、刘海峰编《中国近代教育史资料汇编——高等教育》，上海教育出版社2007年版，第483页。

学生通识能力的培养，以为将来本科专业教育打好扎实基础。各科目主要内容及学分具体参见表3-11，预科、法律本科、政治经济本科课程学年学期及每周学时安排详见附录二：私立江西法政专门学校章程。

表3-11 私立江西法政专门学校预科课程主要内容概览

科目	学分	主要内容
必修科		
党义	8	三民主义；建国大纲及方略；历次全国代表大会宣言及议决案；等等
国文	24	选读古今文言白话文；作文；文法大要；修辞大要；中国文学史
英文	12	读本；文法；作文；翻译
人生哲学	6	略述中西古今各派哲学家之人生观及新人生论，并加以批评
伦理学	4	评述中西古今各派伦理学者之学说，注重社会伦理
论理学	4	绪论；思考要素论；方法论
心理学	4	叙述人心之感觉、情意欲望等各种现象，及群众心理之大概
法学通论	4	法律、权利及义务、法学等概念；公法、私法及社会法梗概
经济原论	6	总论；生产论；交易论；分配论；消费论
法制史	6	叙述中国历代法律制度之沿革
西洋史	6	不分史期，注重近世法制、经济，及社会状况之变迁
外交史	6	叙述近世各国外交事件之始末，注重我国与东西方各国之外交关系
公文程式	4	详示各项公文体例，解释各种公文用语，并指示各种法则及手续
军事训练	6	教练；技术；射击；指挥法；阵中勤务；旗信号；距离测量；测图；军事讲话；等等
体育	5	普通体操；课外运动；国技
选修科		
世界地理	4	叙述最近世界各国之形势，注重政治及经济地理
生物学	4	绪论；生物性质及起源；生物生长、繁殖及死亡；进化；遗传；进化与环境；人类进化；人类与他种生物之关系；遗传与人类社会
数学	6	代数；几何
日文	4	读本；文法；作文；翻译

注：本表根据《私立江西法政专门学校章程》，载《私立江西法政专门学校二十周年纪念特刊》1930年第7期相关内容整理而成。

法律本科必修科课程包括三民主义、宪法、政治学、社会学、刑法、民法总则、民法债编、民法物权、民法亲属、民法继承、刑事诉讼法、民事诉讼法、法院组织法、行政法、劳工法、公司法、票据法、海商法、保险法、破产法、平时国际公法、战时国际公法、诉讼实习、英文、军事训练和体育26科，171学分；选修科包括法律思想史、国际私法、刑事政策、财政学、社会问题、法文和日文7科，总共48学分。各科目课程内容具体参见表3-12。综观法律本科课程内容可以发现，该课程结构体系较为完备，既注重理论与实践相结合，又兼顾专业知识结构精深程度，这既可以较好地提升学生法学基础，又能培养其法律实践能力。

表3-12　私立江西法政专门学校法律本科课程主要内容概览

科目	学分	主要内容
必修科		
三民主义	8	根据总理所著三民主义，参照总理各种著作及历次全国代表大会宣言议决案就民族主义、民权主义及民生主义，分别讲述
宪法	6	比较各国现行宪法，分为四编：总论；国家独立机关组织及权限；统治作用；国家自然基础
政治学	6	总论；近代国家起源及发达；多数政治形式与实质；代议制度；对于议会制度之修正；政治生活与自然环境；政治组织与社会环境；政党；国际政治
社会学	6	总论；社会学历史；社会进化；社会统制；社会理想
刑法	12	依据现行刑法，参照学说、判例，分总论、各论两部讲述。总论为绪论、刑罚法令、犯罪、刑罚等；各论分述各种犯罪
民法总则	6	分绪论、本论：绪论述民法之概念、渊源、解释、效力等；本论依据现行民法总则，参照学说、判例，详加解释
民法债编	12	依据现行民法债编，参照学说、判例，分通论、各论两部讲述。通论述债之通则；各论分述各种之债
民法物权	6	依据现行民法物权，参照学说判例，就物权通则及各种物权，详加解释
民法亲属	4	依据国民政府法制局亲属法草案，参照学说及判例，详加解释
民法继承	4	依据国民政府法制局继承法草案，参照学说及判例，详加解释
刑事诉讼法	6	依据现行刑事诉讼法，参照学说及判例，分九编讲述：总则；第一审；上诉；抗告；非常上诉；再审；简易程序；执行；附带民事诉讼
民事诉讼法	12	依据修正民事诉讼律，参照学说及判例，分五编：绪论；法院；当事人；通常诉讼程序；特别诉讼程序
法院组织法	4	依据暂行法院编制法，参照各国现行制度，详加解释

续表

科目	学分	主要内容
行政法	6	分总论、各论两部讲述：总论述行政法之概念，及行政之组织、作用等；各论分述内务、军务及财务等项行政
劳工法	6	依据关于劳工各种现行法令，参照各国法制及学说，分总论、各论两部讲述：总论述劳工法概念、基本关系、渊源、范围及统系等；各论分述劳动契约、工会、劳动协约、劳资争议、劳工保护、劳动调节、劳动保险等法制
公司法	4	依据国民政府公布之公司法，参照学说及判例，详加解释
票据法	4	依据现行票据法，参照学说及判例，详论关于总则、汇票、本票及支票各项规定
海商法	4	依据国民政府公布之海商法，参照各国法律及学说，详加解释
保险法	4	依据国民政府公布之保险法，参照各国法律及学说，分绪论、本论两部讲述：绪论述保险概念，保险法意义、沿革、渊源及契约成立，当事人义务，时效，等等；本论分述损害保险及人身保险
破产法	4	依据北京法律编查会之破产法案，参照各国法律、判例及学说，详加解释
平时国际公法	4	绪论；国际公法上之主体；国家之权利义务；国家代表机关；国际条约；国际争议处理法；国际联盟
战时国际公法	4	总论；陆战法规；海战法规；航空法规；中立；停战及战争之终了
诉讼实习	6	诉讼演习；撰拟诉状；撰拟判词
英文	18	选读论文；作文；翻译；英文修辞学；英文学史；英文法律、政治或经济书讲读
军事训练	9	教练；技术；射击；指挥法；阵中勤务；旗信号；距离测量；测图；军事讲话；等等
体育	6	普通体操；课外运动；国技
选修科		
法律思想史	4	绪论；上古法律思想；中世法律思想；近世法律思想；最近法律思想
国际私法	4	绪论；国际；外国人；法律抵触；国际民法；国际商法
刑事政策	4	总论；刑事学说；刑事学派；新刑法主义；犯罪行为；犯罪原因；犯罪终止
财政学	6	总论；公共支出论；公共收入论；收支符合论；财务行政论
社会问题	6	总论；贫穷问题；犯罪问题；劳动问题；住宅问题；土地问题；人口问题；人种问题；家庭问题；妇女问题；其他
法文	12	读本；文法；作文；翻译
日文	12	文法；作文；翻译；修辞；日文法政书讲读

注：本表根据《私立江西法政专门学校章程》，载《私立江西法政专门学校二十周年纪念特刊》1930年第7期相关内容整理而成。

政治经济本科必修科有三民主义、宪法、政治学、社会学、行政法、刑法要论、民法要论、农业政策、工业政策、商业政策、交通政策、财政总论、租税论、公债论、预算论、货币论、银行论、政治史、政治思想史、经济史、经济思想史、统计学、簿记学、平时国际公法、战时国际公法、社会问题、英文、军事训练和体育 29 门课程，171 学分；选修科包括地方自治制度、劳工法、公司法、票据法、海商法、保险法、法文和日文 8 科，共 50 学分。各科目课程主要内容参见表 3-13。这一课程体系注意到了政治经济科专业知识结构的广博特征，能较好地保障学生专业实践能力的培养和提升。

表 3-13 私立江西法政专门学校政治经济本科课程主要内容概览

科目	学分	主要内容
必修科		
三民主义	8	根据总理所著三民主义，参照总理各种著作及历次全国代表大会宣言议决案就民族主义、民权主义及民生主义，分别讲述
宪法	6	比较各国现行宪法，分为四编：总论；国家独立机关组织及权限；统治作用；国家自然基础
政治学	6	总论；近代国家起源及发达；多数政治形式与实质；代议制度；对于议会制度之修正；政治生活与自然环境；政治组织与社会环境；政党；国际政治
社会学	6	总论；社会学历史；社会进化；社会统制；社会理想
行政法	6	分总论、各论两部讲述：总论述行政法之概念，及行政之组织、作用，等等；各论分述内务、军务及财务等项行政
刑法要论	6	依据现行刑法，分总论、各论两部，述其概要
民法要论	6	依据现行民法，分总则、债编及物权三部，述其概要
农业政策	4	总论；土地所有权分配；土地经管；农业团体；农业劳动关系；耕地改良；农业教育；技术及生产之奖励；农业上之保险；农业信用
工业政策	6	总论；工业经营法；工业制度；手工业维护；工业利益代表团体；工业营利组织；公营工业；工业教育；工业所有权保护；工业信用；工业劳动者地位；劳工自卫；劳工保护；劳资调和方略
商业政策	6	总论，述商业本质及种类，商业政策意义及范围，商业政策根本主义，等等；国内商业政策，述对于商人、商品、买卖、交易所政策，以及商会、商业教育等；国际商业政策，述外国贸易理论、自由贸易主义、保护贸易主义、关税制度、通商条约等
交通政策	6	总论；道路；铁路；内河；海运；邮电；航空
财政总论	6	绪论，述财政意义、特质及根本原则，财政学意义、范围、研究法及沿革等；公共经费论，述公共经费性质、范围、原则、分类及趋势等；公共收入论，述公共收入组织、发达及公产收入、官业收入、政务收入等

续表

科目	学分	主要内容
租税论	6	总论，述租税意义、用语、原则、分类、效果及租税制度等；各论，分述各种租税
公债论	4	绪论；公债沿革；公债利害；公债与租税关系；公债种类；公债募集；公债借换；公债偿还
预算论	4	绪论；预算沿革；预算编制；预算议定；预算施行；监督制度；决算
货币论	4	货币概念及特质；货币职能；货币制度；货币数量；货币价值；货币对外价值
银行论	4	总论；资本金及公债金；存款；贴现；放款；兑换券；汇兑；特殊金融机关
政治史	4	叙述近世欧美各国政治沿革及其最近趋势
政治思想史	6	绪论；古代政治思想；中世政治思想；近世政治思想；最近政治思想
经济史	4	绪论；经济史概念；人类经济生活特质；经济发达条件；经济发达阶段；经济发达事实
经济思想史	6	绪论；古代经济思想；中世经济思想；近世经济思想；最近经济思想
统计学	6	总论，述统计学意义，统计材料搜集及整理，特种统计研究方法，统计解释，统计机关，等等；各论，分述人口、文化、职业、原始产业、工业、劳动、商业、金融、物价、交通、财政等各项统计
簿记学	4	总论；官厅簿记；商业簿记；银行簿记；工业簿记
平时国际公法	4	绪论；国际公法上之主体；国家之权利义务；国家代表机关；国际条约；国际争议处理法；国际联盟
战时国际公法	4	总论；陆战法规；海战法规；航空法规；中立；停战及战争之终了
社会问题	6	总论；贫穷问题；犯罪问题；劳动问题；住宅问题；土地问题；人口问题；人种问题；家庭问题；妇女问题；其他
英文	18	选读论文；作文；翻译；英文修辞学；英文学史；英文法律、政治或经济书讲读
军事训练	9	教练；技术；射击；指挥法；阵中勤务；旗信号；距离测量；测图；军事讲话；等等
体育	6	普通体操；课外运动；国技
选修科		
地方自治制度	4	依据现行自治法令，参照各国自治制度，择需讲述
劳工法	6	依据关于劳工各种现行法令，参照各国法制及学说，分总论、各论两部讲述：总论述劳工法概念、基本关系、渊源、范围及统系等；各论分述劳动契约、工会、劳动协约、劳资争议、劳工保护、劳动调节、劳动保险等法制
公司法	4	依据国民政府公布之公司法，参照学说及判例，详加解释
票据法	4	依据现行票据法，参照学说及判例，详论关于总则、汇票、本票及支票的各项规定

续表

科目	学分	主要内容
海商法	4	依据国民政府公布之海商法，参照各国法律及学说，详加解释
保险法	4	依据国民政府公布之保险法，参照各国法律及学说，分绪论、本论两部讲述：绪论述保险概念，保险法意义、沿革、渊源及契约成立，当事人义务，时效，等等；本论分述损害保险及人身保险
法文	12	读本；文法；作文；翻译
日文	12	文法；作文；翻译；修辞；日文法政书讲读

注：本表根据《私立江西法政专门学校章程》，载《私立江西法政专门学校二十周年纪念特刊》1930 年第 7 期相关内容整理而成。

学校教职员大多从国内外专门大学法政经济科毕业，有些兼任省立法专教职员，有些担任法院推事及检事以上职务，有着较为丰富的教学和管理经验，能保障课程教学的顺利进行。教职员基本情况可参见表 3–14，由此可知至 1930 年学校共有教职员 27 人，其中，国外（主要是日本）大学毕业 11 人，占 40.74%；国内（除江西省）大学毕业 8 人，占 29.63%；省内大学毕业 7 人，占 25.93%；另有 1 人情况不详。从地域来看，教职员均来自省内各市县；从年龄结构来看，20—35 岁教师 8 人，占总数的 29.63%；36—50 岁教师 12 人，占总数的 44.44%；51—55 岁 6 人，占总数的 22.22%；1 人年龄不详，可见这是一支年富力强的教职员队伍。学校成立之初就设有模拟法庭供学生锻炼法律实操能力。

表 3–14 学校教职员基本情况

姓名	籍贯	年龄（岁）	毕业院校及专业	职务
刘濂	江西于都	54	日本早稻田大学法律科	校长（兼教员）
樊澍	江西南昌	45	本校政治经济科	教务主任（兼教员）
龙钦海	江西宁冈	54	日本中央大学政治经济科	法律科主任（兼教员）
邹树声	江西安福	48	日本早稻田大学政治经济科	政治经济科主任（兼教员）
孔绍尧	江西赣县	51	日本明治大学法律科	训育主任
罗文蔚	江西永丰	55	日本早稻田大学师范部	事务主任（兼教员）

续表

姓名	籍贯	年龄（岁）	毕业院校及专业	职务
杨景洛	江西黎川	49	日本早稻田大学师范部	会计主任(兼教员)
熊桢	江西兴国	28	中央军事政治学校政治科	教员
梅行健	江西南城	47	日本早稻田大学政治经济科	教员
陈作人	江西上饶	51	江西省立法专	教员
郑寿徵	江西玉山	40	江西优级师范学堂	教员
黄晖庭	江西黎川	22	上海东亚体育专门学校	教员
李仑华	江西临川	30	国立北京大学经济学	教员
华膌群	江西崇仁	44	北京译学馆	教员
华锡寿	江西上饶	30	国立山西大学政治系	教员
王善基	江西鄱阳	44	日本东京高师英语部	教员
熊锡晋	江西清江	48	日本中央大学法律科	教员
刘世长	江西上饶	54	日本明治大学	教员
朱汾颐	江西丰城	31	江西省立法专	教员
邓子遐	不详	不详	不详	教员
黄绪德	江西南昌	45	江西省立法专法律科	教员
何鸣鹤	江西临川	42	国立北京法政专门学校法律本科	教员
张燮	江西南城	29	北京朝阳大学经济学	教员
段超瀛	江西萍乡	45	江西省立法专法律科	教员
张良璆	江西奉新	32	日本早稻田大学	教员
邹信典	江西安福	36	本校法律本科	教员
戴新华	江西莲花	25	上海复旦大学商学	教员

注：本表根据私立江西法政专门学校《现任教职员表》，载《私立江西法政专门学校二十周年纪念特刊》1930 年第 7 期，第 56—57 页相关内容整理而成。表中资料采集截止时间为 1930 年 6 月。

学校逐渐建立和完善了各项管理规章制度，保障了教育教学的有序开展。学校在设立人基础上，经由设立人大会选举校董 11 人，成立校董会，校董会设董事长 1 人，常务校董 5 人，董事任期 3 年；校董会选举校长，基本实施校董会领导下的校长管理；校长下设教务、训育、事务、会计四处，各处设主任 1—2 人；教务处下设文牍、课务两股；事务处设庶务、讲义、图书三股。学校为规范和加强管理，相应制定有《设立人全体大会简章》、《校董会章程》、《校董会会议细则》、《学校章程》（详见附录二）、《校务会议章程》、《训育委员会简章》、《经济委员会章程》、《附设民众补习学校章程》、《图书馆章程》等系列规章制度，从而保障了学校教育教学各项工作的有序进行。学校行政系统可参见图 3–2。

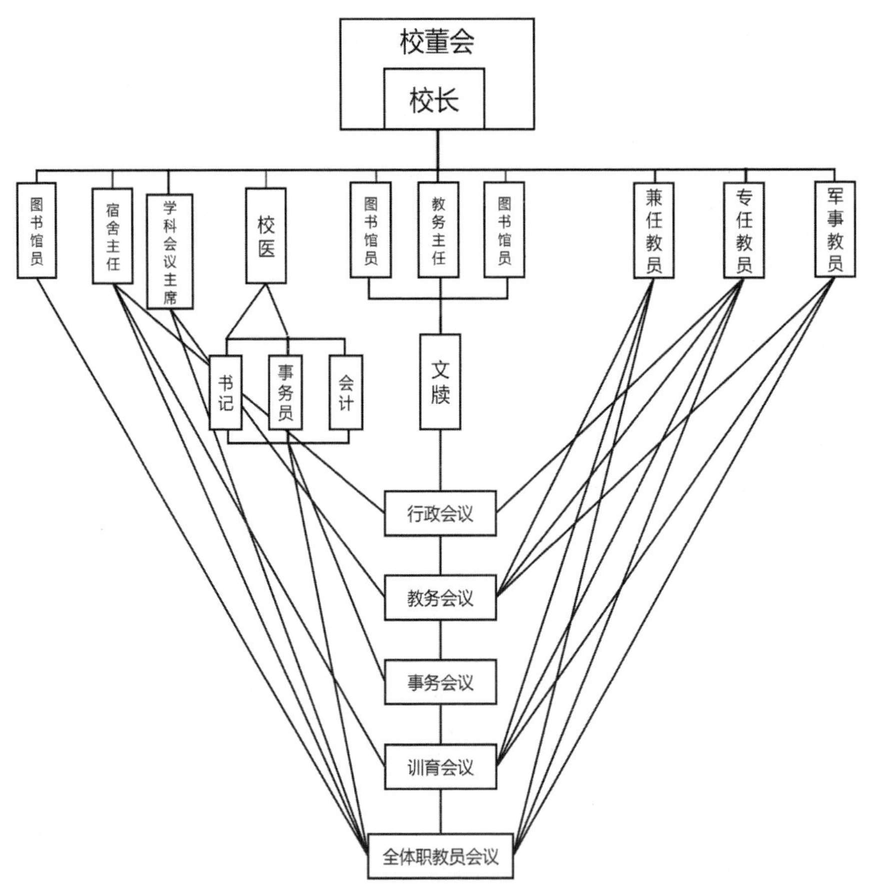

图 3–2　私立江西法政专门学校行政系统

为加强学校管理，更好地实现“提高法律、政治、经济智识，养成专门人才，赞助党国实现三民主义完成五权宪法”的办学宗旨，学校制定有《设立人全体大会简章》，规定该大会为学校最高权力机关，除选任校董外，所有本校不属于校董会及校长职权范围的事务均可由本会进行决议；会议分为通常会和临时会两种，通常会每年暑假召开一次，临时会由董事会认为必要并提出事由请求，且必须征得至少五分之一设立人的同意方可召集；必须于会议召开一个月之前通知每位设立人，并明确所要议决的事件；所有设立人均有权参加会议，平等表决大会决议，遵循少数服从多数原则；各设立人可以委托代理人进行表决，但必须向校董会提供委托书；设立人也可以通过书件进行表决，其效力与出席表决相同；涉及设立人本人及其配偶或直系亲属之关系的决议内容，该设立人无表决权；所有涉及变更学校重要规程的决议必须征得四分之三以上设立人的同意。[①]

学校由校董会全权代表设立人负责经营和监督校务，具体职权包括规定校务进行方针、筹划经济、审核校务计划及预算决算、保管本校一切财产、监察本校教务及财务、选任校长以及其他关于本会内一切事务；本会由董事长召集，每月开会一次；校董会不得直接参与校内行政，而由校长完全负责；每年暑假举行设立人全体大会时，本会应报告一年内经过及讨论一切进行事务。[②]为有效履行以上职权，校董会会议必须全体校董过半数出席方得开议；每月开会一次，必要时有校董三人以上及校长请求可以召集临时会议；会议决议必须出席校董过半数同意方为有效；开会时校长可以出席并报告校务；开会时校董如因故不能到会，可以从设立人中委托一人代表出席；本校常务校董会由常务校董确定一人为主席，本会设书记一人，编制议案，保管文件，由校内书记兼任。[③]校长负责主持校务，校长与教务、训育、事务、会计各主任组成校务委员会。校务会职权具体包括议决学生试验及发给证书，增设及变更学系、全校风纪、各班学科及课程、各种附属规则，向董事会提出预算决算，以及学校设备及其他学校相关事项。校务会每月至少开会一次，开会

① 佚名：《设立人全体大会简章》，《私立江西法政专门学校二十周年纪念特刊》1930 年第 7 期。

② 《私立江西法专校董会章程》，《私立江西法政专门学校二十周年纪念特刊》1930 年第 7 期。

③ 《私立江西法专校董会会议细则》，《私立江西法政专门学校二十周年纪念特刊》1930 年第 7 期。

时间由校长确定，若遇校长有事，可以委托会内一人代理；所有议决事项须列载于纪事录，会议记录由校长在职员中指定一人负责。①

学校训育工作以实施三民主义政治、养成学生革命的法治精神及自治互助服务社会的习惯为宗旨。学校为推进训育工作，设有训育委员会。训育主任担任主席，设委员 11 人，由各科主任、党义教员和军事教官充任，未达到名额由校长于教员中选任补充。训育工作具体任务包括指导学生修养性行，养成优良学风；指导学生研究三民主义与法律的关系，以培养党化的法治人才；指导学生研究关于政治及社会改革问题；培养学生的革命精神及自治互助能力；领导学生参加政治社会运动；组织及举办各种演讲会；举办民众教育补习夜班；编纂宣传党义刊物；审查校内一切出版物。训育委员会每两周开常会一次，遇有特别事情可召开临时会议，均由主席召集，决议事项经校长认可交由训育主任执行。②

学校创办以来，已为省内外培养法律、政治经济本科毕业生 1970 人。其中，1914—1930 年有确切统计的有 1157 人。历届毕业生统计情况详见表 3–15。从表 3–15 中可知，省内毕业生有 1136 人，占总数的 98.2%；省外 21 人，仅占 1.8%。

表 3–15　学校历届毕业生情况统计（1914—1930）

年份	科别	本省毕业生	省外毕业生	总计
1914	法律别科	172	3	175
	政治经济别科	100	0	100
1915	法律别科	100	1	101
	政治经济本科	116	1	117
1916	法律别科	78	1	79
	政治经济本科	21	0	21
1917	法律本科	63	0	63

① 《私立江西法专校务会议章程》，《私立江西法政专门学校二十周年纪念特刊》1930 年第 7 期。

② 《私立江西法专学校训育委员会简章》，《私立江西法政专门学校二十周年纪念特刊》1930 年第 7 期。

续表

年份	科别	本省毕业生	省外毕业生	总计
1918	法律本科	60	2	62
1919	法律本科	60	2	62
1920	法律本科	71	2	73
1925	法律本科	49	1	50
1926	法律本科	65	4	69
1927	法律本科	62	1	63
1928	法律本科	26	0	26
1929	法律本科	69	1	70
1930	法律本科	24	2	26
历年合计	–	1136	21	1157

注：本表根据私立江西法政专门学校《历年毕业生人数籍贯比较表》，载《私立江西法政专门学校二十周年特刊》1930年第7期，第58—63页相关内容整理而成。又：1921—1924年毕业生数据因反动军队驻扎学校导致案卷遗失，这四年毕业生人数有数百人；另外，1929年秋季停招新生，1931—1933年毕业生数据待查；全校1914—1933年所有毕业生1970人。

综上可知，学校自创办以来逐步完善了各项办学制度，培养了不少法律专业人才。到1933年6月结束办学，学校共招收学生18班（每年1班，其中1916年、1929—1933年停招新生），毕业学生1970名；设立人最初是45人，后来增加8人；受政局及工作影响，董事会多人不在省内；历任校长为徐元诰、罗家衡、龙钦海、刘濂[①②]。1930年前后，国民政府教育部针对法政学校过多过滥、高等教育科类结构文实失调等现象，勒令法政专门学校停招新生、陆续停办。前述学校曾力图升格为独立法学院，但没有成功。此间，学校办学与部令多有不合。1929年全校法律、政治经济两科各年级学生共计963人，已领听讲券者423名，已注册者237名，已缴费者仅207名，在校上课者407名；各年级插班生人数487名，所缴证书，除毕业证书外，转学证书或证明书多是由各县教育局长、县长、法院、党部及教员等出具；学校图

① 刘濂（1877—1946），江西于都人，日本早稻田大学、中央大学毕业，曾任江西司法局局长，1925年孙中山逝世后，任私立江西法政专门学校校长。见中国人民政治协商会议于都县委员会文史资料研究委员会《于都文史资料（第4辑）》，1993年，第42—46页。

② 南昌市地方志编纂委员会：《南昌市志（5）》，方志出版社1997年版，第465页。

书仅884册，且法律、政治经济等书为数甚少，杂志刊物50余种；学生学籍簿过于简略，仅有一红直格纸，学生学历、年龄、家庭状况未予记录，学生请假登记简单，有欠完善，其余各种表簿不够完备。[①] 这是国民政府初期高等教育办学热潮中专门学校忽略自身基础，盲目升格学院和大学的反映，这成为国民政府调整改革高等教育的重点。学校最终依据教育部令于1933年6月将原有班次已全部办至毕业，结束了其办学历程。

第三节　北洋政府时期高等教育发展的影响因素分析

北洋政府时期江西高等教育发展缺乏安全稳定的社会环境。由于处于南北交战的中心区域，江西境内战事频仍，历经五次战争，分别是“二次革命”（1913）、“护法战争”（1917）、“第一次北伐”（1922）、“第二次北伐”（1924）、“第三次北伐”（1926），且是战争的主要战场。每次战争爆发时，法专、农专、医专、工专各高校校舍被军队侵占，教学设备受到损坏，教学秩序被破坏，高等教育办学几度陷于停顿。以下从政治、经济、文化方面详细分析这一时期高等教育发展的影响因素。

一、北洋政府时期高等教育发展的政治因素分析

李纯、陈光远、蔡成勋等直系军阀为巩固统治，“二次革命”失败后，他们力排异己，镇压和通缉赣籍革命党人，致使社会精英散落，长期流亡省外，而这些人多是高等教育办学的主体力量；为扩充军事实力、筹备军费开支，他们多次加征苛捐杂税，搜刮民财，加重人民负担；他们还巧取豪夺、大肆敛财、中饱私囊，抑制了江西经济发展，导致社会资金奇缺、人民生活困苦，

① 教育部:《为呈复视察私立章江、江西两法政专门学校情形请鉴核由》,《教育部公报》1931年第21期，第33页。

最终使高等教育经费投入失去保障；北洋政府时期江西主政人物基本是北方军人，与江西没有任何乡情和地缘，缺乏建设地方的责任感与荣誉感，高等教育发展被严重忽略。

> 江西自民国二年陷于北洋军阀铁蹄蹂躏之下，朘削挖克，无所不用其极，厘卡、税收悉充私囊，李纯为猾贼之尤，陈光远实贪鄙至极，蔡成勋称颟顸之魁，邓如琢作犷悍之雄，经此四君子相继秉政，敲骨吸髓，而江西之民生乃憔悴、惨沮，不复聊生。[①]

民国初期四年全省总体教育情况表现为前两年递增，后两年递减，高等教育概莫能外。“地方秩序未尝不安宁，而教育卒见为退步，若江西类，当有尸其咎者矣。”[②] 所谓“尸其咎者”，即指江西行政长官没有尽办教育之责。这个时期高等教育发展雪上加霜，在夹缝中求生存。

1911 年 10 月 10 日，武昌起义爆发。23 日，江西驻九江新军第五十四标拥立标统马毓宝为九江军政府都督，宣布独立；31 日，蔡公时、蔡森发动新军起义，江西光复。但省内政治秩序混乱，政团、军队、会党等各种势力并存互争，辛亥革命后不到五个月，江西便四易都督。1912 年 3 月，省临时议会推举革命党人李烈钧[③] 为都督，李成为继吴介璋、彭程万、马毓宝之后第四任都督。李烈钧在江西推行了一系列改革，他“注意罗致人才，尤注意培养人才”。在他的主持下，江西军政府允准“以串票附税十分之七为办学之用”。[④] 鉴于省内人才缺乏，1912 年官费选派出第一批 20 人前往日、美、欧留学，其中包括陈寅恪、胡先骕、饶毓泰、徐宝璜、谢寿康、梁仁杰、段玉

① 江西省图书馆地方文献编辑组辑：《江西近现代地方文献资料汇编（初编）第五册》，江西省图书馆 1984 年影印版，第 107 页。

② 舒新城编：《中国近代教育史资料》（上册），人民教育出版社 1961 年版，第 375 页。

③ 李烈钧（1882—1946），字协和，江西武宁人，毕业于江西武备学堂、日本陆军士官学校。在日本结识孙中山，并加入同盟会。1909 年归国后在江西、云南陆军中任职，宣传革命。

④ 陈文华主编：《江西历史名人研究》（第一辑），中国人事出版社 1995 年版，第 49 页。

华等，[①]这些人学成回国后成为后来20世纪30年代江西高等教育发展的重要力量。不久，袁世凯下令免去李烈钧江西都督职务。[②]1913年7月，李烈钧兴师讨袁，发动“二次革命”，革命失败后，北洋直系军阀开始了对江西长达14年的统治，直到1926年底北伐取得江西战场的胜利。这个时期民政基本听命于军政，成为军政的附庸，高等教育发展被严重忽略。江西基本上受直系军阀控制，由李纯、陈光远、蔡成勋等少数人长期独揽大权，民政长由戚扬[③]长时期担任。北洋政府时期江西军政长、民政长和教育长详见附录六。表3-16是北洋政府时期江西主政者及其施政情况。

表3-16 北洋政府时期江西主政者及其施政情况

起讫时间	主政者	任期内施政情况
1912.3—1913.8	李烈钧	整顿和建立省军政机构；省县两级架构，加强地方集权；取缔会党，整顿社会秩序；整理财政，发展地方经济；加大教育投入，选派学生出国留学；武力讨袁，发动“二次革命”；等等
1913.9—1917.9	李纯	缉拿镇压革命党人，社会精英散落；扩充军队，加强军事控制；排斥汪瑞闿，拒绝军政分离；大肆搜刮敛财，省财政日益窘迫
1917.9—1922.6	陈光远	应对“护法战争”，处理境内及过境军队；镇压“自治运动”，排赵用杨；组织军队对抗“第一次北伐”；加征、追征债款备战
1922.6—1924.12	蔡成勋	建立以军事控制为支撑的政治统制；拒绝中央委任的官员，抢占省长职位，擅自委任财政、教育厅长等；截留税款，勒民种烟，搜刮民财；应对“第二次北伐”，被方本仁驱逐
1925.1—1926.3	方本仁	筹集军费，扩充军队；抗击北伐军进攻江西；力促胡思义任省长，抵制李烈钧掌赣；解散驻南丰的常德盛部；发行地方公债800万元
1926.3—1926.10	邓如琢	应对“第三次北伐”战事；加征苛捐杂税补充军费
1926.10—1927.2	郑俊彦	应对“第三次北伐”战事

注：本表根据刘寿林《辛亥以后十七年职官表》，中华书局1966年版，第331—340页；何友良《江西通史·民国卷》，江西人民出版社2008年版，第2—32页相关内容整理而成。

---

① 杨仲子：《辛亥革命后江西首批官费留学生简介》，载中国人民政治协商会议江西省委员会文史资料研究委员会《江西文史资料选辑（第15辑）》，1985年版，第96—97页。

② 陈荣华等：《江西经济史》，江西人民出版社2004年版，第523页。

③ 戚扬（1861—1945），浙江绍兴人，1913年“二次革命”后到赣任内务司长，次年升巡按使，1921年去职，主持赣政八年之久，此人颇具政治手腕，用人行政多门生故旧，喜滥借外债，结托军阀以自固，故为人訾议。

1913 年 8 月 22 日，北洋政府宣布李纯为江西护军使，汪瑞闿任民政长。为巩固统治，肃清革命党人影响，李纯“按册缉拿”和残酷镇压军政机构、省议会和国会中的革命党人，致使他们流落于省外和国外（主要是上海、日本），这些人大多接受了民主思想和新式教育，思想敏锐、勇于革新，是发展高等教育的重要力量。这批社会精英的散落是“二次革命”以后江西高等教育发展在较长时期内毫无起色的重要原因。如徐元诰、符鼎升，曾任法政专门学校的监督和堂长，被迫长期流亡省外；朱念祖、文群、卢式楷等人在北洋政府统治后期才陆续回到江西，并担任江西省长及教育厅长。李纯派团长毕化东负责派员到冀、豫招募士兵，补足第六师战后缺额，以扩充军事实力，军费需求浩繁，加重了财政经济负担。李纯任用亲信大肆搜刮钱财，任用傅继说为九江关监督，朱心如为南昌烟酒公卖局局长，将搜刮收敛的钱财寄回天津老家大量购买地产、营建房屋，房屋成片相连，被时人称为“江西街”，同时又在北京大肆买房置地。[①] 李纯虽然捐资筹办南开大学，并为南开大学成立致辞，[②] 但对江西高等教育发展却无丝毫付出。李纯也办一些实业，但主要通过发行地方公债、贷款和向中央政府要钱等途径来维持政权运转。李纯任职期间，江西财政经济状况日益窘迫。1914 年，北洋政府财政部调查各省滥发情况，江西滥发钞票 14697170 元，占全国总数 145574165 元的近十分之一，仅次于湖北、广东、吉林三省，排第四位。[③]

1917年，冯国璋就任总统，任命李纯接替其担任江苏督军，陈光远[④]继任

① 窦守镛、苏雨眉:《李纯一生的聚敛》，载中国人民政治协商会议天津市委员会文史资料研究委员会《天津文史资料选辑（第 1 辑）》，天津人民出版社 1978 年版，第 118 页。

② 李纯:《南开大学正式成立祝词（1919 年 11 月 20 日）》，载潘懋元、刘海峰编《中国近代教育史资料汇编——高等教育》，上海教育出版社 2007 年版，第 445 页。

③ 何友良:《江西通史・民国卷》，江西人民出版社 2008 年版，第 21 页。

④ 陈光远（1873—1939），天津武清人，毕业于天津武备学堂，在袁世凯部北伐军中任队官、总务处总办、协统。1911 年率部到武汉镇压辛亥革命，升第四镇统制。1915 年任陆军第十二师师长，兼京津警备副司令。担任江西督军后，继续维护“长江三督”地方军事势力，是直系军阀在地方的重要督军之一。1920 年实授陆军上将军衔。1922 年 6 月，北京政府批准其辞职，明令废除江西督军，遂成为全国废除督军职务第一人，后在天津经商。

江西督军。当时，孙中山正联合西南军阀发动护法战争，段祺瑞调集大批军队南下阻止护法军，江西和湖南处于南北军队交战之地。护法战争时期，江西境内北洋军阀重兵集结，军费支出浩繁沉重，军政当局趁机中饱私囊，极尽搜刮之能事，丁漕加征，统税投标，以及滥发金库证券、军用钞票、长短期公债等，致使江西省库亏空，从 1918 年 4 月起，被迫停发行政、司法、教育、实业等各界职官薪俸两个月，将军饷搭放军用票二成发放。直到 1919 年初南北停战议和，境内军队才逐步撤出江西。1916 年以来，戚扬被多次弹劾，议员杨赓笙弹劾其败坏吏治、紊乱财政、滥用私人、蹂躏司法、草菅人命、侵吞公款、藐视议会。[①]1920 年，江西出现以驱逐省长戚扬为主要内容的"自治运动"，陈光远拒绝认可北洋政府任命的赵从蕃，擅自以财政厅长杨庆鋆为代理省长。1921 年 10 月，广东北伐声浪频传，陈光远指使江西财政会议以入不敷出、财政巨亏为由，向全省丁漕项下摊派"金融善后款"，规定从当日起到 1927 年底，每地丁一两带征银圆三角，米折一石带征银圆五角，无论新赋旧欠，一律带征。这是继滥发金库证券、长短期公债、九九商捐、食盐加价、一五统税、县知事保证金之后新的特重苛捐，[②]严重抑制了经济发展。陈光远巧取豪夺，大肆搜刮钱财，每日要求财政厅交存南昌中国银行经理王仰先五千元。这笔钱表面上用于为全省军队做服装，但他的第十二师和第九混成旅，系国家正式军队，春冬两季服装费由陆军部每年按季发给款项承做，因有时不能如期到款，陈光远便以此为由自行筹措，要求财政厅给他聚敛这笔款项，每月十五万元，一年一百八十万元。以他在任大约五年间，仅此一款项就有八九百万元流入他的私囊。陈从江西搞来的钱除通过龚心湛投入北洋实业华新纱厂、启新洋灰公司等外，还在天津、北京广置房地产业，开设德丰银号和当铺。[③]

---

① 江西省地方志编纂委员会：《江西省志·江西省大事记》，方志出版社 2002 年版，第 160 页。

② 何友良：《江西通史·民国卷》，江西人民出版社 2008 年版，第 33 页。

③ 齐协民：《我所知道的陈光远》，载中国人民政治协商会议天津市委员会文史资料研究委员会《天津文史资料选辑（第 36 辑）》，天津人民出版社 1986 年版，第 126 页。

继陈光远之后，蔡成勋成为江西督理，他军阀作风更为浓厚，建立以军事控制为支撑的政治统制。蔡成勋任用其弟蔡用勋为省城南昌戒严司令，独断专行、肆意乱政，不讲法度规则，不顾及上自中央政府，下至平民百姓的感受，致使江西政局长期处于紧张状态。蔡成勋拒绝中央委任的官员到任，并抢占省长职位；下令阻挡北京政府任命的调和代表欧阳武、徐元诰等人进入南昌，迫使他们退回北京；拒绝北京政府任命的江西财政厅长文群、教育厅长朱念祖、实业厅长卢建候等人来赣赴任，擅自委任财政、教育厅长等政府主要人员，以梅士焕代理教育厅长。[①]蔡成勋的行为引起民众愤慨，北京政府教育部也发电指责。他因有徐世昌、曹锟为靠山，掣肘护理省长何刚德，迫使其离职，后保荐李廷玉为省长失败后，拒绝北洋政府任命的谢远涵、徐元诰任职省长，自兼省长。朱念祖、徐元诰等人向来重视教育，他们无法到任是江西高等教育发展的巨大损失。蔡成勋为解决庞大军费开支，将江西盐款尽数截走，并通过武力向每县提取收入；还通过刮地皮、截留税款、禁烟等途径大肆搜刮民财。[②]蔡成勋寇赣三载，光是账面上窃去现款就有五千万元，实际上远不止这个数，赣民任其宰割，[③]不愧是“祸赣殃民”之魁首。

蔡成勋之后，方本仁、邓如琢、郑俊彦督赣时间相对短暂，总共不过两年左右，此间为阻击北伐军进攻，他们继续加紧搜刮，筹备军费，以扩充军力。1924 年底，方本仁将蔡成勋驱逐出江西，开始执掌军政大权。12 月 25 日，方本仁对北伐军发起总攻，并于次年初暂时击退了北伐军；1925 年 3 月，方本仁武力解散驻南丰的常德盛部，师长常德盛逃往福建；1925 年江西境内驻扎部队多达六师二旅，军队及各机关薪饷增至 1200 余万元，服装给养及临时军费尚不计算在内；[④]6月，江西发行地方公债800万元，搜刮民财，扩充军

① 佚名：《蔡成勋又擅委教育厅长》，《顺天时报》1922 年 10 月 9 日。

② 王伟石：《记江西督理蔡成勋》，载中国人民政治协商会议天津市委员会文史资料研究委员会《天津文史资料选辑（第 36 辑）》，天津人民出版社 1986 年版，第 137 页。

③ 佚名：《蔡成勋将被方常逐击》，《民国日报》1924 年 11 月 2 日。

④ 吴钫：《吴钫等整理江西财政案》，载中国第二历史档案馆编《善后会议》，档案出版社 1985 年版，第 361 页。

费。1926年3月24日，吴佩孚、孙传芳支持邓如琢驱逐方本仁，就任江西总司令，次月就任都督，江西政局飘摇无定；6月，因省库亏空3000万元，邓如琢决定增加食盐及百货各税，并派员前往各统税局，加紧征收；7月征收洋靛、洋纱等六种商品的内地商捐，以补充军费；8月25日，东南五省联军总司令孙传芳决定抽调10万军队到江西同北伐军作战；9、10月，北伐军与孙传芳联军在江西境内展开激战，联军节节败退；10月，邓如琢被迫辞职，郑俊彦被孙传芳任命为江西总司令；11月，北伐军占领南昌，取得江西战场完全胜利，[①]北洋军阀在江西的统治终于宣告结束。

因此，北洋时期江西高等教育发展毫无政治保障。北洋军阀牢牢掌控江西政局，“当时有所谓四法团，如省议会、总商会、省教育会、省农会者，则不过军阀之应声虫耳”。[②]1917年，江西教育会会长宋育德违章改选把持教育会，并且运动军队逼迫投票，这激起公愤，但省长戚扬与宋育德狼狈为奸，对其惩而不办。宋“尸位总视学三载”，毫无作为，教育维持会对此强烈抗议。[③]1914年，巡按使公署整饬办学人员如有侵吞学款，分别押追斥退永不准管理学务，[④]这从一侧面反映出教育经费管理失范。总之，教育界乱象丛生，高等教育发展毫无保障。“军阀的心目中，绝对没有教育这回事。主持教育的人，一面仰承军阀的鼻息，一面敷衍教育界的甲派乙系。”[⑤]这大体说的是实情。北洋军阀为满足军费开支，经常侵占和挪用高等教育经费。1918年，江西省议会开会审议增加高等教育经费提案；1922年3月，江西中等以上学校教员因校方欠薪，决定实行总罢课；1922年9月，受战事影响，江西财政万分紧张，教育经费拮据，教员多次开会请愿要求按时发放教员薪金无果，南昌18所中等以上学校校长发表联合宣言集体辞职，高等教育又一次陷入瘫

① 江西省地方志编纂委员会：《江西省志·江西省大事记》，方志出版社2002年版，第182—186页。

② 吴宗慈：《江西通志稿（第32册）》，出版社、出版年份未详，第9—10页。

③ 邱灏等：《江西教育维持会代表邱灏等请愿书》，《参议院公报》1917年2月第46期，第78—80页。

④ 《省饬：江西巡按使公署饬各学校此后办学人员知有侵蚀学款及因细故缠讼干预校外公事者分别押追斥退永不准管理学务文》，《江西公报》1914年第319期，第20页。

⑤ 陈礼江：《改造江西教育的计划》，江西省政府教育厅1928年，第3页。

痪；江西教育厅非但不作为，还以其横暴激起民愤。[①]1923 年 6 月，江西省教育厅公布当年教育经费预算仅为 62 万元，省长公署拟增加 50 万元，以卷烟特税一项冲抵，[②]这 112 万元的预算经费中分拨给高等教育的更是微乎其微。1926 年 10 月，江西督办邓如琢再入南昌，因迁怒于学生有引导国民革命军乘虚入城之嫌疑，惨杀学生 400 余人；[③]11 月 25 日，江西学校职教员联合会召开全体大会，向政务委员会、临时政治委员会、总司令部三处请愿，反对各校停课，攻击谢式南[④]，但经蒋介石谕令取消原案。谢式南在政务会议提出通过全省中等以上学校均须重新改组，随训令停止开学，[⑤]高等教育发展再次陷入停顿。

综上可知，由于政局动荡、战争频仍，高等教育失去赖以发展的安定环境，正常的教学秩序成为奢望，甚至师生生活及人身安全都没有保障，办学多次陷入停顿状态。与湖南相比，北伐战事及动荡政局对江西高等教育发展的负面影响似乎更为剧烈。1926 年 1 月 31 日，湖南大学成立，就原有工、商、法三专校校舍分设理、工、法、商四科，另拨款 5 万元新建教室，新校舍于 1926 年冬建成；1927 年 4 月，湖南大学奉令取消，仅留工科，更名湖南工科大学。[⑥]江西省长李定魁虽然在 1926 年 1 月也提出成立江西大学，但因时局动荡，该创议无疾而终。

二、北洋政府时期高等教育发展的经济因素分析

北洋政府初期，高等教育由地方政府依据各自财力酌量分别开办，[⑦]经费

---

① 恶石:《江西教育厅的横暴》,《民国日报·觉悟》1922 年 4 月 25 日。

② 江西省地方志编纂委员会:《江西省志·江西省大事记》，方志出版社 2002 年版，第 162—178 页。

③ 丁致聘:《中国近七十年来教育记事》，国立编译馆 1935 年版，第 135 页。

④ 谢式南（1884—1927），1904 年选为吉安府录取选生员，次年入日本帝国大学攻读教育专业。1926 年参加北伐，北伐军光复南昌后任江西省教育司长。见陈阜东主编《吉安人物》，方志出版社 2004 年版，第 123 页。

⑤ 丁致聘:《中国近七十年来教育记事》，国立编译馆 1935 年版，第 135 页。

⑥ 丁致聘:《中国近七十年来教育记事》，国立编译馆 1935 年版，第 139 页。

⑦ 教育部:《电各省饬所属高等专门学校从速办学》，载璩鑫圭、唐良炎编《中国近代教育史资料汇编——学制演变》，上海教育出版社 2007 年版，第 611—612 页。

支出主要取决于地方经济发展。江西的财政收入主要来源为田赋与统税，这取决于农业与新式工商业的发展状况。江西 1895—1911 年才开始兴办新式实业，晚于相邻省份一二十年。1912—1927 年是中国近代资本主义的生长期，江西资本主义经济在此期间也较前期有所发展。表 3–17 是北洋政府时期资产 20 万元以上的江西新式实业。

表 3–17 北洋政府时期资产 20 万元以上的江西新式实业一览

成立年份	实业名称	所在地	资本(万元)	经营性质	创办人或企业代表
1912	江西民国银行	南昌	87.2	官办	地方政府
1914	顺济煤矿公司	丰城	60	中日合资	管尚华、河野久太郎
1915	仙居铁矿公司	九江	200	商办	杨士骢
1916	南昌振商银行	南昌	20	商办	侯名鼎、侯国浚
1917	宁茶振植公司	修水	17	商办	柯锦庭、陈聘萃
1919	鄱乐煤矿公司	鄱阳	60	商办	谢天赐、朱佩珍
1919	南昌振商银行	南昌	155	商办	胡庆培、龚士材
1919	同益银行	南昌	25	商办	包竹峰
1920	江西惠通银行	南昌	30	商办	邹日煃、萧子韵等
1920	振华银行	南昌	50	商办	袁秋舫、袁馥窗
1920	华泰银行	南昌	30	商办	不详
1920	同益商业银行	南昌	25	商办	包竺峰、傅绍庭
1920	裕生火柴公司	九江	25	商办	金浩如
1920	久兴纺织公司	九江	252	商办	张勋、周辑之等
1921	利丰面粉公司	九江	30	商办	付紫庭、胡养新
1922	赣省银行	南昌	25	官商合办	不详
1923	公共银行	南昌	25	官商合办	全省善后讨论会

注：本表根据中国第二历史档案馆编《中华民国史档案资料汇编·第三辑·财政（一）》，江苏古籍出版社 1991 年版，第 354—420 页《北洋政府时期工业统计表》、第 906—921 页《北洋政府时期矿业统计表》、第 1408—1422 页《北洋政府时期商业公司简表》、第 556—588 页《北洋政府时期全国银行一览表》等附录，以及杜恂诚《民族资本主义与旧中国政府》，上海社会科学院出版社 1991 年版，附录《历年所设本国民用工矿、航运及新式金融企业一览表》等相关内容整理而成。

在清末资本主义性质新式实业产生的基础上（当时资本万元以上的新式实业约 30 家，详见第二章表 2–19、表 2–20），北洋政府时期江西新式实业在规模和数量上有所增长，资本在万元以上的实业已达55家。表3-17中是17家资产在20万元以上的实业，其中银行金融业占比较大，共有10家，占比58.8%；其次是矿产业，有3家，占比17.6%；纺织、面粉、茶叶、火柴等加工制造业4家，占比23.5%。金融和矿产占比高达76.5%，可以发现，江西实体经济发展并不硬气。1912年，江西省工业企业资本不到一个典当铺资本的八分之一，在全省经济中占比极其微小。从规模上看，全省除萍乡煤矿和南浔铁路外，鲜有投资上百万元的企业。[①] 从全国来看，1912—1927年兴办资产万元以上的企业有2000多家，而江西仅增加了45家，[②] 远低于各省平均值，与相邻省份相比差距更大。1927年在全国47类新式行业中，江西仅有17类。[③] 这种较为单一的产业结构特征对于高等教育发展容易造成负面影响。北洋政府时期江西高等教育科类结构以法政（法律、政治经济）和农业为主，直到1921年以后，医专、工专才开始创办，这是对江西工矿业发展的回应。1918年，继煤矿之后，赣南地区又发现了钨矿，"营业发达，公司林立"，产量居世界之首，占全国总产量70%；1918年高达1.3万吨，1919—1926年年产量达9000吨左右。[④] 这个时期江西工矿业的发展成为1923年江西公立工业专门学校复办的一个重要背景。由前述可知，工专校长胡飞正是抓住这一时期江西工业地位上升的机会申请复办工业专门学校的。

但是，江西除为数不多的几个大企业外，其他新式企业大多资本少、规模小、设备简陋，"实远未达新式工厂标准"。[⑤] 全省经济结构中资本主义经济比重极低，农业、手工业在国民经济中占80%以上。[⑥] 封建制度压制、战争影响、观念滞后、资金投入不足以及商品产出不畅使江西新式实业发展停滞不前。沉重的厘金是这些因素的集中体现。据北洋政府财政部统计，1916年

① 陈荣华等：《江西经济史》，江西人民出版社2004年版，第518—519页。

② 吴官正主编：《江西省情概论——历史、现实与未来》，江西人民出版社1995年版，第72页。

③ 何友良：《江西通史·民国卷》，江西人民出版社2008年版，第73、74页。

④ 江西省建设厅：《江西建设月刊》1930年4月第1期，第61—64页。

⑤ 张泽垚：《十年来之江西工业》，载江西省政府《赣政十年》，1941年，第465页。

⑥ 吴官正主编：《江西省情概论——历史、现实与未来》，江西人民出版社1995年版，第73页。

江西厘税实收 2651936 元，1917 年 2651684 元，1920 年 3233019 元，1921 年 2655156 元，1922 年 2492031 元，在有统计数字的省份中，江西征收税率为值百抽十，远高于其他周边省份。浙江为值百抽五，福建、湖北为值百抽三，安徽、广东、湖南为值百抽二。[①] 厘金过重是造成江西新式工商业发展缓慢的致命因素。江西工商业经济整体上发展程度不高，对全省财政的贡献不大，这使北洋政府时期大多数年份的江西财政相当拮据。北洋政府时期江西占主导地位的仍然是农业自然经济，这期间农业经济发展起伏较大。1914—1918 年粮食产量较高，达到 124 亿斤，[②] 但因受战争、厘金过重和水旱灾害等影响，农业经济收入又急剧降低。1912—1915 年、1918 年、1924—1925 年的严重水灾对农业生产破坏极大；厘金、地租和各种税捐的加重对农业再生产的影响极大，江西农户“终年碌碌而负债累累，不能饱暖者，迨居十之四五，良可悯矣”。[③]

北洋政府时期，江西经济仍然以封建农业经济为主。1912 年，江西农民中佃农占 41%，自耕农占 29%，半自耕农占 30%。北洋政府时期这一结构没有多大变化。农民处于社会底层，“靠天吃饭”，遇上水旱灾害，生活便失去保障。1913 年 1 月 24 日，江西军政府公布 1912 年财政决算，收入银 512 万两，支出 1042 万两，赤字 530 万两。1920 年 5 月中旬，赣北数县发生瘟疫，其中星子县较为严重，共死亡千余人。[④]1912—1926 年，江西先后发生水灾 8 次、旱灾 1 次，水旱灾害严重制约着农民的生产与生活。[⑤] 这使高等教育发展缺乏应有的经济保障。

落后的近代经济使江西自清末开始财政困难便日益加剧。民初因财政负

① 中国第二历史档案馆编：《中华民国史档案资料汇编・第三辑・财政（一）》，江苏古籍出版社 1991 年版，第 340—465 页。

② 何友良：《江西通史・民国卷》，江西人民出版社 2008 年版，第 76 页。

③ 裘俊夫：《各地农民状况调查——新建》，《东方杂志》1927 年第 24 卷 16 期，第 143 页。

④ 《江西年鉴》编辑委员会编：《江西年鉴（2002 创刊号）》，方志出版社 2002 年版，第 15—16 页。

⑤ 万振凡、吴小卫：《近代江西农村经济研究》，江西高校出版社 1998 年版，第 160—161 页。

债过重，李烈钧多次呼吁减轻江西负担。[①]1912 年 7 月 8 日，江西向日本东亚兴业株式会社借款 500 万日元，用于修筑南浔铁路；1918 年 7 月，第二次向日本借款 250 万日元；1921 年，第三次向日本借款 250 万日元，年息 6 厘至 7 厘 5 分。李纯督赣期间财政权在地方，当时政治更新，财政上追求清明，减轻征徭税捐，财政收入有所减少。1912 年田赋、统税折银约 420 万元，由于机关林立、军费骤增，当局通过减交缓交中央款项、建立民国银行发行纸币、发行公债 400 万元等途径，才使这两年江西财政基本达到平衡。1914—1917 年度，地方财权收归中央。在袁世凯中央集权专制下，中央政府厉行收入主义，李纯尽力裁减行政、教育等经费，“竭财赋以供中央，对于地方建设，反多漠视”。[②]当局对于中央专款不但按数解送，且每年均有超额，最多的 1917 年超额达 31 万元；军费开支过高，如 1917 年实际军费开支 416 万元，占实际收入 910.8 万元的将近一半，高等教育等项地方建设经费被挤占。陈光远督赣后，军费骤增，饷糈浩繁，入不敷出，经费无着，开始连年借债，主要通过银行借款、十年公债以及积欠军政各费。1918—1920 年全省收入分别为 864.9 万元、899.3 万元和 821.7 万元，支出分别为 1038.2 万元、996.1 万元、1008.3 万元，各年度军费开支分别为 403 万元、403 万元、407 万元，均占各年收入的近一半。到 1920 年，全省历年亏欠高达 1300 万元。1918 年后，江西财政失去独立，只能以债券冲抵赋税，商业不振，金融衰竭。[③]1921 年，军事迭兴，支出愈加增长，财政日显崩溃。蔡成勋督赣期间连年对粤用兵，军费日增，罗掘俱穷，苛政百出，并向各银行钱庄零星息借 300 余万元。方本仁到任，继续借款 100 余万元。这些借款大都以统税丁漕为抵押，欠发行政、教育等费不下 500 余万元。1924 年全省教育经费 841737 元，财政总收入为 9488456 元，政费、军费支出合计 19606090 元，

① 李烈钧、徐辉琪编：《李烈钧文集》，江西人民出版社 1988 年版，第 93、105 页。
② 陈家栋：《江西财政纪要（1）》，江西财政厅 1930 年版，第 12 页。
③ 陈家栋：《江西财政纪要（1）》，江西财政厅 1930 年版，第 15 页。

教育经费约占总支出的 4.29%。[①] 北洋政府时期江西财政近乎崩溃，高等教育经费投入不足，以 1926 年为例，年教育经费为 1332752 元，四所专门学校常年经费为 198000 余元，[②] 约占教育总经费的 14.86%。

江西极其恶劣的经济状况导致高等教育经费投入严重不足。1920 年 12 月，省议员欧阳魁强调江西人民每年负担税捐 1000 多万元，但政府用于实业和教育建设仅数十万元。[③] 由前述可知，1921 年前后教育经费为 60 万—80 万元，1925 年增至 120 余万元。江西高等教育经费投入仅有农艺、医学和工业三所专门学校，校均经费 2 万元左右，不到总经费的 10%。1917 年，教育部视察江西农业专门学校，发现江西各校经费普遍不足，“若农校一校独议增加经费，恐难见诸实行。目下惟有以现有之款，维持现状”。由于经费支绌，不能多招学生，学校专门班次不衔接，当时共有七班，内甲种林学预科已无经费，教员纯属尽义务；农学学生多寒家子弟，每年学费 24 元，实难筹备，故开学因未缴学费不能入学者十之六七。[④] 其他学校办学情形与此大致相似。学费难以筹集，学校经费紧张严重影响着正常办学。

三、北洋政府时期高等教育发展的文化因素分析

1912 年 3 月，中华民国临时政府颁布《中华民国临时约法》，规定人民具有言论、著作、刊行自由，江西文化在形式和内容方面日新月异，报纸和杂志如雨后春笋般涌现，相继创办《大江报》《豫章日报》《晨钟报》《商务日报》等 20 余种。[⑤] 但是，1914 年袁世凯颁布《报纸条例》与《出版法》控制舆论，许多报纸被封禁和停办。1915 年新文化运动开始，江西积极响应，大

---

① 吴钫：《吴钫等整理江西财政案》，载中国第二历史档案馆编《善后会议》，档案出版社 1985 年版，第 359—360 页。

② 陈礼江：《改造江西教育的计划》，江西省政府教育厅，1928 年，第 38 页。

③ 吕芳上：《民国初年的江西省议会（1912—1924）》，《近代史研究所集刊》1989 年第 18 期。

④ 教育部：《教育部视察江西农业专门学校报告书（1917）》，载潘懋元、刘海峰编《中国近代教育史资料汇编——高等教育》，上海教育出版社 2007 年版，第 575—578 页。

⑤ 南昌市地方志编纂委员会：《南昌市志（6）》，方志出版社 1997 年版，第 351 页。

力提倡民主与科学，1922年全省出版杂志20多种，中高等学校、学生团体创办的杂志宣传当时的时代变化、社会主张和思想潮流；教育界、学术界人士创办的专业性刊物（如江西学术研究会的《学潮》、江西通俗教育会的《通俗周刊》）则反映了各自学科领域的新主张、新形式，给读者以新知识。[①]1926年，江西创办报纸40余种，还有众多的官书局。[②]1912年，胡思敬捐书10万余卷，创办"问影楼"和私立退庐图书馆；1916年，江西有5个通俗图书馆，均为公立性质，[③]1918年建立江西省通俗图书馆，是全省最早的省级图书馆；[④]1922年，江西省公立图书馆成立，藏书近9000册，设有汉文、日文、英文和日报杂志四部，到1926年底，省公立图书馆藏书达1.35万册；全省公私立图书馆达到15所。这些报纸、杂志和图书馆便利了新文化新知识的传播，客观上为江西高等教育发展营造了氛围，在内容和思想上准备了条件。然而，北洋军阀对于社会舆论控制相当严密，较有影响的报纸经常被查封，报馆负责人被逮捕。军阀专制统治下，报纸、杂志和图书馆对于高等教育发展的积极影响在很大程度上受到抑制。北洋军阀力排异己，按册缉拿革命党人和先进人士，造成赣籍文化精英长期流亡省外，这使得江西高等教育发展失去原本可以依靠的重要力量，从而加剧了其发展的缓慢情形。

综上所述，北洋政府时期，江西"直系"军阀乱政的恶劣影响遍及政治、经济和文化各个领域，是造成这一时期高等教育发展缓慢的直接因素；江西经济以封建农业经济为主导，落后的工商业经济状况是这一时期高等教育发展缓慢的根本性因素；赣籍文化精英的散落与流亡省外是造成该时期高

---

① 袁玉冰：《江西的出版界》，载中共江西省委党史资料征集委员会《江西党史资料（第30辑）袁玉冰专集》，中央文献出版社1994年版，第47页。

② 王书红：《近代江西文化事业发展一瞥》，载中国人民政治协商会议江西省委文史资料委员会《江西文史资料（第45辑）》，1992年，第99页。

③ 中国第二历史档案馆编：《中华民国史档案资料汇编·第三辑·文化》，江苏古籍出版社1991年版，第127页。

④ 王书红：《近代江西文化事业发展一瞥》，载中国人民政治协商会议江西省委文史资料委员会《江西文史资料（第45辑）》，1992年，第99页。

等教育发展缓慢的重要原因。而北洋政府时期又是近代高等教育发展的“黄金期”，但江西错失这一发展机会，从而延误了其高等教育近代化的历史进程。

第四章

近代江西高等教育发展的触底反弹（1927—1949）

1926年底，北伐在江西战场取得胜利，江西开始逐步进入国民政府统治时期。1927年11月，几经周折，江西终于成为南京国民政府统治下的一个基本省区，高等教育发展也随之进入国民政府时期。江西各专门学校于1926年底经历短暂停顿恢复办学后，因政局动荡于1927年8月再次陷入停顿，此间省立中山大学筹办失败，同年11月间各专门学校开始复课。这一时期高等教育发展基本以1937年全民族抗战为分水岭，先后历经了之前仅剩工医二专、学生规模不足百人的探底，以及之后的反弹，建成一所国立大学、一所独立学院和一系列公私立专科学校，高等教育规模体系较为完备。抗战胜利后不久高等教育发展遭遇教育危机又逐渐萎缩。此为国民政府时期江西高等教育发展阶段。

第一节　国民政府时期高等教育发展概况

一、国民政府时期高等学校概述

1927年，国民政府教育部在“壬戌学制”的基础上重新修改公布新的学制，把公立大学改为国立大学和省立大学两类；1929年相继公布《大学组织法》、《大学规程》和《专科学校组织法》，规定高等教育机构分为大学、独立学院、专科学校；1931年公布《专科学校法》。[①] 国民政府时期高等教育体制就此基本形成。1922年“壬戌学制”颁布后，各省兴起了创办大学的热潮，大有每省一校之趋势。[②] 然而，此时江西非但没能成功创办大学，而且原有的专门学校数量也逐渐减少。1932年国民政府颁布《改革教育初步方案》，重点发展实科，限制法政专门办学，江西三所法专最终于1933年6月全部停办。

① 朱庆葆等：《教育的变革与发展》，南京大学出版社2015年版，第167页。

② 陈翊林：《最近三十年中国教育史》，太平洋书店1930年版，第279页。

接着省立农专并入农业院，并于1935年停办。此时仅剩省立工专和医专两所高等学校，在校学生97人，高等教育发展深陷谷底。随后，1937年9月国立中正医学院创办，全民族抗战期间江西高等教育体系日渐完善，并表现出了较强的实力；抗战结束后，高等教育发展又出现萎缩。国民政府时期江西高等学校概览具体参见表4-1。

表4-1 国民政府时期江西高等学校概览

学校名称	起止时间（年）	办学地址	校长	办学性质
江西中山大学	1927.2—1927.5	南昌东湖边贡院	王恒	省立
江西公立法政专门学校	1927—1933	南昌市德胜门	谭侃	省立
私立江西法政专门学校	1927—1933	南昌市高升巷	刘濂	私立
私立章江法政专门学校	1927—1933	南昌皇殿侧	胡觉	私立
江西省立工业专科学校	1931—1949	南昌市书院街	雷宣	省立
江西省立医学专科学校	1931—1949	南昌市贡院前	李为涟	省立
国立中正医学院	1937—1949	南昌阳明路东	王子玕	国立
江西省立兽医专科学校	1938—1949	南昌	肖纯锦	省立
国立中正大学	1940—1949	泰和杏岭	胡先骕	国立
江西省立农艺专科学校	1944—1949	泰和橘园	向瑞春	省立
江西省立体育师范专科学校	1943—1949	泰和上田	余永祚	省立
私立立风艺术专科学校	1943—1947	泰和东门内陈家祠	胡献雅	私立
省立幼稚师范学校附设专科	1940—1945	泰和文江	陈鹤琴	国立
私立信江农业专科学校	1945—1949	铅山鹅湖书院	程兆熊	私立
江西省立陶业专科学校	1946—1949	景德镇	不详	省立
江西省立水利专科学校	1948—1949	南昌市环湖路	不详	省立

注：本表根据《江西通史·民国卷》《江西省教育志》《江西文史资料》等零散史料整理而成，各校校长为改称现名时任职校长或创办时首任校长，校址为创建时所在地。

以下为表4-1中各校办学沿革更为详细的介绍，其中，国立中正大学的办学将于本章第二节作专门介绍。江西三所公私立法政专门学校未获教育部允准更名专科，其中，私立两校因办理欠认真，于1929年停招新生。1932年，对私立两校在校学生进行甄试，合格学生准其学至毕业；已毕业离校者，调验其入学证件，严加审查予以甄别淘汰，合格者报部追认学籍。教育部令法政学校设立须由中央统筹支配，江西公私立法政专门学校被勒令停办，1933年6月各校结束办学。1932年，江西公立法政专门学校有教职员45人，学生175人。[①]从学校创办到结束，江西公立法专毕业学生1172人。[②]

江西省立工业专科学校前身为江西工业专门学校。1927年11月工业专门复课，1928年胡飞校长鉴于训政时期建设方殷，高等工业教育恢复有待，为培养工业建设急需的实用技术人才，呈奉教育厅核准附设高中工业科，招收初中毕业生开办土木、机械、化学、矿冶四科各一班。此后，每年招收高中生四班。1929年秋，范致远继任校长，共费二万八千余元扩充设备，教学获效甚大。1930年下学期，雷宣接任校长，仍旧招高中生。1931年，学校呈准改办专科，改称江西省立工业专科学校，招高中毕业生，开办土木及矿冶两科各一班，仍附设高中工科。1932年秋季，李才彬继任校长，添建工厂、膳厅四间，教学设备逐渐谋划改善。[③]学校设有土木工程、机械工程、应用化学、采矿冶炼四科，招收高中毕业生，修业三年。1934年，采矿冶炼科暂行停办，集中力量发展其他三科。1934年学校有专科生66人，历届毕业生789人（含高中科毕业生人数）。[④]1936年，在南昌新建校舍和工场。全民族抗战爆发后，1938年迁往赣县，后又转迁于都，重要机件均随同迁移；1939年，奉部令改办五年制专科，招收初中毕业生，修业五年；停招原有旧制专科，逐年结束。1941年度共有专科九班，学生214人；教职员58人，年度经费102470元。1941年8月，因该校教员待遇较医专更低，各科设备尚欠充实，经决定于本省发行建设公债，指定拨充工业教育经费三十万元增进设备，并由省库增拨

① 孙晓楼：《法律教育》，商务印书馆2015年版，第151页。

② 彭友德：《八十年来江西高等教育概况》，载中国人民政治协商会议江西省委员会文史资料研究委员会《江西文史资料选辑（第15辑）》，1985年版，第101页。

③ 佚名：《省立工业专科学校同学录》，载李森主编《民国时期高等教育史料续编（23）》，国图出版社2016年版，第311—313页。

④ 彭友德：《八十年来江西高等教育概况》，载中国人民政治协商会议江西省委员会文史资料研究委员会《江西文史资料选辑（第15辑）》，1985年版，第101页。

经常费提升教员待遇。鉴于江西省工矿（如钨、锡、金、铜等项）采炼事业日益发达，1942 年度恢复原有的采矿冶炼专科。

江西省立医学专科学校于 1931 年 8 月由江西公立医学专门学校奉部令改称，曾于 1930 年、1934 年、1937 年三次被教育部指令停止招生，逐年结束，但每次经师生多方请愿，确因社会需要得以继续办学。1921—1931 年办学 10 年学校招收 9 期 150 名学生，毕业学生 65 人，大部分在部队任军医。1933 年各县建立卫生院，毕业生陆续进入地方工作。1934 年 4 月，出版发行《江西省立医学专科学校月刊》，宣传教学和科研等方面的成果。到全民族抗战前，学校分为基本和应用二部，学制五年。1934 年，学校扩充设备，改建附属医院，添聘教授，有专科生 60 人，专门部 27 人，历届毕业生 123 人。[①] 全民族抗战期间，先后迁至新余、赣县、南康和赣州坚持办学。1940 年 12 月，著名小儿科专家熊俊接替李为涟任校长。该年学校经常费增加到 16300 余元，共支出 24 万余元，以充实设备，并接受裕民银行捐赠设备费 10 万元。1941 年 6 月呈准试办新制专科，招收初中毕业生，修业六年。原有旧制专科，仍旧继续办理至学生毕业。1941 年度第一学期，学校设有五年制医科四班、六年制医科一班，学生 185 人，教职员 55 人，年度经费数为 242649 元。[②] 1945 年初，有学生 200 余人，教职工 40 余人，其中正副教授 20 余人，其中包括熊俊、李为涟、孟宪荩、林镜平、程崇圮等许多国内知名医科专家。1945 年 1 月，学校迁往宁都，抗战胜利后迁回南昌。1946 年 4 月省府委派孟宪荩教授接替熊俊任校长，着手全面调整健全学校机构设施，设有解剖组织学及生物学、生理学及药理学、生物化学及有机化学等七个教室。学校设有附属医院，诊疗科目有内科、外科、儿科、妇产科、耳鼻喉科、皮肤科、眼科等。学校还成立了以校长为主任委员的《江西省立医学专科学校校刊》编辑委员会，该刊物在省内外出版发行，旨

① 彭友德:《八十年来江西高等教育概况》，载中国人民政治协商会议江西省委员会文史资料研究委员会《江西文史资料选辑（第 15 辑）》，1985 年，第 101 页。

② 程时煃:《十年来之江西教育》，载江西省政府《赣政十年》，1941 年，第 139 页。

在交流医术与介绍经验。1949 年 5 月 1 日，胡献尚教授任校长并成立应变委员会，学校有教职工239人，在校学生520人。6月22日，学校被省军管会接管。[①]

国立中正医学院于 1937 年 9 月 25 日开学，从南昌、武汉招收学生 108 名，王子玕[②]任校长；12 月，学校迁往永新；1938 年冬，武汉失守，学校奉令迁往昆明；1940 年夏，迁往贵州镇宁；1941 年 9 月，迁回江西永新；1944 年 7 月底，衡阳被围困，奉令迁往赣南，3 个月后，因日军逼近，又迁往福建长汀；1945 年抗战胜利，学校复员南昌。抗战期间教学人员与设备、经费等多次面临巨大困难，学校随时有停办、解散的可能。校长王子玕团结全校师生，艰苦奋斗，教学工作从未中断。学校师资阵容强大，张孝骞教授在昆明和贵州镇宁为学校授课，北大一级教授赵以炳自 1939 年起在校任教八年。1946 年，国立中正医学院有解剖、生理及药理、病理（含法医）、内科（含放射）、外科（含妇产）等教学班，学生 365 人，教职员 98 人。[③]学校培养了刘为汶、黄自强、陈文庆、葛宝丰、谭铭勋、陈灏珠、陈在嘉、程天民等蜚声中外、卓有成就的毕业生。1949 年，改称南昌医学院，8 月，与第四野战军医科学校合并成立第六军医大学。

江西省立兽医专科学校于 1938 年 11 月单独设立，其前身为农业院 1936 年所设兽医养成所，由农业院院长肖纯锦兼任校长，由王承钧协助主持校务，经常费由农业院统筹拨付，招收高中毕业生，修业三年。抗战时期学校迁往泰和。1941 年，王承钧任校长，设兽医科一科，学生 57 名，教职员 31 名，多为农业院技师兼任，全年经费为 83000 元。[④]从 1938 年到 1949 年，共培养毕业生 200 余人，他们服务于大专院校、科研机构、兽医行政、防疫检疫、

---

① 张希仁主编:《江西高等学校简史》，江西省教育志编纂委员会办公室，1988 年，第 99—102 页。

② 王子玕（1880—1963），江西永新人，1912 年赴美留学，1916 年获欧柏林大学生物系理科学士学位，1920 年获芝加哥大学研究院理科硕士学位，1923 年获圣路易大学医学院博士学位；回国后任职湘雅医学院、江西医学专门学校，1927 年任湘雅医学院教授兼院长，1937 年参与创办国立中正医学院，并任首任院长。

③ 彭友德:《八十年来江西高等教育概况》，载中国人民政治协商会议江西省委员会文史资料研究委员会《江西文史资料选辑（第 15 辑）》，1985 年，第 105 页。

④ 程时煃:《十年来之江西教育》，载江西省政府《赣政十年》，1941 年，第 139 页。

食品卫生和外经外贸部门。学校教学重视实习，设有内科诊断、生理动物、化学、病理寄生虫、解剖和细菌免疫六个实验室，以及家畜病院和实习牧场；强调技术推广普及和行政管理相结合。王承钧校长的"兽医行政"课程颇具特色，他自编讲义，旨在提高学生的行政管理能力。学校严格实施学分制和淘汰制，让不合格学生留级或休学。学校师资力量相对雄厚，1938—1940年，盛彤笙、王履和、臧广田、忻介六、黄异生、方悌、罗登义、邓保和、谌亚远、沈叔钦、唐启宇、张明善等教授先后到学校任教，向铸、吴士英、陈礼庭等青年教师担任专业基础课程教师。1940年后，因学者陆续转赴云南、四川、贵州等抗日大后方工作，王承钧校长先后延请中正大学、中正医学院等院校教授来校任教。[①]1949年5月，王承钧率领留校师生保护学校，迎接解放。[②]

江西省立农艺专科学校1931年由江西公立农业专门学校奉部令改称，学校分设农林两科，修业期限三年。因受教育经费限制，学校设备未能充实，1933年成立江西农业院，制订改进农业教育计划，全省农林教育经费拨归农业院主管，江西省立农艺专科学校更名为江西农业院附属农艺专科学校，大部分教员来自农业院，教职员43人，其中兼任教授25人，专任教授1人，农艺科学生16人。经农业院决定，学校停止招生，1935年结束办学，共毕业专科生371人。[③]后来，因省内农林建设事业发展迅猛，急需农业专门技术人员，1942年度江西省行政计划列入恢复设立农业专科学校。[④]1943年6月筹备复校，1944年1月复校，校址设于泰和橘园，开设有农艺、农业工程、农产制造及中等农业机械四科，学制三年。1943年8月至1949年，向瑞春担任校长。1944年，学校疏散至兴国，同年9月，迁回泰和。1945年1月迁至婺

① 金大鈊：《我的母校——江西省立兽医专科学校》，载南昌市政协文史资料研究委员会《南昌文史资料选辑（第8辑）》，1992年版，第97—104页。

② 《江西省人物志》编纂委员会：《江西省人物志》，方志出版社2007年版，第547页。

③ 彭友德：《八十年来江西高等教育概况》，载中国人民政治协商会议江西省委员会文史资料研究委员会《江西文史资料选辑（第15辑）》，1985年版，第101页。

④ 程时煃：《十年来之江西教育》，载江西省政府《赣政十年》，1941年，第139页。

源，11月迁至南昌西关口，1948年4月，迁入前省农艺专科学校校址。[①]1949年5月南昌解放，该学校不久并入国立南昌大学。

江西省立体育师范专科学校成立于1943年9月。学校经历了江西省立体育场附设体育师范（1936）—江西省立体育场附设高中体育师范科（1939）—江西省立体育师范学校（1942）—江西省立体育师范专科学校（1943）的发展过程，余永祚一直担任负责人和校长。江西省立体育师范专科学校保留了三年制的师范科，并受教育部委托办了一期体育师资训练班，初步形成了多层次体育师资培养格局。学校行政管理机构完善，设有校长室、教务处、训导处、总务处、图书仪器室、会计室、医务室、课外运动指导委员会和毕业生服务指导委员会。毕业生服务指导委员会有专人负责，办理毕业生工作介绍和通信辅导工作。仅少数毕业生自行解决工作，绝大多数由学校推荐介绍，很少失业和改行。历届毕业生450余人，主要服务于省内外各级学校和体育事业单位。抗战时期学校数度搬迁和重建。1946年，余永祚不顾双目失明，四处为修建校舍筹集资金，改善教学环境和设备，从外省聘请教师扩大教师队伍，提升教学质量。1946年秋季，学校增设二年制专修科、一年制简易师范科和二年制音乐专修科，开创了全省音乐人才的培训事业。音专科因《筑》触犯国民党当局大忌，经费被砍，科主任陆华柏以及教师甘宗蓉、万昌文辞职，1947年音专科被迫停止招生。1948年夏季，第一届五年制专科学生毕业，同届毕业的还有二年制专修科、三年制师范科和二年制音乐专修科的学生。两个专业四种学制毕业生共120多人。毕业生除体育专业13人应聘去台湾工作，其余都受聘省内中等以上学校任教。1949年8月，学校与国立中正大学、兽专、农专、工专合并成立南昌大学，成为南昌大学体育专修科。[②]

私立立风艺术专科学校1943年9月由著名国画家胡献雅创办于泰和东门

---

① 李安全主编:《江西省档案馆指南》，江西人民出版社2007年版，第77页。

② 颜学恕:《江西省立体专历史概述》，载南昌市政协文史资料研委员会《南昌文史资料选辑（第8辑）》，1992年，第82—90页。

内陈家祠，1945 年底，学校迁至南昌，临时校址在船山路，1947 年因经费困难停办。办学四年间学校为省内培养美术人才 160 余人，他们多任教中学或在文化馆工作，有的成为教授或知名画家。胡献雅系胡廷銮次子，1925 年毕业于上海美专，师从艺术大师刘海粟。立风艺专的创办填补了抗战时期江西高等教育中艺术教育的空白。胡献雅创办立风艺专，从酝酿、筹措资金、延聘教师到应酬、开学，事必躬亲，殚精竭虑。1943 年 9 月 10 日，学校如期开学。省政府主席曹浩森题字"立己立人"，开学典礼上程时煃代表省教育厅致辞，称赞胡献雅"用社会力量办学的方式创办了我省第一所艺专，弥补了江西省历史上没有艺术高校的空白"。学校教师先后有胡献雅、康庄、梁邦楚、尹春林、余塞、胡江非、齐宪模、胡华国、熊作霖、余心乐、张孟伦、杨信昭、杨轩良、胡献可、周慎予和胡席珍等，大多是全省艺术界的台柱子。学校设有校董会，校董有胡献雅、陈协中、罗时实、孙镜亚、胡献群、匡正宇、周子实、王德舆、柳藩国等，陈协中为董事长。学校开设有绘画系和艺术教育系，学制三年。课程设置上，专业课有中国画、西洋画、图案、雕塑、音乐；文化理论课有文学、中国通史、外语（英语和日语）、艺术概论、美术史、艺用人体解剖、色彩学、透视与构图；体育列为课外活动，可自由参加。教学提倡"学以致用，一专多能"，力图培养能解决实际问题、通晓美术理论、绘画能中能西又会装潢设计的多面手。课程设置中素描比重较大，西洋画教学以水彩水粉为主，重静物和野外写生，个别有条件的学生也接触油画习作。教学劝导学生先掌握写实技法，把基本功练扎实，从形似到神似，不可好高骛远。康庄先生的西画教学紧扣写生，油画及版画功底深厚，学生对他的讲课及示范创作兴趣极高；梁邦楚先生的写意花鸟造诣至深，课堂教学当众挥毫，笔墨神形兼备；余塞先生的图案设计在泰和首屈一指；尹春林先生的雕塑课和胡江非先生的音乐课非常独到。1945 年，日寇进犯赣中，学校一度迁往兴国。胡献雅通过个人画展筹集学校办学经费，抗战时期在上海、南京等地五次举办个人画展，国民政府主席林森、冯玉祥、于右任等曾参观他的画展，对其作品赞赏有加，并选购过他的国画；陈嘉庚、省内金融巨子王德舆、周子实、余建丞都曾慷慨解囊支援其办学。1946 年 8 月，胡献雅最后一次为学校集资的个人画展在南京举行，展出地点为中央饭店礼堂，中外宾客参观并选购国画，这次画展在南京引起学术界好评。学校经费来源之二是学生缴纳的学费及学米（对个别家境困难学生减免学费）。①

省立幼稚师范学校附设专科始于 1940 年 8 月，陈鹤琴任校长，1943 年该校由省立改为国立，以“培养幼师师资及研究儿童教育人才”为办学宗旨，将“活教育”理论运用于教学实践。②

私立信江农业专科学校于 1943 年冬，由地方人士及社会贤达在联立信江农业职业学校的基础上筹办。1945 年春，学校成立，校址初设于信江书院，1946 年迁至铅山鹅湖书院。学校经费来源之一为信江、鹅湖两书院田产、房产收入，每年租谷 3500—4000 石；二为学校理事会每年筹措的办学基金。理事会成员来自第六行政区所辖上饶、玉山、广丰、铅山、横峰、弋阳、贵溪、余干、余江、万年等县。学校招收高中毕业生学制两年、初中毕业生学制五年，初设农艺、园艺两科，后增设农业经济科。二年制共同必修课有党义、普通植物学、国文、植物生理、气象学、外国语、植物病理、农村合作、动物学、地质学、测量学、有机化学、造林学、普通昆虫、普通园艺、农场管理、经济昆虫、农业经济、土壤肥料、农场学习、畜牧学、遗传学、农产制造；二年制农艺科必修课有作物学、作物育种、农具学、垦殖学、农田水利；二年制园艺科必修课有蔬菜园艺、果树园艺、花卉园艺、苗圃学、造园学。五年制前三年加授国文、历史、地理、英文、物理、化学、数学等基础课程，其余与二年制相同。1946 年，学校有学生 200 人，1947 年有 238 人，1948 年有 140 人，1949 年初有 210 人。1946 年和 1947 年教职员均为 21 人，1949 年初有教职员 37 人，其中不少属于国内权威学者。校长程兆熊，园艺学家，获巴黎大学博士学位。学校师资

① 唐子:《胡献雅与立风艺专》，载南昌市政协文史资料研究委员会《南昌文史资料选辑（第 8 辑）》，1992 年，第 91—96 页。

② 黄定元、张希仁主编:《江西省教育志》，方志出版社 1996 年版，第 378 页。

力量雄厚，昆虫学家杨惟义教授，农艺学家顾华孙教授，土壤微生物学家黄野萝教授、博士，园艺学家冯吉安教授，农学界权威郭守纯教授均在校任教。学校农艺场面积 381 亩，栽培食用及特用作物；园艺场 299 亩，栽培果树、花卉、蔬菜等；林场面积 5001 亩，栽植油桐、松杉；等等。学校还设有实验区和标本区，供学生实习和教学示范之用。1949 年 8 月学校被赣东北行署接管。[①]

江西省立陶业专科学校于 1946 年底由教育部长朱家骅批准立案，“准办专科，仍附职校”。学校前身是张㞾侯 1910 年联合直隶、安徽、湖北、江西四省协资创办的中国陶业学堂（第二章第二节有相关介绍）。1913 年，改称江西省立饶州陶业学校，1915 年，依照教育部令改称江西省立甲种工业学校，1916 年设分校于景德镇，成为江西省立乙种工业学校，专事彩绘教学。1926 年分校停办。1923 年甲种工业学校改称江西省立景德镇陶业学校，拟迁至景德镇，但因搬迁费无着落，1924 年复称江西省陶业学校，校址仍在饶州。1934 年迁至九江，改名江西省立陶瓷科职业学校。全民族抗战爆发，九江沦陷，学校遂迁至靖安，1938 年又迁往萍乡，1944 年 11 月迁至景德镇。学校招收小学毕业生，分工程、艺术两个专业，工程学制六年，艺术学制四年，学生人数 150—200 人。1945 年 8 月开学，增设陶瓷工程、陶瓷艺术两个大专专业，招收高中毕业生二年制专科班，招收初中毕业生学制五年。1949 年后，陶瓷美术科师生并入南昌大学。学校教师多人曾留学日美。创办陶业学校是为了在继承祖国陶瓷传统优势的基础上结合西方新法和长处，进行改革或改良。教学注意与陶瓷生产相结合，每星期安排半天参加专业生产劳动，年级越高，专业劳动时间越长，注重培养学生实践能力。[②]

江西省立水利专科学校的前身为省立南昌高级水利科职业学校。1948 年 8 月，省立南昌高级水利科职业学校在招收两届专科班以后正式改名。[③]

---

① 江西省上饶地区教育志编纂组：《上饶地区教育志》，1991 年，第 277—278 页。

② 张希仁主编：《江西高等学校简史》，江西省教育志编纂委员会办公室，1988 年，第 70—71 页。

③ 黄定元、张希仁主编：《江西省教育志》，方志出版社 1996 年版，第 378 页。

二、国民政府时期高等教育发展特征

从以上国民政府时期江西高等学校办学的起止时间可以清楚地发现，国民政府时期江西高等教育发展以全民族抗战开始为界限，分为战前（1927—1936）、战中（1937—1945）和战后（1945—1949）三个阶段。战前江西高等学校从 1927 年的六所到 1935 年降至工专、医专 2 所，学生 97 人，教职员 87 人（见表 4–2），这种情形延续到 1937 年 9 月国立中正医学院在南昌成立。这一时期高等教育发展苟延残喘，体系规模无从谈起。全民族抗战开始后，国立中正医学院、省立兽专、国立中正大学、省立农专、省立体专、信江农专、立风艺专等先后成立和创办，临时省会泰和处于抗战前方的大后方、大后方的前方，会聚了大量高教界精英，高等教育发展颇有起色，逐渐形成包括一所综合性大学、一所独立学院以及一系列门类较为齐全的专科学校在内的高等教育体系。这一体系大学、独立学院和专科学校类型结构完备，国立、省立和私立办学主体多元，工、农、医、体、艺等学科门类齐全，总体办学实力较为雄厚。1945 年抗战胜利后，随着内迁高校复员，留赣学者、教授纷纷返回，江西地缘优势得而复失，加之 1946 年蒋介石发动全面内战，江西高等教育体系开始瓦解，如 1945 年省立幼稚师范学校附属专科迁往上海，1947 年私立立风艺专停办，办学实力也开始大为削弱。

从表 4–2 中进一步可知，1928—1937 年，江西专科学校数量从 4 所（此处因两所私立法政专门未予备案，故不记录在内）减为 2 所；学生规模从 700 人左右降至 1937 年全民族抗战前夕的 84 人；教职员数量从 1928 年的 170 人降至 1937 年的 57 人；专科学校经费也从近 20 万元降至不到 10 万元。这表明全民族抗战爆发前十年江西高等教育发展急速倒退，高校类型更趋于单一，规模越发缩小，办学完全依赖省府，无国立和私立高校，经费投入不断降低，降幅达 50%。但是这一时期却是相邻省份高等教育发展的“黄金时期”。1936 年相邻省份高等学校创办情形详见表 4–3。

表 4-2 江西省立专科学校概况统计(1928—1941)

项目 / 学年	学校数(个)	学级数(个)	学生数(人)	毕业生数(人)	教职员数(人)	经费数(元)
1928	4	–	635	62	170	192044
1929	4	–	767	124	158	209154
1930	4	–	704	221	161	188918
1931	4	11	661	195	178	214694
1932	4	12	504	154	140	205293
1933	3	11	163	17	129	193165
1934	3	8	104	13	123	126160
1935	2	8	97	21	87	145081
1936	2	9	136	29	63	122827
1937	2	8	84	20	57	99510
1938	3	14	86	23	72	138895
1939	3	13	241	29	83	152174
1940	3	15	323	42	125	333679
1941（1）	3	17	456	–	144	427119

注：表中 1941 年的数据为该年度第一学期，故尚无毕业生数据，其余均为全年度数据；各校学生人数均不含附设高中部学生；1928—1930 年学级数未详，学生数、毕业生数、教职员数、经费数参见《江西省教育统计（民国二十一年度）》，载王燕来选编《民国教育统计资料汇编（28）》，国家图书馆出版社 2010 年版，第 72、74、76、78 页相关内容；并与刘治乾编《江西年鉴（1936）》，江西全省印刷所 1936 年版，第 362 页相关内容进行比对和印证。

表 4-3 1936 年江西与邻省高校类型及校数比较

单位：所

省别 / 类型	江西	广东	浙江	湖北	湖南	安徽	福建	全国
大学	0	4	1	3	1	1	1	41
独立学院	0	2	1	1	1	0	2	34
专科学校	2	2	2	2	0	0	1	30
合计	2	8	4	6	2	1	4	105

注：本表根据教育部《民国二十年度全国高等教育概况统计表》，载中国第二历史档案馆编《中华民国史档案资料汇编·第五辑第一编·教育（一）》，江苏古籍出版社 1994 年版，第 248—271 页相关内容整理而成。

从表 4-3 中可知，当时全国国立、省立和私立大学 41 所，相邻省份均有至少 1 所大学，其中广东 4 所，湖北 3 所，其余省份各 1 所，唯独江西没有；国立、省立或私立独立学院全国共有 34 所，相邻省份大都有 1—2 所，仅江西和安徽没有；江西仅有专科学校 2 所。这一比较凸显了全民族抗战爆发前江西高等教育发展落后的严峻状况。

表 4–4 为 1933 年江西四所省立专科学校基本情况，各校岁入岁出经费 2 万—8 万元，编制规模维持在 1—2 科，工专教职员 58 人为数最多，而医专仅 24 人，设备价值仅工专一校略超 1 万元，其余三校均不足 5000 元。同一时期邻省专科学校不多，有广东省立工业专科学校、浙江省立医药专科学校和私立福建法政专科学校以及私立武昌艺术专科学校等四所，这四所学校基本情况具体参见表 4–5。

表 4–4　江西省专科学校基本情况（1933 年 7 月）

项目 \ 校别		江西省立工业专科学校	江西省立医学专科学校	江西省立农艺专科学校	江西省立法政专科学校
经费（元）	岁入	74685	61664	51746	29222
	岁出	73769	61664	50688	28552
编制	科	1	1	1	1
	组	2	1	1	2
课程	种数	33	28	14	51
	每周时数	72	144	38	166
教职员	教员	37	15	26	33
	职员	31	16	24	13
	互兼	10	7	7	4
	合计	58	24	43	42
在校生		38	110	12	108
毕业生		–	26	18	51
设备价值（元）		10289	4400	4160	3266
图书册数（册）		5230	1027	4382	10146

注：本表根据教育部《全国各专科学校概况》，载中国第二历史档案馆编《中华民国史档案资料汇编·第五辑第一编·教育（一）》，江苏古籍出版社 1994 年版，第 268—269 页相关内容整理而成。

表 4-5 邻省四所专科学校基本情况（1933 年 7 月）

项目 \ 校别		广东省立工业专科学校	浙江省立医药专科学校	私立武昌艺术专科学校	私立福建法政专科学校
经费（元）	岁入	136650	92694	235640	36874
	岁出	129648	80473	146820	36874
编制	科	1	1	1	1
	组	3	2	2	2
课程	种数	156	25	23	55
	每周时数	366	121	92	147
教职员	教员	71	27	55	26
	职员	27	30	15	13
	互兼	5	3	5	9
	合计	93	54	65	30
在校生		99	98	112	262
毕业生		–	32	32	107
设备价值（元）		–	9524	10560	1200
图书册数（册）		2220	3872	10000	45543

注：本表根据教育部《全国各专科学校概况》，载中国第二历史档案馆编《中华民国史档案资料汇编·第五辑第一编·教育（一）》，江苏古籍出版社 1994 年版，第 268—271 页相关内容整理而成。

通过以上比较发现，相邻省份专科学校经费大大超过江西，其中，广东省立工业专科学校岁入岁出经费几乎为江西省立工业专科学校的两倍；广东工专学生 99 人，教职员 93 人，江西工专学生 38 人，教职员 58 人，二者差距甚大。江西医专在校生 110 人，浙江医专 98 人，前者略有优势，然而，江西医专教职员仅 24 人，浙江医专教职员 54 人，为江西的两倍有余；浙江医专岁入比江西医专多出 3 万余元。这充分表明全民族抗战爆发前江西高等教育发展规模小、学生及教职员数量少、经费投入低的状况。

表 4-6 为 1931 年江西与邻省专科以上学生总数与人口比率的对比。江西百万人口中专科以上学生为 60 人，低于全国平均数 93 人。与相邻省份相比，远低于福建（261 人）、广东（180 人）、浙江（165 人），也不及安徽（88 人），只与湖南（50 人）、湖北（49 人）相差不大。

表 4–6 1931 年江西省与邻省专科以上学生总数与人口比率之比较

项目 / 省份	专科以上学生数（人）	人口总数(人)	百万人口学生数（人）	全国位次
全国	44130	474787386	93	–
江西	1346	20322837	60	12
广东	5844	32427626	180	4
浙江	3414	20642701	165	5
湖北	1302	26699126	49	14
湖南	1592	31501212	50	13
安徽	1916	21715396	88	8
福建	2609	10071136	261	1

注：本表根据教育部《全国专科以上学生总数与各省人口之比率》，载中国第二历史档案馆编《中华民国史档案资料汇编·第五辑第一编·教育（一）》，江苏古籍出版社 1994 年版，第 246—247 页内容整理而成。

从民初至全民族抗战爆发前，由于江西高等教育发展较为薄弱，本省学子到省外求学人数呈现逐年上升趋势，到外省求学人数具体如表 4–7 所示。1932 年，江西省专科学校学生共有 504 人（工科 233 人，法政科 53 人，农科 122 人，医科 96 人），赴外省求学者 584 人，到国外留学者 116 人，[①]省外求学人数比省内多出 196 人，是省内人数的 138.89%。进一步统计发现，省外求学大学生中文科、法政科学生总数占比大，工科次之，其后依次为理科、教育科、农科，这些科类占据总数的 91.9%。学生科类选择取向反映出省内高等教育的需求仍以文科、法政科为重。

表 4–7 江西省外国立及专科学校历年度赣籍学生学科统计(1928—1932)

年度 / 人数 / 科别	1928	1929	1930	1931	1932	合计
法政科	90	95	118	122	105	530
文科	71	79	111	128	140	529

① 佚名:《江西省教育统计（民国二十一年度)》，载王燕来选编《民国教育统计资料汇编（28)》，国家图书馆出版社 2010 年版，第 91 页。

续表

科别＼人数＼年度	1928	1929	1930	1931	1932	合计
工科	78	84	103	95	129	489
理科	34	43	75	66	90	308
教育科	14	12	22	41	42	131
农科	11	16	17	22	24	90
艺术科	10	11	8	11	14	54
商科	9	7	5	10	18	49
医科	10	7	6	7	11	41
体育科	4	2	3	7	8	24
其他	4	4	1	4	3	16
总计	335	360	469	513	584	2261

注：本表根据《江西省教育统计（民国二十一年度）》，载王燕来选编《民国教育统计资料汇编（28）》，国家图书馆出版社 2010 年版，第 88 页相关内容整理而成。

进入全民族抗战阶段后，江西高等教育发展出现起色，大有触底反弹之势。1937 年 9 月，国立中正医学院成立；1938 年 11 月，江西省立兽医专科学校成立；1940 年 10 月 31 日，国立中正大学在泰和杏岭开学，同年，省立幼稚师范学校附设专科班；1943 年，省立体育师范专科学校、私立立风艺术专科学校相继设立；省立农专于 1944 年恢复办学；1945 年私立信江农业专科学校成立。至此，江西高等教育体系日渐完备，从大学、独立学院到系列专科学校一应俱全。这一时期江西处于抗战大前方的后方、大后方的前方，位置相对有利，临时省会泰和甚至成为东南地区的经济、政治、文化和教育中心。同一时期，相邻各省高校陆续西迁，因而更凸显了江西高等教育发展的优势地位。表 4–8 为 1947 年江西与相邻省份高校类型及校数比较情况。表中数据既反映了江西高等教育 1937 年以来的巨大发展，也反映出抗战胜利后发展略有退步的趋势。但是，无论与自身 1937 年前相比，还是与同时期相邻省份比较，江西高校类型及校数都还算可圈可点。这时，全国大学增加至 53 所，江西仍然保持 1 所，在相邻省份中略显落后；独立学院全国 75 所，江西 1 所，这在相邻省份中与浙江、安徽相同，但不如广东、福建、湖南、湖北；全国专科学校58所，江西8所，超过相邻省份；江西高校总数为10所，排名第三，仅次于广东（17所）、福建（11所），多于湖北、湖南、浙江和安徽。

表4-8　江西与相邻省份高校类型及校数比较（1947）

类型＼省别	江西	广东	浙江	湖北	湖南	安徽	福建	全国
大学	1	5	2	3	2	1	2	53
独立学院	1	5	1	3	3	1	6	75
专科学校	8	7	2	3	1	1	3	58
合计	10	17	5	9	6	3	11	186

注：本表根据教育部教育年鉴编撰委员会《第二次中国教育年鉴（2）》，商务印书馆1948年版，第99—303页相关内容整理而成。

全民族抗战时期，江西高等教育不仅体系较为完备，而且师资力量雄厚。这在本章第一节各高等学校概述中已述及，本章第二节国立中正大学的创办及办学中也将会再有论述。此处仅强调高等教育师资力量在此期间十分雄厚的原因：首先，大量的赣籍、非赣籍教授因躲避战乱，从东南沦陷区高校来到相对安全的江西，并选择在此地的高校工作；其次，胡先骕、余永祚、胡献雅、王沚川、蔡方荫等一大批高等学校校长治校有方，他们利用自身影响力吸引和罗致了一大批著名学者和教授；再次，全民族抗战时期江西工农业经济发展较好，因而高等教育经费支出较有保障，特别是国立中正大学、国立中正医学院可以为留赣教授提供较好的薪资待遇，解除了他们生活的后顾之忧，从而使他们潜心教学。然而，随着战局变化，江西的这一优势并没能持续太久。如1940年，盛彤笙、王履和等教员便离开江西兽专前往云南、四川、贵州等地工作。随着战后高校回迁和国共内战时期的到来，江西高等教育发展因师资流失越发严重而陷入深重的教育危机。此外，高等教育经费投入不足等不利因素也直接导致了战后江西高等教育发展困难重重。下面拟具体考察不同阶段江西高等教育的经费状况，因国立中正大学及国立中正医学院办学经费主要取自国民政府，此处省高等教育经费不涉及这两所学校。

表 4–9、表 4–10 为江西省 1927—1942 年 16 年间教育总经费、高等教育经费及其占比情况。从中可知，1927—1934 年高等教育经费总量不大，但其占比持续上升，最高达到 14.94%，这为当时及全民族抗战期间高等教育发展准备了较好的条件。1937 年以后，高等教育经费及其占比有所下降，占比平均保持在 7% 左右，但是教育经费总额有了巨大的增长（1938 年除外），从 1937 年的 258 万余元增长到 1942 年的 1152 万余元，增幅高达 346.5%；1936 年、1937 年、1939 年和 1940 年高等教育经费年均 25 万元左右，1941 年增至 85 万余元，1942 年达 70 万余元。战时不断增加的高等教育经费保障了高等教育发展的良好态势。

表 4–9　江西省 1927—1935 年度高等教育经费历年占比情况　单位：元

项目＼年份	1927	1928	1929	1930	1931	1932	1933	1934	1935
教育总经费	2149448	2020000	2000000	2000000	2000000	2000000	2126410	2000000	2000000
专科学校	–	198982	209154	209154	220303	229341	282732	298830	165830
留学经费	–	132548	156756	156252	228783	179002	142727	142727	118290
专科学校占比(%)	–	9.85	10.46	10.46	11.01	11.47	13.30	14.94	8.29

注：本表根据《江西通志稿》第 23 册第 14、15 页，以及教育部《民国十九年至三十三年各省市教育经费概况》，载中国第二历史档案馆编《中华民国史档案资料汇编·第五辑第一编·教育（一）》，江苏古籍出版社 1994 年版，第 113 页相关内容整理而成。

表 4–10　江西省 1936—1942 年度高等教育经费历年占比情况　单位：元

项目＼年份	1936	1937	1938	1939	1940	1941	1942
教育总经费	2573000	2588998	1518361	2724756	4357923	9113755	11525586
高等教育经费	284120	284120	108269	184634	248020	854112	700643
占比(%)	11.04	10.97	7.13	6.78	5.69	9.37	6.08

注：本表根据《江西通志稿》第 23 册第 14、16 页相关内容整理而成。1937 年度除基金两百万元外，省库增拨数为 588998 元，预算共列 258998 元；后因全民族抗战爆发，省地预算紧缩，省库增拨

之教育经费减去 207503 元；中央拨付之基金亦自本年九月起七折实付，故本年度省教育经费实际仅支出 1781495 元；1938 年度省教育经费支出预算原列 1518361 元，后因决定自 1939 年度起改会计年度为历年制，1938 年度仅有 7 月至 12 月六个月。奉令依照 1937 年度预算延长适用半年，故实际仅支出 890748 元。

表 4–11 是 1930—1934 年江西与相邻省份教育经费比较情况。从中可知，全民族抗战爆发前江西教育经费投入基本维持在每年 200 万元左右，在相邻各省中处于较低的水平，仅略高于福建，1931 年、1932 年高于广东，1933 年略高于浙江，与其他邻省存在 10 万—100 万元的差距。江西这时高等教育经费约占教育总经费的 11%，江西高等教育经费支出基本维持在 20 万—30 万元（具体可参见表 4–9），具体到当时四所专科学校，每校仅有 3 万—8 万元，具体可参见表 4–4；前述江西专科学校与相邻省份专科学校比较，江西经费投入明显不足，这也成为全民族抗战爆发前江西高等教育发展毫无起色的重要原因。

表 4–11　1930—1934 年度江西省与相邻省份教育经费比较　单位：元

年份＼省份	江西	广东	浙江	湖北	湖南	安徽	福建
1930	2000000	2143753	2531170	3228859	3386394	2537869	1549000
1931	2000000	1894149	2730362	4260636	2289731	2771492	1549000
1932	2000000	1753799	2427621	2466872	2475072	2542225	1440000
1933	2126410	5420572	2106436	2585192	2483591	2665480	1633368
1934	2000000	3163319	2275958	2209634	2504029	2775225	1748804

注：本表根据教育部《民国十九年至三十三年各省市教育经费概况》，载中国第二历史档案馆编《中华民国史档案资料汇编・第五辑第一编・教育（一）》，江苏古籍出版社 1994 年版，第 112、113、114 页相关内容整理而成。

综上可知，国民政府时期江西高等教育发展经历了全民族抗战前的低谷期、战时的兴盛期以及战后的衰退期三个不同的阶段。低谷期江西高等教育体系单一，最严峻时只剩下工专、医专两校，在校生不足百人，经费不足，规模甚小；全民族抗战时期高等教育体系日渐完善，大学、独立学院和系列专科学校类型多样，学科门类齐全，公私立办学主体多元，师资力量雄厚，教育经费投入较有保障；抗战胜利以后衰退期学校总数虽不曾减少，但教师流失严重，高等教育开始陷入办学危机。

第二节　国立中正大学的创办及办学实践

一、熊式辉与“赣人治赣”

1931 年 12 月，熊式辉[①]接替鲁涤平成为江西省政府主席。据说当时熊式辉原本被任命为浙江省政府主席，但是他认为在浙江干得好只能是锦上添花，而在相对贫困和落后的家乡江西能干出成绩则更具意义。因此，他主动向上级请求与鲁涤平调换，鲁毫不犹豫就答应了。熊式辉接管江西时，省库财政只剩下区区 2 元。[②]熊式辉以“赣人治赣”为旗号，他认为：

> 新江西的建设，要以三千万人民一致的努力为基础，……赣人治赣，不是以省府主席及几个委员是江西人就了事，是要全体的江西人，能一致努力来治江西的事，换一句话，就是三千万人民自治起来，这才是赣人治赣的真精神……[③]

以上足见熊式辉具有清醒认知和务实精神。他随后在江西进行了颇有成效的政治、经济、教育等方面的系列改革。李璜在巡视江西后盛赞江西无官

① 熊式辉（1893—1974），江西安义人，国民党政学系主要骨干，1911 年加入中国同盟会，参加辛亥革命；先后毕业于保定军校和日本陆军大学，后参与护法战争、北伐战争，曾任淞沪警备司令。

② 胡运鸿：《精通博取蒋介石欢心的“智囊”熊式辉》，载文昊编《他们是怎样当官的》，中国文史出版社 2005 年版，第 333 页。

③ 熊式辉：《赣人治赣之真精神》，载江西省政府《赣政十年》，1941 年，第 7 页。

气、惰气和苟且因循之气，交通、建设、教育、生计均呈现一片振兴气象；[①] 南京国民政府邀请的国际记者考察团也对江西建设作出类似的高度评价：

> 举凡余等所见，如道路、桥梁、汽车交通、堤工、住宅及学校建筑、土地整理、卫生行政、民族之醒觉、学校教育、新生活运动、农村合作社、造林运动等，均表现出一种守秩序、重纪律、富于牺牲之精神……[②]

这些评价虽不免有夸张溢美之嫌，却仍有其可信之处。为加强江西地方政权建设，首先，熊式辉建立以江西籍政学系成员为核心的省治机构，由“八大巨子”把持省政府要害部门，当中不少人的确很有才干；同时，他极力笼络学者名流，使之在政权中发挥实际作用。其次，在党政委员分会制度基础上首创介于省县之间的行政区专员制度，1932 年 6 月正式通过《江西省各行政区长官公署暂行规程》，全省 83 个县被划分为 13 个行政区，[③] 每区设行政长官一人，以监督、指导、统筹县政，[④] 这样加强了省政府对全省的掌控能力，提升了行政效率。再次，熊式辉大规模改造县政，组织惩办贪污法庭和公务员惩戒会，以整顿吏治和强化对公务员的约束；举办县政人员训练班，加强对他们的政治及现代知识教育，从 1932 年到 1934 年底，熊式辉亲自选定人员组织县政研究会，1935 年，又将县政研究会扩充为“江西省县政人员训练所”；1938 年为适应抗战需要、造就政治干部人才、解决县长及县行政人员人才缺乏问题，在南昌梅岭开办“江西地方政治讲习院”，1940 年 8 月，又改称“江西地方行政干部训练团”。经过以上改革措施，江西地方统治力量得以增强。这一地方势力以听命于蒋介石、易于获得国民党中央的支持、党政

① 沈云龙主编：《近代中国史料丛刊（第 8 辑）：江西纪游》，文海出版社 1973 年版，第 1—2 页。

② ［德］M.S. 爱伯夏：《赣省收复县区视察记》，祝元清译，民国日报社 1935 年版，第 53 页。

③ 1935 年全省行政区由 13 区缩减为 8 区，1939 年增加到 11 区，不久又缩减为 9 区。

④ 江西省政府：《江西省政府训令：法字第 273 号（廿一年六月九日）》，《江西省政府公报》1932 年第 17 期，第 40 页。

军民财结合、团队实力雄厚为其显著特征，[①] 对于推进江西行政建设现代化颇为有利。这股势力具有较浓厚的家乡情怀，易于发挥“赣人治赣之真精神”，客观上为高等教育发展提供了较为安定的政治环境和保障。

经济建设方面，熊式辉积极采取恢复工农业生产的改革措施。连年战争严重破坏了江西经济社会发展，致使人口锐减、人民负担沉重、商品经济环境恶劣。熊式辉认为江西凋敝已极，农工商各业均濒于破产。为此，1935 年被确定为“建设年”。早在 1932 年底已制定《江西建设三年计划》，次年又成立江西经济委员会，开始进行一些建设。但到 1935 年全省才真正集中力量系统地进行各项经济建设。为解决人才缺乏问题，熊式辉一方面加强对各级人员的培训与教育，如前述 1935 年 1 月设立县政人员训练所，1936 年 10 月又成立江西百业教育委员会，以增进各项知识技能，大规模推行保学，致力于提高人们的知识和技能素质；另一方面大量引进人才以解燃眉之急，经济学家萧纯锦[②]、教育学家程时煃、陶瓷实业家杜重远[③]、音乐家程懋筠等均被其罗致来江西，这些高级专门人才为江西各项建设作出了卓越的贡献。熊式辉积极争取中央政府款项，为筹措江西农民银行基金，他去南京向财政部争取每月返留盐款 5 万元；江西争取中央拨付给地方的补助款数额较大，1935 年达到 770 万元，位居各省之首。[④]

熊式辉依据蒋介石的提议设立农业院。1933 年 7 月，省务会议通过《改进江西农业计划大纲》，决定设立江西农学院，负责全省农业研究、试验、推广及教育，以改进全省农业技术和改善农村生活。1934 年 3 月，农业院正式成立，这是全国第一个专门的省级农业机关。1936 年 5 月在莲塘建成占地千余亩的新院，聘请北京大学农学院院长董时进教授任院长。农业院成为专

---

① 万振凡、林颂华主编:《江西近代社会转型研究》，中国社会科学出版社 2001 年版，第 133 页。

② 萧纯锦（1893—1968），字叔纲，江西永新人，留学美国多年，获加利福尼亚大学经济学硕士学位。曾先后任北京女师大教务长、东南大学经济系主任、东北大学教务长，专门从事经济学教学与研究。

③ 杜重远（1897—1943），吉林省公主岭人，毕业于日本东京藏前高等工业学校窑业科，1923 年回国后在沈阳开设肇新窑业公司，曾任辽宁商业总会会长。

④ 何友良:《江西通史 · 民国卷》，江西人民出版社 2008 年版，第 252 页。

业实力雄厚的科技和教育机构，在良种培育、畜牧业及林业改进方面贡献巨大。[①] 除农业外，熊式辉在财政金融、交通电信、市政卫生、工商贸易等各方面均实施了改革。1938 年 9 月，在南昌设立江西省战时贸易事务处，办理和扩大公营贸易，以掌控物质资源，保障战时需要；1939 年 11 月，杨绰庵[②] 升任江西省政府委员兼建设厅长。在熊、杨二人的设计下，1940 年确定以战时经济建设为施政中心，其后几年江西在发展战时贸易、保证军地物资供应、兴办工业等方面成绩显著。从 1938 年开始，江西相继创办集重工业与军事需要为一体的炼铁厂、水泥厂、硫酸厂、机械厂等省营工厂 50 余家。[③]

经过一系列改革，江西经济建设取得了较好成绩。农业方面粮食产量增幅明显：1932 年，全省粮食库存为 412300 余石，1934 年增至 866700 余石，1936 年达到 3729600 余石。[④]1935 年，江西水稻收获面积占全国总收获面积的 14.51%，收获稻谷 10652.7 万市石，占全国总收获量的 11.55%，收获面积和收获量分别居全国第二、第三位。[⑤]1936 年粮食生产继续增长。工业交通建设成绩显著：1934 年 7 月开始修筑浙赣铁路，1935 年 12 月玉山—南昌段通车，1937 年全民族抗战爆发前，南昌—萍乡段竣工，全长达 550 千米，仅花了不到三年的时间；1932—1935 年修建公路长达 5600 千米，铺设电话线路 20470 千米；[⑥] 横跨赣江的“中正桥”、南昌滨湖公园也建成于这一时期。工矿业得到空前发展，其中煤矿、钨矿开采业发展较快，1937 年资源委员会销往德国的钨砂达 14057 吨。[⑦] 当然，必须对熊式辉改革的反动方面有清晰的认

---

① 萧纯锦：《十年来之江西农业建设》，载江西省政府《赣政十年》，1941 年，第 419 页。

② 杨绰庵（1895—1955），福州人，对经济颇有研究，曾受严复点拨；历任厦门附加税局局长，国民政府统计局科长，广西、湖北统计局局长，在推动地方经济建设方面享有声誉；1937 年，被熊式辉延揽来赣。1937—1943 年，杨绰庵主持江西经济建设长达 6 年，大力提倡科学管理，用统计数字与图表说明问题，对江西战时经济发展贡献巨大。见朱祥清主编《江西近现代人物传稿》（第二辑），江西人民出版社 1991 年版，第 204—209 页。

③ 朱祥清主编：《江西近现代人物传稿》（第二辑），江西人民出版社 1991 年版，第 208 页。

④ 胡家凤：《十年赣政之回顾与展望》，载江西省政府《赣政十年》，1941 年，第 18 页。

⑤ 《江西省农牧渔业志》编纂委员会编：《江西省农牧渔业志》，黄山书社 1999 年版，第 209 页。

⑥ 胡家凤：《十年赣政之回顾与展望》，载江西省政府《赣政十年》，1941 年，第 13 页。

⑦ 陈真编：《中国近代工业史资料》（第三辑），生活·读书·新知三联书店 1961 年版，第 841 页。

识，他通过推行所谓保甲、保卫团、堡垒“三保政策”，举办“中山民众学校”进行“特种教育”等，使蒋介石“剿共”策略得到充分的落实和贯彻。但熊式辉主持的改革所取得的经济社会建设方面的成就，加速推动了江西近代化的步伐，特别是对于人才及教育的重视，在客观上为这一时期高等教育发展准备了良好条件。

二、国立中正大学的创办

熊式辉主持赣政的另一具有重大意义的事情就是积极推动创办国立中正大学，最终实现了江西国立综合性大学办学零的突破。江西一直在为创建本省综合性大学努力。1923 年，代理教育厅长胡家凤主持江西教育界召开“实施新学制讨论会”，通过了将农专、法专、医专合办江西大学的提案，[①]但蔡成勋因忙于搜刮民财，对兴办高等教育没有给予支持，胡家凤愤而辞职，[②]这是江西筹办本科大学的最早提议。1926 年 1 月 4 日，时任省长李定魁下令教育厅筹设江西大学；[③]11月，江西政务委员会召开教育讨论会，会议的一项重要决议就是将省立法、工、农、医四所专门学校合并，筹建江西中山大学。[④]1927 年 2 月，政务委员会任命王恒、傅尔攽、李为涟、吴恺、彭学沛、陈礼江、吴有训七人为大学委员；9 日，第一次委员会议举行，推举王恒为主任委员，国立武昌中山大学教授张有桐为秘书，经过多次会议，决定将四所专门学校改办成大学专门部，校址设于南昌东湖边贡院，准备暑期招收大学预科新生，随后开始编订大学组织规章和预算。[⑤]但因江西政局发生动荡，筹备工作被迫中断，四所专门学校于是重新恢复办学。1928 年 6 月 14 日，江西省政府第 103 次会议议决省立四所专门学校停止招生，并由教育厅速筹江西大学，但 9

① 《江西省志・大事记》编写组：《江西省志・大事记（初稿）》，江西省省志编辑室 1990 年，第 43 页。
② 秦孝仪：《革命人物志（第 20 集）》，中国国民党中央委员会党史委员会 1979 年版，第 111 页。
③ 丁致聘：《中国近七十年来教育记事》，国立编译馆 1935 年版，第 128 页。
④ 丁致聘：《中国近七十年来教育记事》，国立编译馆 1935 年版，第 136 页。
⑤ 佚名：《江西中山大学之筹备》，《汉口民国日报》1927 年 2 月 23 日。

月 20 日，江西省政府第 137 次会议议决准令医专、法专变通办理，继续招收预科新生。[①] 1929 年 9 月 21 日，教育部鉴于当时各省盲目设立大学，“未免缓急失宜”，明令停止筹备江西大学，所余款项移用作普及整顿中等教育改设专科学校，[②] 江西创办大学的努力再一次遭到遏制。

（一）创办的缘起：鹿洞遗风

江西人追求大学梦想的脚步并未因此停止，并在近五年之后终于迎来转机。1934 年夏天，熊式辉陪同蒋介石[③] 游览庐山南麓，蒋看见秀峰寺山水壮丽，当即表达了在庐山办学的感慨，“此处最宜讲学，大学设于此处乃佳”。蒋介石批评一般大学高谈学术独立，忽略政治潮流，仅侧重于理论探讨，不注重实际体验，偏于灌注知识，漠视培养高尚人格；认为改革政治安定社会必须以培植明礼知耻、负责守纪、孝于民族、忠于国家的政治人才为前提。因此应创设理想之大学，实行“文武合一、术德兼修”。[④] 熊式辉对此心领神会，急于贯彻蒋极力倡导的“大学教育必须与地方政治完全扣合”的所谓“政教合一”理论；同时，这也符合他为桑梓父老兴办大学的心愿，当时江西高等教育明显落后于湖南、湖北、安徽、福建、广东、浙江等相邻省份，环顾四周唯独人文渊薮之江西没有设立综合性大学。蒋在庐山办学之意图可谓正中其下怀，熊式辉立即建议由江西创办一所理想大学，“以为彻底改革大学教育，培植建国基本人才之实验”，蒋介石当即表示“嘉纳，并饬着手筹划”。[⑤] 这成为创办中正大学的缘起与动机。但因为江西当时忙于“协剿”，经费奇窘，并且大学人才集中于繁盛都市，办学师资难觅，以致未能及时办成。熊式辉对于在江西创办这所大学的难度深有体会，将其创办过程概括为

---

① 丁致聘：《中国近七十年来教育记事》，国立编译馆 1935 年版，第 166、174 页。

② 教育部：《停止筹办江西大学令》，《教育部公报》第 1 卷第 10 期，1929 年 10 月，第 59 页。见金以林《近代中国大学研究（1895—1949）》，中央文献出版社 2000 年版，第 188 页。

③ 蒋介石认为教育、经济和武力是现代国家生命力的三大要素，对教育颇为重视；在国立中正大学训词中，蒋重申了这一观点。

④ 程时煃：《十年来之江西教育》，载江西省政府《赣政十年》，1941 年，第 142 页。

⑤ 熊式辉：《国立中正大学创立的意义及今后的希望》，《江西地方教育》1940 年第 200 期，第 67—69 页。

“七年的酝酿，十五个月的筹备，二十九次会议的讨论”，[①]足见创办过程之漫长、曲折、多变，充满艰难。

（二）创办的曲折：国立中正医学院和中正政治学院

1936 年 5 月，蒋介石召集十省高级行政会议，重提“政教合一”，命令各省就地取才，利用高等学校教授专门知识，参与行政研究与实践，推动地方政治。江西因无大学落实这一要求，参会的熊式辉趁机再次向蒋介石提出在江西创办大学并命名“中正”的想法。蒋介石急于实验其政治哲学理念，且深知江西财政支绌，于是拨款一百万元作为支持江西创办大学的基金。这使大学创办迈出了实质性的一步，就在谋划创设大学之时，1936 年，教育部接受医学教育专门委员王子玕的建议，决定筹设一所医学教育院校以推行公医制度，10 月成立筹备委员会，筹委会主任委员王子玕提议将这所学院设在江西，获得筹委会一致同意，确定以蒋介石的名字为学院命名。11 月，王子玕陪同教育部参事陈泮藻到南昌选择院址，熊式辉拟在医学院基础上逐步完成中正大学的创办，当即划拨阳明路东 300 亩地作为建校基地，并命令南昌市政府办理前期工程。中正医学院于是在南昌动工兴建。1937 年 6 月，王子玕被教育部聘任为国立中正医学院院长，9 月 25 日，学校正式开学。当时，全国共有专科以上学校 108 所，其中大学 42 所、独立学院 34 所。江西第一所独立学院国立中正医学院的创办对江西高等教育发展意义重大。但不久受战乱影响，国立中正医学院西迁内地，考虑到人才延揽的实际困难，熊式辉调整原定在中正医学院基础上创办完整大学的计划，仅添办国立中正政治学院。

1939 年 1 月，熊式辉到重庆参加国民党五届五中全会，会后他邀集在川学者专家开展座谈讨论，征询在江西创办大学的意见，并向蒋介石提出先行创办中正行政学院的意见。参加座谈者鲜有人赞成，“孔庸之辈俱不以为然”，但蒋介石再次表示支持，3 月 15 日，手令拨款一百万元作为中正行政学院的

① 熊式辉：《国立中正大学创立的意义及今后的希望》，《江西地方教育》1940 年第 200 期，第 67 页。

开办基金。[①]蒋介石的再次支持极大地坚定了熊式辉创办大学的决心，“此一百万元之款虽有限，而为余精神上之助力则不啻千千万万也”。[②]这时大学创办也开始出现转机，教育部鉴于东部高校西迁，东南战区高中毕业生升学困难，决定在江西省筹设一所临时政治学院。熊式辉仿佛在黑暗中看到了曙光，计划将中正行政学院改为中正政治学院。

（三）国立中正大学的正式筹办

国立中正大学的正式筹办先后经历了两届筹备委员会：一是 1939 年 8 月成立的省立中正大学筹备委员会；二是 1940 年 5 月由教育部任命的国立中正大学筹备委员会。1939 年 7 月 1 日，熊式辉原本打算电请中央调甘自明、何淬廉、张君劢、晏阳初、黄培元、陶行知等来江西参与大学筹备工作，后来因认识到通过中央调约这些著名学者有所不当，熊式辉便以私人名义先后函电他们前来襄助办学事宜。[③]8 月上旬，熊式辉邀请本省学者王造时、许德衍、罗隆基等返赣晤谈大学筹备事宜。[④]8 月 8 日，熊式辉在遂川文庙主持筹备会，邱椿、许德衍、罗隆基、王造时、雷洁琼、程时煃、杨亮功、许德瑗等省内知名专家学者参加，会议作出两大决议：一是径行创办省立中正大学，仅办中正政治学院不足以适应战时及本省的需要；二是组织筹备委员会，负责办理一切进行事宜。[⑤]遂川会议以及重庆座谈会的参加者均为全国高等教育界前辈、中枢政治设施负责人和赣省学术权威，他们对于在江西开办大学能发挥重要作用，这充分体现了熊式辉办事之精干与聪明。遂川会议后，随即成立了由晏阳初、邱椿、马博庵[⑥]、萧纯锦、程时煃、高柳桥、吴华宝、雷洁琼、

① 何友良：《熊式辉与中正大学的创办》，《江西社会科学》2008 年第 4 期。

② 何友良：《熊式辉与中正大学的创办》，《江西社会科学》2008 年第 4 期。

③ 佚名：《熊主席电约甘乃光等来省襄办中正大学》，《江西民国日报》1939 年 8 月 1 日。

④ 佚名：《本省中正大学积极加紧筹备》，《江西民国日报》1939 年 8 月 7 日。

⑤ 欧阳祖经：《中正大学创立记》，《江西地方教育》1940 年第 200 期，第 70 页。

⑥ 马博庵（1899—1966），留美博士，曾任金陵大学教授，历史系兼政治系主任，从事县政与社会学研究。七七事变爆发后，先后在湖南、重庆参加晏阳初领导的中华平民教育促进会活动。熊式辉原本与晏阳初熟悉，1938 年两人多次商谈区乡镇改善问题。马博庵留赣期间，曾参与熊式辉主办的江西省地方政治研究会开展的活动，两人因此结识。

王次甫、文群、杨绰庵、朱有骞、何棣先、刘中藩、蔡方荫等 15 人组成的筹备委员会。9 月 28 日，熊式辉与各委员商议聘请晏阳初为主任委员，因晏不在赣，由马博庵代行其职。筹备委员包括省财政厅、民政厅、建设厅和教育厅四位厅长，省经济建设委员会主任和城建专家，其余均为名望极高的学者，有着极大的影响力。筹委会随后设立校舍设备、图书仪器和教育计划三个委员会，分别由程时煃、邱椿和马博庵任主席，经办相关具体事项，并派程时煃、蔡方荫和马博庵三人赴重庆向蒋介石和教育部长陈立夫汇报。中正大学的筹备工作就此进入实质性运转阶段。

蒋介石的大力支持是中正大学最终得以顺利创办的一个主要原因，但创办也遭到国民党高层政要的强烈反对，其原因有三：一是总裁为全民族领袖，应受到全国尊敬，中正大学应设在首都，江西不可私而得之；二是抗战紧要关头，江西为四战之地，应集中精力增强战斗力，以争取抗战的最后胜利，创办大学缺少安定的社会环境；三是江西地处偏僻，师资不易延揽，学生质量也难整齐，创设大学的实质意义不大。① 最有分量的反对者包括教育部长陈立夫、孔祥熙和张君劢等关键人物，他们的激烈反对甚至使蒋介石一度产生动摇。1940 年 2 月 15 日蒋电示熊式辉“中大如未筹备完成，作罢为宜”。② 为此，熊式辉首先积极加强与国民党高层政要的沟通，奔走于赣渝两地，多次委派蔡方荫、马博庵、程时煃等人赴重庆向蒋介石、陈立夫汇报办学方针和筹备情况，争取说服重庆政要，以获得他们的支持；另外，针对战时环境、教师延聘等合理反对意见，熊式辉加大筹备工作力度。1940 年 2 月 20 日，他回电蒋介石，重申办学理由；致函其他中枢政要，进行说服解释。3 月 1 日，致函陈立夫、张君劢详细告知办学设想及省议会关于中正大学改为国立的动议；14 日，与时任第三战区经济专员孙晓村谈中大使命，及农业院应注意事项，并委托孙到重庆多加宣传；21 日，确定中大办学旨趣，写成私人信函 10

---

① 马博庵：《国立中正大学之创设》，载江西省政府《赣政十年》，1941 年，第 614 页。

② 何友良：《熊式辉与中正大学的创办》，《江西社会科学》2008 年第 4 期。

件；22日，派蔡方荫前往重庆与各方接洽，委托蔡将信函带给陈立夫、张群、陈诚、甘自明、张君劢、陈布雷、何淬廉等10人。[①]这10人均是蒋介石身边的军政要人和重要幕僚，以及文化教育界的著名人物，直接关系着中正大学能否顺利创办。

终于，熊式辉的争取与努力取得了显著成效。蒋介石很快打消了“作罢”的念头，他让陈布雷转述四点意见：一是筹备时间宜充分；二是人才不可忽略，在开始时须特别留意；三是仪器图书不可忽略；四是学生素质不可马虎。[②]张君劢被熊式辉的诚恳打动，开始改变其反对态度，并专函表达对中正大学的期望，希望能结合江西实际需要进行办学。[③]教育部长陈立夫碍于蒋介石的态度，不便明确反对。1941年4月28日，熊式辉在重庆上门拜访，“与陈立夫部长详述中正大学作法，俾释误解”，[④]力图使其消除疑虑。

1940年3月下旬，教育厅长程时煃到重庆出席国民教育会议，借机向教育部长陈立夫报告筹备经过情形，探知教育部有意批准将学校由省立改定为国立。5月，经行政院会议批准，教育部正式颁发部令：

> 中正大学定为国立，筹备事务，仍托由江西省政府主持并聘定熊式辉、程时烇、邱椿、萧纯锦、马博庵、蔡方荫、朱有骞、罗廷光等为筹备委员会委员，熊委员式辉为主任委员，在校长未任命之前，一切事务由筹委会负责办理……[⑤]

以上八名筹备委员中前面四人是省政府委员，后四名为学者，可谓阵容强大，足以保障筹备工作顺利进行。经费支出方面，另由江西省政府每年出

① 何友良：《熊式辉与中正大学的创办》，《江西社会科学》2008年第4期。

② 熊式辉：《熊式辉日记（1940年4月9日）》，见何友良《熊式辉与中正大学的创办》，《江西社会科学》2008年第4期。

③ 马博庵：《国立中正大学之创设》，载江西省政府《赣政十年》，1941年，第618页。

④ 何友良：《熊式辉与中正大学的创办》，《江西社会科学》，2008年第4期。

⑤《国立中正大学概览（自二十九年八月至三十年一月）》，江西省档案馆藏，档号J037-1-193。

资 20 万元。6 月 1 日，筹委会在临时校址江西泰和县城郊杏岭村正式成立。新成立的筹委会继续前筹委会的工作，负责建筑校舍、购办图书仪器、修筑交通公路和编制规程章则等一切事务。至此，国立中正大学创办已成定局。综上可知，国立中正大学的实际筹办经历了省立、国立中正大学两届筹备委员会：1939 年 8 月遂川会议后由省政府组织成立筹备委员会；1940 年 6 月 1 日，教育部聘定新的筹备委员会成立。大学筹备工作从 1939 年 8 月到 1940 年 10 月 31 日开学典礼，历时 15 个月。前后两个阶段筹备工作实际上都由熊式辉主持和决断。此外，熊式辉还在勘定校址、校舍建筑、选任校长、设置院系、预聘教授等具体方面亲力亲为，力求周详。

1940 年 3 月 10 日，熊式辉选定泰和杏岭村为校址。在此之前经历了四次变化：第一次选择宁都县青塘镇，但因地处偏僻、交通不便而放弃。1939 年 12 月第二次选择赣县梅林，因该地为日机轰炸重点区域，不太安全，熊式辉本想坚持利用赣县西南角的刘家大屋，带人勘察后认为不适宜，只好作罢。1940 年 1 月 8 日第三次选择万安县肖家大屋，结果也“殊不适用”，11 日又选罗塘湾，因建筑少、兴工不便放弃。[①] 1940 年 3 月 10 日第四次选定泰和杏岭作为校址后，13 日熊式辉即令建设厅长杨绰庵办理修建泰和至杏岭的公路及校舍建筑事宜，他还重视工程进度，听说不能如期完工，“乃决惩办各经办人员”，要求 9 月 19 日必须全部完成。[②] 在他的严厉监督下，大礼堂、教室、图书馆、学生宿舍等终于次第完成，如期交付使用。[③] 在选任校长方面，筹委会决议先由省主席与教育部面商再呈报总裁核定。[④] 熊式辉对此颇费思量，1940 年 6 月行政院政务处长蒋廷黻巡视江西，熊借机请他出任校长，但遭到婉拒；[⑤]7 月 9 日，熊式辉向蒋介石举荐陈布雷、蒋廷黻、王世杰、何廉、甘自

---

① 何友良：《熊式辉与中正大学的创办》，《江西社会科学》2008 年第 4 期。

② 何友良：《熊式辉与中正大学的创办》，《江西社会科学》2008 年第 4 期。

③ 龚履端：《本大学筹备经过撮要》，《国立中正大学校刊（创刊号）》，1940 年 10 月 31 日。

④ 《江西省立中正大学筹备委员会常务委员会第十六次会议记录》，1940 年 6 月 7 日，江西省档案馆藏，档号 J037-1-647。

⑤ 蒋廷黻：《蒋廷黻回忆录》，岳麓书社 2003 年版，第 225 页。

明、胡先骕、吴有训七人，请其择定。前面五人显然不能或不愿意来江西出任校长，仅可在胡先骕和吴有训两位江西籍学者中选任。胡先骕时任中央研究院评议员、中国植物学会会长；吴有训时任中央研究院评议员、中国物理学会会长、西南联大理学院院长。吴有训辞就国立中正大学校长，并力劝胡先骕接任。[①]最后，1940 年 9 月 11 日教育部任命胡先骕为国立中正大学校长。

院系设置方面，1940 年 3 月 18 日，熊式辉要求马博庵、蔡方荫“须从速完成校本部机构等事”。文法学院下设政治、经济和社会教育三系，没有文史学系和法律学系，虽然不符合大学设置的规范，但这是熊式辉注重大学教育服务地方行政的思想体现，对此教育部也不便深究。他要求政治系注重地方政治，经济系注重民生经济，教育系注重乡村教育。熊式辉还亲自为大学延聘教授，且严格要求，宁缺毋滥，冯言安、叶青、曾勉、黄国元、章铭鸿、方铭竹等教授均由熊式辉提名然后通过聘请。[②]胡先骕校长盛赞“本校所聘教授，皆硕学宏才、一时知名之士”。[③]教授学者皆相约应聘。当然，学者们愿意聚集泰和与抗战时期国土沦陷，高校内迁的大局势有关。总之，筹备中正大学被熊式辉列为其重要政务之一，1940 年熊式辉的日记中竟然有 67 天记载着中正大学的筹备事务，[④]其用心筹划、计划周详，方使学校筹备工作得以顺利推进。

1940 年 10 月 1 日，胡先骕校长到达泰和，并于 10 日正式就职。这时，从香港、上海购买的十余万元图书仪器也相继到校；391 名学生 4 日起陆续报到注册；10 月 31 日举行奠基及开学典礼，国立中正大学在泰和杏岭正式成立。[⑤]蒋介石为开学发来长篇训词，指出赣省具有重要历史文化地位，诸生在抗战建国艰虞之际，肄业于先哲前贤流风未沫之地，必当明了学校办学旨趣

---

① 江西省政协文史资料研究委员会、高安县政协文史资料研究委员会合编：《江西文史资料选辑（第 36 辑）》，中国文史出版社 1990 年版，第 179 页。

② 《国立中正大学筹备委员会会议议事录（1—10）》，江西省档案馆藏，档号 J037-1-646、J037-1-647。

③ 胡先骕：《本校首次纪念周胡校长报告校务及训话》，《国立中正大学校刊（创刊号）》1940 年 10 月 31 日。

④ 何友良：《熊式辉与中正大学的创办》，《江西社会科学》2008 年第 4 期。

⑤ 江西师范大学校史编写组编：《江西师范大学校史》，江西高校出版社 2000 年版，第 2 页。

和牢记其特有使命：

> 一方面，应为研究中国革命之历史与进程，阐扬三民主义之真谛，以示吾人奋斗之指针；一方面，必当本登高自卑，行远自迩之指针，对国家社会之实际需要，授与诸生以实务中必需之知识，俾诸生于力学之中，更能力行，而更即行以求知。[①]

蒋在训词中重申其政教合一理念。教育部长陈立夫也发来训词，熊式辉为奠基碑石撰写碑文，这足见中央及地方政府要员对办学的高度重视与大力支持。综上可知，如果没有熊式辉的创议、坚持与实干，国立中正大学可能不会在江西出现，其创办过程充分反映了熊式辉的个人性格及从政作风。另外，中正大学在江西创办也是抗战时期东南地区高等教育资源分布不均，亟须加以调整的结果。随着高校西迁内地，江西处于抗战前线后方、后方前线的相对稳定的有利位置，具备办理大学的较好条件，可以解决抗战时期东南地区学子求学困难的问题。总之，国立中正大学的创办填补了江西高等教育发展的空白，改善了战时高等教育的布局，在高等教育发展史（特别是江西近代历史）上具有重要意义。

三、胡先骕[②]治校与被免

熊式辉创办国立中正大学功不可没，但同时也给办学抹上了浓厚的政治色彩。熊式辉提出发扬三民主义之学术思想、实验政教合作之计划教育、独立民族复兴之精神堡垒三点希望，[③]这体现了国民党政权意识形态，迎合了蒋

---

① 蒋介石：《总裁训词》，《国立中正大学校刊（创刊号）》1940 年 10 月 31 日。

② 胡先骕（1894—1968），江西南昌人，植物分类学家，早年留学美国，获加州大学学士、硕士学位，回国后历任国立南京高等师范农林专修科教授，国立东南大学生物系主任，后再次出国深造，获美国哈佛大学植物分类学博士，归国后任中国科学社静生生物调查所所长。胡先骕也是“学衡派”代表人物之一，文学成就也颇丰。

③ 熊式辉：《国立中正大学创立的意义及今后的希望》，《江西地方教育》1940 年第 200 期。

介石“政教合一”设想。熊式辉是学校筹办的幕后决断者，学校的多项设计也都体现了他的意志。前述文法学院只设置政治、经济和社会教育三系颇显不伦不类，便具有典型性。1940 年 5 月，马博庵组织成立国立中正大学文法学院地方建设考察团，分政治、经济、文化三组，考察县政；不久增设研究部，“以谋高深学理与实际工作之扣合”，为江西省研究地方建设实际问题提供解决方案；[①]研究部下设地方建设与三民主义研究两个部门；在人事安排上，熊式辉通过任命马博庵为文法学院院长，以及把持研究部等为其幕后操控学校提供方便。这些成为胡先骕掌校后的办学障碍，过于注重地方行政的“政治化”设计也为胡先骕掌校和被免职埋下了隐患。

胡先骕认为教育目的在于“增进其知能，修养其德行”，“大学教育，既贵专精，尤贵宏通，必使诸生多有自由讲习研求之机会，而不可过于专业化”，[②]主张“教”与“育”并重。在就职典礼上他直接说：“本人治校，‘教’与‘育’并重，一方面希望造就多数专家，一方面希望培植多数领袖人才。不竞务新奇，亦不拘于陈说”，[③]其办学理念至今尤具现实意义。不难看出，这与熊式辉迫切要求大学解决地方建设实际问题，并与政治紧密扣合的理念存在分歧。胡先骕个性率直、敢作敢为，治校四年，学校发展迅速，教学与学术研究以及物质建设等各方面成绩斐然。胡先骕在就职典礼上明确提出：

> 从校长以至同学，每个人都应有这样一个目标，就是要使本校成为国内一个最好的大学。在“三中”（即中山大学、中央大学、中正大学）中取得最高地位。[④]

---

① 《中正大学筹备委员会筹备工作报告》，江西省档案馆藏，档号 37-1-647。

② 周谷平等编：《走向一流的历史轨迹（中国卷之一）——中外著名大学校长治校理念与办学制度文献选编》，浙江大学出版社 2015 年版，第 172、178 页。

③ 彭友德：《国立中正大学始末简记》，载中国人民政治协商会议江西省委员会文史资料研究委员会《江西文史资料选辑（第 21 辑）》，1986 年，第 34 页。

④ 江西师范大学校史编写组编：《江西师范大学校史》，江西高校出版社 2000 年版，第 13 页。

一次学校集会时，胡先骕说：“英国有句格言，牛津大学拔了刀，全国跟着跑。我要做到中正大学拔了刀，全国跟着跑。”[①]可见，胡先骕对于建设国立中正大学寄予了极度热情，并为此付诸不懈努力。

首先，胡先骕加大学校设备等投入力度，完善各项教学设施。学校创办初期经费较为充裕，学校建设成绩显著，各种图书仪器设备的购置较多。蒋介石拨给的200万元学校基金分文未动存入银行，国民党政府每年还另外拨给经费，1941年拨给经常费76.5万元，临时费60万元，另外拨给2万美元到国外购买图书仪器；江西省政府每年拨付20万元。学校完成校舍第一期工程后，又继续进行第二期工程，建设科学馆、实习工厂等。1942年，共建各种建筑物100多栋，初步形成杏岭大学村，校舍条件远胜于搬迁到大后方的各所大学。[②] 1940年学校拨给10万元用作图书经费，1941年增至20万元，但因战时交通阻塞，经费无法用完；1943年，图书馆藏书2万余册，报刊500余种；实验室设备也粗具规模，工学院建立了物理、机电、化工、水工、动力等实验室，机电工程系拥有锻、模、铸、金四工厂的大部分机床设备；农学院建成了农场、牧场、林场、动植物培养园，陆续建立了昆虫、植物病理、果树作物、农作物、造林、森林利用、寄生虫等研究室或实验室，拥有高倍蔡司显微镜20多架，珍贵标本与切片数千种，广西植物腊叶标本万余号。[③]因而，各院系一般实验实习课程都可开出。

其次，胡先骕延聘大批知名学者和教授，增强学校师资力量，学生规模也不断壮大。学校初办时仅有专任教师40人，其中教授21人，副教授19人，学生391名，之后，学校师生数量逐年增长。1942年8月受江西省政府委托开办三年制师范专修科，分史地和理化两组，同时受国民政府委托开办两年

① 解沛基：《杏岭弦歌》，载江西省政协学习、文史委员会《江西文史资料（第50辑）：国立中正大学》，1993年，第1页。

② 彭友德：《国立中正大学始末简记》，载中国人民政治协商会议江西省委员会文史资料研究委员会《江西文史资料选辑（第21辑）》，1986年，第38页。

③ 江西师范大学校史编写组编：《江西师范大学校史》，江西高校出版社2000年版，第4页。

制行政管理专修科，在赣县龙岭开设分校，以适应战局之变幻，各院系一年级新生和师范专修科学生均在龙岭分校就读；本科生二年级返回杏岭本部上课。1943 年 8 月受江西省税务局委托开办两年制税务专修科；1944 年 8 月，根据教育部指示，开办两年制土木工程专修科。1944 年 4 月，胡先骕离任时，全校有教师 203 人，其中教授 71 人，副教授 39 人，讲师 58 人，助教 25 人，研究员 10 人；系科从 9 个增至 14 个，学生人数达到 1386 人。① 这支教授队伍中赣籍教授多，家乡创办大学吸引了大量省外赣籍教授归省来校执教，110 名正副教授中，赣籍教授 53 人，占 48.2%；胡先骕利用门生故旧关系前后聘请清华学人 20 余人，使学校工学院能与清华的严谨学风和教学管理一脉相承，学校能迅速站在较高起点。② 这些教授多为国内外知名学者，学术水平极高，他们在中正大学期间发表了大量高水平的论文和著作。

据 1945 年初统计，国立中正大学在全国 25 所国立综合性大学中，教授数 78 人排名第 13 位，副教授 45 人排名第 3 位，讲师 62 人排名第 4 位，具体可参见表 4–12。这个排名对于一所新建大学实属不易，胡先骕延聘名师功不可没。

表 4–12　部分国立大学教员人数统计及比较（1945）

校名	教授(人)	副教授(人)	讲师(人)	助教(人)	教授数排位
国立中央大学	325	57	113	259	1
国立中山大学	253	65	90	139	2
国立西南联大	155	7	34	177	3
国立重庆大学	141	13	28	61	4
国立四川大学	130	24	75	60	5
国立复旦大学	125	24	29	49	6
国立贵州大学	115	40	47	29	7

① 彭友德：《国立中正大学始末简记》，载中国人民政治协商会议江西省委员会文史资料研究委员会《江西文史资料选辑（第 21 辑）》，1986 年，第 38 页。

② 江西师范大学校史编写组编：《江西师范大学校史》，江西高校出版社 2000 年版，第 4、7 页。

续表

校名	教授（人）	副教授（人）	讲师（人）	助教（人）	教授数排位
国立云南大学	103	15	43	61	8
国立武汉大学	98	13	33	75	9
国立广西大学	97	24	30	55	10
国立浙江大学	92	35	44	95	11
国立西北大学	81	26	26	32	12
国立中正大学	78	45	62	25	13
全国总计	2285	606	900	1418	-

注：本表根据中国第二历史档案馆编《中华民国史档案资料汇编·第五辑第二编·教育（一）》，江苏古籍出版社 1997 年版，第 805—806 页相关内容整理而成。表中数据依据各校教授数量自高向低排列，副教授、讲师、助教数没有在表中进行排位。

学校各学院主要教授具体参见表 4–13。

表 4–13 胡先骕掌校期间国立中正大学各学院主要教授概览

学院	院长	教授	备注
文法学院	马博庵 陈清华	余精一、姚名达、陈戚鹏、任启珊、方铭竹、唐庆增、高柳桥、吴华宝、王易、童润之、罗廷光、罗容梓、陈鹤琴、程懋筠、周葆儒、胡昌祺	教育系尤为强大
工学院	蔡方荫 潘慎明	吴诗铭、王宗和、刘乾才、袁行健、彭旭虎、赵仲敏、俞调梅、王修寀、何正森、高宇昭、卲德彝、戴良谟、方达功	土木工程系年轻、留学者居多
农学院	周拾禄	张明善、鲁昭祎、张肇骞、严楚江、冯言安、马大浦、卢润孚、戴立生、何琦、李静涵、盛彤笙、王宗祐	兽医系最强

注：本表根据江西师范大学校史编写组编《江西师范大学校史》，江西高校出版社 2000 年版，第 8 页相关内容整理而成。

胡先骕办学注重学术研究，学校积极创办各种学术刊物，在全国公开发行的刊物达 14 种之多，具体可参见表 4–14。学校出版物之多，居当时全国各大学之冠。这些刊物为教师认真教学以及积极开展学术研究提供了平台，为他们发表研究成果提供了较好条件，客观上也稳定了这支优秀的教师队伍。

表 4-14　胡先骕掌校期间创办期刊一览

刊物名称	创刊时间	所属部门	主编	刊载内容 / 撰稿人	停刊时间
《国立中正大学校刊》（旬刊）	1940.10.31	出版组	方应尧（方步瀛）	学术论文、章则法令、本校新闻等	1949.5
《文史季刊》（季刊）	1941.3.1	文法学院	王易	文史学术论文	1942.3.1
《地方建设》（月刊）	1941.2.1	文法学院	高柳桥	哲学社会科学论文	1942.4.1
《政治知识》（旬刊）	1941.3.1	文法学院	马博庵	文史哲文章及时事	1944.3.1
《正大农学季刊》（季刊）	1942.3.1	农学院	周拾禄	农学研究论文	1943.6.1
《正大土木》（季刊）	1944.3.1	工学院（土木工程系）	郭善洵	土木工程论文及译文	1948.5
《三民主义文艺季刊》（季刊）	1942.1.1	本刊编委会	胡先骕	文学、诗歌、戏剧研究方面文章	不明
《时代思潮》（半月刊）	1939.3.1 创刊于重庆，1940 年迁校	研究部	叶青（吴曼君）	哲学社会科学文章	1944.3.1
《三民主义研究通讯》（周刊）	1941.4.1	研究部	叶青	主要撰稿人为叶青、吴曼君、王贻非、张绚中	1941.6.1
《正言》（月刊）	1943.5.1	正社	庐法祖	政治经济方面文章	1943.11.1
《天地》（月刊）	1943	天地月刊社	不明	社会科学论文及时事	不明
《正大青年》（月刊）	1942.12.1	正大青年社	黄邦和	社会科学、自然科学、文学等方面文章	1944.6.1
《国立中正大学学生》（半月刊）	1941.5.4	学生自治会	邹嗣奇	各学科论文、文学等	不明
《南洋季刊》（季刊）	1943.10.1	华侨同学会	王佐	研究南洋诸问题的文章	1947.3.1

注：本表根据江西师范大学校史编写组编《江西师范大学校史》，江西高校出版社 2000 年版，第 16、17 页相关内容整理而成。

胡先骕主持制定和完善了各项规章制度，保障了正常的教学秩序和较高的教学质量。1941 年修订《国立中正大学组织大纲》（详见附录五），规定学校本科学制采用学年学分制，修业期限至少为四年；课程设置方面，大一重视通才教育，除三民主义、军事训练、体育等必修课外，国文和外语也是各院学生的必修课。学校通过给教师定工作量来实现对教师的教学管理，如教授、副教授每周上课 9—12 小时，如果完成工作量，可以在校外兼课，但要报教务处批准，每周以 4 小时为限；讲师、助教则不允许在外兼课，如有违反，立即解聘。[①] 学校学生管理非常严格，实施“淘汰制”，如机电系第一届学生，通过考试入系的只剩下 12 人，最后能顺利毕业的仅有 4 人；对学生缺课、旷课也有严格规定。学校还制定有招生委员会规程、[②]学生自治会章程[③]等一系列完整的办学规制。

学校办学虽然逐渐驶入正轨，治校成绩不断彰显，但胡先骕与熊式辉、蒋经国、蒋介石等人的关系恶化却似乎变得不可避免。胡先骕扩充文法学院、改组研究部以及调整学校人事等事件激化了他们之间的矛盾。第一，胡先骕发现文法学院仅设政治、经济和社会教育三系，这种既无“文”也无“法”的系科设置名不副实，颇显不伦不类。1941 年 8 月，胡先骕在文法学院增设文史系，试图扭转其政治色彩过于浓厚的局面，[④] 但这破坏了熊式辉最初设计的教育服务地方行政的“理想”格局。第二，胡先骕对研究部进行了改组。研究部初定的主要职责是研究三民主义及江西地方建设各项实际问题，这是熊式辉执意创办江西大学的初衷及核心思想。[⑤] 研究部规模不大，熊式辉任命马博庵为研究部主任，该部实际上由马博庵、高柳桥、吴华宝等少数人掌控，成为文法学院的“御用机构”，不敷为全校各院师生学术研究之用。1941 年 10 月，胡先骕要将研究部改造成为全校学术研究中心。他接受图书目录学专家姚名达教授建议，扩大研究部规模，从速建造两层楼房一栋，该楼于 1941 年 11 月下旬交付使用。10 月 27 日，胡撤销马博庵研究部主任职务，并由自己兼任，且在每院聘请 5 位委员，以扩充研究部组织；文法学院 5 位委员分别是马博庵、罗廷光、王易、叶青、方铭竹，而将之前的高柳桥、吴华宝排除在外。改组后的研究部旨在服务全校学术研究，排斥和回避实际问题，如

① 佚名：《国立中正大学教员聘任待遇及服务规程》，《国立中正大学校刊》1941 年第 12 期。

② 佚名：《国立中正大学招生委员会规程》，《国立中正大学校刊》1941 年第 17 期。

③ 佚名：《国立中正大学学生自治会章程》，《国立中正大学学生》1941 年第 3 期。

④ 钟健：《学术与政治：抗战时期国民政府与国立高校关系初探——以胡先骕执掌国立中正大学为例》，《江西师范大学学报（哲学社会科学版）》2012 年第 2 期。

⑤ 许怀林主编：《江西文史（第 9 辑）》，江西人民出版社 2014 年版，第 60 页。

规定“中山室内会议室，专供有关学术研究性的会议之用，其他属于实际性的会议，可不给予利用，以保持清洁”。[①] 这种改组打破了文法学院对研究部的独占和垄断，因而背离了熊式辉设置研究部服务地方建设的初衷。

从高柳桥主编的《地方建设》和叶青坐镇的《三民主义研究通讯》期刊的创刊及停刊时间中也可以对胡先骕“学术化”改革倾向洞察一二。前者于1941年2月创刊，1942年4月停刊；后者于1941年4月创刊，同年6月即停刊。而1942年后《正大农学季刊》《正大土木》《正大青年》等学术及文学期刊雨后春笋般创办，这彻底打破了仅文法学院和研究部有刊物的局面，具体可参见表4-14。1942年2月10日，胡先骕拜谒熊式辉，在日记中熊评价胡：“此君对静生生物学造诣甚深，但于学校用人行政，为人所非议，恐其于人情事理不甚留心，可惜。”[②] 显然，熊式辉对胡先骕改造研究部表现出不满。1942年7月，胡先骕将马博庵、吴华宝、高柳桥三人解聘，聘请陈清华为研究部主任，秘书继续由方铭竹担任。[③] 马博庵深得熊式辉信任和器重，而胡先骕对马博庵早已心存芥蒂。1941年10月27日，马博庵奉指定在总理纪念周会上作专题报告，由于事先准备不够充分、讲演内容空洞，胡先骕对此极为不满，在作结论时毫不留情地加以指责：“想不到马院长不学无术，一至于此！”[④] 这令马博庵着实难堪。可知，胡先骕与熊式辉之间矛盾颇深，当然这种矛盾并非纯属个人恩怨，而是学校当局与省政府、学术与政治之间的权力冲突与博弈的表现。

再次，在学校人事方面，胡先骕对文法学院、教务处、训导处和总务处行政人事进行了调整。1940年学校初建时筹委会主任委员熊式辉已提前做好

---

① 王咨臣：《研究部始末记》，载江西省政协学习、文史委员会《江西文史资料（第50辑）：国立中正大学》，1993年，第100页。

② 胡宗刚：《胡先骕先生年谱长编》，江西教育出版社2008年版，第318—319页。

③ 王咨臣：《研究部始末记》，载江西省政协学习、文史委员会《江西文史资料（第50辑）：国立中正大学》，1993年，第97—107页。

④ 谭峙军：《步公校长，学生怎能忘记您》，载江西省政协学习、文史委员会《江西文史资料（第50辑）：国立中正大学》，1993年，第9页。

学校人事任命，碍于情面胡先骕不得不接受这种安排，后来对此表达了他的无奈：

他（熊式辉）把院长、系主任、总务长、教务长、校长秘书、会计员、出纳员都聘任好了，教授也聘好了好多，他要我做一个有名无实的傀儡校长，我自然不高兴。我算聘用了一位训导长和农学院长，是我的朋友与学生。他想把他的势力插进这大学来，大多是通过文法学院马博庵来完成的，这是我不甘心的。[①]

1942年3月，熊式辉卸任江西省政府主席，调任“中国军事代表团团长”，赴英美等国访问，自此学校办学较少受到省政府干预，胡先骕更充分地享有校长各项职权。1942年7月，何棣先前往贵州大学任教，总务长由王修棨接任；1942年上半年，训导长朱希亮怀疑两名学生为共产党员，借故开除其学籍，胡先骕反对这一做法，并于1944年1月改聘张一清为训导长；1943年10月罗廷光辞去教务长，由胡光廷接任。胡先骕进行的学校人事调整使具有极高水平的学院派担任了学校的重要职务，表4–15中为1940—1941学年度、1943—1944学年度学校行政及文法学院人事变更情况。从人事调整中可以看出，省政府主席熊式辉之前任命的马博庵、吴华宝、高柳桥等人被解聘，代之以陈清华、余精一、任启珊等人，这一调整使熊式辉教育服务地方行政的设想破灭，也必将加剧熊、胡关于国立中正大学办学的矛盾。

表4–15 国立中正大学行政及文法学院人事任命变更情况

学年 / 职务	1940—1941	1943—1944
校长	胡先骕	胡先骕（萧蘧）
教务长	罗廷光	胡光廷

① 胡宗刚：《胡先骕先生年谱长编》，江西教育出版社2008年版，第284页。

续表

职务 \ 学年	1940—1941	1943—1944
训导长	朱希亮	张一清
总务长	何棣先	王修棨
文法学院院长	马博庵	陈清华
经济系主任	吴华宝	余精一
政治系主任	高柳桥	任启珊
社会教育系主任	童润之	罗廷光
文史系主任	–	王易

注：本表根据《国立中正大学校刊》创刊号（1940年10月31日）;《中正大学第一届毕业同学纪念专刊》，江西省档案馆藏，档号J034-2-355相关内容整理而成。又：1941年8月增设文史系；1944年5月3日，萧蘧接任校长。

赣南专员蒋经国的插足使胡先骕治校障碍更趋于复杂。1942年夏，日军发动“浙赣会战”，泰和岌岌可危，为免遭不测，同年8月在赣县龙岭设立国立中正大学分校，这得到时任赣南行政督察专员蒋经国的关照。然而，蒋经国想将国立中正大学整体迁往赣州。1943年夏，在处理完学生捣毁报馆事件后不久，蒋经国盛情邀请胡先骕到赣州，趁机试探胡先骕可否将学校迁往赣州，并托词蒋介石有意将大学设在赣州，胡先骕以迁校不易而拒绝，两人因此交恶，蒋经国于是产生逼胡去职的想法。[①]1943年4月11日，胡先骕在重庆参加第二十五届党政训练班入学典礼，认为大学校长受训，是对大学校长的侮辱；蒋介石召见大学校长表达了国立中正医学院与国立中正大学合并的主张，但遭到胡先骕的拒绝。[②]胡先骕以省立工专与国立中正大学工学院合并作为退路，蒋介石让他与熊式辉商讨此事；5月10日，胡先骕在重庆与熊式辉商谈省立工专与国立中正大学工学院合并事宜，熊推脱该事应与地方谈妥协定，[③]此后再无后续。至此，胡先骕与蒋经国、蒋介石、熊式辉之间的矛盾已经激化。1943年9月23日，熊式辉与蒋介石在一次谈话中表达出对胡先骕

① 胡宗刚:《胡先骕先生年谱长编》，江西教育出版社2008年版，第343页。

② 胡宗刚:《胡先骕先生年谱长编》，江西教育出版社2008年版，第338页。

③ 熊式辉:《海桑集——熊式辉回忆录（1907—1949）》，香港：明镜出版社2008年版，第397页。

治校的不满。熊直言不讳：

> 中正大学校长胡先骕甚不相宜，不但不能望其照着该校最初创立的理想去做，恐怕望其办成一普通大学亦不可得。深悔前次推举不当。

蒋回答道："胡乃一不识事书生，随询继任人选。"[①]1944年春，蒋经国向蒋介石反映中正大学办得不尽如人意，蒋介石致函熊式辉令其尽快设法处理，熊式辉随即致电教育部要求撤换胡先骕。[②]胡先骕去职成为必然。1946年夏，蒋介石在庐山亲笔手谕接见胡先骕，但遭到胡拒绝，[③]这反映出二人之间芥蒂之深，也反映出胡先骕的倔强个性。

因此，表面上胡先骕校长去职是受"《民国日报》事件"影响，[④]其更深层次原因却是胡先骕治校深受国民政府与江西省政府掣肘，学校与各级政府之间矛盾累积。1943年5月，江西省党部喉舌《民国日报》对正大青年剧社《野玫瑰》公演进行不实报道，这引起学生强烈不满。他们声讨日报记者不报道胡先骕校长赴重庆开会，反而无事生非刻意破坏学校公演声誉，继而群情激愤捣毁报馆、冲击省党部。江西省党部要求学校当局进行赔偿，并惩办为首学生，蒋介石也对此大为光火，令教育部长陈立夫、组织部长朱家骅予以严肃查处。胡先骕顶住巨大压力，仅对涉事学生申诫记过，这被认为有意包庇学生。[⑤]不可忽略这一事件对胡先骕去职的影响，但也不该简单地认为这是唯一原因。1942年夏初学校因伤寒引发的少数学生伤亡事件、1943年4月大

---

① 熊式辉：《海桑集——熊式辉回忆录（1907—1949）》，香港：明镜出版社2008年版，第427页。

② 竺可桢：《竺可桢日记》（第2册），人民出版社1984年版，第742—743页。

③ 何友良：《江西通史·民国卷》，江西人民出版社2008年版，第339页。

④ 1943年春，正大青年剧社举行义演，《民国日报》一项姓记者无票入场，并造成秩序混乱，被学生强行带出。第二天，这名记者对演出进行不实报道，学生与报社交涉无果，最终导致愤怒的学生集体捣毁报社，冲击党部，酿成所谓"《民国日报》事件"。见邹嗣奇《捣毁〈民国日报〉冲击党部事件始末》，载江西省政协学习、文史委员会《江西文史资料（第50辑）：国立中正大学》，1993年，第61—64页。

⑤ 邹嗣奇：《捣毁〈民国日报〉冲击党部事件始末》，载江西省政协学习、文史委员会《江西文史资料（第50辑）：国立中正大学》，1993年，第61—64页。

学合作社经理及学校职员舞弊盗卖油盐及平价米等事件也被别有用心者当作攻讦胡先骕校长的武器，这均无法掩盖胡先骕治校与各级政府之间学政矛盾的历史真相。客观而言，胡先骕是“教授治校”与政府干预校政的牺牲品。

四、萧蘧[①]掌校与教育危机

1944 年 4 月胡先骕去职，教育部选派萧蘧继任校长，萧于 5 月 2 日到校履职。学校第一届毕业生毕业证书上的校长签名即为萧蘧。在考虑更换校长人选时，蒋介石敦请吴有训回赣接任校长，吴极力推荐萧蘧；1942 年美国副总统威尔基代表罗斯福访华时曾向蒋介石打听萧蘧，威尔基与萧蘧是哈佛大学同学，两人友情甚笃，蒋从吴有训处得知萧蘧执教于西南联大。[②]这成为萧蘧执掌国立中正大学的小插曲，也反映出萧蘧校长的国际知名度及学术影响力，以及蒋介石对国立中正大学办学的高度重视。萧蘧掌校先后经历了迁校宁都长胜、复员南昌望城岗、院系调整、在学潮中被迫辞职等事件，可谓“受命仓皇之日，支柱颠沛之中”。

萧蘧接任校长不久，正值日军在中国再次发起进攻，战局日趋紧张。1944 年 6 月，衡阳被围，消息传到杏岭，学校提前放假，以防万一，学校将贵重图书仪器运往赣县龙岭分校。后因日军南下，赣中战局趋于稳定，学校继续在杏岭开学，并将运往分校的图书仪器悉数运回。1944 年底，日寇以少数兵力对赣西、赣南作战术进攻；1945 年 1 月，学校师生随泰和各机关团体紧急撤离，省政府迁往宁都青塘镇，学校则从泰和经老营盘抵达兴国，迁往宁都长胜，龙岭分校也迁至长胜与校本部合并；4 月，学校借用民房在长胜

---

① 萧蘧（1897—1948），江西泰和人，知名经济学家，早年留学美国，获密苏里大学学士学位、康奈尔大学硕士学位，后入哈佛大学经济研究所从事研究工作。回国后先后担任南开大学经济系主任；清华大学法学院院长、教务长、代理校长；云南大学庚款经济系教授，文法学院院长、教务长；西南联大教授。见彭友德《国立中正大学始末简记》，中国人民政治协商会议江西省委员会文史资料研究委员会《江西文史资料选辑（第 21 辑）》，1986 年，第 39 页。

② 罗自梅：《追思萧蘧校长》，载江西省政协学习、文史委员会《江西文史资料（第 50 辑）：国立中正大学》，1993 年，第 186 页。

复课。这次撤离过程中，学校各种笨重机器被迫全部舍弃。在搬迁途中，日寇突袭泰和小塘洲，学校存放于该处的仪器、标本和2000余册图书被毁，致使后来的全部实习实验停开。[①]由此引发农学院学生责难萧蘧校长的“长胜风波”。[②]这次风波中校方对于图书仪器遭毁固然难辞其咎，但没承想竟成为两年后1947年2月“学潮”中攻讦萧蘧校长的前奏。在长胜办学期间，萧蘧校长爱生护校，力图维护正常教学秩序，为避免驻扎在当地的国民党军队黄镇中部危害师生而极力斡旋，终于使黄撤下山头的机枪，解除了危机。[③]

抗战胜利后学校迁往南昌望城岗，办学环境及条件比在泰和杏岭时还差，激起师生强烈不满。1945年8月，抗战取得胜利。这时因要补足迁校宁都长胜落下的课程没有放假，学校一直上课至9月底。经历短暂的抗战胜利喜悦之后，学校师生面临着再一次的复员迁校。随着省政府机关复员，泰和顿失战时政治、文化、交通中心地位；宁都显然也不再适合作为办学校址；庐山校址虽有计划，但因南浔铁路战时遭到破坏，且开学时间紧急，难以短期实现，最后于10月底决定暂时迁校于南昌望城岗。11月初复员开始，重要文件和贵重的图书和仪器先用汽车从长胜运至泰和，再经赣江用船运至南昌；笨重器械和校具等用木筏顺流而下；原杏岭校舍建筑全部拆卸，所有木料被扎成木筏，连同原存于泰和的器物一并水运至南昌。师生分两路自行寻找交通工具北上。12月中旬，师生到达南昌者十之八七，重要公物大部分运到，月底搬迁工作基本结束。[④]与迁校宁都长胜相比，这一次迁校望城岗复员可谓组织有序。1946年1月7日，学校复课。望城岗位于南昌市西南郊，原为国民党军政部营房，曾被日军占领，遭到破坏，有些被用作马厩，破败不堪，学校师生只能勉强用以教学；望城岗地处偏僻，交通不便，极为荒凉，教学生活

---

① 江西师范大学校史编写组编：《江西师范大学校史》，江西高校出版社2000年版，第5页。

② 钟健：《学潮与政治：以1947年国立中正大学“护校运动”为个案》，硕士学位论文，江西师范大学，2012年，第29页。

③ 熊大荣：《爱生护校的萧蘧校长》，载江西省政协学习、文史委员会《江西文史资料（第50辑）：国立中正大学》，1993年，第183页。

④ 萧蘧：《本校一年来之经过》，《国立中正大学校刊》1946年第5卷第1期，第3—5页。

环境甚至比泰和杏岭、龙岭和长胜还差。迁校于此，仅为权宜之计。

学校经费严重不足，图书仪器设备不敷应用。教育部拨给复员经费8.0930亿元用以迁校、修建校舍、添置图书以及购置仪器设备，但因物价持续上涨，购买力相当有限。以当时南昌的物价为战前872倍计算，[①]这笔复员经费仅相当于战前的92.8万元。经校务会议讨论决定，以2亿元添建校舍建筑及购置校具；1亿元用于装设电灯、购买汽车等特别设备；4亿元用于购置图书仪器设备。其实际支用情况：校舍修建全部工程已有五分之四招工承做，而计划建筑的大礼堂、图书馆、工厂等尚待招标；因工料价格高涨，原定2亿元修建购置费，用以添建校舍已感不敷，校具购置，更无款可资开支；旅费1.0930亿元，因1946年10月开始迁校，当时物价尚平稳，免可敷用；教职员补助费，共需约4000万元，已行垫发，并经造册送部请核发归垫；添置校具及装设电话、电灯及购置汽车等需款尚巨，约计不敷3亿元。[②]据此，复员及修建购置经费缺额达3.4亿元之巨。

为此，萧蘧校长一方面充分利用原有资源，节约有限的经费开支；另一方面积极争取教育部等相关部门支援。1946年学校从宁都泰和运回部分图书仪器、笨重器械、校具以及全部校舍木料；望城岗原有的62栋营房不能满足教学需要，于是用从杏岭拆卸来的旧材料修建宿舍。同年8月，萧蘧前往京、沪一带洽谈及购置图书仪器，有所斩获：工学院、农学院应用的整批仪器各一套，将由教育部统一分配；畜牧兽医可能获仪器一套，但仍需行政院救济总署核实；理学院刚成立，暂付阙如；图书方面，教育部已接到国外订购之刊物700余种，学校可配得一份；另已向行政院救济总署购得60千伏安及50千伏安发电机各一架；大卡车5辆，小吉普车1辆。[③]教育部拨3亿元建筑费，学校安排第二期工程，建筑大礼堂、图书馆和实习工厂等。1947年初，校舍

① 彭友德：《国立中正大学始末简记》，载中国人民政治协商会议江西省委员会文史资料研究委员会《江西文史资料选辑（第21辑）》，1986年，第40页。

② 萧蘧：《本校一年来之经过》，《国立中正大学校刊》1946年第5卷第1期，第3—5页。

③ 佚名：《萧校长公毕返校》，《国立中正大学校刊》1947年第5卷第7期，第7页。

增加了约一倍，包括大礼堂、图书馆、膳厅、宿舍、球场等；工学院、农学院恢复了部分实验室、实习工厂和实习基地，但规模不如杏岭。[①] 师生生活及交通设施虽有略微改善，学校有发电室和校车站，但望城岗上条件艰苦，师生工作生活异常简陋，有位校友回忆上下课时间由一位老人敲钟掌握，难忘的是“他在风雨中爬上爬下钟楼的困苦的背影”，“风萧萧兮打太极”，日军投降后留下两匹马，骑马上岗是周末的最大乐事。[②] 望城岗的这种艰苦大概是当时许多师生的共同感受。萧蘧校长力图改善办学条件，利用其弟萧庆云关系，以交通部名义，拨给学校美国大卡车和小吉普车共10辆，这在当时轰动一时，极大地改善了望城岗校区交通极端落后的状况。[③]

再次，在望城岗办学最大的危机是学校陷入师资缺乏窘境。学校设施、教学设备等办学条件可以逐渐预期改善，而师资却走出去容易，请进来殊难。早在 1943 年，解沛基等 12 名学生就曾致信教育部，要求解决学校师资流失问题。[④] 复员后师资流失状况更加恶化，内迁高校纷纷返回原籍，战前半数以上的高校集中于沿海三五城市的格局重新恢复，原内迁高校教员迅速流动与回归，中正大学成为这一趋势的受害者，加之复员之后国共内战接踵而至，物价飞涨，国统区经济状况每况愈下，当时江西公教人员待遇被列为第四级，生活困窘程度可想而知。生活水平大幅度下降，使教职员纷纷流向沿海、沿江等待遇更好的区域，而极少愿意来国立中正大学，“江西公教人员待遇列为四级，聘请教授多不肯来”。[⑤]1946—1947 学年度中正大学离校教员高达 169 人次，其中教授 32 人，含首任校长特聘教授胡先骕，兼任教授 25 人；副教

---

① 江西师范大学校史编写组编：《江西师范大学校史》，江西高校出版社 2000 年版，第 5 页。

② 郑诚章：《岗上小事一束》，载江西省政协学习、文史委员会《江西文史资料（第 50 辑）：国立中正大学》，1993 年，第 147—152 页。

③ 罗自梅：《追思萧蘧校长》，载江西省政协学习、文史委员会《江西文史资料（第 50 辑）：国立中正大学》，1993 年，第 189 页。

④ 蒋风池主编：《一枝一叶总关情——江西师范大学史迹补辑（第 8 辑）》，江西高校出版社 2016 年版，第 284 页。

⑤ 王陵基：《王陵基致电朱家骅》，1947 年 2 月 21 日，江西省档案馆藏，档号 J046-3-3795（1）。

授 25 人，兼任副教授 8 人；讲师 41 人，兼任讲师 7 人；助教 20 人，兼任助教 2 人，研究员 9 人。[①] 表 4–16 中为该学年度各学院教授、副教授概况，可以发现师资结构、数量均大不如前，流失情况相当严重。

表 4–16　国立中正大学 1946—1947 学年各院教授、副教授概况

院别	教授	副教授	总数(人)
文法学院	萧蘧、王易、欧阳祖经、程臻、刘永溱、胡光廷、蔡文显、吴士栋、罗篑、陈戚鹏、曾勉、方铭竹、罗容梓	傅琰如、胡德煌、王祥麟	16
理学院	戴良谟、张宗汉、严楚江	刘方由、彭旭虎、陈梅生、向墒、王启明(兼)	8
工学院	蔡方荫、王修寀、邵德彝、刘乾才、刘纯倓、吴诗铭、王宗和	–	7
农学院	周拾禄、张明善、冯言安、周宗璜、陈封怀、卢润孚、黄野萝、张静甫	徐亮如	9

注：本表根据《国立中正大学第三届毕业同学纪念册》，江西省档案馆藏，档号 J034–2–356；《国立中正大学第四届毕业同学纪念册》，江西省档案馆藏，档号 J034–2–296 相关内容整理而成。又：本表未列入该年度的新聘教授和副教授。

萧蘧校长进行院系调整更加剧了师资缺乏问题。望城岗只是临时复员之地。1946 年 8 月，萧蘧与教育部长朱家骅赴庐山踏勘，初步确定以海会寺白鹿洞一带为永久校址，获得蒋介石同意和支持，朱家骅表示要把国立中正大学办成规模最大的大学，“凡大学应有之院系机构，无不包容”。学校拟订了庐山校址发展计划：至少容纳 12 个学院，学生达万人以上。[②] 为达此目标，1946 年 8 月，学校增设理学院，分数学、物理、化学 3 系，全属新办，再将农学院生物系并入，共计 4 系；文法学院文史系分为中国文学、外国文学和历史 3 系，逐步停办师范、行政管理、税务、土木工程 4 个专修科，以加强本科教学；1947 年 6 月，文法学院分为文学院和法学院，将生物系分为植物

① 佚名：《国立中正大学第四届毕业同学纪念册》，江西省档案馆藏，档号 J034–2–296。
② 彭友德：《国立中正大学始末简记》，载中国人民政治协商会议江西省委员会文史资料研究委员会《江西文史资料选辑（第 21 辑）》，1986 年，第 40 页。

系和动物系，增设法律系。[①] 新办院系亟须聘请教师，专修科停办又使一批师资流失。专修科教师以兼职居多，如程时煃、杨亮功、黄坚、张哲丹等人，既担任教师又担任其他行政职务，且战后行政职务调动，如程时煃 1945 年卸任教育厅长，由周邦道接任，同时辞去兼职教授，这使得专修科教师离职达 23 人之多，其中教授 3 人、兼任教师 8 人、副教授 1 人、兼任副教授 4 人、讲师及兼任讲师 7 人。[②] 此外，萧蘧校长因经费不足于 1944 年 8 月撤销研究部，使研究部教授大都离开学校，留下改聘院系的教授很少。[③] 随着学生人数的稳步增长，教学更加无法开展。1946 年 11 月，学校共有 4 个学院 16 个学系，在校学生达到峰值 1414 人，[④] 各院系学生数具体可参见表 4–17。

表 4–17　国立中正大学 1946—1947 学年第一学期学生人数统计　　单位：人

学院＼年级	一年级	二年级	三年级	四年级	总计
文法学院	206	137	164	101	608
理学院	68	13	7	10	98
工学院	111	89	104	59	363
农学院	67	68	83	48	266
专修科	0	23	31	0	54
先修班	25	0	0	0	25
全校总计	477	330	389	218	1414

注：本表根据《国立中正大学三十五年度第一学期学生人数统计表》，《国立中正大学校刊》1947 年第 5 期，第 7 页相关内容整理而成。又：因专修科于前一年开始陆续撤销，1946 年起全部停招，故一年级人数为 0。

此时，全校教师 147 人，其中教授、副教授 71 人，教师与学生比例为

① 江西师范大学校史编写组编：《江西师范大学校史》，江西高校出版社 2000 年版，第 8—9 页。

② 佚名：《国立中正大学第四届毕业同学纪念册》，江西省档案馆藏，档号 J034–2–296。

③ 王咨臣：《研究部始末记》，载江西省政协学习、文史委员会《江西文史资料（第 50 辑）：国立中正大学》，1993 年，第 106 页。

④ 佚名：《国立中正大学三十五年度第一学期学生人数统计表》，《国立中正大学校刊》1947 年第 5 期，第 7 页。

1∶9.6。[①] 而学校教师最多的年份是 1944 年，全校有教师 203 人，其中教授 71 人、副教授 39 人，学生 1368 人，教师与学生比例为 1∶6.7。[②] 师资的流失与缺乏导致学校有关课程教学无法正常进行。土木系四年级学生贝效良反映工厂管理、会计等课程没有教授，无法开课；化学系三年级一位洪同学反映有机化学实验和工业化学实验两门课程因没有教师无法开课。[③] 因师资不足，畜牧兽医系农业经济课程与社会教育系、农艺系学生合班上课，周二下午连续上课三小时，动物学、植物学上课超过一百人，教师讲授、学生记笔记均感困难。[④] 学校“师荒”已严重影响到教学的正常开展，势必引起学生的强烈不满。

萧蘧校长为满足数学、物理、化学等新开办学系师资需求，经过多方努力引进了部分师资（见表 4–18），但这好比杯水车薪，师资缺口仍然巨大。教授、副教授数量可以基本反映总体师资情况，结合表 4–16 原有教授及副教授数量考察各院 1946—1947 学年整体师资发现，文法学院共有教授、副教授 33 人，理学院 10 人，工学院 8 人，农学院 15 人，具体参见表 4–19。

表 4–18　国立中正大学 1946—1947 学年引进教授、副教授人数概览

院别	教授、副教授	总数（人）
文法学院	肖涤非、涂世恩、叶运隆、伍仲奇、孔格渠（兼任）、谷霁光、崔骥、罗尔纲、汪国瑗、林希谦、龙宝善（兼任）、王维顾、戴鸣钟、贺治仁、欧阳瀚存、彭以异、杨清	17
理学院	王福春、刘椽	2
工学院	殷之澜	1
农学院	郑体华、曾昭明、夏湘蓉、杨京（兼任）、樊璞（兼任）、宋国模（兼任）	6

注：本表根据《国立中正大学第四届毕业同学纪念册》，江西省档案馆藏，档号 J034–2–296 相关内容整理而成。

---

① 彭友德：《国立中正大学始末简记》，载中国人民政治协商会议江西省委员会文史资料研究委员会《江西文史资料选辑（第 21 辑）》，1986 年，第 41 页。

② 江西师范大学校史编写组编：《江西师范大学校史》，江西高校出版社 2000 年版，第 4 页。

③ 佚名：《望城岗学潮续》，《江西民国日报》1947 年 3 月 15 日。

④ 佚名：《望城岗上探学潮》，《江西民国日报》1947 年 3 月 15 日。

表 4–19 国立中正大学 1946—1947 学年各院教授、副教授及学生数量比较

学院	教授、副教授人数(人)	学生人数(人)	师生比
文法学院	33	608	1 : 18.42
理学院	10	98	1 : 9.8
工学院	8	363	1 : 45.38
农学院	15	266	1 : 17.73
总计	66	1335	1 : 20.23

注：本表根据《国立中正大学第三届毕业同学纪念册》，江西省档案馆藏，档号 J034–2–356；《国立中正大学第四届毕业同学纪念册》，江西省档案馆藏，档号 J034–2–296；以及《国立中正大学三十五年度第一学期学生人数统计表》，《国立中正大学校刊》1947 年第 5 期，第 7 页相关内容整理而成。表中教授、副教授及学生数据均不含专修科。

从表 4–19 中可知，各学院教授、副教授数量均显不足，而新设立的理学院和工学院师资问题则比较突出。理学院院长为熊正理教授，下设数学系有教授王福春、戴良谟 2 人，副教授刘方由 1 人，学生 19 人；物理系仅有副教授彭旭虎 1 人，学生 17 人；化学系仅有教授刘椽 1 人，学生 19 人；生物系有教授张宗汉、严楚江 2 人，副教授陈梅生、向壔 2 人，兼任副教授王启明 1 人，学生 48 人。工学院下设土木工程系有教授王修寀、蔡方荫、邵德彝、殷之澜 4 人，学生 150 人；机电工程系有教授刘乾才、刘纯傚 2 人，学生 130 人；化学工程系有教授吴诗铭、王宗和 2 人，学生 83 人。

工学院教授、副教授与学生人数比例最为悬殊，达到 1∶45.38，“师荒”最为严重；其次为文法学院、农学院和理学院，但理学院因为数学、物理、化学三学系均为新设，仅有一个年级学生，故实际上潜在的师资需求巨大。这种比较似乎给予了由工学院学生率先“揭竿而起”引领学潮一个较为合理的解释。[①]

① 钟健:《学潮与政治：以 1947 年国立中正大学“护校运动”为个案》，硕士学位论文，江西师范大学，2012 年，第 36 页。

因此，1947年2月中旬，工学院土木工程系学生听说蔡方荫[①]教授将于下学期辞职，这成了压垮骆驼的最后一根稻草。18日黎明，土木工程系学生举行晨呼，[②]迅速引起各系学生联动，组织成立“护校运动大会”，提出“延聘教授、购置图书、添置仪器、撤换校长”，集体举行罢课，多次与学校、地方当局、南京国民政府交涉，这一运动终于以5月底萧蘧校长去职而告一段落。[③]

以上为萧蘧校长主持校务时教育危机发生的具体情形。抗战复员后接踵而至的国共内战导致学校师资短缺、教学失序，以及师生对未来信心缺乏等负面因素不断累积，这使教师与学生对所服务政权态度发生变化，并进而威胁这个政权的统治基础，[④]其中，学生的不满表现得最为集中和剧烈。萧蘧校长作为这一政权的代表，必将被推到风口浪尖，成为发泄的突破口。萧蘧校长曾四次向中央政府及教育部提交辞呈，但均未获准。监察使陈肇英认为“萧校长违背部令不接受先修班学生而不受处分，萧请假时，部派代校长，竟代发聘书代办考试”；省议长王枕心指出：“元首不甚了解正大实情，教育部只考虑到自己威信的轻重。”[⑤]1947年5月，萧蘧计划回校复职，时任教育厅长周邦道为避免其返校引发更大动乱，四处打探其下落，劝其缓行回校。“正大学生闻萧校长将返校，今又罢课并将晋京请愿，情势严重请探听萧校长寓浔何处并转告一切，最好暂缓来省。”[⑥]5月22日，江西省政府主席王陵基致电行政院张群和教育部长朱家骅：

---

① 蔡方荫（1901—1963），江西南昌人，著名工程结构力学专家，1925年北京清华大学土木系毕业，1928年获美国麻省理工学院工程硕士学位，1930年回国后历任东北大学工学院、清华大学、西南联大、中正大学等校土木工程系教授、系主任以及院长等职；1940年3月，熊式辉聘其为中正大学筹备委常务委员，负责筹备相关事宜及创办工学院。见蔡鲁生《学部委员蔡方荫》，载江西省政协学习、文史委员会《江西文史资料（第50辑）》，1993年，第219页。

② 萧蘧：《萧蘧致电朱家骅》，江西省档案馆藏，档号J046-3-3795。

③ 江西师范大学校史编写组编：《江西师范大学校史》，江西高校出版社2000年版，第29页。

④ 汪朝光：《1945—1949：国共政争与中国命运》，社会科学文献出版社2010年版，第342页。

⑤ 佚名：《中正大学学潮约谈座谈会记录》，江西省档案馆藏，档号J016-3-1393。

⑥ 佚名：《急九江县蔡县长相欧兄》，江西省档案馆藏，档号J046-3-3795。

余认为正大学潮症结所在为萧校长去留问题，不宜再行返校主持。绅耆彭程万、欧阳武、王枕心等三十余人速署电萧为顾全学校，爱护学子，切勿再返校并电教、贵部请准萧辞职，速选继任。在新任未到之前，公请吴督学兆棠以部派视察之责行代为主持校务。[①]

这表明国民党中央政府和地方政府对于中正大学局势以及萧蘧校长去留问题有不同认识和判断，中央政府力主萧蘧留任，认为随意更换校长，有失政府威信；而地方政府深知萧蘧为学潮症结所在，希望中央政府尽快批准其辞职。学潮爆发之初，报载：

大学校长人选，一定是学术地位崇隆，为青年学生所景仰倾慕者，始能膺任。萧校长自有他在学术上的成就与地位，足以倾倒青年。可是他在校时少，接近学生机会不多，学校辗转播迁，处理人事事务也至不易，因此师生感情未能交流，学校实际情况未能为学生所充分了解，也未尝不与此次学潮的发生有关。[②]

萧蘧校长在校时间短暂，缺乏与师生的交流，这容易让人误解其高高在上，不近人情。实际上，经济问题才是引起中正大学教育危机的根本，才是引起“师荒”、教师生活困苦、图书设备缺乏、教学失去保障的真正根源。

在“正大”，由于物质条件的格外菲薄，群众的忧虑与不满尤为突出。它终于以护校运动的形式首先表现出来。……斗争是自发的，在其开始时主要是经济斗争。[③]

---

① 王陵基：《王陵基急电张群、朱家骅》，江西省档案馆藏，档号 J016-3-1393。

② 佚名：《社论：正大风潮有感》，《江西民国日报》1947 年 2 月 22 日。

③ 刘陵、李毓昌：《回忆“正大”学运》，载共青团南昌市委员会编《南昌青年运动回忆录》，中国人民政治协商会议江西省委员会文史资料研究委员会，1981 年，第 310 页。

因此，萧蘧校长去职原因表面上看甚为复杂，但不难看出其主要问题在于因时局变化、经济紊乱而使学校陷入的深重办学危机。

五、林一民[1]掌校及被驱赶

1947年6月萧蘧校长去职。7月22日，国民政府行政院任命林一民接任校长。[2]在林一民到任之前，教育部委派督学吴兆棠代行主持校务。[3]6月下旬，按照萧蘧校长时期既定庐山校址发展计划，学校将文法学院析为文学院和法学院，同时，校务委员会决定了1948年的院系调整计划：农学院畜牧兽医系分为畜牧系和兽医系，增设园艺系和农业化学系；工学院机电工程系分为机械工程系和电机工程系，增设航空工业系；理学院生物系析为植物系和动物系；法学院增设法律系。[4]但是，这一院系调整计划并没有完全实现。

8月15日，林一民正式接印视事。在确定继任校长人选之前，教育部长朱家骅透露了内情，“本部对于校长人选甚为慎重，曾六月廿四日接洽多人，均以正大学风不良视为畏途，故迄不能决定也”。[5]从继任校长林一民三青团中央常委、复旦大学训导长的特殊身份可以看出国民政府选任校长时对于国立中正大学护校运动产生的影响所进行的慎重考虑。这无疑是想通过林一民管制学生运动，以扭转学风。故此，林一民掌校期间学校校务发展几无建树，其主要精力用在了镇压学生运动方面。

在校务方面，首先，继续实施庐山建校计划。1947年10月，学校派出

① 林一民（1897—1982），江西上饶人，早年留学美国，获尼布拉斯加大学化学硕士学位，回国后历任河南中山大学、北洋工学院、浙江大学、复旦大学教授，任职前担任复旦大学训导长，三民主义青年团中央常委。见彭友德《国立中正大学始末简记》，载中国人民政治协商会议江西省委员会文史资料研究委员会《江西文史资料选辑（第21辑）》，1986年，第34页。

② 佚名：《教育部训令（人字第44286号）》，江西省档案馆藏，档号J037-1-93。

③ 佚名：《正大昨开校务会议，由吴兆棠出席主持》，《江西民国日报》1947年6月3日。

④ 彭友德：《国立中正大学始末简记》，载中国人民政治协商会议江西省委员会文史资料研究委员会《江西文史资料选辑（第21辑）》，1986年，第41页。

⑤ 朱家骅：《朱部长六月来电》，江西省档案馆藏，档号J037-1-93。

人员到白鹿洞一带进行勘测；年底建校设计委员会成立，专门负责建校事宜；1948年3月，发动募捐建校活动，趁在南京参加“国大”的机会，准备分请各界首长及社会贤达署名发起募捐。但随着“国大”开场，林一民也投入国民党内部争权夺利的闹剧之中，因此募捐建校活动就此夭折。此后，迁校庐山计划无疾而终。其次，学校进行院系调整，但因为庐山建校计划被搁置，所以没有按照既定计划大规模进行，而是仅将理学院生物系细分为植物系和动物系，法学院增设法律系。① 到1948年10月，全校共有五个学院十八学系。院系增加之后，师资力量也有所增强，1947年“师荒”得到缓解。1948年全校教师181人，其中包括教授65人，副教授46人，讲师17人，助教53人。②1948年学校各院系组织及主要教授概况参见表4–20。再次，林一民对学校行政进行了改组，农学院院长周拾禄兼任教务长，周希顿代兼训导长，汪义方任总务长。③

表4–20 1948年度国立中正大学院系组织及主要教授概览

学院	学系	院长	主要教授
文学院	中文系、外文系、历史系	王易	肖涤非、欧阳祖经、程臻、涂世恩、胡光廷、谷霁光、吴士栋、罗容梓、张安国、方辰、杨克毅
法学院	政治系、经济系、教育系、法律系	林希谦(蔡枢衡)	罗篁、陈戚鹏、戴鸣钟、贺治仁、方铭竹、宓贤璋、吴昆吾、陈元德
理学院	数学系、物理系、化学系、动物系、植物系	熊正理	王福春、刘椽、张宗汉、严楚江、陈梅生、郭庆棻、张闻骏、程楚润、朱鹤年、谌亚达、彭先荫
工学院	土木工程系、机械工程系、化学工程系	王绍德	蔡方荫、王修寀、黄学诗、邵德彝、段之澜、刘乾才、刘纯倓、吴诗铭、王宗和、万泉生、欧阳毅
农学院	农艺系、森林系、畜牧兽医系	周拾禄	张明善、马大浦、杨惟义、冯言安、郑体华、卢润孚、黄野萝、彭文和、周宗璜、陈封怀、林启鹏

注：本表根据江西师范大学校史编写组编《江西师范大学校史》，江西高校出版社2000年版，第8—9页相关内容整理而成。

---

① 彭友德：《国立中正大学始末简记》，载中国人民政治协商会议江西省委员会文史资料研究委员会《江西文史资料选辑（第21辑）》，1986年，第42页。

② 汤建华：《国立中正大学的办学过程及价值》，载许怀林主编《江西文史（第9辑）》，江西人民出版社2014年版，第62页。

③ 钟健：《学潮与政治：以1947年国立中正大学“护校运动”为个案》，硕士学位论文，江西师范大学，2012年，第105页。

随着物价飞涨，学校经费越发困难，图书仪器购置受到影响。1948 年 10 月，学校图书馆藏书仅有 41608 册，中西文报刊 760 种，小册子 387 册；实验室虽有一定基础，但因经费支绌许多实验材料无从购买，一些重要的实验课程被迫取消，教学水平受到严重影响；这一时期的学术研究也远不如杏岭时期，除《国立中正大学校刊》继续出版外，《正大土木》《正大农学季刊》等学术期刊复员后虽先后复刊，但出了几期后因经费拮据，又先后停刊。[①]

然而，林一民极力压制学生运动，先后逮捕、开除学生 200 余人，受各种处分的学生则为数更多，林被学生视为"党棍"。在 1948 年"反迫害"运动中，林一民被愤怒的学生驱赶出学校达数月之久。1949 年 4 月 21 日，解放大军跨越长江，长驱江南，直逼南昌；4 月 23 日，林一民自行离校前往台湾；5 月 22 日，南昌解放；5 月 26 日，解放军开进校园，师生列队欢迎，学校获得解放。1949 年 6 月，国立中正大学由南昌军管会接管，结束其由国民党政府统治的历程。国立中正大学自创办至南昌解放共培养毕业生 1829 人，其中本科生 1504 人，专科生 325 人。[②]

第三节　国民政府时期高等教育发展的影响因素分析

国民政府时期，江西高等教育发展的政治、经济、文化环境等影响因素较为复杂多变，分析来看，总体上可以分为全民族抗战前后两个阶段。抗战之前，江西战事频仍，为所谓"剿匪"重地，经济、文化发展受创严重；抗战之后，江西成为全国抗战大前方的后方，后方的大前方，区位优势较为明显，客观上为高等教育的发展提供了较好的外部环境。现分述如下。

---

① 彭友德:《国立中正大学始末简记》，载中国人民政治协商会议江西省委员会文史资料研究委员会《江西文史资料选辑（第 21 辑）》，1986 年，第 43 页。

② 张希仁主编:《江西高等学校简史》，江西省教育志编纂委员会办公室，1988 年，第 142—144 页。

一、国民政府时期高等教育发展的政治因素分析

1926年底，北伐军光复南昌，结束了北洋军阀对江西的统治；11月12日，朱培德被任命为代理主席，江西进入国民政府统治时期。国民政府初期江西政局动荡，这主要是因为国民党右派同左派及共产党等之间矛盾不断激化，以致江西一省“割裂为三，党无系统可言，政更分歧日甚”。[①]直到经过“八一南昌起义”和“宁汉合流”后，1927年11月，国民政府才基本巩固了在江西的统治，政局开始趋于稳定。朱培德希望改变主政形象，建立地方行政系统以稳固统治秩序。这期间，江西高等教育发展缺乏安定的社会环境，甚至长时间陷于停顿。首先，江西中山大学开始筹建。临时政府决议在原有省立法、工、农、医四个专门学校基础上组建江西中山大学，1927年2月1日，政务会任命王恒、吴有训等七人为委员，组建筹委会，筹委会秘书处随即设立并开始工作，但因时局变化，大学竟未能设立。其次，1927年8月17日，中央江西特别委员会暂令中等以上学校一律停办；9月12日，江西省政府第42次会议议决私立中等以上学校开学；11月2日，中等以上学校也均开学；为弥补停课期间的课程，11月14日，江西省政府第58次会议议决各校本学期不放寒假。[②]较大的遗憾是江西省立大学创办的失败，1928年9月20日，江西省政府第137次会议议决准令医专、法专变通办理，继续招收预科新生；[③]1929年9月21日，教育部停止筹办江西大学。综上可知，各专门学校教学深受政局动荡影响，学校校舍被军队驻占，办学停顿长达两个多月，高等教育陷入停滞状态。

随后，江西又成为中共土地革命的主要区域，构成了对国民政府政权的巨大威胁，国民党从1930年底开始先后发动五次“围剿”，1934年10月红军主力根据对客观形势的判断主动撤离江西，江西政局开始趋于相对稳定。

① 朱培德:《江西省政府主席朱培德等致电南京中央党部、国民政府电》，中国第二历史档案馆，1927年9月17日。

② 丁致聘:《中国近七十年来教育记事》，国立编译馆1935年版，第144—150页。

③ 丁致聘:《中国近七十年来教育记事》，国立编译馆1935年版，第174页。

这期间高等教育发展持续下滑，1933 年私立章江法专、江西法专和省立法专接受调整，奉部令停办；1935 年农专因并入江西省农业院结束办学，全省只剩下工专和医专两所专科学校。从 1931 年到 1937 年全民族抗战前夕，专科在校学生仅有 1058 人，[①] 江西高等教育发展跌入低谷。此间高校日常教学甚难开展，由于交通阻绝，多数学生不能到校；因抢掠焚杀，分田烧契，家产尽净，无力就学者，亦属不少。这成为各校较为普遍的情形。[②]1937 年全民族抗战爆发，江西处于东南抗战前线的后方、西南后方的前线，这一较为有利的地理位置终于给江西高等教育发展带来了转机。沿海、沿江高校内迁改变了此前全国高等教育发展不平衡的格局，东南沦陷区青年学子对高等教育的需求，以及高校内迁带来的师资流动为战时江西高等教育发展创造了条件，中正医学院、中正大学、兽专、体专、立风艺专等一系列专科学校应运而生，江西高等教育体系日渐完备，发展盛况空前。然而，1945 年抗战胜利，内迁高校复员，加之接踵而至的国共内战，江西高等教育发展的优势丧失，高等学校出于经费无着、师资难觅等原因而出现停办，中正大学也陷入办学危机。1949 年江西人口 1314 万人，每万人中仅有大学生 1.92 人。[③] 这也表明江西高等教育发展在中华人民共和国成立前夕已经大不如从前。

除相对安定的政治环境外，国民政府时期高等教育发展还得益于诸多有利的政治因素。首先，江西地方政府实施的政治改革措施为高等教育发展提供了较好的政治保障。朱培德主政江西时实施“新政”，[④]制定了《江西各县行政公署临时组织法》，各县设县长一人，秉承政务委员会管理县务；组建南昌市政府，这是南昌历史上第一次建立现代市政机关；解散省议会等旧机关团体，批准建立新的省总工会、省农会等社会团体；组织“逆犯”惩办委员会，

---

① 程时煃:《十年来之江西教育》，载江西省政府《赣政十年》，1941 年，第 138 页。

② 教育部:《为呈复视察私立章江江西两法政专门学校情形请鉴核由》,《教育部公报》1931 年第 21 期，第 24—34 页。

③ 寿孝鹤等主编:《中国省市自治区资料手册》，社会科学文献出版社 1990 年版，第 719 页。

④ 佚名:《江西之新政》,《汉口民国日报》1927 年 1 月 19 日。

审判并枪决民愤极大的张凤岐、岳思寅、唐福山等；组织清查逆产委员会，查处逆产一千万元，抄没张天师财产；整顿财政、平抑物价。[①]1931 年 12 月熊式辉主政江西后，也实施了一系列改革，具体可参见本章第二节；1942 年 2 月，曹浩森接手江西省政府主席后也基本奉行“熊规曹随主义”；[②]1946 年 3 月，王陵基接替曹浩森后，仍然倚靠熊式辉旧部推动工作，[③]重提“建设新江西”，使深受战争创伤的江西经济有所复苏；并遵循国民政府推行的“战时须当平时看”的高等教育发展政策。这有利于稳定社会秩序、保障教育经费，客观上为高等教育发展提供了保障。但是 1947 年国民党发动内战，江西随之进入“动员戡乱”时期，高等教育发展开始陷入危机。

其次，高等教育发展得益于各级主政人物的支持、教育厅长的规划、各校校长的管理。第一，江西高等教育发展得到以蒋介石为首的中央政府的支持。蒋介石对江西寄予颇高期望，认为江西不比其他地方，要求江西能迅速进步，走在全国前头，“做全国各省的模范”，[④]从而使江西成为国家复兴基地；为实施其“政教合一”理念，对江西办大学给予了大力支持，先后拨款二百万元作为国立中正大学创办基金。第二，国民政府时期江西历任主政者中大多数重视高等教育发展。其中，朱培德、熊式辉、曹浩森三位省主席均大力支持高等教育发展，他们主政江西长达十四年，特别是熊式辉主持赣政十年，在客观上减少了江西政局的动荡与分化，使治赣方针及政策具有持续性和稳定性，这为国民政府时期江西高等教育发展提供了长期有力的政治保障。朱培德任内积极支持创办江西中山大学，但因时局变化而失败；熊式辉创办国立中正大学功不可没；曹浩森制止了中正大学迁往湖南，尽管财政经济困难，但他极力保障对中正大学的经费支持，且在 1944 年日军发动的豫湘桂战役中

---

① 何友良：《江西通史・民国卷》，江西人民出版社 2008 年版，第 114 页。

② 曹浩森：《今后江西施政方针》，《大路月刊》1942 年第 1 期，第 104—106 页。

③ 中国人民政治协商会议江西省委员会文史资料研究委员会：《江西文史资料选辑（第 20 辑）》，1986 年，第 122—123 页。

④ 蒋介石：《剿匪胜利中吾人应继续努力》，载中华民国史事纪要编辑委员会《中华民国史事纪要（初稿）中华民国二十三年（1934）十月至十二月份》，1986 年，第 20 页。

使中正大学得以躲过这一劫难。第三，高等教育发展得益于江西多任教育厅长的管理与规划。陈礼江、蒋笈、陈剑翛[①]、程时煃等人本身即为教育专家，他们深谙高等教育发展规律，任职期间采取得力措施恢复和整顿高等教育，并制定了许多有利于高等教育发展的法规。1927 年 8 月 24 日，陈礼江被任命为江西教育厅长。9 月 2 日，其开始就职视事；5 日，通令各校查明驻军具报，以便随时交涉；6 日，呈请第五方面军总指挥部令各军永不驻占校舍；[②]7 日，江西教育厅召开第一次厅务会议，议决中等以上学校临时保管条例和检定中等以上学校暂行条例各案，规定保管期内每月经费 16788 元，并于 8 日呈经省政务会议通过；12 日，委任农业专门徐荣石、法政专门谭侃、工业专门胡飞、医学专门李为涟四人为学校保管员，以保管学校文件、书籍、器具，等“清党”后，再行发表校长开学。[③] 9 月，江西修正教育厅组织法十三条，办事细则二十五条。10 月 6 日，江西教育讨论委员会召开第一次会议，讨论改组江西中等以上学校各案，四所专科学校停招新生，准备组建江西大学；[④] 26 日，委任胡飞等 32 人为中等以上学校校长。11 月 1 日开学；11 日上课，并令遵照检定条例从速检定，至此省立专门学校教育得以恢复办学；[⑤] 14 日，江西省政府第 58 次会议议决江西中等以上学校奖学金条例。11 月，江西教育厅公布省立各学校经济委员会规程，随后通令各校遵照组织。12 月 6 日，江西教育厅函发省立农业及林业学校课程标准。陈礼江还编有《江西省政府教育厅暂行教育法规汇编》，内含 1927 年 9 月至 1928 年 3 月间颁布的各种教育法规，分本厅、奖励、各县、学校、社会、留学六大类。[⑥] 这些法规条例的制

---

① 陈剑翛（1896—1953），江西遂川人，国立北京大学毕业，后留学英国伦敦大学，攻读实验心理学；1924 年回国后历任北京大学、中央大学、浙江大学教授，深受蔡元培赏识，1931 年 12 月至 1932 年 9 月任江西省教育厅厅长，辞职后曾改任广西大学校长。见吴自强《一个教育改革者——陈剑翛》，载中国人民政治协商会议江西省委员会文史资料研究委员会:《江西文史资料选辑（第 26 辑）》，1987 年，第 7—8 页。

② 陈礼江:《改造江西教育的计划》，江西省政府教育厅，1928 年，第 5 页。

③ 佚名:《江西教育界之新猷》,《民国日报》1927 年 9 月 21 日。

④ 丁致聘:《中国近七十年来教育记事》，国立编译馆 1935 年版，第 145—150 页。

⑤ 陈礼江:《改造江西教育的计划》，江西省政府教育厅，1928 年，第 6 页。

⑥ 《江西省政府教育厅暂行教育法规汇编》，江西省政府教育厅，1928 年，第 1—2 页。

定和颁布较好地规范了高等教育的发展。陈礼江还在《改造江西教育的计划》中具体提出了整顿高等教育的计划，其要点为结束四所专门学校；创办省立大学；提高学术程度；继续派遣留学。[①]程时煃任职教育厅长长达十三年，为全民族抗战前后江西高等教育的恢复和发展立下了汗马功劳，特别是承担了国立中正大学创办的具体事务。第四，这个时期高等教育发展还得益于一大批为办学倾注心血的大学校长。如国立中正医学院院长王子玕、国立中正大学院长胡先骕、江西兽专校长王沚川、江西体专校长余永祚、私立立风艺专校长胡献雅、国立幼稚师范专科的陈鹤琴，他们不仅学术造诣极高，而且治校方略得当，在延聘教授、筹措经费、修订规程、提升教学质量等方面作出了卓越的努力，直接推动着这一时期高等教育的发展。

再次，国民政府时期江西高等教育发展得益于教育经费独立政策的实施。1927 年 12 月 29 日，江西省政府第 71 次会议议决江西盐务附捐，自 1928 年 1 月 1 日开始，每担共收六元，以六分之二五为教育基金，每年可收二百万元，由教育厅组织保管委员会保管，教育经费完全独立。1928 年 1 月 5 日，江西省政府第 72 次会议通过《江西教育基金保管委员会规程》《江西各县教育款产清理委员会规程》《江西奖励捐资兴学暂行规程》；1 月 14 日，江西由省党部、教育厅、财政厅、审计处、教职员联合会、学生联合会、督征江西盐务附捐处组织之教育基金保管委员会召开成立大会，推选教育厅长陈礼江为委员会主席，并议决办法六条。[②]关于教育经费独立的保障，整理扩充出纳稽核预算的审查，由省教育经费委员会负责，收支、保管、支付预算书之编造，及其他出纳事项由教育经费管理处负责。该处受教育厅及省教育经费委员会监督，司理上列事务。教育经费的领放也按制定的办法执行。[③]1929 年 8 月

---

① 陈礼江：《改造江西教育的计划》，江西省政府教育厅，1928 年，第 37 页。

② 丁致聘：《中国近七十年来教育记事》，国立编译馆 1935 年版，第 152—153 页。

③ 教育部：《教育部关于各省市教育经费独立状况的调查报告》，载中国第二历史档案馆编《中华民国史档案资料汇编・第五辑第一编・教育（一）》，江苏古籍出版社 1994 年版，第 106—107 页。

23 日，江西教育厅成立省教育经费委员会，9 月 1 日成立省经费管理处。[①] 至此，教育经费独立政策逐渐确立和完善。江西是实施教育经费独立较早的省份之一，1934 年全国教育经费完全独立的仅有“六省一市”，其余还有江苏、福建、浙江、河南、云南和南京五省一市；安徽、湖南、绥远、甘肃则部分独立；其余各省尚未独立或正在计划独立。这项政策的有效贯彻为高等教育经费支出提供了政治保障。

综上所述，国民政府时期江西高等教育发展的政治环境较为安定，江西地方政府、国民政府主政者支持高等教育发展，教育厅长对高等教育的规划与管理得当，各校校长学术造诣与治校方略精湛，这些有利因素促进了这一时期高等教育的发展。此外，不可忽略战争因素给高等教育带来的巨大破坏。“协剿”时期，政局动荡，不仅导致教学失序，高等教育办学中断，教育厅长和高等学校校长也被撤换。1931 年 12 月 15 日，江西教育厅长蒋笈辞职，任命陈剑翛兼教育厅长。湖南、陕西、江苏、浙江教育厅长皆被免职；1932 年 7 月 8 日，江西省教育厅更换工、医二专校长。[②]1939 年 4 月，全民族抗战以来江西高校人员伤亡和财产损失有确切统计数据的有：江西省立医学专科学校死伤 8 人，财产损失 50000 元；中正医学院财产损失 1200 元。[③]1945 年 1 月，受战争影响，国立中正大学、江西医专、江西工专迁往宁都，江西兽专迁往吉水，江西农专迁往婺源，立风艺专迁往兴国，江西体专迁往永丰，国立幼稚师范专科迁往赣县梅林、甘竹等地。国立中正医学院 1943 年迁至永新后，又先迁赣县，后迁福建长汀。在大播迁过程中，各校校具器械全部舍弃，图书仪器损失惨重。全省学校财产直接损失 49.75 亿元（法币），含建筑物、器具、现款、图书、仪器、药品等；间接损失 9.23 亿元（法币），包括迁移费、

---

① 丁致聘：《中国近七十年来教育记事》，国立编译馆 1935 年版，第 200 页。

② 丁致聘：《中国近七十年来教育记事》，国立编译馆 1935 年版，第 264 页。

③ 中国第二历史档案馆编：《中华民国史档案资料汇编·第五辑第二编·教育（一）》，江苏古籍出版社 1997 年版，第 373—375 页。

防空、避散、救济、抚恤等费用。[①]

二、国民政府时期高等教育发展的经济因素分析

1927 年至 1934 年，江西是国共两党发生战争的主要战场，这给经济发展带来了极大破坏。战争使人口锐减（1926—1935 年减少 200 万—300 万人）、财产直接毁坏（顾祝同 1935 年 1 月宣称，七年战争中江西国民经济损失达 15 亿元以上）、人民负担加重（“善后捐”从 1932 年 5 月收至 1937 年 7 月 16 日；1934 年 6 月第二次全国财政会议后江西取消苛捐杂税 29 大类 298 种）、江西的产品外销衰退严重和经济发展环境日益恶劣。[②]虽然，朱培德主政江西期间曾规划修建境内第一条长途公路——赣粤公路并修通南昌至莲塘段，开办裕民银行，组织土地局清丈土地，整顿税收和瓷业，裁撤部分厘金和统税，实行特种消费税制，此等举措客观上为高等教育发展创造了一定条件，1928 年 12 月，江西省教育厅公布江西省政府教育厅发给私立中等以上学校补助费暂行规程，[③]但由于主要政务及军务仍在巩固地方政权方面，增加收入的主要途径是滥印钞票和增加苛捐杂税，极大地加重了民众负担。这使人民苦不堪言，深感国民党还不如北洋军阀，朱培德比邓如琢、郑俊彦还要厉害。[④]1929 年 9 月鲁涤平改任江西省主席，蒋笈改任教育厅长，前述制定的各项高等教育发展规划宣告结束。鲁涤平任内建成南昌老营房飞机场和南昌至临川的公路，也曾整理和发展瓷业、茶业。但是军费政费开支巨大，鲁涤平发行百万流通券，遭到商家和民众一致抵制。1930 年 10 月，为筹集 10 万军队入赣经费，省政府税收短绌，库空如洗，在南昌征借 2 个月的房租，并派员到九江向商界劝销一万石米护照、借盐款 10 万元。江西因为厉行封锁政策，全省交通断

① 黄定元、张希仁主编：《江西省教育志》，方志出版社 1996 年版，第 378 页。

② 何友良：《江西通史 · 民国卷》，江西人民出版社 2008 年版，第 248—249 页。

③ 丁致聘：《中国近七十年来教育记事》，国立编译馆 1935 年版，第 182 页。

④ 《江西省人物志》编纂委员会：《江西省人物志》，方志出版社 2007 年版，第 546 页。

绝、商业衰落、商店关门、工人失业，政府经济山穷水尽。[①] 这导致高等教育发展的环境日益恶劣，经费完全依赖1928年教育厅呈准实施的教育经费独立，即确定以盐税附捐每年二百万元为教育专款，1930年、1931年、1932年、1933年、1934年度全省教育经费分别为2000000元、2000000元、2000000元、2126410元、2000000元，[②]高等教育经费严格限制在这笔经费之内。1931年12月，熊式辉接替鲁涤平任江西省主席后，江西经济状况持续紧张，农工商各业，均濒于破产。1934年10月，红军主力撤离江西，江西从“协剿”逐渐转向“建设”。这一时期，高等教育发展日趋跌入低谷。1932年，中等以上学校教职员代表因薪俸降低，生活难以为继，恳请教育厅维持俸给原状。[③] 省立法专和私立两法专于1933年因经费支绌和教育部严格限制法政学校而结束办学，省立农专并入江西农业院，并于1935年因不合部令而停止办学，至1937年全民族抗战前夕，江西仅剩下工专与医专二校，在校生规模不及三百人。

全民族抗战时期江西农业与工矿业发展客观上促进了高等教育发展。抗战期间江西积极策应国民党中央国民经济建设运动，努力经营战时经济建设。熊式辉任命杨绰庵主持经济建设，在准确评判江西总体经济形势基础上，经济发展颇有起色，农业生产出现增长，工矿业建设出现短期繁荣。战时本省供给省外需要物资总值为1亿元，同时需要外省供给本省物资总值为0.9亿元，本省所供给者多为农产品和原料，占出省总值60%；需要者为工业品，占进省总值50%。为此，省政府成立省粮食增产总督导团和县指导团，会同农业院致力于推行粮食增产措施。尽管十余县沦陷，农业人口锐减，耕牛被日军大量宰杀，全省战时稻谷生产仍然维持年产7000万—8000万石；[④]1940

① 佚名:《江西省剿共军费财厅派员赴九江筹划》,《中央日报》1930年10月14日。

② 教育部:《民国十九年至三十三年各省市教育经费概况》，载中国第二历史档案馆编《中华民国史档案资料汇编·第五辑第一编·教育（一）》，江苏古籍出版社1994年版，第113页。

③ 江西省教育厅:《呈报省立中等以上学校教职员代表陈颖春等呈请转恳对教界俸给维持原状转请鉴核示遵》，1932年3月31日，江西省档案馆藏，档号J016-3-01922-0157。

④ 《江西省农牧渔业志》编纂委员会编:《江西省农牧渔业志》，黄山书社1999年版，第213页。

年赣东旱稻丰收，农民额手称庆，1942 年增收产量甚丰；在全国主要棉麦产区沦陷后，国民政府将目光转向后方，“迭令后方各省积极增加棉花及杂粮产量”，[①]江西农业院在省政府指令下，1939 年起扩大小麦、棉花生产，推广改良麦种和晚字棉、福字棉等种植，与省粮食增产总督导团，通令各县指导团，劝导农民利用休闲田地，广种玉蜀黍豆类杂粮。1943 年，全省加种杂粮面积达 3003743 亩，增收产量 1000 多万石。战时全省历年征集的粮食，均超出战前收成最好年份粮食输出量 300 万—400 万石；从 1941 年国民政府施行征实征购粮食政策起，后方 19 个省中江西历年征收的粮食占全国总量的 10.7%—16.5%，平均每年占 12.9%；1941—1944 年供给的军粮达 1330 多万石，1942 年 2 月 7 日，国民政府将江西、四川和湖南列为全国 3 个甲等粮政局。[②]这使全民族抗战时期江西地位获得提升，蒋介石十分重视江西的发展，急于树立其模范形象。

战时工矿业主要是省政府与国民政府资源委员会、经济部、“中中交农”四大银行合资举办的公营企业。全民族抗战爆发后，省政府继续战前的合作，相继与国民政府资源委员会签约合办萍乡煤矿局、高坑煤矿局、天河煤矿、江西硫酸厂等大中型工矿企业，这些厂矿有力地支持了江西和东南的抗战；后来因资委会与省政府合办企业增多，为便于联系和监督，1942 年 4 月 15 日，将各厂理事会合并，成立“江西省重工业理事会”，统一管理各厂。省政府与经济部合办的企业中最著名的是江西兴业公司，该公司股本 3000 万元，由省政府、经济部、“中中交农”四大银行于 1940 年 12 月合办，于 1942 年 9 月正式成立运营，下辖赣县电厂、吉安电厂等 15 个工厂，[③]分属于电气、化工、纺织、文化、陶瓷、土木、机械等类别，成为全省工业重镇。战时的此类合营企业厂家数在后方 17 省中排第三位，资本数排第八位，可谓盛况空前。这个

---

① 佚名：《农业院发展本省棉麦生产》，《江西民国日报》1939 年 10 月 8 日。

② 何友良：《江西通史 · 民国卷》，江西人民出版社 2008 年版，第 331 页。

③ 陈真编：《中国近代工业史资料》（第三辑），生活 · 读书 · 新知三联书店 1961 年版，第 1342—1344 页。

时期江西民营工业涉及 20 多个行业，数量多达 2370 家，其中在经济部注册、规模较大者 60 家，厂家数及资本数在 20 个省市中居第九位。[①] 公营与民营工业的发展表明国家资本主义和私人资本主义在江西并驾齐驱，共同推动着高等教育的近代化进程。此外，江西以制造业为主的重工业得到发展，1936 年，全省工厂 110 家，其中制造业仅有 1 家，1944 年，加入中国工业协会的工厂有 72 家，以机械制造业为主的重工业厂家有 28 家。[②] 这批工厂的建立改变了江西以往以出口原料为主的局面，而开始将原料加工为成品和半成品。战时工矿业及农业的兴盛较好地保障了高等教育经费的投入。1942 年，江西省教育文化支出预算 12609152 元，在各项支出中排第三位，仅次于其他支出 21486292 元和行政支出 17369716 元。[③]1943 年，省库拨给江西省立工业专科学校全年经费 440650 元，[④] 较为充裕。高等教育规模也有巨大提升，1937 年全民族抗战前夕仅有工专、医专两所专科学校，在校专科生 208 人；1945 年，有综合性大学一所、专门学院一所、专科学校五所，另有私立信江农业专科和立风艺术专科两所，在校仅专科生就达到 1210 人。[⑤] 高等教育实现了综合性大学和独立学院的办学突破，体系日趋完备，专科学生规模增长迅速。

但是，1945 年初向武汉退缩的两个日军师团从湘东、粤北侵入赣西、赣南，江西工业惨遭蹂躏，公营、民营工厂多数被毁损，赣县、泰和两地损失最惨重，江西工业基础被完全摧毁。1946 年始，江西经济有所复苏。一些工厂迁回南昌恢复生产，农业和垦殖业略有起色，组建了统一的江西省银行，并建立了全省银行库网，长江、赣江大堤得到修护，主干公路、浙赣铁路、南浔铁路修复通车，卫生、林业和茶叶运销也有恢复，南昌市人口由 1945 年

---

① 谭熙鸿主编：《十年来之中国经济（下册）》，文海出版社 1948 年版，第 1323 页。

② 何友良：《江西通史 · 民国卷》，江西人民出版社 2008 年版，第 332 页。

③ 中国第二历史档案馆编：《中华民国史档案资料汇编 · 第五辑第二编 · 财政经济（一）》，江苏古籍出版社 1997 年版，第 583 页。

④ 佚名：《江西省立工业专科学校调查表（194307）》，江西省档案馆藏，档号 J038-1-00003-0011。

⑤ 中国第二历史档案馆编：《中华民国史档案资料汇编 · 第五辑第二编 · 教育（一）》，江苏古籍出版社 1997 年版，第 767—778 页。

的 14 万人增加到 1947 年的 26 万人。[①] 这个时期，专科学校发展迅速。1946 年底江西七所专科学校系科及学生数为：江西省立工专有五年制土木工程、化学工程、机械工程、采矿冶炼工程各五班，学生 591 人（内含中等机械科学生 3 班）；江西省立医专有六年制医疗专科八班，四年制医疗专科一班，学生 491 人（内含中等医士药剂科学生三班、中等护士科学生二班）；江西省立农专有三年制农艺科、农业工程科各三班，农具制造科二班，学生 253 人（内含中等农业机械科学生三班）；江西省立兽专三年制专科和五年制专科各三班，学生 126 人；江西省立体育师专有五年制专科七班，二年制专科一班，二年制音乐专修科一班，学生 380 人（内含高级体育师范科学生三班）；信江农专有农艺科二班，学生 91 人；立风艺专绘画系学生 68 人。中专学校办大专班的有：省立陶瓷职业学校设五年制及三年制专科各一班，省立南昌商业职业学校设专科二班，省立南昌高级水利科职业学校也设有专科班。[②] 这个时期专科学校发展迅速是因为抗战复员后国民政府接收了全部的敌伪产业，加之其他事业亟待恢复，急需大批专门人才；另外，专科学校办学投资少、周期短、见效快，可以克服因设立大学和独立学院师资力量、图书资料和设备不足的困难。

1947 年全国物价大幅上涨，“物价的狂涨，无情地周期性地冲击着中国的每一个角落”。[③] 江西平均每月上涨达 25.5%，每隔约三个月一次大涨；1948 年，情况继续恶化。8 月 16 日，南昌市面已经开始使用 500 万元面值的法币大钞，同月实行币制改革，以金圆券取代法币，但没过多久，金圆券即与法币一样陷入狂跌之中，令人恐慌。物价飞涨使原本收入较高的大专院校教职员生活压力剧增。1946 年春，国立中正大学教职员因南昌市生活必需品价格高涨，以致“日食难支，徯苏无望”，全体致电南京政府行政院院长宋子

① 何友良：《江西通史·民国卷》，江西人民出版社 2008 年版，第 416 页。

② 彭友德：《八十年来江西高等教育概况》，载中国人民政治协商会议江西省委员会文史资料研究委员会《江西文史资料选辑（第 15 辑）》，1985 年，第 105—106 页。

③ 何友良：《江西通史·民国卷》，江西人民出版社 2008 年版，第 445 页。

文，要求速予救济。[①] 到 1949 年 3 月下旬，与中旬相比，南昌物价指数上涨 87.84%，总指数为 414.55（1946 年 1 月为 100）。[②] 这时，高等院校教职员生活已极度困难。

三、国民政府时期高等教育发展的文化因素分析

首先，1934 年初，蒋介石在南昌发起了一场以恢复传统道德、提倡礼义廉耻为核心的“新生活运动”。蒋介石将“礼义廉耻”解释为“礼是规规矩矩的态度，义是正正当当的行为，廉是清清白白的辨别，耻是切切实实的觉悟”。[③] 新生活运动要求改造国民衣食住行日常生活，改换社会风气，重建社会道德。这项运动分为三个阶段：第一阶段（1934 年 2 月至 1935 年 3 月）以整齐、清洁为中心；第二阶段（1935 年 3 月至 1937 年 7 月）以国民生活的艺术化、生产化和军事化为中心；第三阶段（1937 年 7 月至 1949 年）前期以抗战为中心，并从抗战的角度重新阐释礼义廉耻。1942 年以后新生活运动的积极效用逐渐消失，1949年新生活运动停止。[④]新生活运动具有鲜明的政治色彩，但不可忽略其在 1942 年之前对于推进江西近代化进程的积极效用。南昌是该运动的策源地，江西的新生活运动得到了国民政府和江西省政府的极大重视，其积极效用体现得较为突出。新生活运动对于灌输现代文明知识、国民意识和民族精神，推动江西近代化建设有着重要意义，是一场公民教育运动，这在一定程度上为营造高等教育发展创造了良好的文化环境。江西为蒋介石倡导所谓“新生活运动”的策源地，客观上需要利用高等教育机构作为改造社会思想的阵地。国立中正大学的筹办即以此为背景，[⑤] 熊式辉在中正大学奠基石碑文上直书此大学为“我民族复兴之精神堡垒”。

---

① 佚名：《国立中正大学全体教职员致行政院院长宋子文电》，中国第二历史档案馆，1946 年 3 月 4 日。

② 江西省地方志编纂委员会：《江西省志 · 江西省大事记》，方志出版社 2002 年版，第 266 页。

③ 蒋介石：《新生活运动纲要》，新生活运动促进总会 1946 年，第 12 页。

④ 万振凡、林颂华主编：《江西近代社会转型研究》，中国社会科学出版社 2001 年版，第 284 页。

⑤ 程时煃：《程厅长为筹设国立中正大学致江西教育界人士书》，《江西教育》1936 年第 6 期。

其次，杂志、报纸等各种媒体为高等教育发展提供了学术交流、社会服务的平台。1939 年 12 月至 1941 年 9 月，江西有通过审查的杂志 105 种，比较著名的包括省政府的《江西省政府公报》、《统计月刊》，教育厅的《地方教育》、《特教通讯》，三民主义研究的《大路》月刊、《尖兵》半月刊，时代思潮社主办的《时代思潮》半月刊，东南评论社的《东南评论》半月刊，地方政治研究会的《政治知识》旬刊，地方建设研究会的《地方建设》双月刊，农业院的《江西农业》季刊及《农业院讯》半月刊，等等。报纸则打破了战前相对集中于南昌的局面，这一时期吉安、泰和和赣县形成江西文化的三大据点。[①]1945 年抗战胜利后，国民党政府宣称“还政于民”，1946 年 12 月通过《中华民国宪法》，规定“人民有言论、讲学、著作及出版之自由”；取消新闻检查，颁布新的《新闻出版法》。这样，社会各种力量创办报刊，以争取舆论。江西报刊出版颇为壮观，仅南昌市就陆续创办有《中国新报》等 30 余家，加上迁回南昌的《江西民国日报》及外县创办迁往南昌的《声报》等 10 余家，共有 50 余家。[②]1946 年 10 月，据统计，江西各地有报社 105 家、通讯社 51 家、杂志社 135 家。[③] 当局对文化事业的领导仍然以文化运动委员会的形式进行，但缩小其规模，成立由省党部宣传处长主持、25 位文化人组成的江西省文化运动委员会。1946 年 10 月，进一步将原来六个专门委员会整缩为新闻出版、文哲艺术、自然科学和社会科学四个组，强调发挥固有文化团体和机构的作用，加强文化运动委员会及文化人之间的沟通。这个时期江西籍胡先骕、萧蘧、吴有训、萧公权、萧纯锦、罗隆基、王造时、姚名达、程懋筠、杨惟义、盛彤笙等一大批知名学者或创办主持学校、或参与教学，为高等教育发展作出了积极贡献。1947 年，江西继续开办了江西省立陶业专科学校和江西省立水利专科学校，高等教育体系日渐完备，但抗战结束后教师回流到

① 欧阳祖经:《十年来之江西文化事业》，载江西省政府《赣政十年》，1941 年，第 411—413 页。

② 南昌市地方志编纂委员会:《南昌市志（6）》，方志出版社 1997 年版，第 352 页。

③ 何友良:《江西通史・民国卷》，江西人民出版社 2008 年版，第 440 页。

大城市，使高等教育师资力量有所减弱。

再次，1930年成立江西省立民众教育馆，下设教导、艺术、生计、研究辅导四处，指导全省民众事业。随后，全省设立省立民众教育馆三处，即省立实验民众教育馆（1938年8月成立）、省立赣县民众教育馆（1940年7月成立）、省立上饶民众教育馆（1940年7月成立），另48县设有县立民教馆，这些社会教育机构通过主办民众日报，组织开展和办理书报阅览室、巡回文库、巡回剧团、巡回电影队、民众补习班等；此外，1927年10月，省教育厅改组省公立图书馆，成立江西省立图书馆，推动了图书馆事业发展，1936年，全省公立图书馆49所，达到中华人民共和国成立前最高水平；附设民众教育馆22所，学校图书馆15所，各类机关团体图书馆48所，私立图书馆近30所。[①] 抗战时期，各图书馆克服经费支绌等重重困难，四处播迁，省立图书馆广设巡回文库及流通处，添购图书杂志，组织读书会，设立文化服务部，出版期刊及书报，办理民众夜校，建设厅办有豫章图书馆，颇具规模，新淦、修水等25县设有县立图书馆。1929年，在1925年夏成立的辅助各中等学校自然科学教学的理科实验室基础上创办省立科学馆；1933年全部馆宇被借作"剿匪"行辕；1935年11月，科学馆迁入百花洲前行营办公；1936年春增设儿童科学实验室；1937年8月遭敌机轰炸，辗转播迁至泰和；1939年1月，迁往赣县，6月赣县时遭轰炸，奉令迁往于都峡山；1940年11月又迁至泰和文江康村。科学馆分物理、化学、生物三组，每月编辑科学知识月刊一种、科学常识画报一张，内容丰富，寄赠全省各中小学及各县民众图书馆，组织科学实验巡回实验团，协办科学教育和举行科学展览会，等等。[②] 民众教育馆、图书馆、科学馆这些设施有力地推进了文化教育事业发展，客观上为高等教育发展准备了条件、营造了氛围。

---

① 王书红：《近代江西文化事业发展一瞥》，载中国人民政治协商会议江西省委员会文史资料研究委员会《江西文史资料（第45辑）》，1992年，第100页。

② 欧阳祖经：《十年来之江西文化事业》，载江西省政府《赣政十年》，1941年，第397—402页。

最后，音乐教育委员会和体育场更为直接地推动了高等教育发展。1933年3月成立推行音乐教育委员会，附属教育厅，委员9人，以程懋筠为主任委员。音乐教育委员会致力于服务民众音乐和学校音乐，程懋筠被聘为中正大学教授。学校音乐方面，委员会编辑《音乐教育》月刊，1933年3月至1937年12月，共出5卷，计57期，后又编辑《音乐教育》月刊战时续刊；召开中小学音乐教育讨论会，改良课程及教学法，决议废止简谱、实行五线谱教学，夯实了高等音乐教育的基础；创作复兴、救国、抗敌等学校歌唱教材，并代教育厅编选音乐教材；审制各校校歌；视导各校音乐教学状况，呈报教育厅，并于《地方教育》月刊上发表；通过组织抗战歌咏团等进行抗战宣传；于国立中正大学及省立幼稚师范学校等举行大规模音乐会，丰富学生生活；举办音乐师资训练班，毕业学员20余人；拟制调查表，调查全省中等以上学校音乐教师状况。江西省体育场始创于1921年之前，当时称为公共体育场，1927年教育厅另拨贡院侧测绘学校旧址为场址，并改称省立公众体育场，扩大组织，添聘指导员，修建运动场所，购置各项器械，规模粗具；1932年改隶省立民众教育馆，称体育部，1933年7月，又改组独立，称省立公共体育场，余永祚为场长，拨贡院全址三分之二，增设足球场、网球场、篮球场等，规模渐增完备；不久因全国教育会议有统一体育场名称的决议，1934年6月改称江西省立体育场，建筑头门一座；随着1931—1932年学校体育逐渐改进，体育场增拨经费，扩大组织，订颁各级学校体育成绩考查法，中小学体育实施方案，举办中小学体育教师暑期进修训练班，聘请学者名流担任教习；1936年春，因党政军学体育促进会会务推进缺乏体育人才，设立省立体育场附设体育师范班，积极造就体育师资及体育行政干部，通令各县政府设立县体育场，将党政军学体育分会经费列入地方教育预算。1939年第一届学生毕业时改名为江西省立体育场附设高中体育师范科，1942年随着学生规模扩大从省立体育场分离出来，请准省教育厅独立设置江西省立体育师范学校，1943年经教育部同意，将三年制的江西省立体育师范学校改为五年制江西省立体育师范专科学校，余永祚先生一直担任负责人和校长。这样，省立公共体育场逐渐承担起高等教育教学任务。[1]

综上可知，国民政府时期，特别是全民族抗战以来，江西地方政府大力发展经济、积极借力中央、制定各项有利于高等教育发展的政策、重视兴学育人，是这一时期高等教育触底反弹，发展颇具起色的直接原因；抗战时期江西所处的相对优势位置，为经济发展创造了条件，高等教育获得了较为充足的经费支持，此为根本原因；开展“新生活运动”，民众教育馆、图书馆、体育场等文化活动和文化设施营造了高等教育发展的良好环境，20 世纪 30 年代中期以后，一大批赣籍文化精英的回归和参与成为国民政府时期高等教育发展颇有起色的重要原因。

---

① 欧阳祖经:《十年来之江西文化事业》，载江西省政府《赣政十年》，1941 年，第 403—404 页。

第五章

近代江西高等教育发展的总体态势及其归因

近代以前江西高等教育兴盛发达，“物华天宝、人杰地灵”，素称“文章节义之邦”，“往往开风气之先导，称海内文献渊薮，四方咸取则焉”。然而，晚清以来，江西高等教育近代化的步履沉重而缓慢，以至于“雄州壮县回环数千里中，几成文化上之沙漠。非特学子深造，必须负笈远游，即杂志报章，亦赖外省源源输入”。[①] 本章拟在前述三章（第二章、第三章、第四章）基础上总体概括近代江西高等教育发展的基本态势与特征，并在前述三个阶段高等教育发展的政治、经济、文化三个主要影响因素分析基础上，进一步挖掘和阐释形成江西高等教育近代化进程发展特征的深层动因。

第一节　近代江西高等教育发展的总体态势

从前面三章不难看出，近代江西高等教育发展进程的总体态势表现为发展的被动与迟缓。清末江西高等教育开端于1902年江西大学堂的创办，与1862年京师同文馆创办（标志着中国近代高等教育的萌芽）隔了整整40年，也晚于相邻省份“洋务学堂”创办；江西第一所综合性大学国立中正大学创办于1940年底，若与1895年天津北洋大学堂、1898年京师大学堂相比，晚了40余年，若与相邻省份创办的大学比较，普遍晚了10—20年。无论从近代高等教育发展的起点还是其主体内容来看，“迟缓”成为近代江西高等教育发展的显著特征，具体可参见图5–1。图5–1中主要依据清末江西“新政”时期（1902—1911）、北洋政府统治时期（1912—1926）、国民政府时期（1927—1949）高等学堂及学校数量绘制而成。“新政”时期，1902年江西大学堂由豫章书院孝廉堂改办，这是近代以来江西的第一所高等学校，之后陆续创办了

① 见王书红《近代江西文化事业发展一瞥》，载中国人民政治协商会议江西省委员会文史资料研究委员会《江西文史资料（第45辑）》，1992年，第98页。

江西武备学堂、江西医学堂、江西方言学堂等系列高等学堂，但是这些学堂办学经费投入不足、学生规模趋小、教员数量及资格缺乏，此间高等教育发展动力缺失，到清末已经落后于相邻省份，这是近代江西高等教育发展的艰难起步期；北洋政府统治时期，江西高等教育在1912—1920年长期维持在三所公私立法政专门和一所农业专门学校的格局，1921年创办医学专门，1923年复办工业专门，1926年底，北伐军占领南昌，高等教育办学遭遇中断，这一时期因战事频仍、军阀乱政，江西错失高等教育发展的关键期；1927年开始，江西高等教育持续下滑，到1936年只剩下工、医二专，学生人数仅84人，跌入低谷期，1937年全民族抗战爆发，高等教育触底反弹，到40年代初逐渐发展成由1所国立大学、1所独立学院，以及系列专科学校组成的较为完备的高等教育体系，教育经费、师资和生源均较有保障，发展颇具特色，但是，1945年抗战胜利后，随着西迁高校复员以及国共内战爆发，江西高等教育发展重陷发展危机。1949年解放战争胜利，高校被接管，从而结束其国民政府统治历程。

图5-1　近代江西高等教育发展总体态势

总体观之，近代江西高等教育基本实现了其近代化转型历程，但是其态势总体表现为迟缓，落后于相邻省份多年。表 5–1 为江西与邻省近代第一所高等教育性质学堂以及综合性大学创办时间比较。

表 5–1　江西与邻省近代第一所高等教育性质学堂及综合性大学创办时间比较

项目 省别	第一所高等教育性质学堂		第一所综合性大学	
	时间（年）	名称	时间（年）	名称
江西	1902	江西大学堂	1940	国立中正大学
安徽	1898	安徽求实学堂	1928	省立安徽大学
福建	1866	福建船政学堂	1921	厦门大学
浙江	1897	浙江求是书院	1928	国立浙江大学
湖南	1897	湖南时务学堂	1926	湖南大学
湖北	1893	湖北自强学堂	1924	国立武昌大学
广东	1864	广州同文馆	1924	国立中山大学
全国	1862	京师同文馆	1895	北洋大学堂

由表 5–1 可知，从时间上看，近代江西高等教育起点和主体均晚于兄弟省份多年。近代江西高等教育发展断裂性明显，江西大学堂 1904 年合并改办江西高等学堂，1909 年改办工业学堂，辛亥革命后又成为赣省第一中学，而浙江求是书院—浙江大学堂—浙江高等学堂—国立浙江大学发展一脉相承，湖南、安徽、湖北均表现出类似的发展轨迹。这种断裂性发展实质上是近代江西高等教育发育不良的体现，而它显然又与发展迟缓密切相关。从前三章与相邻省份的比较中已经发现，近代江西高等教育发展在高等教育组织从清末书院—新式学堂—近代大学组织转型[①]方面异常乏力；高等教育科类结构长期文实失调，发展不健全；高等教育规模过小，经费投入长期不足，教员数量及资格欠缺严重。这些均是近代江西高等教育发展的特征，表现为与地方经济、政治、文化发展不相适应，这些特征集中地体现为发展的被动与迟缓。

① 赵哲、宋丹、楚旋：《我国近代高等教育发展模式：三次转型与自觉探索》，《南昌大学学报（人文社会科学版）》2015 年第 8 期。

第二节　近代江西高等教育发展被动迟缓的归因

本书第一至第四章不仅对江西高等教育各时期发展概况进行了梳理，而且从政治、经济、文化三个主要方面分析了其发展的影响因素。下文拟在总体概括近代江西高等教育发展基本特征的基础上，进一步深挖造成近代江西高等教育发展迟缓与被动的深层原因。

一、江西区位变更、经济落后导致高等教育发展迟缓

高等教育的发展因其独有特征需要强大的经济基础作为保障。作为传授"高深知识"的高等教育必须经由具备特定知识的人（教师）、特定的场所（学校）、特定的载体（教材）以及特定的传授方式（教学）才能实现，且其要求相对高于普通教育，因而对于发展的经济基础的要求更为苛刻。近代江西高等教育发展长期受经费支绌制约。

江西封建经济繁荣兴盛是高等教育发达的强有力的基础。唐末五代开始，江西省域已基本形成，"北人迁赣"、京杭大运河与赣南大庾岭商道的开通开始使江西经济地位逐渐上升，直至清中期由于仅有广州一埠开口通商，大运河—长江—赣江—大庾岭—广州是封建社会后期最主要的交通线路，这使江西农业、手工业和商业发展日趋繁荣。农业方面，朝廷实施重农救荒政策，土地面积不断扩大，南迁劳动力不断增多，江西逐渐成为江南重要的稻米产区，茶叶、柑橘等经济作物开始广泛种植；手工业生产方面，陶瓷业、矿冶业、造船业开始崛起，铸钱业兴盛；商业方面，江西处于南北要冲的位置逐渐凸显，城镇和商品经济初步繁荣。宋元时期，江西发展成为全国重要经济地区之一。农业发展全面进步，人口增加，新置州县，耕地面积继续扩大，兴修水利，农业生产技术进步，是全国重要的粮食供应地；陶瓷业、矿冶业、造船业等手工业空前发达，纺织业、造纸业和刻书业蓬勃发展；商业活动繁

荣，交通运输便利，城镇发展市场扩充；盐运、海外贸易得到发展。到明清时期，江西行政区划自唐以来长期相对稳定，江西的区域经济特色更加明显。随着闽粤人口迁赣，江西山区得到开发，农业生产继续发展。江西仍然是重要的产粮区，明万历《会典》记载，洪武二十六年（1393），朝廷在江西征米 2585256 石，在全国各省中排第二位；弘治十五年（1502），征米 2528270 石，全国排名第一；万历二十六年（1598），征米 2528270 石，仍然排名第一。[①]清朝顺治十八年（1661），清廷在江西征米 938753 石，全国排名第三；乾隆三十一年（1766）为 898936 石，排全国第三位；嘉庆二十五年（1820）为 962886 石，排全国第二位。清朝江西产粮仅次于湖北和湖南。《清史稿・食货志》中说"天下财赋，惟江南、浙江、江西为重"。直至 1854 年前，清廷每年在江西额征漕粮 57 万石，仅次于江苏、浙江，在有漕八省中排名第三。明清时期，江西手工业在全国举足轻重，制瓷业和造纸业尤为发达，如《江西省大志》记载"其所被自燕云而北，南交趾，东际海，西被蜀，无所不至，皆取于景德镇，而商贾往往以是为利"，造船业、纺织业和矿冶业也是江西经济的重要组成部分。明中前期，江西商品经济较福建、广东更为发达，仅次于长江三角洲的江南地区；明中叶以后，长江三角洲和珠江三角洲农业商业化快速提升，江西商品经济开始落后于这两大地区，但仍然是全国重要的商品经济区。闽粤等省劳动力迁入江西山区种植经济作物和林木，茶油、桐油、蔗糖、蓝靛、夏布、烟叶等加工产品运销大江南北。清道光二十二年（1842）以前，江西凭借纵横交错的水网和唐代开凿的大庾岭商道，仍然是全国重要的转运贸易区。京广水道将珠江、长江和大运河相连，成为沟通南北的黄金水道，与赣江水道相连的大庾岭商道则一直是内地与广东乃至海外的商贸通道。江西的转运贸易繁荣兴盛，九江、吴城、樟树、赣州、大庾、河口、玉山等在转运贸易中发展成为重要的工商业城镇，在全国南北和东西贸易中发

---

① 陈荣华等：《江西经济史》，江西人民出版社 2004 年版，第 426 页。

挥了重要作用。

江西封建经济的繁荣为高等教育的发展带来了保障。后唐江州浔阳县陈氏家族所创东佳书院开全国书院教育先河，五代以来“江南名士皆肄业于其家”；萍乡县学、余干县学、南昌府学、新喻县学、都昌县学、袁州府学等官办府县学相继设立，南唐白鹿洞庐山国学是与金陵国子监同级的国家级大学府；唐代科举江西中进士65人，状元两人。宋代江西高等教育发展达至鼎盛。宋代书院教育以江西为最，书院数量全国最多，自宋至明，书院数量稳居第一，朱熹讲学白鹿洞，陆九渊讲学象山书院，求学者达数千人；江西13州军69县全部设有学校，共计81所，大多为庆历以后所兴办，州县学皆有学田，岁收租谷作为办学经费以及科举考试生员的旅途食宿之费。吉州州学贡士庄每年收租米6100斛有余，安仁县学有土田5300余亩，“为钱一百六十四万有奇，岁收约官斛四百石”。[①] 元朝“学校之设遍于都邑”，官学发达。宋代开始科举进士取录人数全国领先，理学成就辉煌，成为“理学的心脏地带”，[②] 此外，文学、史学、科技等领域学术著作丰富。明及清江西承续唐宋发展，高等教育继续保持兴盛。这一时期府县官学、书院数量和规模继续增加和扩大；科举进士取录继续保持全国领先优势（具体可参见本书第一章）。明清时期，官学和书院运转经费主要源于学田田租收入，而学田以官置为主，官府置买或将罚没田、荒芜田、废寺田划归学校或书院，此外还有官捐、绅捐、民捐或官倡民捐、绅倡民捐等。从宋至清，江西各书院、官学经费都比较充足。田租首先用于支付教师工资、学生的灯火钱及部分日常开支，然后用作生员们参加乡试、会试的路费、卷资，以及启程和归来时的酒宴钱。道光《宁都直隶州志》记载：

---

① 刘强学：《安仁县学记》，光绪《江西通志》卷七十一。

② 蔡仁厚：《江右学风与学术——〈江右思想家研究〉序》，《南昌大学学报（人文社会科学版）》2002年第3期。

> 续捐田租有全作书院束脩、膏火之用者，有全作乡、会试用者，有半作书院半作乡、会试用者，有三分之二作试卷资，以三分之一作会试公车者。

此外，九江德化县县志《宾兴庄记》也记载：

> 所存钱文积至三年已成巨款，每届科举年份定于六月二十日截数。各首士齐集城中公所，将所印簿呈本道府，按各项收数一并易银，以五成归会试，以五成归乡试，凡遇乡、会、恩科年份于六月二十日查明存款，尽数提出，乡、会各半。动用其乡试之银即于冬月二十日齐集郡城，查明北上举人，酌定数目，验其咨文，按名先发一半，余一半由票号汇至京都，数人公举品望素著会试举人一二位，将汇票带京，邀请同乡最尊京官按名散给。①

综上可知，明清时期书院、官学不仅经费充足，而且已经形成一套成熟的资助制度，这为近代之前传统高等教育发展提供了坚实的经济保障。事实上，自唐至清，江西属于经济发达区域，人民生活富足，官府大力支持办学，繁荣的经济基础始终是支撑传统高等教育兴盛发达的有力保障。

然而，进入近代以来，江西区位经济发展在近代化的浪潮中陡转直下，彻底失去了往昔的繁荣。晚清五口通商以后，大庾岭商道改道，内陆漕运改为海运，上海取代广州成为商贸中心，江西从交通要冲变回内陆腹地，商品经济发展失去依托；太平天国运动时期，江西成为战争的重灾区，曾国藩以江西为军费筹集地，五年间通过厘金等手段征收白银840万两，占湘军军费总数一半以上，②导致民生凋敝，经济发展遭到抑制；外国资本主义廉价“洋

---

① 佚名:《学校·书院》，同治《九江府志》卷二十二。

② 方志远等:《地域文化与江西传统商业盛衰论》,《江西师范大学学报（哲学社会科学版)》2007年第1期。

货”的倾销、苛捐杂税等封建剥削严重制约着原本发展良好的农业商品经济。从此，江西经济地位一落千丈，近代化程度始终徘徊在极低的水平。这是江西近代高等教育发展缓慢的根本原因。1861 年之后，西方洋货冲击着江西自然经济，而且一定程度地改变了自然经济的运行方向，但未能进而促进新的生产关系产生，原有经济结构没有发生根本性的变化。自 19 世纪下半叶开始，江西陆续出现一些新兴的资本主义企业。1895—1913 年资本万元（银圆）以上的厂矿有萍乡煤矿、新建徐塘煤矿、余干煤局、赣州铜矿、南昌电灯厂、南昌吉祥砖瓦厂、景德镇瓷器公司、江西瓷业公司、日新瓷业公司、萍乡瓷业公司、南昌厚生机器碾米公司、江西机器造纸厂、江西樟脑官局 13 家。1911 年至 1927 年南京国民政府成立，江西资本主义企业继续呈现发展趋势，资本万元以上的工矿企业增办了 45 家，但这些企业中多为航运和银行。1931 年以前“本省实无大工业，更不足以语重工业”。1919 年创办的久兴纺织公司为江西唯一的纺织企业，也是江西唯一的大工业，资本额二百万两，约合二百八十万元；其他企业规模狭小、设备简陋，远没有达到新式工厂标准。

此外，近代以来江西各种自然灾害频发（1840—1949 年水旱灾害具体参见表 5–2），除水旱灾害外，1840—1949 年江西还发生蝗灾 35 次，螟灾 7 次，瘟疫 20 次，大风 16 次，地震 5 次。[①] 这些自然灾害极大地破坏了工农业生产，使江西经济雪上加霜，影响了其近代化发展水平，而且加剧了人们生活的贫困程度，如 1934 年水灾过后出现大旱，受灾面积达 2700 万亩。[②] 这在客观上也影响了高等教育的经费投入。清末、北洋政府时期、国民政府初期江西高等教育长期失去其赖以发展的经济基础。由于地处内陆，又深受太平天国运动影响，经济发展毫无保障，江西成为“洋务学堂”开办的遗忘之地；清末新政“废科举，兴学堂”，江西财政吃紧，高等学堂和专门学堂学生规模小、教员不足，原有经费经常被挪用，屡因经费无着难以持续开办。北洋政府时

① 许海权：《近代江西自然灾害分析》，《江西师范大学学报（自然科学版）》1993 年第 3 期。

② 陈星主编：《江西通观》，人民日报出版社 1986 年版，第 34 页。

期，军费支出浩巨，高等教育经费毫无保障，专门学校校数、岁入、学生、教员等项无不因此减少。1926 年，胡先骕痛斥江西军政当局对高等教育投入不足，医专、工专设备简陋。[①]

表 5–2　江西近代水旱灾害情况一览（1840—1949）

灾害类型	水灾	旱灾
发生年份	1841、1844、1848、1849、1853、1854、1860、1862、1868、1869、1870、1876、1878、1881、1882、1884、1901、1912、1915、1924、1926、1931、1932、1933、1935、1937、1947、1948、1949	1846、1856、1925、1928、1934
总计次数	29 次，其中特大洪灾 12 次	5 次，其中特大旱灾 2 次

注：本表根据江西省水利厅水利志总编辑室编《江西历代水旱灾害辑录》，1988 年，第 246、248 页相关内容整理而成。表中标有下划线的年份表示特大洪灾和特大旱灾。

直到 20 世纪 30 年代中期以后，江西经济近代化水平才有较为明显的进步。然而，不久日本侵华战争蔓延到江西，使粗具规模的工业遭到毁灭性的破坏。战后，江西工厂除南昌水电厂、赣县电厂、吉安电厂、江西度量衡检定所铁工厂等少数企业继续办理外，江西印刷厂改为中国兴业出版公司，江西机械厂与江西车船厂合并，改隶江西公路处继续经营，其余多已停工。江西近代工业发展机械工业基础薄弱，生产机械化程度低下，机械进口量比重小；[②]工业产值在全省社会总产值中所占比例很小。全民族抗战中期江西社会环境相对安定，经济发展略有起色，但后期工业发展遭到毁灭性破坏，年产值占比更小。直到新中国成立前夕，江西工业总产值仅有 2.6 亿元，只占全省社会总产值的 17.5%，在全省经济中不占主导作用。随着经济发展的起落，20 世纪 30 年代中期以前高等教育发展跌至低谷，30 年代中期以后高等教育发展较为迅速，国立中正医学院、省立兽医专科学校、国立中正大学、省立体育师范专科学校、省立农艺专科学校等一批高校先后创办，办学经费也较

① 胡先骕：《致熊纯如先生论改革赣省教育书》，《东南论衡》1926 年第 29 期，第 12—14 页。

② 江西省社会科学院历史研究所、江西省图书馆选编：《江西近代贸易史资料》，江西人民出版社 1988 年版，第 52—53 页。

为充足，但抗战结束以后，除1946年由于接管了少数日本人创办的企业，因亟须培养人才而继续创办了景德镇陶瓷专科学校、私立信江农业专科学校外，江西高等教育又开始衰退，如1947年立风艺专因经费无着停办，其他学校苟延残喘，勉强开办到解放。

综上所述，近代江西工商业落后，农业自然经济仍然长期占据主导地位，这是近代高等教育规模过小、科类结构畸形和发展缓慢的根本性原因。高等教育发展必须以发达的经济作为物质基础。美国、英国、法国、德国等国经济实力雄厚，因而其高等教育也兴盛发达；国内京沪、江浙地区经济发展态势良好，其高等教育近代转型就更为迅速。高等教育发展程度虽然不完全以经济发展水平为指标，但缺乏必要的经济基础，其发展必将受到影响。

二、江西“直系”军阀乱政阻碍近代高等教育发展

除需要具备雄厚的经济基础外，高等教育作为人才培养的一个社会子系统，其发展很大程度上取决于政治势力推进。中国社会有着长期的君主专制和中央集权传统，其情形尤其如此，政治力量控制所有领域。社会力量发育迟缓，工商业力量基础薄弱，高等教育发展基本上取决于不同时期政治力量对其认识和态度。江西地势三面环山、一面临江，形似簸箕，地形险要。在国家政治动荡，发生军事战争时期，中央鞭长莫及，江西成为各方势力争夺的重要地区；在和平年代又成为中央严格控制的核心地带，在此地中央政策大多能得到较好的贯彻和执行。

唐末五代至清，特别是宋明以来，除朝代更替出现短暂混乱外，江西社会长期稳定而少有战祸，历朝历代中央政府颇为重视教育，以封建伦理作为正统教学内容，通过科举遴选管理人才。江西地方大员积极贯彻执行中央政策，高等教育发展日益兴盛，宋明时期达至鼎盛。书院、官学教育发达，科举取录成绩长期居全国之首，各领域学术成果丰富。晚清以来，清政府实施新政，废科举、办学堂，江西巡抚对于这些政策也能认真执行。李兴锐巡抚

兴办江西大学堂，柯逢时、夏峕改办江西高等学堂，武备学堂、方言学堂、医学堂、实务学堂、优级师范学堂、法政学堂均能陆续创办，只是限于经费，学堂规模、教员资格比较欠缺。但是，进入民国初期，政局动荡、战事频仍，在北洋军阀统治之下，江西高等教育发展受到严重破坏。李纯、陈光远、蔡成勋等直系军阀对江西统治长达 11 年之久，其间江西成为各路军阀争夺的重要地区，“你方唱罢我登场”，为加强军事控制，直系军阀肆意扩充军费，疯狂搜刮民财，置高等教育发展于不顾，“军阀眼中无教育”，肆意挪用和挤占教育经费，使高等教育发展遭受重创。除两所私立法专外，江西较长时期存在的仅有公立法专和农业专门学校，江西公立医学专门到 1921 年才创办，江西工业专门于 1923 年才复办。农业专门 1917 年接受教育部视察，被发现经费不足，专科班次无法延续，学生无力缴纳学费，学校设施简陋；医学专门因经费支绌只开设 1 科；工业专门发展尤为坎坷，1914 年因设备简陋、教学不合格被降为甲种工业学校，只能将废弃机器充作实习之用，1923 年才创办专门。军阀还多次侵占校舍，致使学校办学几度陷于停顿。可恶的是，李纯、陈光远等军阀不仅挪占教育经费，而且中饱私囊，将在江西搜刮来的钱财在京津地区购买房产，创办实业；李纯还曾捐资家乡创办南开大学。北洋军阀不仅对于江西缺乏家乡情怀，而且逮捕通缉赣籍革命党人，驱逐和排斥赣人参政，使社会精英流落省外，导致高等教育失去原本可以依靠的力量。黄炎培在评价民国初年教育统计数据时，认为江西“尤可怜”，无一项不锐减，他将高等教育发展的落后状况归咎于执政军阀。1917—1927 年是中国高等教育发展的“黄金时期”，江西此间也多次提议创办省立大学，均因军阀不予支持而未成功。1923 年，胡家凤提议创办江西大学，蔡成勋以经费难筹而反对；1924 年，李定魁建议创立江西大学，也无疾而终。

国民政府初期，江西境内发生新军阀混战，紧接着国民党又发动“围剿”红军的战争，这期间 1927 年四所专门学校合并创办江西中山大学失败，1929 年再次筹办江西大学，但遭到教育部明令禁止。直到 30 年代中期以后，江西政局趋于稳定，省主席熊式辉力行贯彻蒋介石的“政教合一”理念，顶住各方反对之压力，艰难筹办中正大学，并最终于 1940 年 10 月 31 日开学。除获得蒋介石个人的大力支持外，中正大学的成功创办也得益于国民政府“战时须当平时看”教育政策的支持。这一时期，江西地方政府借力中央政府，充分利用全民族抗战时期江西处于大前方的后方、大后方的前方的有利位置，成立了国立中正医学院、省立兽医专科学校、国立中正大学和省立体育专科学校等一系列高校，高等教育发展颇有起色。抗战胜利后，随着国共内战爆发，江西高等教育又陷入了发展危机：高等学校教师流失、经费不足等引发学生运动。直到最终迎来解放战争的胜利。

综上可知，直系军阀对江西的野蛮统治直接阻碍了近代江西高等教育发展的步伐，使其错过了发展的最佳时机。这也说明了两点：一是政局动荡和社会混乱时，地方势力对于当地高等教育发展具有积极意义，如北洋政府时期湖南高等教育发展便得益于地方势力的保护，江西却没有形成这样的地方自治势力，而只能任由直系军阀宰割；二是高等教育要得到可持续发展，必须协调好与政治之间的关系，通过高等教育立法等手段保障其在规则范围内保持相对独立运行。

三、江西文人“缺席”制约近代高等教育的发展

高等教育是由具有“高深知识”的人主持实施的培养人的活动，离开文化精英的支持和参与则不能顺利发展。自唐末五代至清，江西高等教育兴盛，书院教育发达，科举取士成就辉煌，人文昌盛，人才辈出，宋明时期成为名副其实的“学术中心”，直到清中期高等教育发展仍可以和浙江等强省比肩，这离不开江西历代文化精英的积极参与。江西区域封建农业经济发达、社会安定，江西古代文人进可以科举入仕，退可以为师兴学。但因为江西基本没有成为“政治中心”（南昌仅于 958—961 年曾短暂作为南唐首都），也始终不是“经济中心”，江西文人倾向于选择全国平台或省外平台发展，有人甚至称

之为江西的“摇篮文化”，[①]而“教授乡里”者多为专注学术、无意举业、失意致仕者以及告老还乡的官员，他们是近代以前实施和推动高等教育走向繁荣的主体力量。

进入晚清，全国交通格局变更，江西重回内陆腹地，区位优势丧失；加之太平天国运动后经济一蹶不振，科举文化得到病态强化，致使江西人文不再兴盛，而少数文化精英仍然多选择向省外发展。遍览周邦道所编《近代教育先进传略（初集）》中江西近代高等教育先进人物，18 人中鲜有国家级的知名人物，而周边省份却比比皆是。[②]江西文风虽盛，但学风凋敝，且鲜有朝廷大员，胡思敬也曾感叹“三十余年江西无三品京官”，在高等教育萌芽时期，江西地既不利，人又不和，使“洋务学堂”创办成为空白。江西义宁人陈宝箴主政湖南，兴办时务学堂，“思以一隅致富强，为东南倡”；陈炽、文廷式等少数精英则主要效力于京城。可以说，省内具有新学思想的人才缺乏是江西成为“洋务学堂”荒漠的一个因素。清末“新政”时期江西创办学堂最为棘手的问题之一也是办学人才的缺乏，时任巡抚夏旹不得已延聘邻省王闿运主持江西大学堂，但因王闿运顽固守旧而招致反对；周学海任学堂监督仍然食古不化，教学内容陈旧，学生因此退学；大学堂教习唐咏霓教学以周礼发问，“科学全不讲，古董搬出来”；清末江西专门学堂教员中多是没有接受“新学”教育的“八股制艺名手”，而少有外国人和本国学堂毕业者；冯汝骙因学堂缺乏办学人才，奏请调回汪瑞闿原班补用。这些充分反映出清末江西文人流向省外、省内办学人才严重缺乏的艰难处境。为此，清末江西陆续派出学生留学国外和到国内其他大学学习，以期学成回来缓解办学人才缺乏问题。如 1906 年，江西成立优级师范学堂，为解决师资，决定用公家经费，从三江师范等学堂中，约共挑选五十名学生，派往东洋分科学习，“凡官费学生，学成而回，当为本省充任义务教员，限以五年，听候调用，仍酌约

---

① 方志远：《“摇篮说”》，《江西社会科学》，1994 年《赣文化》专号。

② 周邦道：《近代教育先进传略（初集）》，中国文化大学出版部 1981 年版，第 151—181 页。

薪水，期满任其去留”。[①]

北洋政府初期，李烈钧任江西都督时，深感人才不兴，积极派遣官费留学生 20 名，其中包括胡先骕、饶毓泰等。学成归来的他们后来成为 20 世纪 40 年代江西高等教育的主体力量；另外，一大批留学国外的江西文人“政治化”倾向明显，多任地方政府要员及省议会议员，如符鼎升、徐元诰等。他们积极发展高等教育，但是“二次革命”失败后，由于他们当中多是革命党人，这批社会精英人士遭到军政府镇压和通缉，被迫长期流落省外，直到 1926 年底北伐胜利，他们当中的不少人才陆续回到省内。这好比釜底抽薪，无疑成为江西此时高等教育发展的劫难，公私立法政专门各校办学尤其受到影响。北洋政府时期，江西文人散落省外成为制约高等教育发展的重要因素。

相反，20 世纪 30 年代中期以后江西高等教育发展开始出现起色正是得益于大部分赣籍学人教授的回归。首先，省政府主席熊式辉实施“赣人治赣”，极力罗致了赣籍学人回赣，如先后任教育厅厅长的陈剑脩、程时煃，参与筹办国立中正大学的马博庵，江西农业院的萧纯锦，等等。其次，随着抗战的深入和东南地区的沦陷，沿海高校陆续西迁内地，而作为抗战大前方的后方和大后方的前方，江西社会局势相对稳定，这给高等教育发展创造了安定的环境。从 1938 年开始，许多赣籍以及非赣籍学人选择回到江西工作。其中不少担任高等学校校长，如王子玕出任国立中正医学院院长，王承钧出任省立兽医专科学校校长，陈鹤琴出任省立幼儿师范（附属专科）校长，许调履[②]、詹纯鉴、向瑞春先后任江西省立农业专科学校校长，程兆熊出任私立信江农业专科学校校长，胡献雅出任私立立风艺术专科学校校长，胡先骕、萧蘧先后出任国立中正大学校长，等等。此外，还有一大批赣籍教师，如国立中正

---

① 杨吉安:《民国时期的留学生与江西教育的现代化》,《江西教育学术月刊》2016 年第 2 期。

② 许调履（1898—1978），江西金溪人，1930 年毕业于东京帝国大学农学部，1934 年 8 月任江苏南通农学院教授，1937 年 12 月，日军攻陷南京后，回江西农业院。

大学蔡方荫、王易[①]、黄野萝[②]、杨惟义[③]等，以及省立兽专盛彤笙[④]、唐启宇、王履和等。这批回赣的赣籍学人还积极利用自身影响力邀请和推荐教师来江西任教，如胡先骕掌校中正大学期间，聘请周拾禄、张肇骞、周宗璜、严楚江等著名学人来校任教；1945年，胡先骕又推荐易希陶、童新民、郭守纯、王滨海、顾莘孙、张树森、徐先兆、王信良等博士到信江农业专科学校任教，使这所地处赣东北的偏僻学校师资力量雄厚。据统计，1940—1948年，仅就国立中正大学而言，从省外回来工作的赣籍学人就多达73人，非赣籍者117人，两项合计占教员总数的73%。总之，回赣赣籍学人成为此时高等教育发展的一支重要力量。综上可知，江西近代高等教育发展长时期缺乏文人的积极参与，从设计、管理到教学人才阙如，直到20世纪30年代中期以后这个问题才得到缓解。可见，江西近代人才不兴及仅有的少数人才寻求向省外发展延缓了近代高等教育的发展进程。

综上所述，与相邻省域相比，江西近代高等教育发育不良、进程迟缓的“贫血”状况首先缘于近代以来其区位优势丧失殆尽，经济发展日益落后，而造成“机体”营养不良，从而导致高等教育发展“供血不足”；其次，江西地方政府“造血”功能紊乱而失调，长期忽略甚至肆意践踏高等教育发展；再次，江西文化精英的省外发展倾向和“缺席”又使其“失血”严重。如此，江西近代高等教育发展便只能拖着其沉重的脚步踯躅而行。

新时代江西正面临着新的发展机遇，2016年江西全省实现生产总值1.84万亿元，居全国第17位，同比增长9.0%，与天津并列居全国第4位，居中

---

① 王易（1889—1956），江西南昌人，语言学家，国学大师。1926年起任教东南大学多年，1940年任教国立中正大学，并出任国文系主任。

② 黄野萝（1902—1981），江西贵溪人，土壤学家、农业教育家，1940年经胡先骕邀请任国立中正大学教授兼农学院森林系主任。

③ 杨惟义（1897—1972），江西上饶人，著名农业昆虫学家，1936年任北平静生生物调查所代理所长，1941年出任国立中正大学教授。

④ 盛彤笙（1911—1987），江西永新人，著名兽医学家、微生物学家，1936年德国柏林大学医学博士，1938年德国汉诺威医学院兽医学博士毕业后任教于江西省立兽医专科学校。

部地区第 1 位。[1] 2018 年全省生产总值同比增长 8.7%，高于全国 2.1 个百分点，增速居全国第 4 位、中部第 1 位。[2] 2023 年，全省生产总值达 3.22 万亿元，居全国第 15 位。[3] 2024 年，江西省综合科技创新水平指数为 64.52%，居全国第 16 位，较上年提高 4.25 个百分点，指数上升幅度居全国第 2 位。[4] 江西区位优势开始凸显，高等教育也日益成为“社会轴心机构”和“服务站”。新时代应认真吸取近代江西高等教育发展被动迟缓的经验及教训，充分发挥高等教育的经济社会发展引擎作用，为江西强省建设提供有力支撑，谱写中国式高等教育现代化的江西篇章。

---

① 《江西省统计局解读 2016 年全省 GDP 数据》，2017 年 1 月 23 日，见 http://www.jiangxi.gov.cn/art/2017/1/23/art_398_143070.html。

② 《江西省统计局解读 2018 年全省 GDP 数据》，2019 年 3 月 16 日，见 http://www.jiangxi.gov.cn/art/2019/1/24/art_5472_558250.html。

③ 江西省信息中心（江西省大数据中心）:《2022—2023 年江西省主要经济指标在全国排位情况》，2024 年 2 月 28 日，见 http://jxic.jiangxi.gov.cn/art/2024/2/28/art_57490_4798877.html。

④ 新余市科学技术局:《2024 年江西省综合科技创新水平增幅全国第二》，2024 年 9 月 10 日，见 http://kjj.xinyu.gov.cn/kjj/tjsj/2024-11/13/content_46716a32cacf4ed28bdfb31f633bdf00.shtml。

结语

通过与相邻省域相比发现，近代江西高等教育发育不良、近代化进程迟缓，这种“贫血”状况缘于近代以来区位经济优势丧失殆尽，从而造成“机体”营养不良，导致对高等教育发展“供血不足”；江西地方政府“造血”功能紊乱而失调，长期忽略甚至践踏高等教育发展；江西文化精英的省外发展倾向和“缺席”又使其“失血”严重。如此，近代江西高等教育发展便只能拖着沉重的脚步踯躅而行。这也充分印证了高等教育发展主要涉及高等教育与政治、经济、文化等社会主要方面的互动发展，以及在此关系框架约束下高等教育系统内部自身发展两个层面，从而表现为宏观与微观的密切结合与互动的理论逻辑。进一步分析发现，经济因素是影响高等教育发展的根本性因素，它有着恒定的意义，自始至终决定着高等教育的发展状况；政治因素具有较强的灵活性，是影响高等教育发展的直接性因素，有关政治人物对高等教育发展的正确态度和意识可规避高等教育发展的某些不利因素，反之则会加剧不利因素的恶劣影响；文化因素（尤其是文化精英）是影响高等教育发展的重要因素，其本身即为高等教育的重要资源。这带给“双一流”背景下江西当前高等教育强省建设重要启示：发现和发挥江西区位优势，实现中部崛起，以从根本上改善高等教育发展的经济基础；重视高等教育发展对地方社会经济发展的引领作用，加大对高等教育的经费投入和人才引进力度；江西文人需增强“反哺”意识，积极主动服务高等教育发展。这样，江西高等教育实现高质量发展将会指日可待。

本书基本还原了近代江西高等教育发展的历史进程，但还存在一些不足。其一，发展的细节史料有待进一步挖掘。如，清末江西高等学堂具体停办的日期尚不确定，仍然众说纷纭，这需要继续挖掘史料，认真加以比对和印证；北洋政府时期公私立法政专门、公立工业专门等校 1926 年底办学停顿情形也仅停留于粗略认知层面，有待进一步挖掘和比对史料。其二，近代高等教育发展的影响因素纷繁复杂，本书重点从经济、政治和文化三个因素入手分析，虽抓住了主要方面，但可能造成对地理、科技等其他因素的忽略和遗漏。如广州、长沙、杭州、武汉乃至上海等周边城市雄厚发达的高等教育资源对于江西的发展十分有利，但也因此造成“虹吸效应”，这使江西原本有限的高等教育资源极容易流向这些城市，而倾向于将有限的经费用于发展初等及中等教育。如 1929 年教育部勒令江西停办大学，便建议所余款项移用作普及整顿中等教育和改设专科学校。目前，江西高等教育发展仍然面临着这一困境。因此，后续研究中应继续加强对地理等因素的考察，这将有着重要意义。

附录

附录一：近代江西高等教育发展大事记

1896 年

8 月 2 日，江西巡抚德寿奏请创办高安蚕桑学堂。

10 月 3 日，江西巡抚德寿奏请酌裁友教书院童卷移设算科。

1897 年

8 月，江西邹殿书部郎请设务实学堂。

1898 年

7 月 28 日，护理江西巡抚翁曾桂奏办吏治学堂。

1902 年

4 月 11 日，省城豫章书院改办江西大学堂，总办汪瑞闿，会办傅春官，是为江西高等教育的开端。

11 月 21 日，护理巡抚柯逢时于省城西购地一区，另建高等学堂。

江西武备学堂创办于南昌行台（永和门），监督陈伯文。

江西医学堂创办于省城内高桥，监督陈日新。

1903 年

江西医学堂聘请日本人南雅雄充任教习。

1904 年

5 月，江西大学堂与江西高等学堂合办，校址以贡院改造而成，监督黄大壎。

1905 年

秋季，江西高等农业学堂开学。

江西省方言学堂由友教书院改设而成，监督程志和。

是年，南伟烈大学创办于九江甘棠湖畔，校长库斯非。

1906 年

江西省武备学堂停办。

江西官立法政学堂创办于南昌省城内偰家塘，监督叶先圻。

江西优级师范学堂创办于南昌令公庙，监督欧阳述。

1907 年

江西方言学堂并入江西法政学堂。

江西高等农业学堂创办于南昌南关口，监督龙钟洢。

萍乡医学堂创办于袁州府萍乡县，当年招生 20 人。

1908 年

江西省铁路学堂创办于九江，监督黄翼曾。

1909 年

江西陆军小学堂在停办的江西武备学堂基础上改办。

私立豫章法政学堂创办于皇殿前，监督黄大壎。

1910 年

江西高等农业学堂乙班预科毕业生 22 人准备回堂升读本科。

私立江西法政学堂创办于系马桩，堂长刘存一。

中国陶业学堂创办于饶州高门，堂长徐凤钧。

江西高等农业学堂监督龙钟洢辞职，提学使王同愈兼任监督。

江西高等林业学堂创办于白鹿洞书院，由王同愈奏请开办。

是年，江西铁路学堂第一届学生毕业，随后停办。

1911 年

6 月，江西法政学堂第一届别科学员 11 人通过考试予以毕业。

江西高等学堂改办江西工业学堂，校址位于南昌书院街，监督曾贞，学生分为土木和采矿冶金两组，开办预科两班，学生 80 余人。

是年，江西高等农业学堂林科学生迁往白鹿洞书院，另设高等林业学堂。

1912 年

是年，江西优级师范学堂改称江西高等师范学校。

是年，江西法政学堂改称江西公立法政专门学校。

是年，九江南伟烈大学停止招生。

1913 年

江西高等农林学校奉部令改称江西公立农业专门学校。

江西中等工业学堂改称江西公立工业专门学校，教育当局责令改善，次年奉巡按使令改为江西省立甲种工业学校。

1914 年

1 月，教育部对私立江西法政专门学校、私立豫章法政专门学校予以备案。

1915 年

是年，江西师范学校开设有英语、史地、数理、理化、博物五个本科专业，学制三年，共有学生 118 人，经费概数为 34000 元。

11 月，教育部举行全国专门以上学校成绩展览会，江西公立农业专门学校获全国农校第一。

1917 年

10 月，教育部视察江西省公立农业专门学校，查该校教员 21 人，学生 151 人，岁入 18002 元，岁出 17997 元。

12 月，美国巴拿马赛会，赠予江西公立农业专门学校出产物奖品，计奖状二张，银质奖章二枚。

是年，九江南伟烈大学停办。

1918 年

江西农业专门学校设有农学、林学两科，有在校学生 70 人，毕业生 49 人，报部经费为 18002 元。

1921 年

8 月，江西公立医学专门学校创办于南昌贡院前，校长何焕奎。

1922 年

熊育钖在心远中学基础上设立心远大学。

1923 年

是年，代理教育厅长胡家凤主持江西教育界召开“实施新学制讨论会”，通过了将农专、法专、医专合办江西大学的提案，但蔡成勋忙于搜刮民财，对兴办教育及教育经费独立没有给予支持，胡家凤因此愤而辞职。这是江西筹办本科大学的最早动议。

是年，江西甲种工业学校复办江西公立工业专门学校。

1926 年

1 月 4 日，时任省长李定魁下令教育厅筹设江西大学。

11 月，江西政务委员召开教育讨论会，会议的一项重要决议就是将省立法、工、农、医四所专门学校合并，筹建江西中山大学。

1927 年

2 月，政务委员会任命王恒、傅尔攽、李为涟、吴恺、彭学沛、陈礼江、吴有训七人为大学委员；9 日，第一次委员会议举行，推举王恒为主任委员，国立武昌中山大学教授张有桐为秘书；筹委会经多次会议决定将原有四个专门学校改办成大学专门部，校址设于南昌东湖边贡院，并准备暑期招收大学预科新生，随后开始编订大学组织规章和预算。但因江西政局发生巨变，筹备工作被迫中断，四所专门学校不久恢复办学。

是年，心远大学因经费支绌停办。

1928 年

6 月 14 日，江西省政府第 103 次会议议决省立四所专科学校停止招生，并由教育厅速筹江西大学。

9 月 20 日，江西省政府 137 次会议议决准令医专、法专变通办理，续招预科新生。

1929 年

4 月 22 日，江西省政府委员陈礼江在省务会议上提议创办江西大学。

8 月 15 日，江西省务会议通过《江西大学筹备委员会组织规程》。

9 月 21 日，江西省教育厅向教育部提出筹办省立江西大学，教育部鉴于当时各省盲目设立大学，认为“未免缓急失宜”，明令停止筹备江西大学，所余款项移用作普及整顿中等教育改设专科学校。

1931 年

8 月，江西公立医学专门学校奉部令改称江西省立医学专科学校。

12 月，熊式辉接替鲁涤平成为江西省政府主席。

12 月 15 日，江西教育厅长蒋笈辞职，任命陈剑翛兼教育厅长，湖南、陕西、江苏、浙江教育厅长皆被免职。

1932 年

是年，省教育厅奉教育部令将私立章江法专、私立江西法政两校在校学生全部甄试，合格者准其读至毕业，已毕业离校者，调验其入学证件，严加审查，合格者报教育部追认学籍。

是年，江西国医专修院在南昌开办，学制五年，招生两个班。

1933 年

6 月，江西省立法政专门学校、私立江西法政专门学校、私立章江法政专门学校将遗留学生办理毕业，结束办学。

7 月 8 日，江西省教育厅更换工、医二专校长。

1934 年

4 月，江西省立医学专科学校出版发行《江西省立医学专科学校月刊》，宣传教学和科研等方面的成果。

1935 年

是年，江西农业院附属农艺专科学校因不合教育部令停办。

1936 年

10 月，教育部接受医学教育专门委员王子玕建议，决定筹设一所推行公医制度的医学教育院校，成立国立中正医学院筹备委员会。

1937 年

9 月 25 日，国立中正医学院开学，从南昌、武汉招收的 108 名一年级学生开始上课，王子玕任校长。

1938 年

11 月，江西省立兽医专科学校成立，肖纯锦兼任校长，王承钧协助主持校务，经常费由农业院统筹拨付，招收高中毕业生，修业三年。

1939 年

8 月，遂川会议后由省政府组织成立省立中正大学筹备委员会，熊式辉等 15 人任筹备委员，晏阳初为主任委员。

11 月 19 日，江西农业院更名为江西省农业院，隶属中正大学，翌年招生。

1940 年

1 月 11 日，公布《江西省省内外专科以上学校赣籍学生奖学金规则》，规定每年名额为 400 名，金额为每名 100 元。

3 月 10 日，熊式辉选定泰和杏岭刘村为国立中正大学校址。

6 月 1 日，教育部聘定新的国立中正大学筹备委员会，熊式辉任主任委员。

8 月，省立幼稚师范学校附设专科，校址位于泰和文江，陈鹤琴任校长。

10 月 1 日，胡先骕到达泰和，10 日正式就任国立中正大学校长。

10 月 31 日，国立中正大学在泰和杏岭举行开学典礼，全校分 3 院 9 系，胡先骕为校长，罗廷光为教务长。

12 月，著名小儿科专家熊俊任江西省立医学专科学校校长。

1941 年

是年，王承钧任江西省立兽医专科学校校长。学校设兽医科一科，学生 57 名，教职员 31 名，多为农业院技师兼任，全年经费为 83000 元。

1942 年

7 月 5 日，国立中正大学战地服务团团长姚名达教授在新淦前线牺牲。

1943 年

9 月，国民党中央执行委员、教育部长陈立夫抵泰和，视察省教育厅及中正大学。

是月，江西省立体育师范专科学校成立，校长余永祚。

是月，胡献雅创办私立立风艺术专科学校于泰和东门内陈家祠，10 日，学校如期开学。

是年冬，地方人士及社会贤达在联立信江农业职业学校的基础上筹办私立信江农业专科学校。

1944 年

1 月，江西省立农业专科学校在泰和橘园复校，向瑞春任校长。

1945 年

是年春，私立信江农业专科学校由联立信江农业职业学校扩办而成，校址设在信江书院，1946 年又迁至铅山鹅湖书院。

8 月，江西省立陶瓷科职业学校增设陶瓷工程、陶瓷艺术两个大专专业，招收高中毕业生二年制专科班，招收初中毕业生学制五年。

12 月，私立立风艺专迁至南昌市，临时校址在船山路。

1946 年

1 月 7 日，国立中正大学于南昌望城岗复课。

5 月 7 日，国民政府行政院公布省政府委员兼教育厅长程时煃免职，任命邱椿为委员兼教育厅长。

6 月 20 日，行政院任命周邦道为江西省政府委员兼教育厅长。

8 月，在省立陶瓷科职业学校基础上创办景德镇陶业专科学校，汪璠担任校长。私立信江农业专科学校在上饶七县联立信江农业学校基础上正式成立，程兆熊任校长。胡献雅最后一次为学校集资的个人画展在南京举行，展出地点在中央饭店礼堂，中外宾客参观并选购国画，这次画展在南京引起学术界好评。

12 月 31 日，南昌各大专学校响应国立中正大学号召，1500 多名学生举行抗议北平美军暴行的示威游行。

年底，教育部长朱家骅批准江西省立陶业专科学校立案，“准办专科，仍附职校”。

1947 年

2 月，国立中正大学爆发反对内战、反对摧残教育的护校运动，成立护校运动委员会。16 日，实行全校罢课。21 日，校长萧蘧辞职。27 日，教育部派员来赣调查处理正大学潮。

5 月 19 日，江西省政府宣布 10 项紧急措施，声言中正大学学潮有共产党参与其间，宣布解散护校会，冻结学生公费。21 日，中正大学学生 800 余人集队进城示威，在牛行和中正桥遭军警 2000 余人镇压，学生重伤 5 人，轻伤 20 余人。

6 月 2 日，中正大学学生在望城岗举行抗议政府示威游行，中正医学院进行罢课声援。5 日，中正大学复课。

8 月 15 日，林一民接任国立中正大学校长。

是年，因经费困难，私立立风艺专停办。

是年，学界讨论胡适所提把清华大学、北京大学、浙江大学、武汉大学、中央大学建设成世界一流大学计划。胡先骕参与讨论，认为应充实中正大学等十所国立大学师资力量和图书资料，以推动这些学校达到欧美水平。

1948 年

1 月 8 日，以中正大学为首的南昌各大专学校学生举行联席会，成立南昌市救急救寒学生联合会。

1 月 17 日，中正大学、中正医学院、体育师范专科学校全体学生为抗议英国帝国主义强占中国九龙，进行示威游行。

4 月 20 日，国立中正大学学生贴出巨幅公告，讽刺蒋介石当选总统，为首学生遭打伤。

7 月 7 日，江西省政府颁布省内外专科以上学校及国外留学赣籍学生奖学金办法，规定奖学金总额为 8 亿元。

8 月，省立南昌高级水利科职业学校在招收两届专科班后正式改名江西省立水利专科学校。

10 月 27 日，江西省政府制定江西省中等以上学校教育改进办法。

1949 年

8 月，私立信江农业专科学校被赣东北行署接管。

是年，江西人口 1314 万人，每万人中有大学生 1.92 人。

附录二：私立江西法政专门学校章程

第一章　总则

第一条　本校定名为私立江西法政专门学校。

第二条　本校以提高法学智识，养成专门人才，赞助党国实现三民主义，完成五权宪法为宗旨。

第三条　本校设立在南昌高升巷。

第二章　科目及课程

第四条　本校科别分法律及政治经济两种，修业年限均定为本科三年，预科一年或二年。

第五条　本科课程表如左

法律本科课程表

学年	学期	每周时数学分＼科目	三民主义	宪法	政治学	社会学	刑法总则	刑法分则	民法总则	民法债编	民法物权	民法亲属	民法继承	刑事诉讼法	民事诉讼法	平时国际公法	战时国际公法	法院组织法	劳工法	行政法
第一学年	上	时数	2	3	3	3	3		3	3		2	2							
		学分	2	3	3	3	3		3	3		2	2							
	下	时数	2	3	3	3	3		3	3		2	2							
		学分	2	3	3	3	3		3	3		2	2							
第二学年	上	时数	2					3		3	3			3	3	2		2		
		学分	2					3		3	3			3	3	2		2		
	下	时数	2					3		3	3			3	3	2		2		
		学分	2					3		3	3			3	3	2		2		
第三学年	上	时数													3		2		3	3
		学分													3		2		3	3
	下	时数													3		2		3	3
		学分													3		2		3	3
总计		时数	8	6	6	6	6	6	6	12	6	4	4	6	12	4	4	4	6	6
		学分	8	6	6	6	6	6	6	12	6	4	4	6	12	4	4	4	6	6

续表

学年	学期	科目 每周时数 学分	公司法	票据法	海商法	保险法	破产法	诉讼实习	英文	军事训练	体育	必修总计	法律思想史	国际私法	刑事政策	财政学	社会问题	法文	日文	选修总计
第一学年	上	时数							3	3	2	32	2					2	2	6
		学分							3	1.5	1	29.5	2					2	2	6
	下	时数							3	3	2	32	2					2	2	6
		学分							3	1.5	1	29.5	2					2	2	6
第二学年	上	时数	2						3	3	2	31		2	2			2	2	8
		学分	2						3	1.5	1	28.5		2	2			2	2	8
	下	时数	2						3	3	2	31		2	2			2	2	8
		学分	2						3	1.5	1	28.5		2	2			2	2	8
第三学年	上	时数		2	2	2	2	3	3	3	2	30				3	3	2	2	10
		学分		2	2	2	2	3	3	1.5	1	27.5				3	3	2	2	10
	下	时数		2	2	2	2	3	3	3	2	30				3	3	2	2	10
		学分		2	2	2	2	3	3	1.5	1	27.5				3	3	2	2	10
总计		时数	4	4	4	4	4	6	18	18	12	186	4	4	4	6	6	12	12	48
		学分	4	4	4	4	4	6	18	9	6	171	4	4	4	6	6	12	12	48

政治经济本科课程表

学年	学期	科目 每周时数 学分	三民主义	宪法	政治学	社会学	行政法	刑法要论	民法要论	农业政策	工业政策	商业政策	交通政策	财政总论	租税论	公债论	预算论	货币论	银行论	平时国际公法	战时国际公法
第一学年	上	时数	2	3	3	3	3		3					3							
		学分	2	3	3	3	3		3					3							
	下	时数	2	3	3	3	3		3					3							
		学分	2	3	3	3	3		3					3							
第二学年	上	时数	2					3		2	3				3			2		2	
		学分	2					3		2	3				3			2		2	
	下	时数	2					3		2	3				3			2		2	
		学分	2					3		2	3				3			2		2	
第三学年	上	时数										3	3			2	2		2		2
		学分										3	3			2	2		2		2
	下	时数										3	3			2	2		2		2
		学分										3	3			2	2		2		2
总计		时数	8	6	6	6	6	6	6	4	6	6	6	6	6	4	4	4	4	4	4
		学分	8	6	6	6	6	6	6	4	6	6	6	6	6	4	4	4	4	4	4

续表

学年	学期	每周时数学分＼科目	政治史	政治思想史	经济史	经济思想史	社会问题	统计学	簿记学	英文	军事训练	体育	必修总计	地方自治制度	劳工法	公司法	票据法	海商法	保险法	法文	日文	选修总计
第一学年	上	时数								3	3	2	28	2						2	2	6
		学分								3	1.5	1	25.5	2						2	2	6
	下	时数								3	3	2	28	2						2	2	6
		学分								3	1.5	1	25.5	2						2	2	6
第二学年	上	时数	2	3	2	3				3	3	2	35		3	2				2	2	9
		学分	2	3	2	3				3	1.5	1	32.5		3	2				2	2	9
	下	时数	2	3	2	3				3	3	2	35		3	2				2	2	9
		学分	2	3	2	3				3	1.5	1	32.5		3	2				2	2	9
第三学年	上	时数					3	3	2	3	3	2	30				2	2	2	2	2	10
		学分					3	3	2	3	1.5	1	27.5				2	2	2	2	2	10
	下	时数					3	3	2	3	3	2	30				2	2	2	2	2	10
		学分					3	3	2	3	1.5	1	27.5				2	2	2	2	2	10
总计		时数	4	6	4	6	6	6	4	18	18	12	186	4	6	4	4	4	4	12	12	50
		学分	4	6	4	6	6	6	4	18	9	6	171	4	6	4	4	4	4	12	12	50

第六条　预科课程表如左

法律、政治经济预科课程表

（一）必修科

学年	学期	每周时数学分＼科目	党义	国文	英文	法制史	人生哲学	伦理学	西洋史	外交史	军事训练	体育	公文程式	经济原论	心理学	法学通论	论理学	总计
第一学年	上	时数	2	6	3		3	2	3	3	3	2			2	2	2	33
		学分	2	6	3		3	2	3	3	1.5	1			2	2	2	30.5
	下	时数	2	6	3		3	2	3	3	3	2			2	2	2	33
		学分	2	6	3		3	2	3	3	1.5	1			2	2	2	30.5

续表

学年	学期	每周时数学分 / 科目	党义	国文	英文	法制史	人生哲学	伦理学	西洋史	外交史	军事训练	体育	公文程式	经济原论	心理学	法学通论	论理学	总计
第二学年	上	时数	2	6	3	3					3	2	2	3				24
		学分	2	6	3	3					1.5	1	2	3				21.5
	下	时数	2	6	3	3					3	2	2	3				24
		学分	2	6	3	3					1.5	2	2	3				22.5
总计		时数	8	24	12	6	6	4	6	6	12	8	4	6	4	4	4	114
		学分	8	24	12	6	6	4	6	6	6	5	4	6	4	4	4	105

（二）选修科

学年	学期	每周时数学分 / 科目	世界地理	数学	日文	生物学	总计
第一学年	上	时数	2	3			5
		学分	2	3			5
	下	时数	2	3			5
		学分	2	3			5
第二学年	上	时数			2	2	4
		学分			2	2	4
	下	时数			2	2	4
		学分			2	2	4
总计		时数	4	6	4	4	18
		学分	4	6	4	4	18

第三章　校内组织

第七条　本校设校长一人，主持全校学务，由校董会选任之。

第八条　本校设教务主任、训育主任、事务主任、会计主任各一人，协助校长分任全校事务。由校长任用，但须得校董会之同意。

第九条　本校得因事项之便宜任用事务员若干人，其任用及分科办事细则由校长会商各主任决定之。

第十条　本校设图书馆置主任一人，由校长任用之。

第十一条　本校各科教员由校长协商教务主任聘任之。

第四章　校董会

第十二条　本校设校董会，主持全校一切经营监督事项，校董会设董事十一人，互选一人为董事长，董事之选出由本校设立人大会选举之。

第十三条　校董会之职权如左

一、规定校务进行方针；

二、筹划经费；

三、审核校务计划及预算决算；

四、保管本校一切财产；

五、监察本校教务及经费支出；

六、选任校长及同意校长商量事件；

七、其他关于会内一切事项及本校临时发生事件。

第五章　学则

第十四条　凡初级中学毕业及有同等学力者考入预科第一学年，四二制初级中学毕业、旧制中学毕业及同等学校毕业者得考入预科第二学年，预科肄业期满考试及格得入本科。

第十五条　入学试验科目为党义、国文、英文、历史、地理、数学等科。

第十六条　凡经入学试验及格者须填具入学志愿书，邀同保证人填具保证书。

第十七条　本校预科及本科学费全年二十四元，分两学期缴纳。

第十八条　本校一学年分两学期，以秋季始业日至寒假为上学期，寒假后开学日至次年暑假为下学期。

第十九条　修业日规定如下：暑假自七月一日至八月三十日，寒假两星期。民国各纪念日、元旦、植树节、本校纪念日各放假一天。

第二十条　本科及预科于每学期终举行学期试验一次，试验成绩以六十分为及格，两学期之试验成绩总平均为一学年之成绩。

第廿一条　每学期须修满六十学分，如不满六十学分者，得于次学年补修之，但不及四十学分者，应令留级。

第廿二条　本校除例假及特别放假外，学生因故缺席须先期请假。

第廿三条　凡未经请假即以旷课论。

第廿四条　凡未缴纳学费及保证各费者，应令停学。停学期满一月者，应令退学。

第廿五条　学生如因疾病或不得已事故，必须修学者应呈请核准，休学期满如续学时，亦应呈候核查。

第廿六条　本校学生学期试验满八十分以上，列前三名者免缴下学期学费。

第六章　经费

第廿七条　本校经费以本校固有之校舍及存款、常年捐款、学费、补助费、其他收入杂费补充之。

第廿八条　本校经费之收入支出均取公开制度，其预算决算先经职教员会议审定，再由校董会核查之。

第七章　附则

第廿九条　本章程自呈准立案之日起施行。

第三十条　本章程如有修改之必要时，须经校董会议决，仍遵照国家法令手续办理之。

附录三：心远大学商科课程大旨

（一）大学本科四年，须习满八十学分；预科两年，须习满六十学分。每周授课一小时，习满一年，为一学分。实习课程每周两小时，满一年者，为一学分。

（二）学生学分，以下列三项满足之：（1）必修科；（2）本系选修科；（3）他系选修科。

（三）选修课程，得以教员之聘到与否而增减之。

（一）必修科目

预科课程表

<table>
<tr><td rowspan="4">第一学年</td><td>丙部科课别程</td><td>英文（作文在内）</td><td>国文（作文在内）</td><td>法文或德文</td><td>商业历史</td><td>商业地理</td><td>商业算术</td><td>经济通论</td><td rowspan="3">必修科第一学年学分总计</td></tr>
<tr><td>第一学期每周上课时数</td><td>10</td><td>4</td><td>3</td><td>3</td><td>3</td><td>5</td><td>2</td></tr>
<tr><td>第二学期每周上课时数</td><td>10</td><td>4</td><td>3</td><td>3</td><td>3</td><td>5</td><td>2</td></tr>
<tr><td>学分</td><td>9</td><td>3</td><td>3</td><td>3</td><td>3</td><td>5</td><td>2</td><td>28</td></tr>
<tr><td rowspan="4">第二学年</td><td>丙部科课别程</td><td>英文（作文在内）</td><td>国文（作文在内）</td><td>法文或德文</td><td>经济通论</td><td>法律通论</td><td>商业簿记</td><td>西洋通史</td><td rowspan="3">必修科第二学年学分总计</td></tr>
<tr><td>第三学期每周上课时数</td><td>10</td><td>4</td><td>3</td><td>2</td><td>2</td><td>6</td><td>4</td></tr>
<tr><td>第四学期每周上课时数</td><td>10</td><td>4</td><td>3</td><td>3</td><td>3</td><td>5</td><td>2</td></tr>
<tr><td>学分</td><td>9</td><td>3</td><td>3</td><td>2</td><td>2</td><td>6</td><td>4</td><td>29</td></tr>
</table>

（二）选修科目

（1）化学，3 学分；（2）心理学，3 学分；（3）矿物学，3 学分。以上科目应于修业期内，任选一种。

教学设备

（一）商品陈列所；（二）调查事务室；（三）消费公社；（四）学生储蓄银行。

本科科目

必修科目

一、国民经济学，15 学分

（1）国民经济学，4 学分；（2）国民经济政策，4 学分；（3）财政学，4 学分；（4）统计学，3 学分。

二、私经济学（即商业经营），36 学分

（甲）一般的私经济学，22 学分

（1）簿记学及会计学，8 学分；（2）运输学，3 学分；（3）商业组织学，2 学分；（4）银币票记，2 学分；（5）信用，2 学分；（6）商品学，2 学分；（7）英文商业通信，3 学分。

（乙）工厂经济学，6 学分

（1）工厂管理，2 学分；（2）工厂会计，2 学分；（3）工厂财政，2 学分。

（丙）银行经济学，8 学分

（1）银行理论，3 学分；（2）银行技术，3 学分；（3）交易所，2 学分。

三、法律学，14 学分

（甲）私法，7 学分

（1）民法概论，3 学分；（2）商法，4 学分。

（乙）公法，7 学分

（1）国法及行政法大意，3 学分；（2）国际公法大意，4 学分。

四、保险及合作，11 学分

（1）私保险学，6 学分；（2）社会保险学，3 学分；（3）合作，2 学分。

选修科目

（1）第二外国语，3 学分；（2）投资计算，3 学分；（3）贸易循环论，3 学分。

四学年必修科目共计 76 学分。本校现已聘定马寅初博士、顾孟余博士、江亢虎博士为商科导师，其他教员俟聘定后再行补刊。

附录四：江西省立工业专科学校校务会议录

一、江西省立工业专科学校第十五次校务会议录（19320105）

开会时间：十二月三十一日下午三时

出席者：雷宣、章希平、谢光远、龙成章、王强、张天荣、李才彬、张云、朱士式、祝元青

缺席者：何维华、张振宇

列席者：李藻生

主席：校长雷宣

记录：书记兼注册员熊世俊

主席恭读 总理遗嘱（全体肃立）

甲 报告事项

主席报告

（1）宣读第十四次校务会议议决案由；（2）教育厅令准南昌卫戍司令部咨请转饬各校切实制止学生元旦日举行游行，以防反动分子乘机扰乱等由，仰遵照切实制止由；（3）本校学期考试应定期举行以觇各生学业成绩由。

乙 讨论事项

1. 主席交议：奉教育厅令饬制止学生元旦举行游行，本校学生自治会议决于元旦日派队出外作抗日宣传，可否举行请公决案。

决议：遵令停止元旦出外举行宣传以免发生误会，是日全体师生在校内举行集会纪念并依照学校历放假三天。

2. 主席交议：学期考试应定何日举行请公决案。

决议：定于一月十一日起至十六日止，分期举行。

丙　散会

二、江西省立工业专科学校临时校务会议录（19320114）

开会时间：一月七日下午三时

出席者：朱士式、谢光远、龙成章、张振宇、张天荣、张云、章希平、祝元青、吴振川、雷宣、徐士毅、何维华

缺席者：王强、李才彬

列席者：雷祚雯

主席：校长雷宣

记录：书记兼注册员熊世俊

主席恭读 总理遗嘱（全体肃立）

甲　报告事项

主席报告

（1）宣读第十五次校务会议议决案由；（2）高中采冶科学生不日赴萍矿实习由；（3）下学期学生寄宿应如何切实规定办法由；（4）下学期应否遵照新订章程一律征收学生实习费由。

乙　讨论事项

主席交议：高中采冶科三年级学生赴萍矿实习旅费应如何规定案。

决议：凡赴萍矿实习学生之旅费除由本校依照前议决完拨给津贴外，各生应即自行筹妥15元交存领导之教师保管，以免中途旅资缺乏，发生困难。

丙　散会

三、江西省立工业专科学校第十六次校务会议录（19320119）

开会时间：一月十五日下午三时

出席者：章希平、吴振川、龙成章、祝元青、张云、徐士毅、谢光远、

何维华、雷宣、张天荣、李才彬、张震宇

缺席者：王强、张云、朱士式

主席：校长雷宣

记录：书记兼注册员熊世俊

主席恭读 总理遗嘱（全体肃立）

甲 报告事项

主席报告

（1）宣读临时校务会议议决案由；（2）发给高中采冶科三年级学生赴萍矿实习旅费津贴数目由；（3）本校经济状况并拟嗣后凡有余款须于存留垫用一个月办公用费外之余裕方能酌量应付教职员借贷俾有限制而免困难由；（4）编印抗日特刊，支付印刷费数目由；（5）厨役因已停包伙食，每日供给饮用茶水，需费苦多，请求增加津贴以兑受用由；（6）寒假将届，应否准许原在校内寄宿学生照常住宿由。

乙 讨论事项

1. 主席交议：学期试验缺考学生应如何处置案

决议：各级学生凡未请假或请假未经准许者，下学期一概不准其补考。

2. 主席交议：学生谢子文、万监明违犯考试规则径制止时称复无理强辩应如何处分案

决议：机械科一年级学生谢子文、土木科一年级学生万监明二名除所试该项学科不给分外，着各记大过二次以示惩儆。

丙 散会

四、江西省立工业专科学校第十七次校务会议录（19320125）

开会时间：一月二十二日下午一时

出席者：龙成章、张云、雷宣、祝元青、张天荣、徐士毅、吴振川、章希平、李才彬、张震宇

缺席者：王强、何维华、谢光远、朱士式

主席：校长雷宣

记录：书记兼注册员熊世俊

主席恭读 总理遗嘱（全体肃立）

甲　报告事项

主席报告

（1）宣读第十六次校务会议议决案由；（2）学期考试业已完竣，自本月十八日起办理本学期结束事项，二十五日开始散放寒假由；（3）省立教育博物馆函请选送学生成绩品陈列由；（4）向驻校第二十六路军总指挥部军医处交涉迁让机械工场情形由；（5）考查学生操行办法由；（6）炊馔事务亟须觅定厨役承包并应妥筹下学期食事办法由。

乙　讨论事项

主席交议：下学期寄宿学生膳食事项应如何妥筹办法案

决议：凡寄宿学生应于入学时一次预缴全学期膳费，如未能预缴者，须遵守下列各项办法，违者令其退出宿舍。1）不得在宿舍内自炊；2）不得在校外订包伙食送入宿舍私餐；3）不得自向厨役直接订膳。

丙　散会

附录五：国立中正大学组织大纲

（呈奉教育部高字 18065 号指令修正）

第一章 总纲

第一条 本大学为纪念总裁而设，定名为国立中正大学。

第二条 本大学遵照中华民国教育宗旨及实施方针，以阐扬三民主义、研究高深学术、发展民族文化及培植革命建国之干部人才为宗旨。

第二章 学制

第三条 本大学暂设下列各院系：

一、文法学院 设文史、政治、经济、社会教育等学系；

二、工学院 设土木工程、机电工程、化学工程等学系；

三、农学院 设农艺、森林、畜牧兽医、生物等学系。

第四条 本大学各学系修业期限均为四年。

第五条 本大学学生入学资格，暂以教育部统一招生办法之规定为准，招生简章另定之。

第六条 本大学得设研究院，招收大学毕业生，修业期限二年或三年，其章程另定之。

第七条 本大学得附设专修科，入学资格与大学同，修业期限二年或三年，其章程另定之。

第八条 本大学为适应特种需要，得设研究部，及各种研究班训练班，其章程另定之。

第三章 职制

第九条 本大学设校长一人，总辖全校校务，由国民政府任命之。

第十条 本大学设教务长一人，综理全校教务及学术设备事宜，由教授兼任之。

第十一条 本大学设训导长一人，综理全校训导事宜，由教授兼任，其资格呈请中央核定之。

第十二条 本大学设总务长一人，综理全校总务，由教授兼任之。

第十三条 本大学各学院设院长一人，综理全院院务，由教授兼任之。

第十四条 本大学各系科设主任一人，均由各教授兼任；教授、副教授、讲师、助教若干人，皆由校长聘任之。

第十五条 本大学教务处设注册、出版两组及图书馆，各置主任一人，组员及馆员若干人，由校长分别聘任或任用之。

第十六条 本大学训导处设生活指导、军事管理、体育卫生及诊疗室，各置主任一人，训导员、组员、军事教官、医师及护士若干人，除军事教官呈请依法派充、训导员任用须呈荐审查外，其余由校长分别聘任或任用之。

第十七条 本大学总务处设文书、出纳、庶务三组，各置主任一人，及组员若干，由校长分别聘任或任用之。

第十八条 本大学设会计室，置会计主任一人，佐理员及雇员若干人，由教育部会计处呈请依法任用，并依法受校长之指导，办理本校岁计会计事宜。

第十九条 本大学校长室设秘书一人，秉承校长处理本室一切事务。

第二十条 本大学得设工程处，置主任一人，主管全校建筑事项，并得设技师一人，技术员若干。

第二十一条 本大学工学院工厂，农学院附设农场、林场，得各设主任一人，由教员兼任，分别主管所属有关事项，并得设技术员若干人。

第四章 会议

第二十二条 本大学设校务会议，由校长、教务长、训导长、总务长、各学院院长、各系科主任、各学院及研究院全体教授和副教授所选出之代表若干人（每十人至少选举代表一人）及会计主任组织之，校长为主席，其规则另定之。上项会议必要时，得邀请专家及各室、组、处、厂、场主任列席。

第二十三条 本大学设教务会议，由教务长、训导长、各学院院长、各系科主任、教务处各组馆主任及军事教官组织之，教务长为主席，其规则另定之。教务处设处务会议，由教务长及所属各组馆主任组织之，教务长为主席，其规则另定之。

第二十四条 本大学设训导会议，由校长、训导长、全体导师，及生活指导组、军事管理组、体育卫生组各主任组织之，校长为主席，其规则另定之。训导处设处务会议，由训导长及所属各组室主任及训导员组织之，训导长为主席，其规则另定之。

第二十五条 本大学设总务会议，由总务长、校长室秘书、会计主任、教务训导二处代表各一人，及总务处各组主任组织之，总务长为主席，其规则另定之。

第二十六条 本大学各学院设院务会议，以院长、系科主任及教员代表若干人组织之，院长为主席，其规则另定之。

第二十七条 本大学得设各种委员会，其规则另定之。

第五章 课程

第二十八条 新生入学后，须于其取录学院中，选定一学系修习其所规定之课程。

第二十九条 本大学各学院学系，除三民主义、体育、卫生、军事训练（或看护训练）须共同必修外，各有必修与选修科目，其学分分配、学习次序，悉据部颁标准规定之。

第三十条 本大学学生修毕规定学程，至少一百三十二学分（工学院各学系另有规定），三民主义、体育、卫生、军事训练（或看护训练）均及格，并缴毕业论文一篇，经审查合格，呈奉教育部复核无异后，准予毕业，由校发给毕业证书，并授予学士学位。

第六章　训导

第三十一条　本大学以总裁人生哲学为训导之最高原则。

第三十二条　本大学设导师若干人，由校长就专任教员中聘任之，分别指导学生之思想、行为、学业，及身心摄卫，以养成健全之人格。

第三十三条　本大学学生须参加课外活动，实行军事化集团生活。

第七章　试验及成绩

第三十四条　本大学试验除入学及编级、编组另有规定外，分临时试验、学期试验、毕业试验三种，各在规定期内举行。

第三十五条　临时试验由各教员随时举行，每学期至少二次，临时试验成绩与平日积分（如听讲笔录、读书笔记及实习实验报告等）分别合并核计，作为平时成绩。

第三十六条　学期试验成绩与平时成绩合并核计，作为学期成绩。

第三十七条　毕业试验依据教育部之规定举行，其成绩与各学期成绩及毕业论文成绩合并核计，作为毕业成绩。

第三十八条　本大学工农两学院学生，须利用假期，在校外相当场所实习若干时期，无此项实习证明书者，不得毕业。

第三十九条　本大学学生试验及成绩考查方法，另以学则规定之。

第八章　附则

第四十条　本大学为办事便利起见，得制定办事通则及各项办事细则。

第四十一条　本组织大纲未尽事项，将依据部颁大学规程办理。

第四十二条　本组织大纲经教育部核准后施行，修改时同。

附录六：北洋政府时期江西省军政长、民政长、教育长

起讫时间	姓名	官职	备注
军政长			
1911.11.01—1911.11.12	吴介璋	都督	江西光复后，被推举为都督；11.12 辞职
1911.11.12—1911.12.08	彭程万	都督	11.21 请辞，后于马毓宝到任前暂代
1911.12.09—1912.03.08	马毓宝	都督	省军政两部推举为都督；1912.3.8 请辞
1912.03.09—1913.06.09	李烈钧	都督	1912.3.17 到任；1913.6.9 免职，7.12 独立
1913.06.09—1913.09.29	黎元洪	都督	兼署；9.29 免职
1913.06.09—1913.08.15	欧阳武	都督	以护军使代都督；7.12 公推；7.31 褫；8.15 失败
1913.09.29—1917.08.06	李纯	都督	8.4 任护军使；1914.6.30 改将军；1916.7.6 改督军
1917.08.06—1922.06.05	陈光远	督军	到任前吴金彪暂护；1922.5.6 改设督理(军务善后事宜)
1922.09.02—1924.12.24	蔡成勋	督理	1922.6.15 节制全省军队，9.2 任；1924.12 改督办
1925.01.06—1926.03.24	方本仁	督办	1924.12.24 暂署；1925.1.6 任；1926.3.24 败走
1926.03.24—1926.10.06	邓如琢	督办	3.24 由吴佩孚、孙传芳任命为赣军总司令
1926.10.06—1926.11.08	郑俊彦	总司令	10.6 由孙传芳任命为赣军总司令；11.8 北伐军获胜
民政长			
1912.12.16—1914.01.24	汪瑞闿	民政长	赵从蕃 1913.3.11 署；贺国昌 6.9 护；李纯 8.27 兼
1914.04.29—1914.05.23	戚扬	民政长	1914.1.21 汪解职，4.28 褫；1.21 戚扬代，4.29 任命
1914.05.23—1921.02.21	戚扬	巡按使	1914.5.23 改任巡按使；1916.7.6 改任省长
1921.02.21—1921.05.31	赵从蕃	省长	未到任前由杨庆鋆暂护；杨庆鋆 5.31 署
1921.05.31—1922.06.15	杨庆鋆	省长	杨庆鋆 6.15 免；谢远涵 6.15 署
1922.06.15—1922.09.17	谢远涵	省长	谢远涵未到任前由何刚德暂护；谢未就，9.17 被迫离职
1922.09.17—1922.10.04	李廷玉	省长	李廷玉由蔡成勋任命，10.4 离职
1922.10.04—1923.03.23	蔡成勋	省长	蔡成勋兼署；谢远涵 3.23 开
1923.03.23—1923.12.11	徐元诰	省长	未到任前由陶家瑶署；蔡成勋 12.11 暂兼
1923.12.11—1924.12.01	蔡成勋	省长	蔡成勋 12.1 免；胡思义 12.1 署

续表

起讫时间	姓名	官职	备注
1924.12.01—1925.03.16	胡思义	省长	胡 3.16 被迫离职，3.24 入京，李定魁暂护
1925.03.16—1925.07.14	文群	省长	文群由方本仁任命
1925.07.14—1926.03	李定魁	省长	1926.3 杨如轩任命
1926.03—1927.02	杨如轩	省长	
教育长			
1912.05.01—1913.04.23	宋育德	教育司长	
1913.04.23—1914.02	卢建候	教育司长	1914.2 改总视学，此为江西单行制度
1914.02—1917.09.06	宋育德	总视学	
1917.09.07—1917.09.21	伍崇学	教育厅长	伍崇学 9.21 调离
1917.09.21—1921.01.18	许寿裳	教育厅长	1917.9.21 任；1921.1.18 免
1921.01.18—1921.10.16	伍崇学	教育厅长	1921.10.16 免
1921.10.16—1921.10.28	蒋维乔	教育厅长	10.28 免
1921.10.28—1922.09.08	李金藻	教育厅长	9.8 免
1922.09.08—1924.03.18	朱念祖	教育厅长	1923.4.9 起胡家凤代
1924.03.18—1924.08.29	胡家凤	教育厅长	胡家凤 8.29 免
1924.08.29—1924.12.23	卢式楷	教育厅长	卢式楷 12.23 免
1924.12.23—1927.02.20	朱念祖	教育厅长	1925.2.6 任命

附录七：国民政府时期江西省政府主席、教育厅长

起讫时间	姓名	备注
省主席		
1926.11.26—1927.02.22	陈公博	未到职，由姜济寰代理
1927.02.22—1927.03.30	李烈钧	
1927.03.30—1929.09.05	朱培德	
1929.09.06—1931.12.15	鲁涤平	
1931.12.15—1942.02.24	熊式辉	
1942.02.24—1946.03.25	曹浩森	
1946.03.26—1948.04.02	王陵基	
1948.04.02—1949.01.20	胡家凤	
1949.01.20—1949.05.22	方天	1949.5.22 南昌解放
教育厅长		
1926.10—1927.02	谢式南	教育司长
1927.02—1927.04	程天放	
1927.04—1927.06	肖炳章	
1927.08.24—1929.10	陈礼江	施行教育经费独立
1929.10—1931.09	蒋笈	
1931.12—1932.12	陈剑脩	
1933.01—1933.07	熊式辉	熊式辉兼任
1933.07—1946.05	程时煃	
1946.05—1946.09	邱椿	
1946.09—1949.05	周邦道	

参考文献

一、晚清民国时期报纸、杂志

大路月刊社:《大路》,1941—1942。

东方杂志社:《东方杂志》,1904—1948。

国立中正大学出版组:《国立中正大学校刊》,1940—1944。

江西官报局:《江西官报》,1902—1904。

江西民国日报社:《江西民国日报》,1929—1949。

江西省财政厅:《江西财政公报》,1927.1—1930.44。

江西省建设厅:《江西建设公报》,1929—1930。

江西省建设厅:《江西建设》,1927—1933。

江西省教育厅:《江西地方教育》,1939—1948。

江西省教育厅教育设计委员会编译部:《江西教育》,1932.1—1934.9。

江西省政府教育厅:《江西教育》,1934.1—1937.27。

江西省政府教育厅:《江西教育行政》,1932。

江西省政府秘书处:《江西省政府公报》,1927—1948。

江西省政府秘书处统计室:《江西统计月刊》,1938—1941。

江西省政府民政厅:《江西民政公报》,1928—1932。

江西省政府统计处:《江西统计》,1942—1947。

教育部秘书室:《教育部公报》,1929—1948。

陆费逵等:《教育杂志》，1909—1948。

天津市教育局:《教育公报》，1920.9—1942.6.2。

学务公所:《江西学务官报》，1909—1911。

恶石:《江西教育厅的横暴》,《民国日报·觉悟》1922 年 4 月 25 日。

冯汝骙:《浙江巡抚冯汝骙奏保道员汪瑞闿并恳调回江西补用折》,《政治官报》1908 年 7 月 12 日。

胡先骕:《致熊纯如先生论改革赣省教育书》,《东南论衡》1926年第29期。

私立江西法政专门学校:《私立江西法政专门学校二十周年纪念特刊》1930 年第 7 期。

佚名:《蔡成勋将被方常逐击》,《民国日报》1924 年 11 月 2 日。

佚名:《蔡成勋又擅委教育厅长》,《顺天时报》1922 年 10 月 9 日。

佚名:《记江西大学堂改良事》,《苏报》1903 年 4 月 4 日。

佚名:《江西大学堂新状》,《申报》1902 年 2 月 28 日。

佚名:《江西教育界之新猷》,《民国日报》1927 年 9 月 21 日。

佚名:《江西武备学堂筹办陆军小学堂申文》,《南洋官报》1905年9月27日。

佚名:《江西心远大学添设商科说略》,《北京大学日刊》1923 年 3 月 7 日。

佚名:《江西之新政》,《汉口民国日报》1927 年 1 月 19 日。

佚名:《江西中山大学之筹备》,《汉口民国日报》1927 年 2 月 23 日。

佚名:《敬告江西大学堂教习诸君》,《苏报》1903 年 5 月 9 日。

二、江西省档案馆民国时期高等教育相关档案

国立中正大学：1940—1949，全宗号：J037

江西农业院：1933—1949，全宗号：J061

江西省参议会：1938—1948，全宗号：J017

江西省教育厅：1927—1949，全宗号：J046

江西省立工业专科学校：1930—1949，全宗号：J038

江西省立农业专科学校：1932—1949，全宗号：J039

江西省立体育师范专科学校：1936—1949，全宗号：J041

江西省立医学专科学校：1921—1949，全宗号：J040

江西省兽医专科学校：1949—1952，全宗号：X140

江西省信江农业专科学校：1949—1952，全宗号：X139

江西省政府：1927—1949，全宗号：J016

南昌大学：1949—1953，全宗号：X130

三、史料汇编、(教育)年鉴、地方志、回忆录等

长沙市地方志办公室：《长沙市志》(第16卷)，湖南人民出版社2002年版。

陈阜东主编：《吉安人物》，方志出版社2004年版。

陈家栋：《江西财政纪要(1)》，江西财政厅1930年版。

(清)陈梦雷：《古今图书集成》(第66册经济汇编、选举典)，中华书局1985年版。

陈学恂主编：《中国近代教育史教学参考资料》，人民教育出版社1987年版。

陈元晖主编：《中国近代教育史资料汇编》，上海教育出版社2007年版。

陈真编：《中国近代工业史资料》(第三辑)，生活·读书·新知三联书店1961年版。

褚景昕：《赣县志(1—6)》，成文出版社1975年版。

大庾县编史修志办：《大庾县志》(上)，江西大余印刷厂承印，1984年。

淡泊：《中华万姓谱》(中)，中国档案出版社2006年版。

淡泊：《中华万姓谱》(下)，中国档案出版社2006年版。

丁致聘：《中国近七十年来教育记事》，国立编译馆1935年版。

董善浦：《泸州市卫生志(1911—2003)》，方志出版社2005年版。

[日]多贺秋五郎：《近代中国教育史资料·民国编》(中册)，文海出版社1976年版。

浮梁县地方志编纂委员会编:《浮梁县志》，方志出版社 1999 年版。

福清市六桂文化促进会:《六桂春秋》，福清市六桂文化促进会编印，2002 年。

赣州地区志编纂委员会:《赣州府志（重印本中册）》，1986 年。

共青团南昌市委员会编:《南昌青年运动回忆录》，中国人民政治协商会议江西省委员会文史资料研究委员会，1981 年。

故宫博物院明清档案部编:《义和团档案史料》，中华书局 1959 年版。

国务院统计局:《民国行政统计汇报第 4 编（教育类）》，国务院印铸局 1917 年版。

胡绳:《胡绳全书》（第六卷）（上），人民出版社 1998 年版。

胡宗刚:《胡先骕先生年谱长编》，江西教育出版社 2008 年版。

黄定元、张希仁主编:《江西省教育志》，方志出版社 1996 年版。

吉安市青原区志编纂委员会编著:《吉安市青原区志》，方志出版社 2011 年版。

蒋介石:《新生活运动纲要》，新生活运动促进总会，1946 年。

蒋廷黻:《蒋廷黻回忆录》，岳麓书社 2003 年版。

《江西年鉴》编辑委员会编:《江西年鉴（2002 创刊号）》，方志出版社 2002 年版。

江西省地方志编纂委员会办公室编:《江西省志·江西省大事记》，方志出版社 2002 年版。

江西省上饶地区教育志编纂组:《上饶地区教育志》，1991 年。

江西省社会科学志编纂委员会:《江西省志·江西省社会科学志》，黄山书社 1998 年版。

江西省图书馆地方文献编辑组辑:《江西近现代地方文献资料汇编（初编）第五册》，江西省图书馆 1984 年影印版。

江西省政府:《赣政十年》，1941 年。

江西省政协文史资料研究委员会、高安县政协文史资料研究委员会合编:《江西文史资料选辑(第36辑)》,中国文史出版社1990年版。

《江西省志·大事记》编写组:《江西省志·大事记(初稿)》,江西省省志编辑室1990年。

《江西省人物志》编纂委员会:《江西省人物志》,方志出版社2007年版。

江西省社会科学院历史研究所、江西省图书馆选编:《江西近代贸易史资料》,江西人民出版社1988年版。

江西省水利厅水利志总编辑室:《江西历代水旱灾害辑录》,1988年。

江西师范大学校史编写组编:《江西师范大学校史》,江西高校出版社2000年版。

《江西省司法行政志》编委会编纂:《江西省司法行政志》,江西人民出版社1995年版。

教育部:《二十一年度全国高等教育统计》,商务印书馆1935年版。

教育部高等教育司:《二十年度全国高等教育统计》,1933年。

教育部高等教育司:《二十一年度全国高等教育概况》,1934年。

教育部统计室:《二十三年度全国高等教育统计》,商务印书馆1936年版。

教育部统计室:《全国教育经费统计》,商务印书馆1937年版。

教育部中国教育年鉴编委会:《第一次中国教育年鉴》,开明书店1934年版。

教育部教育年鉴编委会:《第二次中国教育年鉴(2)》,商务印书馆1948年版。

李安全主编:《江西省档案馆指南》,江西人民出版社2007年版。

李烈钧、徐辉琪编:《李烈钧文集》,江西人民出版社1988年版。

李森主编:《民国时期高等教育史料汇编》,国家图书馆出版社2014年版。

李森主编:《民国时期高等教育史料续编》,国家图书馆出版社2016年版。

李景文、马小泉主编:《民国教育史料丛刊》,大象出版社2015年版。

李兴锐:《李兴锐日记》,中华书局1987年版。

廖细柏:《石城文史资料（第3辑）》，内部发行，1990年。

刘汉艳主编:《波阳县志》，江西人民出版社1989年版。

刘寿林:《辛亥以后十七年职官年表》，中华书局1966年版。

（清）刘绎:《光绪江西通志》，卷一百六十一。

（明）刘元卿:《刘元卿集》（下），上海古籍出版社2014年版。

刘治乾:《江西年鉴（1936）》，江西全省印刷所1936年版。

吕思勉:《吕思勉全集13》，上海古籍出版社2016年版。

南农农经系:《中国年鉴（1924）》，出版社及年份不详。

上海日报社:《中国年鉴（1934）》，上海日报社调查编撰部，年份不详。

商务印书馆编译所:《中华民国法令大全·第9类·教育》，1913年。

罗家伦:《国民日日报汇编（第2版）第1—2集》，“中央”文物供应社1983年版。

《江西省农牧渔业志》编纂委员会编:《江西省农牧渔业志》，黄山书社1999年版。

罗训森主编:《中华罗氏通谱》（第一册），中国文史出版社2007年版。

穆柳森:《百家姓辞典》，海天出版社1988年版。

南昌市政协文史资料研究委员会:《南昌文史资料选辑（第8辑）》，1992年。

潘懋元、刘海峰编:《中国近代教育史资料汇编——高等教育》，上海教育出版社2007年版。

沈云龙主编:《近代中国史料丛刊（第8辑）：江西纪游》，文海出版社1973年版。

沈云龙主编:《近代中国史料丛刊续编（第32辑）：戊戌变法档案史料》，文海出版社1976年版。

沈云龙主编:《近代中国史料丛刊三编第10辑》，文海出版社1986年版。

邵鸿主编:《〈清实录〉江西资料汇编》（下卷），江西人民出版社2005

年版。

舒新城编:《近代中国教育史料》，中华书局 1928 年版。

舒新城编:《中国近代教育史资料》，人民教育出版社 1961 年版。

宋衍申等编:《二十六史精华（清史稿三）》，林乾译，北方妇女儿童出版社 1996 年版。

谭正璧:《中国文学家大辞典》，上海书店出版社 1981 年版。

天津图书馆:《天津图书馆孤本秘籍丛书（2）史部：李勤恪公奏议五卷》，中华全国图书馆文献缩微复制中心，1999 年。

王代功:《湘绮府君年谱》，1923 年版。

汪叔子编:《文廷式集》（上），中华书局 1993 年版。

王燕来选编:《民国教育统计资料汇编》，国家图书馆出版社 2010 年版。

王燕来、谷韶军辑:《民国教育统计资料续编》，国家图书馆出版社 2012 年版。

王彦威等:《清季外交史料（9）》，湖南师范大学出版社 2015 年版。

吴海林、李延沛:《中国历史人物辞典》，黑龙江人民出版社 1983 年版。

吴宗慈:《江西通志稿》，第 4、9、10、23、24 册，出版社、出版年份未详。

熊式辉:《海桑集——熊式辉回忆录（1907—1949）》，香港：明镜出版社 2008 年版。

杨忠民、段绍镒主编:《抚州人物》，方志出版社 2002 年版。

姚贤镐编:《中国近代史对外贸易史资料（1840—1895）》（第三册），中华书局 1962 年版。

政协江西省新建县委员会文史资料研究委员会:《新建县文史资料（第 1 辑）》，1988 年。

政协九江市委员会文史委员会:《九江文史资料选辑（6）》，1992 年版。

（清）赵之谦:《江西通志（1—8 册）》，京华书局 1967 年版。

中共江西省委党史资料征集委员会:《江西党史资料（第 30 辑）袁玉冰专

集》，中央文献出版社 1994 年版。

中共上饶县委党史办:《上饶县名人》，1995 年。

中国第二历史档案馆编:《中华民国史档案资料汇编·第三辑·教育》，江苏古籍出版社 1991 年版。

中国第二历史档案馆编:《中华民国史档案资料汇编·第三辑·文化》，江苏古籍出版社 1991 年版。

中国第二历史档案馆编:《中华民国史档案资料汇编·第三辑·财政（一）》，江苏古籍出版社 1991 年版。

中国第二历史档案馆编:《中华民国史档案资料汇编·第五辑第一编·教育（一）》，江苏古籍出版社 1994 年版。

中国第二历史档案馆编:《中华民国史档案资料汇编·第五辑第二编·教育（一）》，江苏古籍出版社 1997 年版。

中国第二历史档案馆编:《中华民国史档案资料汇编·第五辑第二编·财政经济（一）》，江苏古籍出版社 1997 年版。

中国人民政治协商会议常德县委员会文史资料研究委员会主编:《常德县文史资料（第 4 辑）》，1988 年。

中国人民政治协商会议江西省都昌县委员会文史委:《都昌文史资料（第 8 辑）》，2008 年。

中国人民政治协商会议江西省委员会文史资料研究委员会:《江西文史资料选辑（第 15 辑）》，1985 年。

中国人民政治协商会议江西省委员会文史资料研究委员会:《江西文史资料选辑（第 20 辑）》，1986 年。

中国人民政治协商会议江西省委员会文史资料研究委员会:《江西文史资料选辑（第 21 辑）》，1986 年。

中国人民政治协商会议江西省委员会文史资料研究委员会:《江西文史资料选辑（第 26 辑）》，1987 年。

中国人民政治协商会议江西省委员会文史资料研究委员会:《江西文史资料(第45辑)》,1992年。

江西省政协学习、文史委员会:《江西文史资料(第50辑):国立中正大学》,1993年。

中国人民政治协商会议九江市委员会文史资料研究委员会:《九江文史资料选辑(第1辑)》,1984年。

中国人民政治协商会议九江市委员会文史资料研究委员会:《九江文史资料选辑(第6辑)》,1984年。

中国人民政治协商会议龙泉市文史委员会:《龙泉文史资料(第18辑)》,2000年。

中国人民政治协商会议天津市委员会文史资料研究委员会:《天津文史资料选辑(第1辑)》,天津人民出版社1978年版。

中国人民政治协商会议天津市委员会文史资料研究委员会:《天津文史资料选辑(第36辑)》,天津人民出版社1986年版。

中国人民政治协商会议星子县委员会文史资料研究委员会:《星子文史资料(第5辑)》,1988年。

中国人民政治协商会议于都县委员会文史资料研究委员会:《于都文史资料(第4辑)》,1993年。

中华民国史事纪要编辑委员会:《中华民国史事纪要(初稿)中华民国二十三年(1934)十月至十二月份》,1986年。

张大为:《胡先骕文存》(上),江西高校出版社1995年版。

张大为:《胡先骕文存》(下),江西高校出版社1996年版。

张希仁:《江西教育人物》,江西教育出版社1989年版。

周邦道:《近代教育先进传略(初集)》,中国文化大学出版部1981年版。

周柳燕编著:《王闿运辑》,民主与建设出版社2016年版。

周文斌:《南昌大学校史(1921—2011)》,江西人民出版社2011年版。

朱祥清主编:《江西近现代人物传稿》（第一辑），海南人民出版社 1989 年版。

朱祥清主编:《江西近现代人物传稿》（第二辑），江西人民出版社 1991 年版。

竺可桢:《竺可桢日记》（第 2 册），人民出版社 1984 年版。

朱有瓛主编:《中国近代学制史料》（第一辑上册），华东师范大学出版社 1983 年版。

朱有瓛主编:《中国近代学制史料》（第一辑下册），华东师范大学出版社 1986 年版。

朱有瓛主编:《中国近代学制史料》（第二辑上册），华东师范大学出版社 1986 年版。

四、论著

安树芬、彭诗琅主编:《中华教育通史》（第六卷），京华出版社 2010 年版。

[德] M.S. 爱伯夏:《赣省收复县区视察记》，祝元清译，民国日报社 1935 年版。

[美] 毕乃德:《洋务学堂》，曾钜生译，杭州大学出版社 1993 年版。

[美] 伯顿·克拉克:《高等教育新论——多学科的研究》，王承绪等译，浙江教育出版社 2001 年版。

[美] 伯顿·R. 克拉克:《高等教育系统——学术组织的跨国研究》，王承绪等译，杭州大学出版社 1994 年版。

蔡克勇编:《高等教育简史》，华中工学院出版社 1982 年版。

陈宝泉:《中国近代学制变迁史》，山西人民出版社 2014 年版。

陈东原:《中国教育史》，商务印书馆 1936 年版。

陈谷嘉、邓洪波主编:《中国书院史资料》（下册），浙江教育出版社 1998

年版。

陈景磐编:《中国近代教育史》，人民教育出版社 1979 年版。

陈礼江:《改造江西教育的计划》，江西省政府教育厅，1928 年。

陈启天:《近代中国教育史》，中华书局（台湾）1979 年版。

陈青之:《中国教育史》，商务印书馆 1936 年版。

陈荣华等:《江西经济史》，江西人民出版社 2004 年版。

（晋）陈寿:《三国志》，中华书局 1999 年版。

陈树平主编:《明清农业史资料（1368—1911）第 2 册》，社会科学文献出版社 2013 年版。

陈学恂:《中国近代教育大事记》，上海教育出版社 1981 年版。

陈鳣:《续唐书》（三），商务印书馆 1936 年版。

陈文华主编:《江西历史名人研究》（第一辑），中国人事出版社 1995 年版。

陈文华、陈荣华:《江西通史》，江西人民出版社 1999 年版。

陈星主编:《江西通观》，人民日报出版社 1986 年版。

陈翊林:《最近三十年中国教育史》，太平洋书店 1930 年版。

陈媛:《中国大学教授研究——近代教授、大学与社会的互动史》，山西教育出版社 2012 年版。

陈元晖:《中国现代教育史》，人民教育出版社 1979 年版。

陈旭麓:《近代中国社会的新陈代谢》，上海社会科学院出版社 2006 年版。

邓之诚:《清诗纪事初编》（上），上海古籍出版社 2013 年版。

董宝良主编:《中国近现代高等教育史》，华中科技大学出版社 2007 年版。

董宝良、熊贤君主编:《从湖北看中国教育近代化》，广东教育出版社 1996 年版。

范文澜:《中国近代史》（上册），人民出版社 1962 年版。

（南朝宋）范晔撰，（唐）李贤等注:《后汉书》，中华书局 2009 年版。

方志远:《江西通史 · 明代卷》，江西人民出版社 2008 年版。

［美］费正清主编：《剑桥中华民国史》（第二部），章建刚等译，上海人民出版社 1992 年版。

［美］富路特等：《明代名人传 1》，李小林等主编，北京时代华文书局 2015 年版。

［美］富路特等：《明代名人传 3》，李小林等主编，北京时代华文书局 2015 年版。

［美］富路特等：《明代名人传 4》，李小林等主编，北京时代华文书局 2015 年版。

［美］富路特等：《明代名人传 5》，李小林等主编，北京时代华文书局 2015 年版。

［美］富路特等：《明代名人传 6》，李小林等主编，北京时代华文书局 2015 年版。

郜林涛、黄仕荣：《中国历代学校制度通考》，北岳文艺出版社 2008 年版。

龚文瑞：《南康笔记》，百花洲文艺出版社 2015 年版。

顾明远主编：《教育大辞典》（简编本），上海教育出版社 1999 年版。

郭秉文：《中国教育制度沿革史》，储朝晖译，商务印书馆 2014 年版。

国家教委高教二司、农业部教育司编：《高等农业教育改革与发展战略研究》，教育科学出版社 1989 年版。

贺国庆等：《外国高等教育史》，人民教育出版社 2006 年版。

何友良：《江西通史·民国卷》，江西人民出版社 2008 年版。

（南宋）洪迈著，冀勤评注：《容斋随笔》（插图本），中华书局 2007 年版。

（明）胡广等纂修，周群、王玉琴校注：《四书大全校注》（上），武汉大学出版社 2015 年版。

胡适：《中国中古思想史长编》，华东师范大学出版社 1996 年版。

胡思敬：《国闻备乘》，上海书店出版社 1997 年版。

华东师范大学教育科学学院：《1985 年校庆论文选（下）》，华东师范大学教育科学学院编印，1985 年。

黄定元、漆权主编:《江西高等教育十七年》，江西高校出版社 2006 年版。

黄福涛主编:《外国高等教育史》，上海教育出版社 2003 年版。

黄开国主编:《经学辞典》，四川人民出版社 1993 年版。

黄勇:《唐诗宋词全集（第六册）》，北京燕山出版社 2007 年版。

（清）黄宗羲:《明儒学案》，世界书局 1936 年版。

霍益萍:《近代中国的高等教育》，华东师范大学出版社 1999 年版。

季啸风主编:《中国高等学校变迁》，华东师范大学出版社 1992 年版。

蒋风池主编:《一枝一叶总关情——江西师范大学史迹补辑（第 8 辑）》，江西高校出版社 2016 年版。

蒋廷黻:《中国近代史》，团结出版社 2006 年版。

［美］杰西·格·卢茨:《中国教会大学史（1850—1950）》，曾钜生译，浙江教育出版社 1987 年版。

金以林:《近代中国大学研究（1895—1949）》，中央文献出版社 2000 年版。

［苏］伊·阿·凯洛夫总主编:《教育学》，陈侠等译，人民教育出版社 1957 年版。

柯劭忞:《新元史》，吉林人民出版社 2005 年版。

黎清:《宋代江西文学家族研究》，中山大学出版社 2013 年版。

李才栋:《江西古代书院研究》，江西教育出版社 1993 年版。

李国强、傅伯言主编:《赣文化通志》，江西教育出版社 2004 年版。

李华兴主编:《民国教育史》，上海教育出版社 1997 年版。

李均:《中国高等专科教育发展史》，学林出版社 2005 年版。

李天白:《江西会元、解元名录》，江西人民出版社 2014 年版。

李修生:《全元文（14）》，江苏古籍出版社 1999 年版。

李修生:《全元文（15）》，江苏古籍出版社 1999 年版。

刘光永:《大清的挽歌——清末改革管窥》，三秦出版社 1999 年版。

刘海峰、史静寰主编:《高等教育史》，高等教育出版社 2010 年版。

刘兆伟等编著:《东北高等教育史》，辽宁大学出版社 2000 年版。

刘正伟:《督抚与士绅——江苏教育近代化研究》，河北教育出版社 2001 年版。

龙荣元:《地理讲义》，江西高等学堂校印，年份不详。

［美］杰西・格・卢茨:《中国教会大学史（1850—1950）》，曾钜生译，浙江教育出版社 1987 年版。

卢晓中主编:《现代高等教育发展论纲》，广东教育出版社 2005 年版。

卢星等:《江西通史・秦汉卷》，江西人民出版社 2008 年版。

买雪燕:《甘肃近代高等教育发展研究》，经济科学出版社 2018 年版。

毛礼锐、沈灌群主编:《中国教育通史》（第四卷）山东教育出版社 1988 年版。

毛小东主编:《王贞白诗集》，江西人民出版社 2013 年版。

《农史研究》编委会:《农史研究》第五辑，农业出版社 1985 年版。

潘懋元主编:《高等教育学》（下），人民教育出版社 1984 年版。

潘懋元主编:《中国高等教育百年》，广东高等教育出版社 2003 年版。

漆权主编:《江西教育百年（1901 年—2000 年）》，江西高校出版社 2001 年版。

秦国经:《中国第一历史档案馆藏清代官员履历档案全编（6）》，华东师范大学出版社 1997 年版。

钱曼倩、金林祥主编:《中国近代学制比较研究》，广东教育出版社 1996 年版。

曲士培:《中国大学教育发展史》，山西教育出版社 1993 年版。

任祥:《抗战时期云南高等教育的流变与绵延》，商务印书馆 2012 年版。

沈建华主编:《江西文化概论》，中央广播电视大学出版社 2011 年版。

舒新城:《近代中国教育思想史》，上海三联书店 2014 年版。

舒新城:《中国新教育概况》，中华书局 1928 年版。

寿孝鹤等主编:《中国省市自治区资料手册》，社会科学文献出版社 1990 年版。

孙培青主编:《中国教育史》，华东师范大学出版社 2000 年版。

孙晓楼:《法律教育》，商务印书馆 2015 年版。

谭熙鸿:《十年来之中国经济》（下册），文海出版社 1948 年版。

唐海江:《清末政论报刊与民众动员：一种政治文化的视角》，清华大学出版社 2007 年版。

田正平、商丽浩主编:《中国高等教育百年史论：制度变迁、财政运作与教师流动》，人民教育出版社 2006 年版。

涂又光:《中国高等教育史论》，湖北教育出版社 1997 年版。

万振凡、林颂华主编:《江西近代社会转型研究》，中国社会科学出版社 2001 年版。

万振凡、吴小卫:《近代江西农村经济研究》，江西高校出版社 1998 年版。

王鸿鹏选注:《中国历代榜眼诗・明朝卷》，昆仑出版社 2006 年版。

王荣堂等:《新编世界近代史》，吉林人民出版社 1980 年版。

王学珍主编:《北京高等教育史》，中国广播电视出版社 2010 年版。

（清）王梓材、冯云濠:《宋元学案补遗》（三），广陵书社 2006 年版。

汪朝光:《1945—1949：国共政争与中国命运》，社会科学文献出版社 2010 年版。

文昊:《他们是怎样当官的》，中国文史出版社 2005 年版。

温锐等:《百年巨变与振兴之梦——20 世纪江西经济研究》，江西人民出版社 2000 年版。

吴官正主编:《江西省情概论——历史、现实与未来》，江西人民出版社 1995 年版。

吴家莹:《中华民国教育政策发展史》，五南图书出版公司 1990 年版。

夏维中:《南京通史·清代卷》，南京出版社 2014 年版。

夏征农、陈至立主编:《大辞海·中国近现代史卷》，上海辞书出版社 2013 年版。

萧天侠主编:《奉新名人辞典》（卷二），江西人民出版社 2012 年版。

幸友金:《桂岩书院新考》,《中国书院论坛（3）》，2002 年。

熊明安编著:《中国高等教育史》，重庆出版社 1983 年版。

熊明安:《中华民国教育史》，重庆出版社 1990 年版。

熊贤君:《中国近代教育行政史》，人民教育出版社 2014 年版。

许怀林:《江西史稿》，江西高校出版社 1993 年版。

许怀林主编:《江西文化》，安徽教育出版社 2006 年版。

许怀林:《江西通史主编·南宋卷》，江西人民出版社 2009 年版。

许嘉璐主编:《二十四史全译·晋书》（第 3 册），汉语大词典出版社 2004 年版。

许嘉璐主编:《二十四史全译·宋史》（第 14 册），汉语大词典出版社 2004 年版。

许嘉璐主编:《二十四史全译·明史》（第 9 册），汉语大词典出版社 2004 年版。

许嘉璐主编:《二十四史全译·元史》（第 6 册），汉语大词典出版社 2004 年版。

薛人仰编:《中国教育行政制度史略》，中华书局 1983 年版。

［加］许美德:《中国大学 1895—1995：一个文化冲突的世纪》，许洁英译，教育科学出版社 1999 年版。

［加］许美德等:《中外比较教育史》，朱维铮等译，上海人民出版社 1990 年版。

杨倩描主编:《宋代人物辞典》（上），河北大学出版社 2015 年版。

叶书麟:《走向田野文化散文丛书：蒙面的萍乡》，长江文艺出版社 2015

年版。

余来明:《元代科举与文学》，武汉大学出版社 2013 年版。

于述胜:《中国教育制度通史》（第七卷），山东教育出版社 2000 年版。

虞文霞:《宋代江西文化史》，江西人民出版社 2012 年版。

虞文霞、王河:《宋代江西文化史》，江西人民出版社 2012 年版。

张彬:《从浙江看中国教育近代化》，广东教育出版社 1996 年版。

张岱年主编:《孔子百科辞典》，上海辞书出版社 2010 年版。

张海鹏、龚云:《中国近代史研究》，福建人民出版社 2005 年版。

（清）张廷玉:《明史（简体字本）》，中华书局 2000 年版。

张希仁主编:《江西高等学校简史》，江西省教育志编纂委员会办公室，1988 年。

张兴荣、章远庆主编:《江西医学教育史》，上海医科大学出版社 1990 年版。

张耀荣主编:《广东高等教育发展史》，广东高等教育出版社 2002 年版。

张元济:《最近三十五年之中国教育》，商务印书馆 1937 年版。

赵伯雄:《春秋学史》，山东教育出版社 2014 年版。

赵立法编著:《山西高等教育简史》，山西人民出版社 1989 年版。

赵树贵、陈晓鸣:《江西通史・晚清卷》，江西人民出版社 2008 年版。

郑登云编著:《中国高等教育史》（上册），华东师范大学出版社 1994 年版。

郑世兴:《中国现代教育史》，三民书局 1981 年版。

郑天挺、荣孟源:《中国历史大辞典・清史卷》（下），上海辞书出版社 1992 年版。

郑翔主编:《江西历代进士全传》（二），上海古籍出版社 2016 年版。

郑翔主编:《江西历代进士全传》（五），上海古籍出版社 2016 年版。

中国文史出版社编:《二十五史・卷 14・清史稿（上）》，中国文史出版社 2003 年版。

中国文史出版社编:《二十五史·卷15·清史稿（下）》，中国文史出版社2003年版。

钟建安:《近代江西城市发展研究（1840—1949）》，巴蜀书社2011年版。

周谷平等:《中外著名大学校长治校理念与办学制度文献选编》，浙江大学出版社2015年版。

周柳燕:《王闿运的生平与文学创作》，湖南大学出版社2010年版。

周銮书:《天光云影——江西历史文化散论》，学苑出版社2008年版。

周秋光、莫志斌主编:《湖南教育史》（第二卷），岳麓书社2008年版。

周予同:《中国现代教育史》，福建教育出版社2007年版。

周予同:《中国学校制度》，商务印书馆1933年版。

朱国仁:《西学东渐与中国高等教育近代化》，厦门大学出版社1996年版。

朱庆葆等:《教育的变革与发展》，南京大学出版社2015年版。

朱金甫:《清末教案》（第三册），中华书局1998年版。

五、期刊论文

《潮平海阔千帆竞 勇立潮头歌未央——江西教育改革40年综述》,《江西教育》2019年第Z1期。

巴战龙:《聚焦和凝视“地方教育学”》,《中国民族教育》2018年第1期。

蔡仁厚:《江右学风与学术——〈江右思想家研究〉序》,《南昌大学学报（人文社会科学版）》2002年第3期。

陈剑安:《江西早期新式学堂初探》,《江西师范大学学报（哲学社会科学版）》1987年第2期。

陈伟:《省域高等教育系统的崛起：动力分析和路径选择》,《高等教育研究》2017年第11期。

陈旭麓:《关于中国近代史的年限问题》,《学术月刊》1959年第11期。

方志远:《“摇篮说”》,《江西社会科学》1994年《赣文化》专号。

方志远等:《地域文化与江西传统商业盛衰论》,《江西师范大学学报(哲学社会科学版)》2007 年第 1 期。

顾明远:《中国高等教育传统的演变和形成》,《高等教育研究》2001 年第 1 期。

郭培贵:《明代庶吉士群体构成及其特点》,《历史研究》2011 年第 6 期。

贺金林:《民国时期广西高等教育的演进及影响因素》,《社会科学家》2010 年第 11 期。

何友良:《熊式辉与国立中正大学的创办》,《江西社会科学》2008 年第 4 期。

黄力、曾青云:《高等教育发展与江西崛起》,《江西社会科学》2006 年第 9 期。

李国强:《江西高等教育的回顾和展望》,《江西师院学报(哲学社会科学版)》1983 年第 1 期。

连振斌:《清末江西士绅与江西教育近代化》,《南昌航空大学学报(社会科学版)》2017 年第 3 期。

连振斌、黎志华:《清末江西巡抚与江西教育近代化》,《教育学术月刊》2015 年第 4 期。

杨遵道:《中国人民大学第六次科学讨论会上关于"中国近代历史分期问题的讨论"》,《历史研究》1956 年第 7 期。

林容、赵缓:《民国初年江西的高等教育及其特点》,《江西教育学院学报(社会科学)》2005 年第 10 期。

刘敬坤、徐宏:《中国近代高等教育发展历程回顾(上)》,《东南大学学报(哲学社会科学版)》2004 年第 1 期。

刘敬坤、徐宏:《中国近代高等教育发展历程回顾(下)》,《东南大学学报(哲学社会科学版)》2004 年第 2 期。

刘献君、房保俊:《近代中国高等教育理念的变迁及启示》,《中国高教研究》2009 年第 9 期。

吕芳上:《民国初年的江西省议会（1912—1924）》,《近代史研究所集刊》1989 年第 18 期。

买雪燕:《抗战时期甘肃高等教育的自我调适与整合》,《青海民族研究》2016 年第 2 期。

欧阳侃:《江西高等教育的发展轨迹》,《江西师范大学学报（哲学社会科学版）》2008 年第 6 期。

彭平一:《民国时期湖南高等教育的发展及其特点》,《株洲工学院学报》2003 年第 1 期。

秦国柱:《民国时期广东高等教育的沿革及其评析》,《五邑大学学报（社会科学版）》1997 年第 2 期。

曲铁华、李娟:《中国近代高等教育的发展演变及其反思》,《河北师范大学学报（教育科学版）》2003 年第 3 期。

曲铁华、王美:《民国时期高等教育政策的历史演进及特点探析》,《现代大学教育》2013 年第 4 期。

宋伟、韩梦洁:《近代中国高等教育地域非均衡布局考察》,《史学月刊》2009 年第 4 期。

田正平、张彬:《模式的转换与传统的调适——关于中国高等教育现代化的两点思考》,《高等教育研究》2001 年第 2 期。

田正平、陈玉玲:《国民政府初期对高等教育的整顿（1927—1937 年）》,《河北师范大学学报（教育科学版）》2012 年第 1 期。

田正平、陈玉玲:《中央与地方之冲突：国民政府初期对地方高校的整顿——以四川大学、山西大学为中心的考察》,《高等教育研究》2013 年第 6 期。

王建军:《论近代广东高等教育发展的历史趋势》,《华南师范大学学报（社会科学版）》1995 年第 2 期。

王廷科:《正确估价我国新民主主义革命的历史地位——关于中国近现代史分期问题的商榷》,《四川大学学报（哲学社会科学版）》1981 年第 1 期。

王运来:《江苏高等教育近代化的特点探析》,《江苏社会科学》2002 年第 2 期。

温梁华:《民国时期的云南高等教育》,《玉溪师专学报》1988 年第 5 期。

武杰:《古代书院到现代学校教育变迁的历史轨迹——江西豫章书院遗址八百余年解析》,《教育学术月刊》2017 年第 3 期。

肖华忠:《清末江西新式高等教育发展概略》,《江西社会科学》1994 年第 6 期。

许海权:《近代江西自然灾害分析》,《江西师范大学学报(自然科学版)》1993 年第 3 期。

薛二勇:《中国近代高等教育的制度变迁分析》,《高等农业教育》2006 年第 5 期。

杨吉安:《民国时期的留学生与江西教育的现代化》,《教育学术月刊》2016 年第 2 期。

杨涛:《中国近代高等教育史研究模式的回顾与思考——以大学与区域社会互动发展为视角》,《南阳师范学院学报(社会科学版)》2010 年第 1 期。

殷应庚、黄健:《柯逢时年谱》,《江汉考古》1989 年第 1 期。

袁德俊:《论福建近代高等教育发展缓慢的历史原因》,《福建论坛(文史哲版)》1996 年第 5 期。

张斌贤:《中外近代高等教育发展动力的比较》,《高等教育研究》1997 年第 6 期。

张建中:《民国时期中国高校发展路向的转变及其启示——以高校数量、分布和类型为中心》,《湖南师范大学教育科学学报》2015 年第 3 期。

张建中:《抗战时期中部高等教育的快速发展——以江西省为例》,《现代大学教育》2018 年第 2 期。

张伶俐、郭汉民:《中国近代高等教育研究述评》,《江苏高教》2006 年第 6 期。

赵清明:《山西大学堂留学生与山西近代高等教育的发展》,《山西大学学报（哲学社会科学版）》2010 年第 5 期。

赵哲、宋丹、楚旋:《我国近代高等教育发展模式：三次转型与自觉探索》,《南昌大学学报（人文社会科学版）》2015 年第 8 期。

钟健:《学术与政治：抗战时期国民政府与国立高校关系初探——以胡先骕执掌国立中正大学为例》,《江西师范大学学报（哲学社会科学版）》2012 年第 2 期。

朱虹:《论江西高等教育的发展战略》,《教育学术月刊》2012 年第 7 期。

朱宗顺、刘平:《中国近代高等教育论纲》,《大学教育科学》2003 年第 1 期。

邹锦良、孙小明:《宋代江西乡村私学与地方社会述评——以地方知识阶层的参与为视角》,《江西教育学院学报（社会科学）》2008 年第 5 期。

六、学位论文

陈晶:《中国近代大学人才培养目标的演进（1860—1930）——以北大和清华为例》，硕士学位论文，华中科技大学，2007 年。

黄田:《晚清江西学政研究》，硕士学位论文，上海社会科学院历史研究所，2014 年。

李明华:《时务学堂的创办及其对湖南高等教育近代转型的影响研究》，硕士学位论文，湖南师范大学，2011 年。

李青栖:《民国时期辽宁地区高等教育述论——（1912.01.01—1931.09.18）》，硕士学位论文，东北师范大学，2008 年。

李涛:《民国时期国立大学招生研究》，博士学位论文，西南大学，2014 年。

刘海涛:《安徽近代高等教育发展及其影响因素分析（1898—1938）》，博士学位论文，苏州大学，2015 年。

刘克桥:《民国时期河南学校教育研究》，博士学位论文，郑州大学，2017 年。

刘小华:《改革开放以来湖南高等教育发展研究（1978-- ）——基于若干重要问题的探析》，博士学位论文，湖南师范大学，2014 年。

刘义程:《发展与困顿：近代江西的工业化历程（1858—1949）》，博士学位论文，福建师范大学，2007 年。

马玉娟:《清末直隶高等教育研究》，硕士学位论文，河北师范大学，2015 年。

苗素莲:《中国大学组织特性历史演变研究》，博士学位论文，华东师范大学，2004 年。

饶爱京:《江西民办高等教育发展研究——经济欠发达的视角》，博士学位论文，厦门大学，2006 年。

饶正慧:《民国时期著名大学校长领导力研究》，博士学位论文，西南大学，2013 年。

王东健:《南京国民政府时期江苏高等教育发展研究——以国立大学为中心（1927—1937）》，硕士学位论文，西南民族大学，2017 年。

王李金:《从山西大学堂到山西大学（1902—1937）——探寻中国近代大学教育创立和发展的轨迹》，博士学位论文，山西大学，2011 年。

王媛:《国立中正医学院办学状况及特色研究》，硕士学位论文，第三军医大学，2015 年。

韦靖源:《20世纪50年代的高等教育变革——以江西为中心的历史考察》，硕士学位论文，南昌大学，2016 年。

伍春晖:《湖南教育近代化研究（1894—1929）》，博士学位论文，湖南师范大学，2007 年。

夏兰:《民国时期现代大学制度演变研究》，博士学位论文，复旦大学，2012 年。

许伟伟:《1927—1937 年安徽省高等教育研究》，硕士学位论文，安徽大学，2016 年。

徐振岐:《民国时期黑龙江高等教育述论》，博士学位论文，吉林大学，2013 年。

荀渊:《中国高等教育从传统向现代的转型——对 1901—1936 年间中国高等教育变革的考察》，博士学位论文，华东师范大学，2002 年。

杨吉安:《江西近代留学教育的发展轨迹及其审视》，硕士学位论文，江西师范大学，2005 年。

杨杰:《两宋江西的官学、书院与科举》，硕士学位论文，江西师范大学，2008 年。

杨习超:《近代中国教会大学中籍校长角色冲突研究》，博士学位论文，苏州大学，2016 年。

张珂:《民国公立大学与政府关系研究（1912—1937）》，博士学位论文，西南大学，2016 年。

张立程:《西学东渐与晚清新式学堂教师群体研究》，博士学位论文，中国人民大学，2006 年。

张伶俐:《中国近代高等教育模式的演变》，硕士学位论文，湘潭大学，2006 年。

钟健:《学潮与政治：以 1947 年国立中正大学“护校运动”为个案》，硕士学位论文，江西师范大学，2012 年。

后记

终于要写后记了，这注定是一份“迟”来的告白。年届四十又一，方才有幸考入华南师范大学，攻读高等教育学博士学位，此为一“迟”；论文选题近代江西高等教育发展，其历程之迟缓异乎邻省，此为二“迟”；修改打磨，历经四载，终将付梓，此为三“迟”。嗟乎，吾自身求学经历与近代高等教育发展历程何其相似！这种巧合，令人唏嘘不已！涂又光先生将近代中国高等教育发展历程比喻为“逼上梁山”，并注解“逼”是西方列强之坚船利炮、先进科技、上乘制度，“上”则是自主选择、融会中西，开拓创新。回首自己选择读博，接受高等教育的至高层次，又何尝不是“逼上梁山”？多少青年才俊，后生可畏，何其“咄咄逼人”！而自身职称晋升之难题、学业发展之瓶颈，如何破解？故而穷则思变，奋起直追。廉颇老矣，尚能饭否？空想无益，“撸起袖子加油干”，只争朝夕！

愚者千虑，终有一得。我的论文选题得到了导师郑文的肯定和支持，这给了我勇毅前行的最大动力，论文也因此顺利通过了盲审和答辩。2020年，论文修改期间，借此选题申报江西省教育规划重点课题，喜获成功立项。如果说，能取得这点学术上的小成就，是因为“上天有好生之德”，在此，必须感谢我的“上天”：我的导师、我的老师、我的同学、我的亲人、我的同事、我的领导……是他们为我撑起了一片蓝天，让我安心完成论文和书稿，让我惬意享受人间的真情与真爱！

我的导师郑文教授，为人低调友善、宽容大度，治学严谨务实、开放包容，既给我以足够的自由空间独立发挥，又及时为我指正纠偏，让我能严守底线。我论文的选题、开题、送审、答辩，郑老师无一不层层把关。读书时，老师任职广东省教育厅高教处处长，尽管公务繁忙，但对于学生的要求和困难，老师总能如“及时雨”般出现，给予满足和解答。仍记得老师多次趁着傍晚下班时间，约我到华师石牌桥校区操场，一边散步，一边为我答疑解惑。有师若此，夫复何求？

华南师范大学教育科学学院的老师，个个博学睿智，授课极富个性，在他们的课堂上，我如沐春风、肆意汲取，他们的智识滋润了我心田的干涸、丰盈了我内心的贫瘠。陈伟老师娓娓道来，说尽高等教育之古今中外；卢晓中老师、李盛兵老师、扈中平老师、黄甫全老师、董标老师、张广君老师、齐梅老师、吴宏超老师、杨宁老师、马早明老师，以及校外前来讲学的刘献君老师、袁振国老师、金生鈜老师、朱全德老师、雷万鹏老师的课堂，让我不仅留下了厚厚的笔记，更带给我满满的、持久的鲜活记忆。于我的论文中，处处可见他们学识和见解的印记！

读博有压力，苦闷压抑难免，对于一个四十出头的中年人来说，可能尤其如此。来自学业的、生活的、工作的、家庭的压力，似乎无所不在。每晚在宿舍为论文熬至深夜，再从下桌爬至床上休息，光脚踩着楼梯时那种孤独寂寞冷，令人窒息！好在有同学可倾诉、可排解，可抱团共同面对！李俊义同学与我年龄相仿，经历相似，相处最久，堪称“难兄难弟”，手足情深；还有欧阳恩剑、郭航、邵成智、杨可、刘奕涛、战双鹃、王喜红、王妍力、邹小婷、姜立刚、单妍、王夏、孙家明、苏旭东、颜海波，以及所有教科院的博士同学，我们同上一堂课，下课一同去饭堂，闲时一起活动和聚餐，相聚甚欢！这消弭了我的学业困惑，驱除了我的负面情绪，极大地增添了我完成论文和学业的信心。

读博辛苦，可更不容易的是亲人，他们是我最坚强的后盾。我妻子李永华女士，为了能让我安心学业，完成论文撰写，包揽了所有家务；在我彷徨郁闷时，还安慰我保持平常心态，不要有任何压力，因为在她那儿“没有过不去的坎儿”；2017 年底，父亲坐车摔断锁骨，而我在国家图书馆查阅资料，爱人天未放亮冒着严寒坐火车从宜春赶往丰城市人民医院看望和照顾父亲，脚趾冻得直发麻，这是何等地相濡以沫！博二时，女儿高三，备战高考，最需要至亲陪伴，而我又缺席了。女儿很懂事、很坚强，现在还常和我说笑，“没事儿，你不陪我高考，我帮你排版和编辑论文”。论文中的目录、章节、图表、文字都是女儿一手排版编辑，不仅规范而且美观。论文撰写期间，我没能尽到做儿子和女婿的一份责任，感谢我的父母和岳父母的支持和谅解；感谢内兄李永明、襟弟吴国华，还有胞弟刘朝辉三家人，他们不仅主动承担了更多照顾长辈的责任，而且给予了我大力的支持和帮助。我的小姑不识字，也常挂记我的论文。可惜的是，小姑于 2019 年 4 月 26 日突发心梗去世，享年七十。就在十多天后，2019 年 5 月 7 日，我的论文盲审通过，老人家向来对我疼爱有加，如果她泉下有知，一定会开心不已。感谢我所有的亲人，你们的理解、支持和帮助成为我完成学业最大的动力！

读博期间，我还得到了单位领导、同事的悉心关照和竭力支持。宜春学院外国语学院潘华凌院长、刘新坤书记、高芸副院长、人事处刘英杰副处长时常关心我的生活和学业，马云多、彭露等同事帮助我承担了更多的教学工作，使我能安心学习。毕业返校后，高芸院长、伍忠书记不仅指导我干行政，还时常鼓励和督促我不要放松科研，努力产出更多高质量的科研成果。感谢外国语学院所有的领导和同事，给我创造和提供了融洽的工作氛围和宽松的学术环境！

最后，感谢东方出版社。东方出版社责任编辑张永俊先生有着极强的责任感和极高的学术品位，出版了大量的学术著作精品。出版团队的编辑、校对、印制非常专业、非常贴心，非常感谢他们的辛勤付出！

以前与人合著过几本书，独著尚属首次。拙作若有可取之处，定是师友关爱、亲人帮衬、领导厚爱、同事支持的结果；若有不妥及纰漏之处，皆因自身知识储备不足、学术视野狭隘、研究功底薄弱，敬请方家批评指正。

刘兵飞

2024 年 8 月 28 日